国家出版基金项目
NATIONAL PUBLICATION FOUNDATION

国家出版基金项目

"十三五"国家重点图书出版规划项目

世界社会主义五百年丛书

丛书主编　季正聚

立此存照

社会主义重要人物
传奇故事

刘成军　梅　岚　编著

World
SOCIALISM

湖南师范大学出版社·长沙

图书在版编目（CIP）数据

立此存照：社会主义重要人物传奇故事 / 刘成军，梅岚编著. —长沙：湖南师范大学出版社，2024.3

（世界社会主义五百年丛书 / 季正聚主编）

ISBN 978 - 7 - 5648 - 5369 - 3

Ⅰ.①立… Ⅱ.①刘… ②梅… Ⅲ.①国际共产主义运动—政治人物—列传 Ⅳ.①K817

中国国家版本馆 CIP 数据核字（2024）第 061771 号

立此存照：社会主义重要人物传奇故事

LI CI CUNZHAO：SHEHUIZHUYI ZHONGYAO RENWU CHUANQI GUSHI

刘成军 梅 岚 编著

◇出 版 人：吴真文
◇策划组稿：赵婧男 刘苏华
◇责任编辑：赵婧男
◇责任校对：蒋旭东 张晓芳 李 航
◇出版发行：湖南师范大学出版社
地址/长沙市岳麓区 邮编/410081
电话/0731 - 88873071 88873070 传真/0731 - 88872636
网址/https：//press. hunnu. edu. cn
◇经销：湖南省新华书店
◇印刷：长沙雅佳印刷有限公司
◇开本：710 mm×1000 mm 1/16
◇印张：28
◇字数：459 千字
◇版次：2024 年 3 月第 1 版
◇印次：2024 年 3 月第 1 次印刷
◇印数：1—1200 册
◇书号：ISBN 978 - 7 - 5648 - 5369 - 3
◇定价：71. 00 元

总　序

　　党的十八大以来，中央高度重视马克思主义和社会主义的学习、研究和宣传。2013 年 1 月 5 日，习近平总书记在新进中央委员会的委员、候补委员学习贯彻党的十八大精神研讨班上的重要讲话中，系统地论述了世界社会主义五百年发展历史，要求广大党员干部要坚定理想信念，正确认识和全面把握社会主义发展进程。中央要求把世界社会主义发展史列为党员干部培训和教育的重要内容，要求加强对青年学生的社会主义发展史的教育，理论界也加大了研究力度。

　　为了系统研究世界社会主义的历史进程、思潮流变、著名人物，我们编写了"世界社会主义五百年丛书"。本套丛书在借鉴已有成果的基础上，突出以下几个特点：一是突出重点，坚持问题意识和问题导向。关注党员干部和青年学生关心、关注的相关问题，进行有针对性的研究、阐释和引领，保证正确的导向。二是理论研究与宣传普及相结合，文风清新。努力做到既深入专业、史论结合和论从史出，保证准确性、专业性、严谨性，又要通俗易懂、文风活泼、语言流畅，保证可读性和普及性。三是注意吸收理论前沿成果，学习借鉴与提高创新相结合。学习借鉴已有的各种相关读物、专著、小册子的优点和特色，广泛运用丰富翔实的现有文献资料，努力挖掘新资料和新成果，善于运用和整合各种文献资源。

　　本丛书由我拟定了书名、提纲、写作思路和基本框架，赵付科、袁群、刘成军和梅岚等人分别负责分册的撰写工作。本丛书共分三册，分别介绍世界社会主义的不平凡历程、蔚为大观的思想史、值得关注的传奇人物故事。《正道沧桑：世界社会主义的过去现在未来》，生动介绍社会主义发展的历史阶段的起承转合，历史上若干重要事件的来龙去脉、前因后果、主要关节点、经验教训、主要现状、发展趋势，阐明社会主义诞生的必然性，发展的曲折性、复杂性、正义性、群众性、实践性和潮流性。《大浪淘沙：社会主义思想史漫步》，主要介绍社会主义发展历史上有代表性的社会主义流派和思潮的流变、主要内容、当代价值，展示社会主义思想史的博大精深，揭示一幕幕光辉的思想篇章，焕发思想智慧的光彩。《立此存照：社会主义重要人物传奇故事》，系统介绍社会主义五百年来的重要人物，包括工人运动领袖、社会主义思想家、无产阶级革命家，以及在社会主义运动历史上需要批判研究的重要历史人物，生动介绍这些重要人物的传奇人生经历，再现传奇故事，述说成败得失，总结历史经验。

　　本丛书为"十三五"国家重点图书出版规划项目、国家出版基金项目。本丛书得到相关单位和部门领导、专家学者的指导、关心和帮助，谨表示衷心的感谢。希望本丛书的出版，能为推动马克思主义和社会主义发展史的学习、研究、宣传尽一点微薄之力。

季正聚
2024 年 2 月

目 录

空想社会主义的鼻祖莫尔

托马斯·莫尔（Thomas More）是 16 世纪初期英国著名的政治家、律师和人文主义思想家，空想社会主义的奠基人。他在英国历史乃至世界历史上有着显赫的地位。

莫尔之所以驰名世界，得益于他的早期著作《乌托邦》——16 世纪初叶欧洲文艺复兴时期的著名文化成果。该书所描绘的理想国度至今仍是人们心驰神往的乐土，莫尔也因此被称为"空想社会主义的创始人"。

美好的童年与青年

1478 年 2 月 6 日凌晨，寂静的午夜被伦敦跛子门牛奶街上一位著名的律师约翰·莫尔家里传出的新生儿啼哭声打破，一个男婴呱呱坠地，取名为托马斯·莫尔。托马斯·莫尔出生在英格兰"玫瑰战争"接近尾声的约克王朝时期，虽然出生与生长在如此战乱频发的年代，但是托马斯·莫尔却丝毫未经受战乱之苦。生长在富人区的托马斯·莫尔被父母寄予厚望，以上流社会的标准要求他。1482 年，年仅 4 岁的托马斯·莫尔被送往当时伦敦最好的小学伦敦针线街圣安东尼学校，主要学习拉丁文。聪敏好学的托马斯·莫尔在学校里成绩优异，这段学习经历也为其打下了扎实的拉丁语阅读和写作基础。

当时上流社会有着易子而教的习俗，就是将年纪稍长的孩子送到贵族家庭，从小耳濡目染上流社会的生活方式，培养孩子的贵族素质。莫尔也不例外，在他 12 岁的时候被送到了坎特伯雷大教主约翰·莫顿家里做侍从，莫顿是当时著名的律师、建筑师，家里经常聚集着上流社会的达官贵人，莫尔在此虚心求教，细心观察，积极学习，很快就融入上流社会的生活之中。莫顿极其赏识莫尔，曾当众夸赞说：今天在此服侍你们的这个孩子日后必将成为一个出类拔萃的人物，我相信你们会亲眼见证我的预言。莫顿对莫尔的教育使莫尔终身受益，二者也成为忘年之交。

1492 年，莫尔开始在牛津大学的坎特伯雷学院学习拉丁文和逻辑学。莫尔在牛津的学习生活十分清苦，在牛津学习期间每天都要在小教堂里祈祷，他的吃食十分清淡，衣着也十分朴素，生活十分拮据。但也正是这一时期清苦的生活磨炼了莫尔坚强的意志。

莫尔在牛津不仅接受了经院哲学的教育，也受到了人文主义思潮的熏陶。但是莫尔并没有在牛津完成学业，他的父亲对其在牛津求学并不热心，一心想让莫尔回家继承自己的老本行，做一名律师，于是急于将儿子召回伦敦，去法律学校学习。1494 年，莫尔回到伦敦，按照父亲所希望的，到新法学院的法律预科学习。1496 年，刚满 18 岁的莫尔进入伦敦四大法律最高学府之一的林肯法学院攻读法律。1502 年，莫尔开始了自己的律师生涯，由于职业素养超高，工作踏实认真，很快莫尔就成了当时的"明星"律师。

1496 年，莫尔在牛津求学期间的希腊文老师威廉·格罗辛来到莫尔家附近的圣劳伦斯犹太大教堂担任牧师一职，莫尔与其一起研读神学著作，并且通过格罗辛结识了亨利七世长子亚瑟王子的家庭教师科利特。在这一时期，莫尔还结识了他一生中最好的朋友德西德里·伊拉斯谟。

莫尔和伊拉斯谟都对经院哲学持否定态度，对古代希腊罗马文学心驰神往，他们一起将很多希腊思想家的著作译成拉丁文，包括莫尔翻译的对话（《惜尼克学派分子》《麦尼普》《爱》）。伊拉斯谟著名的《愚人颂》也是在莫尔家完成的。因为莫尔的名字希腊文是 Moros，与"愚人"一词谐音，因此，伊拉斯谟便运用了这一反讽：一个绝顶聪明的人居然叫愚人，借此灵感，完成了《愚人颂》。

莫尔曾经有过修行的打算，由于他天性善良，对所处的黑暗时代义愤填膺，既想拯救世人又无能为力，心理落差极大，因而他一度想成为一名神父。他并不只是想想而已，而是真的付诸行动，进行了守夜、斋戒、祈祷等诸多的基本功训练。但是经过一系列心理斗争，莫尔还是选择了结婚生子的普通人生活。莫尔 26 岁那年娶了富裕地主约翰·科尔特的大女儿，名字叫作简·科尔特。

婚后的莫尔与简一直过着琴瑟和鸣的生活，年轻的莫尔夫妇住在伦敦附近的巴克勒斯伯里，过着田园诗般的浪漫生活。莫尔并不希望简把生活过成柴米油盐酱醋茶般的平庸，因而对妻子进行了文学和音乐的启蒙教育，但是婚后的四年里，他们先后有了四个爱情的结晶，莫尔的教育计划最后也只能是一纸空文而付之东流。

莫尔与简的四个孩子分别是：长女玛格丽特、次女伊丽莎白、三女塞西莉和幼子约翰。不幸的是简在生完约翰后不久就去世了。出于照顾孩子和家庭管理的考虑，莫尔在简去世的当月就与一位富商的遗孀爱丽丝·米德尔顿再婚了。爱丽丝带来了与前夫的女儿爱丽丝以及领养的女儿和寄养的一儿一女。莫尔对所有的孩子都一视同仁，十分重视他们的教育，为他们请了多位家庭教师，在宗教、古典文学、拉丁文、希腊文、逻辑、哲学、神学、数学和天文学等方面都进行了完善的教育。莫尔与爱丽丝和几个孩子生活得其乐融融，拥有一个温馨、幸福的重组家庭，只是，莫尔再也没有像要求简那样去要求爱丽丝学习文化知识，是因为爱丽丝天资平庸，还是因为无才无貌，抑或因为她从未走进过莫尔心里，无人知晓答案。

从人文主义到社会主义

生活在文艺复兴鼎盛时期的莫尔，他的身边到处都是人文主义的巨星，深受人文主义的熏陶，莫尔也很快成长为一名人文主义思想家。莫尔的人文主义作品十分丰富，包括未完成的《理查三世的历史》、250多首拉丁文讽刺短诗、游记作品《乌托邦》等，还有大量的译著、论文和信牍等。这些作品反对愚昧、倡导理性，谴责暴政专制，歌颂民主良治，为人文主义的发展贡献了巨大的精神力量。莫尔的人文主义思想主要表现在批判天主教会、批判专制暴政和为市民阶层代言三个方面。

15世纪与16世纪之交的时期，整个欧洲都在罗马教皇的统治之下，教会与世俗的政权勾结在一起，侵占大量的土地和财产，很多神职人员都过着腐败堕落的生活，教士阶层形成了愚昧无知、贪婪无度的伤风败俗的生活方式。天主教为了应对世界性的危机，逐步转化成了经院哲学式的教条主义。莫尔的挚友伊拉斯谟在反对经院哲学的斗争中，辛辣地讽刺了天主教会的愚昧与贪婪，莫尔成为他的积极支持者。

莫尔批判经院哲学和教条主义，提倡学习古希腊文化和恢复古希腊的基督教。莫尔还对教主的遴选制度和教士的恶习进行了鞭辟入里的批判。莫尔等人文主义者对天主教的批判实际就是和旧势力的斗争，希望通过改革的道路恢复基督教时期的活力，进而实现对全世界公正改造的目的。

莫尔崇尚柏拉图，认为君主是一个国家必不可少的，但同时他认为君主必须是为人民所服务的，坚决反对暴政。莫尔批判专政暴政的思想体现在其诸多的著作中，主要包括：《理查三世的历史》《乌托邦》《圣明之君与暴虐之君》《君主由人民拥立并罢黜》等。

莫尔26岁初次当选议员的时候就带头反对亨利七世以长子亚瑟受封骑士和公主玛格丽特以成婚为由向议会勒索补助金之举。为了泄愤，亨利七世故意与莫尔发生争执，将其投入伦敦塔，罚款100镑后才将莫尔释放。而后直至亨利七世去世，莫尔再未涉足政治。但是莫尔在法律界的名望却日渐高涨，成为伦敦市民阶层的代言人。莫尔为人公正，为官清廉，得到了广大人民的信任与爱戴，有很好的民众基础。而后在市民阶层与统治者发生冲突时，莫尔都是站在市民阶层这边，反对国王的残暴统治，成为市民阶层的代言人。

莫尔所生活的时期正是英国如火如荼地进行"圈地运动"的顶峰时期，"羊吃人"是莫尔对于这一时期典型社会现象最贴切的描述，这三个字时至今日也依旧是批判资本主义原始积累、代言浓重血腥味的不朽名言。

莫尔对建立在私有制基础上的制度进行了尖锐的批判，认为这是两极分化的根源，进而提出要彻底废除私有制。莫尔对私有制的批判不仅仅体现在对封建统治阶级的谴责，同时还表现在对资产阶级的先祖们的深刻批判。莫尔指责对劳动人民剥削的新贵族和商人是贪得无厌的寄生虫，对统治者也进行了无情的批判，同时对广大劳动人民的遭遇给予深深的同情，但是，莫尔并没有找到合理的社会制度，对武装反抗统治阶级也持否定的态度。尽管如此，莫尔在资本主义生产方式的萌芽时期，便已对资本主义生产方式进行了无情深刻的批判，这已远远超过同时代人，已经从人文主义者迈入了社会主义者的门槛。

乌托邦的诞生

《乌托邦》一书是莫尔在 1515 年 5 月—10 月间所著。该书原名为《乌有之乡》，采用了游记对话的文学体裁，用拉丁文撰写。

乌托邦（Utopia）是根据古希腊语所杜撰的词，代表着一种美好的社会愿景。莫尔在书中指出，乌托邦是一个美丽的小岛，但他本人也不知道这个岛屿在哪里。1518 年 3 月，莫尔在巴塞尔版《乌托邦》序言部分写道：

> 当年这里一片蛮荒
>
> 乌托邦被称为乌有之乡
>
> 而今它已超越柏拉图的理想国
>
> 柏氏的梦想在此已变成人间天堂
>
> 人们完全应该改变称呼
>
> 乌托邦实乃幸福之邦

莫尔的乌托邦也并不都是天马行空的想象，柏拉图的"理想国"、古希腊罗马文化精神、原始基督教共产主义、中世纪天主教会的修道院共产主义都是莫尔乌托邦产生的思想来源，当时的地理学发展与游记的盛行也为乌托邦的问世提供了可能性。莫尔关于乌托邦的描述主要从经济制度、政治制度、社会生活和对外关系等几个方面进行。

（一）乌托邦的经济制度

莫尔笔下的乌托邦不存在私有制，一切财产都归劳动者公共所有，社会必需品通过国家元老院统计和支配，甚至住房都是每十年抽签调换一次。任何人不占有财产，也杜绝任何人产生私有观念，大家都醉心于共同富裕。

乌托邦实施公有制是因为其物质财富极为丰富，由于乌托邦人人参与劳动，社会产品十分丰盈，因而有着实行公有制丰富的物质基础。乌托邦没有职业农民，没有真正意义上的农村；手工业是乌托邦人的基本职业；乌托邦岛上的脏活、累活都由奴隶来做；乌托邦社会生产是按计划组织起来的，避免盲目性；乌托邦不存在商品货币关系；乌托邦人实行按需分配；乌托邦存在对外贸易，等等。正是由于这样的经济制度，乌托邦的人们才更加关心共同富裕。

（二）乌托邦的政治制度

乌托邦实行民主的政治制度，其社会基层组织是家庭。乌托邦岛上农村每户成员不少于40人，城市每户不多于16人，儿童若干人。家长由德高望重的一男一女两位老人担任，乌托邦的家长制突破了血缘关系的限制，不同于中世纪的家长制。乌托邦每30户居民选出一位专职行政官员，这位官员古语称为摄护格朗特①，近代语言中称为飞拉哈②。摄护格朗特的主要任务是监督人们适当地劳动，既不能太过劳累也不能无所事事，在此过程中，发现乌托邦人们的特长和手艺所在。摄护格朗特共200人，每天派两名参加元老会议，了解社会事务，然后向摄护格朗特大会汇报，在各家庭内部进行讨论，将决定告知元老院。

在乌托邦，每10个摄护格朗特推举一名更高级的官员，称为特朗尼菩尔③，近代语言中称为首席飞拉哈。特朗尼菩尔每年选举一次，他的主要职责是解决私人纠纷和协商社会事宜。

乌托邦是由54个城市所组成的，每个市最高行政长官称为总督，各城市的政府是由总督和20名首席飞拉哈组成的议事会，议事会按惯例每三天召开一次会议，任何国家公共事务都是通过议事会讨论决定的。法律规定任何人对公共事务做出决定都要被判为死罪。

乌托邦的最高权力机关是元老院，是由各个城市每年选派3名德高望重的长者组成，任期一年。元老院主要商讨全国性事务，与它并存的还有全岛民众大会。

乌托邦的一切公职人员都采取秘密投票选举的方式产生，他们没有任何特权，只是人民的公仆，为人民奔波服务。乌托邦的法律也不是很多，且都是言简意赅的法律条文，每个公民都能理解、运用。

莫尔所描绘的乌托邦就是一个没有特权，没有压迫、没有剥削的美好社会。

（三）乌托邦的社会生活

乌托邦是一个美丽的海岛，呈新月形，犹如广阔海洋中的一颗明珠。

---

① 摄护格朗特一词来源于希腊古语，意味着老人或长者。
② 希腊语，意为部落酋长。
③ 在古希腊语中意为坐首席者。

岛内自然风光山川秀美，景色宜人；城市建筑整洁、道路宽广；居民朴素自然、淳朴热情，整个乌托邦宛若一个大花园，有着田园诗般的景色。

乌托邦的城市都是经过精心规划的，具有周密、长远的规划图纸，乌托邦人只要一代接着一代按最开始的规划图纸建设下去即可。城市内部建筑整齐、绿化得宜、秩序井然、繁华热闹、便利舒适，人们的生活井井有条，人们都热爱着自己生活的城市及整个乌托邦。

乌托邦有着很好的医疗保障制度，全部医疗费用都是免费，医院的医疗设备完善，医生有着精湛的医术且具备良好的医德。乌托邦共有四所医院，分别坐落在四个不同的方向，一方面不会造成医院患者拥挤，另一方面可以防止传染病的扩散。乌托邦患重病的人可以选择结束自己的生命，但是必须通过教士和官员，如果在别人不知情的情况下选择自杀，就会被不体面地暴尸荒野。

乌托邦人在公共食堂集体就餐，但也不反对在家自己做饭。乌托邦食堂的食物精美丰盛，但乌托邦城内不允许杀生，一切需要经过屠宰的食物都是在城外洗净后才运到城内，一来是为了乌托邦人免见血腥场面，保持一颗仁爱之心，二来也可以避免环境的污染和传染病的传播。

乌托邦实行严格的一夫一妻制，且家庭内部长幼有序，互敬互爱，家庭温馨和睦。农村每户不少于40人，城市每户10～16人，农村家庭全部参加农业生产，城市家庭则从事手工业，且每个家庭只能从事一种产品生产。

（四）乌托邦的文化生活

乌托邦人重视科学文化知识的学习，且男女一样接受教育。乌托邦人的学习内容十分广阔，他们的文化素养和个人文艺素质极高，热衷于学术探讨、文化切磋、文娱活动。此外，乌托邦人还注重对外来文化的学习，对柏拉图、亚里士多德、埃里斯托芬等著名学者都非常尊重。

乌托邦人支持宗教信仰自由，岛内有着各种各样的宗教，人们的信仰也各异。乌托邦实行教会民主制度，教士由投票产生，他们负责青少年知识的传授和品德的熏陶。

《乌托邦》一书使莫尔名声大噪，其中的思想是后来社会主义理论的重要思想来源，指引着人类社会发展的正确方向，被称为"共产主义思想的微光"。

乌托邦的昙花一现

1509 年 4 月 12 日，亨利七世去世，同年 6 月 24 日，亨利八世举行加冕仪式，继承王位。亨利八世继承王位的时候，《乌托邦》一书已经问世，亨利八世欣赏莫尔的学识与才华，极力想将其收于麾下，多次向莫尔伸出橄榄枝。经过国王的多次召见，莫尔终于接受了国王的任命。

刚刚从政的莫尔内心是有一丝复杂的，一方面他深爱学术研究，喜欢潜心学术，另一方面亨利八世能让莫尔的乌托邦思想有实践的可能，因而，尽管莫尔对从政有几分不情愿，但也满怀希望并且拼尽全力。

1517 年 10 月 31 日，马丁·路德在维登堡教堂贴出《关于赎罪券效能的论辩》的九十五条论纲，拉开了宗教改革的大幕，莫尔也开始了与路德的论战，这场论战一直持续到莫尔生命的终结。莫尔对路德持批判态度，莫尔一直要恢复早期教会的纯洁性，路德的做法与教会的纯洁性背道而驰，是对教廷的极大蔑视。亨利八世同样对路德持否定态度，亨利八世出版了《为七圣礼辩护》一书驳斥路德，路德则以《驳亨利八世》一书作为反击。二者争论较为激烈，亨利八世批判路德是"放出毒蛇的魔鬼的奴仆""恶狼""最可耻的基督教叛徒""诲淫者"等，路德则嘲笑亨利八世是一个精神病患者，卑鄙无耻。

1523 年，莫尔用拉丁文撰写了《答路德》一书，尖锐地批判了路德的观点，对亨利八世予以支持。

自 1526 年起，莫尔的主要精力差不多都用于同新教的论战，先后出版了 7 部著作，最著名的莫过于《关于异端的对话》和《驳廷德尔的回答》两书。莫尔认为新教是社会动荡的根源，主张用犀利的语言进行淋漓尽致的批判。

1521 年 5 月 2 日，莫尔受任为副财政大臣，但莫尔上任不久，英国便陷入了战争的泥潭之中。由于多场大规模的战争使英国的财政吃紧，亨利八世召开国会征税。与此同时，莫尔被众人推举为下议院议长。这段工作是莫尔人生中非常艰难的一段时期，但是莫尔凭借出色的工作能力和过人的才智还是很好地完成了工作，帮亨利八世和英国渡过了难关。1529 年，莫尔跃升为英国大法官，成为政府最高长官，莫尔达到了政治生涯的顶峰。

就如同一条开口向下的抛物线一样，莫尔政治生涯的巅峰时刻也是其政治生涯走下坡路之时，莫尔本身不擅长处理政治事务，随着政治身份的提升，这一缺点暴露得越来越明显，另一方面，亨利八世也并不是救世主，他不可能建立乌托邦，这也是莫尔与亨利八世逐渐走向了对立面的原因所在。

魂归乌托邦

莫尔出任大法官以后并没有太久的时间掌握实权，实权反而很快就落入诺福克和马斯·克伦威尔两人手里。正巧这时亨利八世准备结束一场政治婚姻——与妻子凯瑟琳离婚。由于这场婚姻以政治为基础缺少感情支撑，婚后，凯瑟琳多次流产而且多名婴儿早夭，加之亨利八世与岳父相处不畅，他决定结束这场婚姻。亨利八世想让莫尔在这件事情上有所作为，但是莫尔并没有迎合亨利八世，这引发亨利八世极大的不满。后来神学家托马斯·克兰默通过多种肮脏的手段寻求到神学院和各大学专家们的支持，认为亨利八世离婚是合法的。亨利八世从此开始重用克兰默，莫尔开始被排挤。

1532年4月，按照国王的授意，下议院向国王递交了一份不满神职人员的请愿书，4月国王下令剥夺教士大会的立法权，遭到神职人员的强烈反对。面对神职人员们的反对，亨利八世要求教士们必须接受以下三个条件：第一，没有国王的同意，教会不得制定法律或实施法律；第二，国会常设委员会对现行教会法进行重新审查，一旦发现有与王权冲突的地方，立刻宣布无效；第三，与王权一致的教会法和教皇法，也只有亨利八世确认后方可存在。教士们不满情绪高涨，整个国家一片混乱，这时候在上议院的莫尔居然公开站在教士一边。5月13日，他和加德纳带头公然抗命，亨利八世下令解散议会，5月15日，教士们屈服；5月16日，莫尔交还玉玺，辞去大法官职务。莫尔希望自己隐退，国王也应允，从此莫尔的政治生涯结束了。

莫尔辞去一切行政职务之后，生活非常清贫。但是生活的风波却并没有因此而停止，1533年1月，亨利八世与安妮·波琳结婚，同年4月召开议会，宣布教会法庭不允许再向罗马教皇上诉，意味着亨利八世彻底摆脱了教皇的束缚。6月1日，波琳被册封为王后，加冕礼当天莫尔拒绝参加，只送了赠金，这件事情使亨利八世耿耿于怀。同年圣诞节前后，莫尔遭枢密院指控不赞同国王与波琳的婚姻。紧接着，王后的父亲又控告莫尔在出任大法官期间收受贿赂，一波未平一波又起，莫尔接着又受到女仆叛逆案的牵连。一位名为伊丽莎白·芭顿的母女说自己能接到神谕，在国王离婚后她说神谕的指令为：如果国王娶了凯瑟琳之外的女人，一个月内将失去王位，像恶棍一样死于非命。神谕不攻自破之后，芭顿对行骗的事实供认不讳，而且牵扯出费希尔主教和莫尔。事实上莫尔不但拒绝转述神谕，还告诫芭顿不要议论国事。1534 年 2 月，上议院提出"褫夺私权法案"，莫尔以涉嫌教唆无知妇女散播虚假预言打击国王的罪名被列入黑名单。莫尔写信给亨利八世，说明自己的清白。国王组成委员会听取了莫尔的变白，实际上是为了让莫尔对国王的婚事表示赞同，但莫尔没有就范，于是旧案未销，又添新罪——被指控对国王大不敬罪。莫尔再次致信国王的时候，国王被彻底激怒了，要亲自审问莫尔。很多大臣极力劝阻，大家都想帮莫尔，但是桀骜不驯的莫尔却不以为意。3 月，议会通过法案，同时宣布，任何诽谤国王婚姻或王位继立的人都将处以死刑并没收财产。所有人必须当众宣誓"法案的全部内容和意旨"，拒绝宣誓者将被判处二级谋逆罪，终身监禁并没收财产。莫尔得知这个消息后就知道这次自己在劫难逃了。而后，莫尔被要求宣读誓词，他断然拒绝。很多人多次向莫尔伸出援手，让莫尔就继承一事进行秘密宣誓，绕开国王婚姻一事，但国王依旧坚持让莫尔宣读誓词全部内容。4 月 17 日，莫尔再次拒绝宣誓，当天莫尔和同样拒绝宣誓的费希尔主教一同被送进伦敦塔。

莫尔入狱以后，大女儿玛格丽特曾入狱探望，并劝说父亲宣誓，但是莫尔毅然决然地拒绝了。后来又陆续有莫尔的挚友对他进行劝说，莫尔还是坚持不宣读誓词。1535 年 7 月 1 日，莫尔最后一次受审，陪审团中有与莫尔存在私人恩怨的人，陪审团判定莫尔有罪。审判结束后，莫尔异常平静，视死如归。

莫尔受审时，国王亨利八世决定对莫尔法外开恩，原定于泰本刑场改为伦敦塔桥山以砍头行刑。此外，国王还恩准莫尔的妻子和所有的孩子都参加葬礼。行刑时莫尔本来打算穿一件长袍，但是典狱长劝告他穿得太好的衣服会被刽子手拿走，于是莫尔决定穿上粗布灰袍，就像他描述的乌托邦人一样穿着朴素。莫尔临行前遵守诺言，话并不多，只是祈求众人为他祈祷，为国王祈祷，然后以他一贯幽默风趣的方式对刽子手说："哥们儿，别怕，您也是身不由己，我的脖子太短，您可要瞅准，千万别搞砸了。"

莫尔的头颅被高高悬挂在伦敦桥上，遥望着那个一片汪洋大海之中新月形的岛屿，那里没有专制，没有压迫，没有污蔑，山清水秀，鸟语花香。莫尔终于回到了那片乌有之乡……

参考文献

［1］蒲国良：《莫尔》，中国工人出版社 2004 年版。

［2］萧贵毓、牛先锋：《社会主义通史》（第 1 卷），人民出版社 2011 年版。

［3］托马斯·莫尔：《乌托邦》，戴镏龄译，商务印书馆 1959 年版。

近代空想社会主义的奠基人康帕内拉

托马斯·康帕内拉（Tommaso Campanella，1568—1639）原名为乔万尼·多米尼哥·康帕内拉，16世纪末、17世纪初意大利文艺复兴时期的空想社会主义者、哲学家、作家。他一生坐过50所牢房，受过7次酷刑，一生历尽艰辛，但他不屈不挠，著作甚丰。他的自然观是唯物主义的，他的宗教观点是泛神论的甚至是无神论的。他勇敢地反对天主教神学和经院哲学，提倡以经验来作为检验真理的标准，在神学思想统一一切的年代显得尤为珍贵，为丰富空想社会主义思想宝库做出了重要贡献。

贫寒出身难掩天才光芒

托马斯·康帕内拉于1568年9月5日出生在意大利南部卡拉布里亚省斯提罗城附近斯拉诺村的一个贫苦的鞋匠家庭。他生活在西班牙的残暴统治之下，目睹了亲人、朋友、同胞被欺凌的惨状。这样一个在被贫困和侵略双重压迫下长大的孩子，从小就对懦弱的国家、荒诞的罗马教廷和残暴的西班牙侵略者埋下了仇恨的种子。

康帕内拉是一个天才少年，混乱的社会历史背景和贫寒的家庭背景并没有掩埋他的才华，他小小年纪就崭露头角，显示出过人的文学才能。他14岁进入修道院，但是并没有开始苦行僧的修行，而是将修道院的藏书作为自己的广阔天空，沉迷于各种旷世巨著当中，在此期间痴迷研读柏拉图的《理想国》和莫尔的《乌托邦》，这一期间的广泛阅读和刻苦学习正是康帕内拉思想的重要来源。

1585年，康帕内拉参加了由科森萨的圣方济各派僧侣挑起的一场关于宗教教义的争论。在辩论会上，圣芳济各教士故作玄虚，似乎对于经典了如指掌，康帕内拉毫无畏惧，对诸多经典名著倒背如流，将对方的错误毫不留情面地指出，并且对其无厘头的观点进行了全面的辩驳。年仅 17 岁的康帕内拉雄辩的言论中发出的异教学说的气息，被很多别有用心的人留意到，怀疑他是否看过倍尔那狄诺·特莱肖的作品。其实这时的康帕内拉不仅饱读诗书，而且已经开始了自己独立的思考，对于长期统治修道院的神学权威和经院哲学体系流露出强烈的不满，开始挑战权威学说，他开始思考如何去从事一些有益的活动，而不是拘泥于所谓的奉承权威。

后来，康帕内拉被送到尼加斯特罗修道院。在这里，他常常通宵达旦地埋头读书。他在一首诗中写道："我全部身体在一小把脑髓中——可是我贪婪地阅读的书却多得全世界也装不下。我的贪得无厌的胃口是喂不饱的，老是感到饿得要命。"康帕内拉就是这样如饥似渴地从浩瀚的书海中汲取知识的力量。

特莱肖的忠实粉丝

16 世纪意大利著名哲学家倍尔那狄诺·特莱肖是康帕内拉的偶像，对其思想的形成有着巨大的影响，他崇拜与敬佩特莱肖敢于公开反对亚里士多德的错误言论，敢于向权威发起挑战，也佩服特莱肖对大家一直推崇的经典和权威进行批判的勇气，因而跟随着特莱肖的脚步，走上了一条"批判的"道路。康帕内拉批判亚里士多德主义，批判中世纪经院哲学，维护特莱肖的唯物主义路线，在批判中不断形成自己的思想和哲学体系。

1588 年 8 月，康帕内拉来到科森萨，本想与自己的偶像特莱肖见上一面，请教、学习，探讨一下学术，谈一谈人生理想。可惜，天不遂人愿，当康帕内拉来到科森萨的时候，他崇拜的偶像特莱肖已经病入膏肓，陷入弥留之际，不与任何人会面，不久就传出了去世的消息。未能与自己的偶像见上一面，是康帕内拉一生的遗憾，他表达了深切的悼念后离开了科森萨，来到阿里托蒙特修道院，在这里，康帕内拉以自己的方式怀念自己的偶像——继续深入钻研特莱肖著作，宣传特莱肖的思想，也正是他的这一举动，使他遭到了教会和经院哲学家的中伤和攻击，但是这并不能打消康帕内拉对偶像的崇拜和对真理的追求，他依旧以自己的力量传递着特莱肖的思想。

1587 年，意大利出版了哲学家兼法学家扎科波·安东尼·马尔塔用了七年时间所写的《亚里士多德的反对倍尔那狄诺·特莱肖学说原则的堡垒》一书，攻击特莱肖的学说。对于马尔塔不负责任的批判，康帕内拉愤怒至极，尽全力维护自己的偶像和捍卫自己内心的正义。怀揣着对理想的执着，在康帕内拉的夜以继日的努力下，他仅用了 7 个月的时间，就完成了人生第一部哲学著作《感官哲学》。在这部著作中，康帕内拉充分地表达了自己的思想，通过对马尔塔的驳斥批判了经院式的亚里士多德主义，反对人们对于所谓权威的盲目崇拜。他继承特莱肖的唯物主义感觉论，认为人的知识来源于感觉经验，离开感觉和感觉经验，人们就无法认识世界。这本书，成了康帕内拉哲学体系的思想基石。也正是这本书的出版，为康帕内拉引来了牢狱之灾。1591 年《感官哲学》出版后，当局留意到康帕内拉反对教会束缚和压迫的言论，因而康帕内拉遭到宗教裁判所逮捕，监禁一年多。次年 8 月 28 日对他判决，强迫他放弃特莱肖哲学，忠实恪守托马斯·阿奎那的神学唯心主义，并限令他七天之内离开那不勒斯，回到故乡的修道院去。但是，这丝毫没有动摇康帕内拉的信仰，他经过一番游历后在帕多瓦城的贫民区落脚，在当地成了一名家庭教师，以此维持生计，继续学习和研究特莱肖的思想，积极从事研究和写作，追逐着最初的理想。

失败的起义

1593 年 8 月，康帕内拉在帕多瓦再度被宗教裁判所逮捕。1596 年 12 月，康帕内拉被判为严重异教嫌疑分子，受到开除教籍的处分。1597 年，康帕内拉回到家乡卡拉布里亚，他开始在人民群众中讲道，利用这个机会大肆宣传自己的思想，进行组织工作，想乘机发动武装起义，推翻西班牙的统治。他认为人们通过武装起义将会推翻现存统治，并且预言人类的黄金时代即将到来。但是这一切仅仅是康帕内拉美好的愿望，残酷的事实是由于叛徒的告密，西班牙当局出动大批军队，将密谋武装起义的勇士们全部杀害。而康帕内拉为什么没有被裁决呢？因为他犯了反西班牙当局和反罗马教廷双重罪，也正是这个原因，他既要作为政治犯被西班牙当局审判，又要作为宣传异端邪说罪被罗马宗教所裁决。二者争执不下，拖延了审判时间，这一混乱局面给了康帕内拉一个逃离死亡的机会，机智的康帕内拉利用西班牙和罗马教会之间的矛盾，在监狱里进行斗争，借此机会利用自己过人的口才宣传自己的思想并鼓动大家越狱。

曾经康帕内拉也被审判者处以死刑，但是每次康帕内拉都极其平静地面对，视死如归，并且坚定自己的信念，展示他雄辩的口才，很多次审判因此而停止。他在临刑前坚持自己的思想：认为死并不存在，"它只是由一种物质向另一种物质的转变，自然界永远存在着，不管周围有多少像你们这样的刽子手，生命始终不会停止，而且总是要胜利的"。

康帕内拉一生多数时间是在监狱里度过的，他最后一次被捕是在1599年的9月6日，原因是他参加了密谋推翻西班牙的残暴殖民统治的起义。在起义前，人们曾探讨了起义之后何去何从的问题，也就是国家未来的发展去向，康帕内拉借此机会宣传了自己的政治思想——建立共和国，他告诉人们要建立一种完美的并能长期存在的新制度，这些政治思想和对国家制度的构想正是他《太阳城》一书中所构建的自由人和共和国。但是事与愿违，"太阳"的曙光并没有照耀西班牙，使之光明一片，而是被两个告密者化为泡影。这两个叛徒是债台高筑的家伙：一个叫拉乌罗，刚满二十岁；另一个叫比布里阿，是个入了耶稣教的犹太商人。事情起源于一个叫季奥尼的人，他也是主要策划者之一，由于太过心急，在起义前夕向上述两个无耻之徒进行了动员，两个债台高筑的家伙考虑到告密的赏金，谄媚地向西班牙当局告密。因为他们俩的贪念，葬送了革命前程，很多起义者被抓入狱，康帕内拉也又一次开始了自己的牢狱之灾，直到1628年7月才刑满释放。

牢狱中的"怪物"

康帕内拉71年的人生中有33年时间是在牢狱中度过的，前后坐过50多个牢房。由于康帕内拉在起义中是领导者，并且宁死不屈地和敌人展开激烈辩论，因而敌人对他加重刑罚以泄愤。但是康帕内拉从未因为酷刑而屈服，他越顽强，敌人在牢狱中"教训"他的刑罚越残忍，康帕内拉几乎经历了当时所有惨无人道的牢房中的刑罚。

康帕内拉被当时的狱吏称之为"怪物"，这是因为他创造了在牢狱中蹲鳄鱼坑的奇迹，在鳄鱼坑里坚持了 7 个昼夜，前所未有，所有目睹这一切的人都为之震惊。所谓蹲鳄鱼坑就是在肮脏的泥潭里将人用脚链锁住，犯人只能站立，没有人能在这里坚持一整天。但是康帕内拉却在寒冷的冬天里，在冰冷恶臭的泥潭里整整泡了 7 天 7 夜，依旧不屈不挠，既没有屈服，也没有因此丧生，狱吏也为之震惊，将其视为"怪物"。康帕内拉在鳄鱼坑里创造了一个奇迹，时刻透露出他坚定的意志和对理想的执着。

康帕内拉还经历过另一种酷刑：狱吏将他捆扎在梯子上，梯子上的横木被削尖，直接插入到康帕内拉的肉里。行刑的时候，康帕内拉鲜血直流，但是他从未求饶，也未曾屈服，任鲜血在刑具上流淌，内心的热血却从未干涸，他依旧用犀利而又充满希望的眼神怒视着狱吏们。

康帕内拉一生坐过 50 多处牢房，包括圣地艾尔摩城堡的地牢、努奥沃城堡、圣地艾尔摩城堡等，直到 1628 年 7 月 27 日，他最终被释放，重新获得了自由。

尽管牢狱生活十分艰苦甚至残忍，康帕内拉却在牢狱中不断创造奇迹——著书。越是残暴的刑罚，康帕内拉越坚定自己内心的信仰，思索如何结束这黑暗的统治，为人类寻找光明，建立一个自由平等的社会。康帕内拉最著名的著作就是《太阳城》，该书以对话录的体裁描绘了美好的、没有剥削的世界。在那里实施公有制，人们按需分配，这显然是对现实的黑暗社会进行了批判。虽然《太阳城》仅仅构想了一个空想的理想社会，但是却提出了没有压迫、没有剥削的社会建设模式，在社会主义发展史上做出了巨大的贡献。

此外，康帕内拉著有《感官哲学》《论物的意义》《伟大的结论》《形而上学》《辩证法》《唯理论哲学》《哲学复兴的先驱》《实在哲学》等著作。

最后的流亡

康帕内拉于 1628 年 7 月被释放出狱，牢狱生活磨炼出的坚定信念和冷静的思考，使康帕内拉在出狱后继续从事政治活动和学术著作。他依旧没有放弃之前的理想，依旧谋划着起义，依旧想让"太阳城"的光芒真正地照耀到人间。但是事与愿违，历史也总是惊人相似，叛徒又一次出卖了他，但是汲取之前的教训，康帕内拉化名逃亡法国。异国他乡的流亡生活中，康帕内拉依旧心系人类社会的未来，他尽心尽力地出版、宣传自己的著作，希望自己的思想得到认可并且得到实施。长期的牢狱生活给康帕内拉的身体留下了严重的创伤，加之思乡，康帕内拉晚年并不幸福。1639 年 5 月 21 日，康帕内拉由于肾病恶化，与世长辞，终年 71 岁。

贫苦的出身、曲折的成长经历、残酷的刑罚和流亡的艰辛都未曾摧毁康帕内拉内心坚定的信念。他始终没有放弃理想，没有放弃为人类谋幸福，丝毫没有动摇自己的信念。他的思想与精神都是社会主义发展史上的宝贵财富。

参考文献：

［1］王翼：《康帕内拉》，陕西师范大学出版社 2017 年版。

［2］［苏］施捷克里：《康帕内拉》，秦水译，商务印书馆 1963 年版。

［3］［意］康帕内拉：《太阳城》，陈大维、黎思复、黎廷弼译，商务印书馆 1980 年版。

［4］萧贵毓、牛先锋：《社会主义通史》（第 1 卷），人民出版社 2011 年版。

共产主义作家的先驱维拉斯

　　德尼·维拉斯（Denis Vairasse）是 17 世纪法国的空想社会主义思想家，关于维拉斯的生平简介可以查阅的资料少得可怜，没有明确记载他的生卒年。根据微薄的资料知道他大约出生于 1630 年。生于法国郎基多克省阿莱城的一个信奉新教徒的虔诚家庭，他在少年时代学习法律，成年后开始游历了整个欧洲。15 岁时曾应征入伍，还参加了意大利的战争。1665 年维拉斯来到英国，做过翻译，还接触过英国著名的贵族阶级，积极参与英国的政治斗争，后来于 1674 年被迫离开英国。1675—1685 年，维拉斯在巴黎专心著述，写成了《塞瓦兰人的历史》。1686 年离开法国，从此定居在荷兰，大约于 1700 年逝世，被后人称之为共产主义作家的先驱和伟大的导师。

　　关于维拉斯的资料少之又少，他具体的生活轨迹也很少有明确的记载，仅有的记载中我们知道维拉斯 15 岁时应征入伍，服役三年后父亲去世，他回到家乡继承财产。而后学习法律，并获得博士学位，但是他本人并不热爱法律，反而厌恶法国司法制度的黑暗。在维拉斯母亲去世后，他放弃了法官的工作，开始游历各国。他在英国生活期间，做过翻译、教过法文，也接触过政治。他曾经也卷入到英国统治阶级的政治角逐中，但却由于白金汉公爵在政治上的失宠，维拉斯又返回了法国。此后，维拉斯不再接触政治，在巴黎隐姓埋名。他的晚年都在荷兰度过的。由于关于维拉斯的记载过少，那我们不如直接看看他在书中所幻想的国度和构思的奇妙故事。从他所构想的国度中，解读他丰富的空想社会主义思想。

塞瓦兰人的由来

《塞瓦兰人的历史》是 17 世纪空想社会主义的伟大著作，也是维拉斯的代表作。早在 1674 年以前《塞瓦兰人的历史》第一章的英文版就面世了，但是并没有引起多大反响。后来维拉斯又重新以法文版书写，完成了后两章并且在巴黎出版。书中的塞瓦兰是维拉斯构想的一个美丽国度，这里住着塞瓦兰人，他们是这样形成的：这里曾经住着两个土著部族，即普列斯塔兰人和斯特鲁卡人，他们的生产力水平很低，过着集体生活。维拉斯对这个国度的社会制度、政治体制、历史由来、军事、文化以及风土人情等进行了详尽的描述。维拉斯在对塞瓦兰的构想中，将他的公有制、人人劳动、按需分配等空想社会主义思想体现得淋漓尽致，是空想社会主义理论思想库中的宝贵财富。

塞瓦兰人的生活

塞瓦兰被维拉斯赞颂是"古往今来的国家制度的楷模"，是"一个一切都美妙绝伦的国家"，"是世界上最完美的民族"[①]。在这个美丽的国度中，大家过着集体生活，每个大家族和公社都会选举出来族长或者公社首长，他们有着至高无上的权利。每个公社还会选举一名代表组成最高议会，负责部族的重大事务，对重要事情做出决策。

这种塞瓦兰人原始的生活状态被一个叫作塞瓦里斯的人打破了，他用武装取得了最高统治权，成了塞瓦兰的立法者。塞瓦里斯取得最高统治权以后对整个塞瓦兰社会进行了改造，在原有的社会基础上直接建立起了公有制的社会方案。

塞瓦兰社会的基本单位是奥斯马齐，这是一种最为集体的基层经济组织，可以为满足整个社会的需要而生产。奥斯马齐既包含农业和畜牧业，也包含着纺织、缝纫、炼铁、教育等行业，可以满足社会成员日常生活的所有需求。而且每个部门都有独立的长官，他们领导负责本部门的日常运

---

① 维拉斯：《塞瓦兰人的历史》，汪裕荪译，商务印书馆 1963 年版，第 39 页。

作，维护着整个部门乃至国家的利益。塞瓦里斯还宣布废除私人财产，塞瓦兰所有的土地和财富都是统一归国家所有，这样一来，塞瓦兰的人们没有了私人的贪欲，没有了盲目攀比，也就没有了嫉妒与贪婪，不会为了自己的利益相互竞争与残杀，社会就会相对稳定。废除私有财产以后，国家所有的财富就是每个人的财富。大家集体富裕了起来，人人都热爱劳动，所创造的财富归根到底都是自己的财富。由于废除了私有制，塞瓦兰人的生产资料和生活资料都需要领取实物。公民在有需求时，要向公职人员申请，然后去到奥斯马齐的仓库中领取所需要的用品和资料。因而在塞瓦兰，没有失去生活资料的人，也没有贫穷的人口，大家共同享有所有生产与生活资料，因而不用负担沉重的地租、赋税等，塞瓦兰也没有商品和货币，所以这里的人们不会为了生计发愁，不会为了贫寒忧心。

塞瓦兰的人们实行义务劳动制度，公民在达到法定劳动年龄以后就必须参加劳动。这种人人义务劳动既是满足塞瓦兰国家蓬勃发展生生不息的需求，也是使人们适当劳动，有益身心，保证人们有良好精神状态的途径。塞瓦兰把一天的 24 小时三等分，分别用于劳动、娱乐和休息，各占 8 个小时。这样科学的安排使人们既能满足生产需求，又能满足锻炼身体、适当休息的需求。可以说维拉斯是最早的 8 小时工作日的倡导者了，这一倡导一直到今天都被人们所认可。在塞瓦兰，人们不仅需要义务劳动，还要热爱劳动，劳动是社会发展的需要，也是人们本心所真挚的热爱，大家并不会因为义务劳动而抱怨或不满，而是满心欢喜地沉醉其中。

塞瓦兰人重视社会教育。教育可以在人们心中播下美德的种子，只有公民都接受了良好的教育，大家才会热爱劳动，不会滋生私心与邪念。贪婪会被教育扼杀，公民会保持理性。塞瓦兰的儿童从 7 岁开始到公共学校接受教育，公共学校的教育不仅包含文化知识、艺术特长，最主要的是极其重视道德教育。完成 4 年公共学校的教育后，孩子们会去农村 3 年，每天用 4 个小时学习耕种，再用 4 个小时继续学习文化知识。一直到孩子满 14 岁，他们可以选择一种职业，然后进行专业性的训练。其中一些天赋异禀的孩子，表现出某一方面的过人天赋，可以专门从事脑力劳动。在塞瓦兰，男女平等，男孩女孩都平等地接受教育，虽然接受教育的权利是平等的，但是学校是分男校、女校的。而且在塞瓦兰，女人也要服兵役，和男人一样要保卫国家的安全。

塞瓦兰的政治

《塞瓦兰人的历史》一书不仅描述了塞瓦兰人的日常生活，还对塞瓦兰的国家政治制度进行了详尽的介绍。在塞瓦兰，政府机构是由选举产生的，最高的权力机关是总会议，由奥斯马齐长和其他公职人员组成。总会议设有常委会，各部还会设立特别委员会，大家各司其职，管理本部门的事务。

其实在对整个塞瓦兰的政治体制上，维拉斯是倾向君主专制的，但是他所谓的君主专制并不是传统意义上真正的君主专制，而是一个虚构的君主，这个虚构的君主不是自然的人而是拥有着无限权力的太阳神，塞瓦兰的总督只是这个拥有无限权力的太阳神在世俗世界的代表而已。由此可见，维拉斯并没有摆脱时代的束缚，他的思想依旧具有封建时期君权神授的烙印。但是在维拉斯看来，太阳神在尘世间的代表——总督并不仅仅是由太阳神选拔而来的，而是要参考由总会议和人民选举意见，综合二者的意愿而产生。所以塞瓦兰的政治是神权和人权的结合，将君主制和民主制结合在一起，是一种新型的政治体制，在当时的时代背景下，具有进步意义。

在塞瓦兰，总督也并不具有无限的权力，他所发号的指令和做出的重大决策必须由最高国家会议通过，否则将无法实施。这也是防止权力专属，造成出现暴君的局面。总督一旦违背了人民的意愿，损害了国家的利益，总会议是有权力罢黜总督，剥夺他的一切权力的。而且在塞瓦兰，没有世袭制，包括个人财产和社会地位，这些都无法世袭，这也就保证了人人平等，避免了由于出身问题造成的阶级划分。

在《塞瓦兰人的历史》一书中，维拉斯不仅描述了塞瓦兰的基本政治体制和制度，还详尽地介绍了塞瓦利斯是如何管理国家和选出继承人的。塞瓦里斯在自己 70 岁的时候已经统治塞瓦兰 38 年之久了，这时候他意识到自己已经年老，无力再继续领导塞瓦兰的人民继续走向繁荣，因而决定找一位年轻力壮的年轻人接替自己的位置，这种禅让不是世袭，而是和民主选举结合在一起的。塞瓦里斯将柯曼达斯选为自己的继承人，然后自己辞去所有职务，开始过上了平民的生活。16 年后与世长辞，全国上下不胜哀痛，他是塞瓦兰人们心中幸福的使者，在人们心中一直都是伟人的形象。

柯曼达斯继位以后，继承了塞瓦里斯的遗志，领导着塞瓦兰人进行国家建设，大力发展各项事业。国家持续发展与繁荣，人们的生活也越来越好。塞瓦兰从总督一世到总督八世共经历了 220 年的发展，在总督的带领下，塞瓦兰稳定发展，持续繁荣，国家呈现一片欣欣向荣的景象。

维拉斯思想的贡献与局限

维拉斯的空想社会主义思想具有明显的进步性，是 18 世纪法国空想社会主义思想史上闪耀的光辉，对早期的空想社会主义思想进行了超越，很多全新的观点促进了空想社会主义思想的发展，是整个社会主义思想史上较为宝贵的财富。

维拉斯首先对于原始社会进行了深入的思考与研究，在空想社会主义思想史上第一次明确、详尽地论述原始社会的状况，因而也明确了原始社会和空想社会主义社会在公有制、集体劳动等方面的本质区别。维拉斯的这些结论充分说明了原始社会的公有制有利于社会改造，并且论证了在原始社会上建立共产主义要远远比在私有制基础上的社会建立共产主义容易。

维拉斯的另一个贡献在于他提出了消灭阶级、人人平等。由于私有制被废除了，所以塞瓦兰人都是参加劳动的普通劳动者，虽然有职业之分，但是并没有阶级地位的划分，大家都是平等的劳动者，没有特权阶级，没有任何人能享受特权，所有人的政治权利和社会地位都是平等的。而且世袭制的废除，也消除了人们区分贵族和平民的基础，大家生来平等，都要参加社会劳动，进行义务劳动。尤其是男女平等的思想，具有明显的进步意义。另外，维拉斯提出的 8 小时工作日也极具进步意义，对后来社会的发展有着重要的参考价值。

但是，维拉斯的思想也存在着很多历史局限性，没有摆脱时代束缚。虽然他的空想社会主义思想预测了未来社会发展的趋势，但是并没有完全理解社会发展的客观规律，因而很多思想都是天马行空的猜想，并没有成为社会历史发展所必须遵循的客观规律。他的思想中封建思想也很浓厚，并没有认为人们可以自救，人民群众在他的眼里依旧不是历史的创造者，苦难的人们想要摆脱苦难依靠的还是神一样的人物或者是英雄人物，上帝派来的救世主和人间非凡的领袖依旧是他所推崇的领袖，具有极高的历史地位，远远超越了人民群众，这是维拉斯思想明显的局限性。

维拉斯所描述的人人平等也并非真正的所有人都是平等的，他所谓的消除特权，其实还是一定程度上存在着特权。例如塞瓦兰的某些猎区只能市长进入打猎，很多公职人员的衣食住行用都是高于普通民众的，这些都是维拉斯对于特权模棱两可的描述。虽说人人平等，不存在特权，但是在某些方面还是有特权阶级的存在。而且在塞瓦兰，依旧存在着奴隶劳动，既有生产奴隶也存在着家奴，甚至公职人员可以拥有更多的老婆和奴隶，这些不仅不具有进步性，而且还是空想社会主义思想史的退步。而在分配方面，塞瓦兰虽然从法律上规定，没有商品货币关系的存在，塞瓦兰的人民实行按需分配，但实际上，在消费品的分配上并不是按需分配，而是按照地位的高低和贡献的大小而进行分配。所以维拉斯很多思想是前后矛盾的，一方面声称塞瓦兰实行按需分配，另一方面其实又在叙述着按需分配、按劳分配甚至是按照等级分配的同时并存，由此可见维拉斯的空想社会主义思想有着明显的历史局限性。

维拉斯是 17 世纪法国空想社会主义者，留给世人的《塞瓦兰人的历史》一书承袭了之前空想社会主义者的文艺形式，是法国空想社会主义极具代表性的著作，尽管有其历史局限性，但是丰富的空想社会主义思想依旧是社会主义发展史上宝贵的财富。

参考文献：

[1] 萧贵毓、牛先锋：《社会主义通史》（第 1 卷），人民出版社 2011 年版。

[2] 维拉斯：《塞瓦兰人的历史》，汪裕苏译，商务印书馆 1963 年版。

斯巴达式共产主义者马布利

　　加布里埃儿·邦诺·德·马布利是 18 世纪杰出的空想社会主义者，是 18 世纪法国著名的政治家、理论家和历史学家，是同孟德斯鸠和卢梭一样享有盛名的学者。

　　马布利认为，建立在私有制基础上的社会是不符合理性和自然秩序的，所以应该把现存的私有制社会改造成"人人平等，人人是兄弟"的理想社会。为此，他注重和致力于拟定向未来共产主义的理想社会过渡的立法改革方案，主张通过立法改革使人类逐步恢复理性，限制人们的邪恶欲念，改革现行税制和土地制度，防止财产集中，等等。但他坚持反对人们对改善物质生活的欲望和要求，而主张"苦修苦练的、禁绝一切生活享受的、斯巴达式的共产主义"，限制消费和生产，实行平均主义。从马布利设计的社会改革方案来看，虽然带有明显的小资产阶级平均主义和禁欲主义色彩，没有较为激进的主张，但这个改革方案反映了当时无产者和劳动人民的要求，在空想社会主义史上具有一定的价值。

出身于司法贵族

　　在法国东南部，有一个群山环抱的城市叫格莱诺布尔。1709 年 3 月 14 日，白色情人节这一天，法国杰出的政治家加布里埃尔·邦诺·德·马布利出生于这座美丽的城市。

　　马布利出身于格莱诺布尔市的一个司法界贵族家庭。他是哲学家孔狄亚克的长兄和百科全书派的代表人物达兰贝尔的堂兄。少年时期，马布利被送到里昂的耶稣会学院学习人文科学教育，当时的许多著名人物都出自这个学院。马布利从耶稣会学院毕业之后到了巴黎。他的家庭希望他能够从事神职，便嘱咐他的一位亲戚红衣主教谭先把他送入了圣·苏尔皮齐修道院，马布利就这样成了一名神甫。但是，马布利并非真心喜欢这份神职，修道院的生活与马布利的爱好格格不入，他不愿日复一日地做这种工作，对这种工作感到十分厌烦。加之后来法国社会动荡不安，日益激化的社会矛盾，更激起马布利这颗年轻勇往的心。于是，他不顾家族反对，毅然选择离开修道院，重回格莱诺布尔。回到格莱诺布尔市之后，马布利开始了自己喜爱的古罗马哲学、史学和文学等方面的工作，马布利醉心于此，开始埋头苦读历史著作以及古典文学，他甚至都能把柏拉图、修昔底德、普卢塔克等人的著作给背诵出来。他希望能从历史研究中探索出解决社会危机的办法，实现自己的人生理想，做一些有益于社会的事情。

在这段时间里，马布利完成了他人生第一部著作《罗马和法国的比较》，于1740年出版。此书一经出版就非常受欢迎，但是在这部书里马布利还是完全承认君主制度的必要性，在这本书中马布利尚未形成独立的社会政治主张。

崭露头角，初试锋芒

《罗马和法国的比较》出版后不久，马布利又从家乡来到了巴黎。这以后的五六年里，他过着相互矛盾的双重生活。他常常到他的姨妈谭先夫人的沙龙去做客，在这里结识了一些有名的哲学家和作家等。他与孟德斯鸠和达尔让逊等人一见如故，相谈甚欢，建立了深厚的友谊。同时谭先夫人十分赏识马布利的才华和聪明，便建议她的兄弟红衣主教谭先聘请马布利担任他的秘书。1742年，谭先出任外交大臣，马布利成了谭先的最得力的助手，他工作事无巨细，尽职尽责，深得谭先的赏识。在外交部工作的马布利事业发展也是顺风顺水，得到了领导们的赏识和同事们的认可，仕途一路高升，不久就开始担任要职。在外交部工作期间，他为红衣主教准备在大臣会议上所做的报告，拟定备忘录、政府的紧急报告文件等。马布利还给谭先写过一份关于威斯特法里亚和约的国际关系概要。这份概要奠定了马布利在1748年于阿姆斯特丹出版的《根据从1648年威斯特法里亚和约到现在的各项条约建立的欧洲国际法》的基础。在外交部工作的这段时间，马布利参与了很多国家重大事件的处理，展现出过人的才华，表面看来，马布利正在沿着贵族的阶梯在封建君权中步步高升。但实际上，正是在为宫廷服务的过程中，他逐步地了解了封建专制制度的黑暗与罪恶，引发了他对一系列的社会问题的深刻思考。逐渐马布利也开始厌倦了官场上的虚伪与明争暗斗，开始对这份看起来不错的工作感到厌烦，对工作提不起兴趣，也没有热情，甚至开始萌发了他反对一切剥削与压迫的空想社会主义思想。

逃离官场　醉心学术

马布利在外交部做了四年，终于还是受不了这份违心的工作，所以在1746年，他不顾家族反对毅然辞去可以飞黄腾达的外交职务。而且离去得特别彻底，与法国的宫廷断绝了一切的联系，放弃了一切国家给予的荣誉，无官一身轻地离去，开始潜心学术与社会科学研究。马布利开始了与之前完全不同的生活，从此终生与官方的政治和外交活动绝缘。离开外交部之后，马布利一心为民众寻求一个理想国而努力着，他厌恶法国专制制度和权贵势力，拒绝为路易王太子讲授政治学，当时马布利说，如果我去教太子，我将对他说："国王是为了人民而创造的，而人民不是为了国王而创造的。"[1] 离开了官场的马布利四十年如一日，他忠于自己的本心，安于清贫和孤独，在清贫中追求梦想，坚持信念，为人十分谦逊，满足于每年三千里弗（现今的法郎）的养老金收入，这是他的全部财产。马利布完全献身于科学工作，研究历史和哲学，潜心著述。他的后半生主要从事研究和写作，他试图通过探讨历史上各种社会制度的弊端，找出社会苦难的根源，探索有利于人民的社会发展路径，总结改造现实社会的历史经验，憧憬和追求一个美好的未来世界。他一生留下了丰富的作品，展现了丰富的学术思想，这些著作和手稿都收集在《马布利全集》之中，共十五卷。

马布利毅然决然与宦界断绝关系，是他的政治观点发生深刻变化的结果。在外交部工作的这些年马布利熟悉专制制度的各个方面，他深度接触到了国家的政治核心，看透了这里的肮脏与不堪，也因而深知其黑暗与不

---

① 《马布利选集》，何清新译，商务印书馆1960年版，第176页。

公平。这促使他厌弃这种制度，而且开始思考如何改变这种制度。于是，他开始到古希腊人中去寻找他的完美国家理想，研究普卢塔克、修昔底德等人的著作，他希望在前人的经典著作和思想精髓中找到国家发展的出路。马布利在大量阅读历史书籍时被希腊的民主制度所吸引，特别是斯巴达的制度。斯巴达组织结构实现了非常彻底的分权，这种组织结构将权力分散，以两个国王、五个监察官、长老议事、公民大会互相制衡来实现政体民主。马布利认为斯巴达独有的监察官制度，是民主与专制弊端良好的解决方案。这些都是马布利一直找寻的理想制度，所以他认为斯巴达的监察官制度对于解决现存政治制度的弊端很有借鉴意义，因此潜心研究，这在他日后的著作和思想中都有很明显的体现。

1748 年，马布利出版了他脱离官场后的第一部著作——在阿姆斯特丹出版《根据从 1648 年威斯特法里亚和约到现在的各项条约建立的欧洲国际法》一书。也正是从这本著作开始，马布利开始形成自己的政治思想体系。从这本书上可以看出，马布利的政治观念发生了清晰的变化。马布利在《根据从 1648 年威斯特法里亚和约到现在的各项条约建立的欧洲国际法》一书中，严厉地批判了欧洲各国的对外政策及其人民的社会和政治生活条件，对此表现出极其不满，并且表明决心，他将致力于该问题的探索和解决，会利用自己的整个后半生来解决其中的各项问题。马布利在这本书里谈到了财富分配的不公正，初步显现出了人人平等的思想，还讲到了自由与民主，提到了这些社会制度与正确的思想和自然规律的矛盾。此时的马布利已经初步形成独立的政治主张和思想体系。

在潜心研究了古代希腊和罗马的共和国的历史以后，马布利出版了两部著作：1749 年出版《希腊史纲》和 1751 年出版《罗马史纲》。在这两部著作里，马布利积极地歌颂古代共和国，对其大加赞扬，并将古代共和国与当前欧洲的国家做比较。马布利通过宣传古代共和制度的优越性，以及古代共和制与当时法国制度的对比，尖锐地批判了法国的封建专制制度。马布利还是一个特别懂得自我反思的一个人，他在《罗马史纲》一书的序言里对他自己第一部著作《罗马和法国的比较》进行了严厉的批判，这也足以证明他自己的思想是在不断进步的。1757 年，马布利的《外交原理》出版，他在这本书里斥责了欧洲君主国家的内外政策，批判了国家掠夺性的战争，还指责了国家对于民众的剥削和压迫。在这一时期马布利还有其他著作和手稿，在其中体现了马布利关于社会政治制度和国家发展道路的观点和思想等。

公有制的极力推崇者

1758年，马布利写完《论公民的权利和义务》，在其中叙述了很多关于内政问题的观点和看法。这本书采取了书信的形式，马布利从抽象的人性论出发，批判了暴力和内战，还对私有制进行了深刻的批判，认为人是自然的产物，是天生平等的。主张取消私有制，实行公有制；消灭剥削，人人劳动，各尽所能，各得其所。但由于出版检查，政府对这本书的出版百般阻挠，这部书在马布利生前未能出版，过了30年，一直到马布利去世后的第4年，也就是在1789年才正式出版。

马布利像17世纪和18世纪大多数思想家一样信奉自然法权论。他的空想社会主义学说是建立在自然神论和自然法学术的基础之上的。但马布利作为一个空想社会主义者，在自然观方面，他是一个自然神论者，他坚信自然界是由神，也就是上帝制造的，自然界的发展是神的旨意。但是整个世界发展并不等同于自然界，世界的发展并不是上帝的旨意，而是遵循着世界自己的规律。马布利用这样一种观点为自己的空想社会主义思想寻找理论根据，在神学的理论支撑下把矛头指向私有制度，从而否定封建礼教中，神可以主宰一切的荒谬言论。马布利已经开始逐渐认识到自然界和整个世界发展的客观规律了。在此基础上，马布利解释和说明了人类社会的产生和发展，他认为大家是平等的，从自然界的角度看来，所有的人都被自然界给予了同样的构造和需求，因而也就应该拥有同样的权利。马布利认为人民是最高权力的唯一源泉，因而私有制的存在破坏了自然秩序，而共产主义则可以避免自然秩序被破坏，因而是理想的社会制度。也正是基于此种判断，马布利赞美原始社会，给予了原始社会很高的赞扬，认为这是人类的"黄金时代"，认为原始社会是最符合、尊重自然秩序的社会。

马布利的空想社会主义学说之所以如此高度赞扬原始社会，是因为他所生活的时代，法国封建专制制度的弊端日益凸显，制度危机逐步显露。在此过程中，资本主义工商业逐渐发展起来，资产阶级有了一定的发展。但是新生的资产阶级无法动摇封建专制统治，封建制度依旧占据着统治地位，因而资产阶级与封建专制王朝之间的矛盾日益尖锐，不断激化。在这种复杂的环境中，马布利的空想社会主义思想逐渐形成。

1765 年，马布利在日内瓦出版两卷《法国史纲》，中间耽搁数年，一直到 1788 年第三卷才正式出版。在这部著作中，马布利根据原始材料研究本国的历史，对宪章、法律和条约等文件进行了深入的研究与仔细的探讨，这部著作是基于马布利多年史学和政治学学习、研究的功底而写作完成的，可以看出，这一时期马布利对于政治已经有了深入的思考，逐渐形成独立的政治观点。在这部著作中，马布利揭发了封建制度和专制政权产生的根源，分析了这种制度的弊端，论述了封建制度得以存在的支撑，进而揭露了神授王权学说的伪科学性和欺骗性。但是马布利对于查理大帝大加赞扬，他认为查理大帝统治时期是法国历史上的光明时刻，辉煌至极，原因在于查理大帝是能执行人民代表所通过的法律的国王。马布利认为三级会议的存在十分必要，不应该被取消，这是法国历史上极其错误的做法，而如果想要使法国复兴，实现国家繁荣，恢复查理大帝时期的辉煌，就一定要在新的基础上恢复三级会议，这是十分必要的。马布利还指出，按照现在的形势预测，君主政体的危机很快就会到来，所以在这一时刻，恢复三级会议迫在眉睫。马布利《法国史纲》一经出版，迅速在法国社会流行起来，尤其在法国革命时期，甚为流行。

1767 年，马布利的另一部作品问世——《论历史研究》，这是马布利为波旁王朝的帕尔姆的斐迪南亲王写的一篇论文。在《论历史研究》这篇论文中，马布利评述了古代和近代世界各国人民的历史，他大肆批判统治者阶级滥用职权的现象，认为这一行为是造成各国人民苦难的原因所在。他的这篇论文引起了当时欧洲国家的高度重视，并且他还对彼得大帝的改革予以高度赞扬，随后他又批判了彼得大帝，原因是彼得没有把他的臣民培养成公民。尽管《论历史研究》这篇文章在 1767 年就已经写作完成，但是一直到 1778 年这篇文章才得以正式出版。

1768 年，马布利发表了《向哲学家经济学家提出的对政治社会的自然的和必然的秩序的疑问》，依旧是采取书信的形式。马布利的这部著作主要是同政治经济学中的重农学派进行论战。事情源于 1767 年哲学家梅尔西·德·拉·里佛尔出版了《社会的自然和必然的秩序》，他是一位重农学派的代表，在这本书中通俗化了魁奈的经济学说。作为空想社会主义者的马布利在看到《社会的自然和必然的秩序》一书后，立刻开始与重农学派论战，而论战的工具就是《向哲学家经济学家提出的对政治社会的自然的和必然的秩序的疑问》这一著作。马布利从要不要消灭私有制和财产不平等这一论点出发，与重农学派展开了激烈的论战。马布利在这本书里尖锐地批判了私有制是人固有的权力这个观点，驳斥了财产不平等是符合必然秩序的谬论。对于重农学派认为土地私有权是人不可剥夺的自然权利这一观点，马布利也予以反驳，认为从对自然法权论的理解来看，土地公有制才真正符合自然秩序，反之则是对自然权利的破坏，因而土地私有是非法的。该书中还指出，按照自然秩序，既然自然界中的人是平等的，那就应该平等地对待他们，他们应该具有同样的权利和义务，人们越平等就越幸福。而土地私有的存在导致了人们之间的不平等，是出现社会各种不公正现象和其他暴乱的原因。所以马布利在书中倡导公有制，提倡财产平等。此外，马布利还认为私有制和人的道德品质息息相关。就是因为私有制的存在，才引起了贫富的差距、财富的两极分化。因而很多贪婪、虚荣、攀比的邪念在人们的内心滋生，所以逐步造成了人与人之间的不平等。地位的悬殊就会使一部分人越来越富，而另一部分人因为贫穷的原因处于被奴役的地位，而且这部分人占多数。他提出社会的不平等起源于私有制，剥削和压迫也是来自私有制度，人类社会实现自由和平等就一定要废除私有制度。人们在财产上的平等才能实现劳动平等，地位平等，形成人人平等的社会。

此外，马布利还是禁欲主义的代表，他理想的共产主义社会是一种"苦修苦练的、禁绝一切生活享受的、斯巴达式的共产主义"。马布利在研究古希腊的历史和文化中，大肆赞扬斯巴达社会，对其予以了很高的评价，他认为斯巴达人的生活状态是理想的社会生活。马布利认为斯巴达实行了土地公有制，所以人们生活很简单且安逸，大家都不去追求华而不实的东西，人民都很朴实无华，没有因为财富的差距感到苦恼，不会为了追求地位而劳心，更不会滋生攀比的心理，斯巴达人生活舒适，道德高尚，处事公正，甘于奉献，都源于土地公有制这一社会制度，因而他们600多年持续繁荣，人们过着平等的生活。这是马布利对斯巴达大加赞赏的原因所在，也是马布利认为现代人应该向斯巴达人学习的地方。他认为私有制会引起国民的道德水平急转直下，变得冷酷无情，社会上的阴谋、欺骗、暴虐都是由于私有制。马布利提倡人民应该清心寡欲，他赞成苦行僧的生活方式，反对贪婪，认为应该普遍提升国民道德水平，克服对于财富的盲目追求，不要急功近利，企图以禁欲主义道德说教对抗剥削阶级的贪婪和奢侈。也因此，马布利的禁欲主义被 18 世纪的空想社会主义所认同，禁欲主义成了18 世纪空想社会主义的一种特色。

建立法治社会

在辞官索居 20 余年里，马布利专注于学术研究，著书立说。马布利完成大量的著述，形成了丰富的思想体系，成为法国启蒙运动中一位颇有影响的启蒙学者。18 世纪七八十年代，马布利已经是远近闻名的政治理论家，在欧洲有很大的影响力，很多欧洲国家的政要也向他寻求过意见。

1770 年，马布利结束自己一直以来的独居生活，来到了波兰。事情的起因是马布利受波兰贵族委托，让其帮助草拟波兰的宪法。马布利是一个做事情极其严谨与负责的人，为了能很好地完成波兰宪法的草拟工作，他来到了波兰居住一年，为的就是能够很好地了解波兰，熟知波兰的风土人情和政治制度的具体情况。一年的波兰生活结束后，马布利又回到了祖国，将他在波兰这一年生活所了解的情况和所见所闻进行了深刻的思考和梳理，不久便写成《论波兰的政治和法律》一书。在《论波兰的政治和法律》一书中，马布利详尽地描述了波兰人民的真实生活状况，对于被剥削、被压迫、被欺凌的人民群众，马布利表示同情；对于专横的贵族和混乱的国家情况，马布利用犀利的语言进行了批判，将波兰人民生活的惨状描述得淋漓尽致。在此基础上，马布利思考了未来波兰这个国家的发展道路，他建议波兰实行资产阶级发展所必要的温和改革。

马布利是一个特别尊重历史的人，他赋予了历史深刻的意义。马布利认为，只有了解历史，深入地研究历史，借鉴历史经验，才能很好地启迪现在的人民怎么去管理国家、治理国家。因此马布利给予了历史学家高度的赞扬，与此同时也指明了历史学家有着重要的责任和任务。而针对当时的情况，很显然历史学家们是失职的，没有担负起他们应该有的历史责任。为此，马布利在 1775 年出版了《论修史方法》，专门研究这个问题。在这一著作中，马布利提出了面对当时的社会发展变化，历史学家们面临的新的挑战和任务，指出要深入研究历史，借助对历史文献的研究，总结出社会历史发展的规律，探寻国家兴盛与衰败的原因。最主要的是，马布利指出了历史学家们要对人民进行探讨，明确人民在国家历史中的作用，研究人民的生活和人民争取自由的斗争。可以看出人民在马布利的心中已经有了很高的地位，他认为人民在历史中的作用不可取代。

马布利的晚年依旧在为人民幸福社会发展而努力奋斗，他依旧坚持着写作，表达自己的思想，希望能寻求一个合理而公平的法治社会。为了能实现人类社会发展成为理想的社会，人们需要改掉身上的恶习，对此，马布利认为科学的立法十分必要。通过法律的制约，逐步实行社会改革，逐渐消灭社会上存在的不公平，这些前期准备可以成为实现未来人类的"黄金时代"的基础。马布利还提出了一个从私有制社会过渡到公有制社会的社会改革纲领，主张通过立法者和法律的力量，限制私有制社会日趋加剧的财产分布不均和贫富悬殊以及由此产生的社会地位不平等现象，逐步消除人与人之间从物质到精神上的不平等，并初步勾画了应当实行的一系列法律的内容轮廓，形成了一个完整的社会改革体系。他认为制定限制国家和官吏的财富和需要的法律是必要的，只有通过法律强制约束才能削弱特权阶级的特权，从而消除人们因为财富的多寡而在心中产生出可恶的贪婪和虚荣的欲念，这样人们心中就会少了嫉妒、争斗、攀比，整个国家的民众也会变得朴实。因而，必须从国家和政府官吏做起，以做出表率。为此，他草拟了许多法律草案和改革建议。其中主要有："取缔豪华法"，反对统治阶级骄奢淫逸的生活；"禁止经商法"，以取消商业来限制统治阶级的享受；"土地改革法"，重新分配土地，限制土地占有数量；"改革税制"，废止苛捐杂税，只对有土地的人征税；"取消公务人员的特殊报酬"，反对高官厚禄；"限制和取消财产继承权"，废除立遗嘱的权利，把死者财产分配给穷人，等等。在马布利所主张的理想社会原则和社会改革纲领中，带有着明显的禁欲主义和平均主义色彩，这也是马布利甚至整个那一时期空想社会主义学家的思想特色。马布利将自己的政治思想和改革主张整理成卷，出版《论法制或法律的原则》一书。该书一经出版很快流行起来，得到了广泛的认同。

马布利可以说是终身都在为社会改革和人民幸福而奋斗，一直坚持着写作、出书。一直到马布利去世的前一年，也就是 1784 年，他还出版了《道德原理》一书。在《道德原理》一书中，马布利总结了自己的平生，又重新梳理了自己世界观中使他成为政治家和他终生信守的那些原则和思想。进一步强调了人类生来是平等的，但是由于社会上存在着贫富差距，一部分人就会被压迫，所以人们天生所具有的同情心、感恩、善良等优秀品质就逐渐消失，因而私有制所造成的贫富分化是一切罪恶的根源。因而马布利要求社会建立平等制度，他认为平等社会制度才是拯救世界的根本道德，是未来社会必不可少的。马布利人生中最后一部著作是 1784 年出版的《美国政府和法律概观》。这本书其实是马布利受人之托，即富兰克林和约翰·亚当斯的请求，他们希望马布利可以为美国的发展给出意见，提出可行性策略。在《美国政府和法律概观》一书中，马布利分别指出了美国当时的优势和劣势：他认为美国宪法在很多地方较之欧洲国家是有进步性的，也应该意识到，美国宪法也是存在缺陷的，对此马布利提出来若干修正意见。马布利对美国未来的发展并不乐观，他极其悲观地预言道：如果美国不改变他的社会制度，不取消财产的不平等现象，新的共和国必将灭亡。马布利依据当时美国的不平等预见到了将来美国可能会将矛头指向别的国家，发动侵略。这样一来美国就变成了新的迦太基人，很多被美国侵略的国家会联合起来，共同抵抗美国。这样美国就会面临困难与危机，因而对目前美国存在的社会制度和财产不平等的现象必须要加以重视，否则后患无穷。

"完美的共和国" 方案

马布利一生著作中，多次提到建立美好世界的理想社会方案，并且马布利把自己设想的理想社会称之为"完美的共和国"。马布利的思想和主张代表着法国早期无产者的经济利益和政治诉求。在 18 世纪，法国的启蒙运动蓬勃发展，马布利摩莱里等人的学说在很大程度上有相似之处，他们一起构成空想社会主义思想史的一个发展阶段，具有十分鲜明的时代特征和思想特点。1785 年 4 月 2 日，马布利与世长辞，他的一生成果丰硕，比较具有代表性的著作包括《向哲学家经济学家提出对政治社会的自然和必然的秩序的疑问》《论法制或法律的原则》《法国史纲》《论公民的权利和义务》等。他离世以后，在他居住的地方发现他留下了一些未发表的手稿。后人将马布利出版的著作和手稿整理在一起编成了十五卷本的《马布利全集》，在 1792 年于里昂出版。《马布利全集》的第二个版本，是以《马布利修道院长全集，共和国第三年（1794—1795），巴黎》的名称出版的。

马布利作为18世纪法国伟大的空想社会主义者。他的突出贡献不在于他在史学研究上的博大精深，而在于他的社会政治思想远远高于同时代的其他思想家。他认为现存社会距离理想制度太遥远，要想立即废除私有制，建立公有制社会，是根本行不通的事情。马布利认为，人类社会已经深深地陷入私有制的深渊，拥有财富的富人们希望成为显贵，拥有特权的显贵们希望成为富人，又富又贵的希望更加富贵。这样在人们贪婪的欲望的驱使下，社会的贫富差距只会越来越大，社会将会越来越不平等。在马布利看来，这些都是立即消灭私有制、实行公有制所面临的不可克服的障碍。可是，马布利并没有因此悲观失望，丧失实现社会主义的信心。也正是由于改变现状的道路艰辛，才使马布利充满了斗志，认定尽管会经历曲折的过程，但是社会向前发展是必然的，也就是经过一个从私有制到公有制的过渡阶段，最终达到人类的理想社会。他不热衷于精心描绘和设想理想社会的美好蓝图，而是精心探索实现理想社会的实际步骤和途径。尽管马布利清楚地意识到想要达到理想社会有很长的艰辛道路要走，通过立法来改造现存社会是十分艰巨和困难的，对于已经延续几个世纪的私有制恶习和偏见习以为常的特权阶级来说，不会轻易放弃现有的一切特权和享有的物质财富，马布利所提倡的那些法律原则对现存特权阶级是残酷的，无法接受的，他们是一定会排斥、反抗的。但是他依旧倡导大家，绝不能因此而放弃自己的信念和努力，既然发现了社会中存在着种种问题和弊端，就不能安于现状，要承担起社会责任，向人们传播科学的思想和理想的社会状态，让人们觉醒，拯救生活在水深火热之中的人们。

马布利还主张人民为了反对压迫进行革命和内战。在马布利看来，穷人和富人由于阶级利益的根本对立，因而从古至今进行了无数次的斗争，引起了社会极大的动乱和无休止的战争。被压迫的穷人，由于长期处于被剥削的状态，他们积怨达到一定程度时就会爆发，进行起义，从而爆发内战和革命。马布利认为穷人使用暴力手段反抗压迫者是合理的。马布利公开赞成革命内战，认为这是社会发展的必然，是人民意识的觉醒，是社会进步的表现，也是民众责任的使然。这种思想观点在空想社会主义者当中和18世纪法国启蒙思想家当中，都是很少见的，独树一帜。马布利认为，如果存在着暴君，利用手中的强权压迫百姓、剥削百姓，公民应该觉醒，有权进行革命和内战。对于社会来说,这种内战是"伟大的福利"。这种观点在当时特别激进,反映了当时法国无产者和整个第三等级日益增长的革命情绪,在法国大革命中发挥了一定的作用,是宝贵的进步思想。

总结起来,马布利关于空想社会主义的思想形成了"完美的共和国"方案,在这个方案里,马布利认为要彻底消灭私有制,实行财产公有制度。实行共和制的管理方式,国家的最高权力属于人民,人民代表机关是全国最高立法机关,最高性质机关由人民代表选举产生。在马布利所设计的共和国里,人们应该过着斯巴达式的生活。与其他空想社会主义者不同的是,马布利不仅有自己关于共和国的设想,还进一步制定了实现共和国的方案,也就是制定了社会改革纲领。主要包括:制定土地法,限制财产私有权;取消公务人员的特殊报酬;禁止经商;制定"取消豪华法",提倡过朴素生活,等等。马布利自己也意识到了所设计的共和国方案实施起来难之又难,实现的希望很渺茫,因而他曾经幻想到一个荒岛实现这个愿望。当然这个想法也可能是受莫尔的影响,在一个新月形的小岛实现"乌托邦"。马布利的社会改革方案具有明显的小资产阶级平均主义色彩,但是也反映了当时无产者和劳动人民的诉求,是空想社会主义思想宝库中的重要一部分。

参考文献:

[1] 萧贵毓、牛先锋:《社会主义通史》(第1卷),人民出版社2011年版。

[2][法]马布利:《马布利选集》,何清新译,商务印书馆1960年版。

法国大革命的积极推动者巴贝夫

弗朗斯瓦·诺埃尔·巴贝夫（1760—1797），是 18 世纪法国大革命时期的政治活动者和革命家、空想共产主义者，法国著名的空想共产主义者和平等派的运动领袖。曾主编《人民论坛报》，鼓动人民消灭私有制，建立"普遍幸福的""人人平等的"社会；并设想建立以农业为中心的、具有平均主义和禁欲主义特点的"共产主义公社"。他的共产主义体系虽然"相当粗糙和肤浅"，但马克思却称许他为第一个"真正能动的共产主义政党"的奠基人。巴贝夫为了纪念古罗马护民官格拉古兄弟，将自己的名字改为格拉古·巴贝夫。

农民之子的打工经历

巴贝夫 1760 年 9 月 23 日出生于法国毕卡迪省圣康坦城一个贫苦的农民家庭，一个退伍军人的家庭，同时也是一个虔诚的新教徒性质的家庭。16 岁丧父，由于家境贫困，别说他不可能受到系统而良好的教育，就连最基本的生活也得不到保障。没有了家里提供的稳定的经济收入来源，年纪轻轻的他便不得不中断了学业，进入社会独立谋生，不得不参加挖掘皮卡尔迪运河的劳动。

巴贝夫尝试过很多工作，给富裕人家做过佣人，也给地籍员当过文书、雇员，做过地契档案的管理员，还做过土地丈量员，以便为他自己和他的家庭谋取起码的生活资料。虽然命运相对坎坷，没有殷实富裕、抑或是家境显赫的成长环境，但是巴贝夫任劳任怨，踏实肯干，并且洞察力极强。通过这些具体操作和亲身体验的实际工作，他加深了对现实社会的了解。

正是因为从事的这些各种各样的劳动经历，为他提供了大量观察、研究各种社会现象的好机会，积累了思考现存社会制度弊病的丰富材料，让他非常地了解这个社会的险恶和不公。

虽然巴贝夫并未受过系统的学校教育，但他有着勤奋刻苦的好学精神和聪明智慧的头脑，所以他凭借自己的努力自学了哲学、历史和文学等许多著作，特别是摩莱里的《自然法典》对他的影响非常大。可以说，他之所以能够从贫苦无知的孩子成长为法国著名的空想共产主义者，一方面显然缘于他的家庭出身和他个人的苦难经历，另一方面则是由于他刻苦好学，接受了卢梭的自由平等的思想和摩莱里、马布利的财产公有的空想共产主义思想的影响。到法国大革命前夕，他已初步形成了平均共产主义的思想，在法国大革命的过程中，经过革命的洗礼，他的思想得到了进一步的发展，从反封建到反资本，从主张"富人的革命"到"人民的革命"，最终形成了他的完整的空想共产主义学说。

平等派首领的革命生涯

巴贝夫原本在法院里面做一名简简单单的簿记员，但他生活的年代适逢法国大革命，在法庭中，他看到许多劳工阶级的人民缴纳不出欠款，于是愤而烧毁账册，辞去了簿记员的工作，转而从事新闻活动，开始对社会体制抗争并宣扬政治和经济上的平等。在法国大革命初期，巴贝夫在皮卡第积极地参加反对封建与旧制度的斗争，密切配合和协助三级会议起草陈情表，并强烈要求废除封建特权统治。1786 年后巴贝夫开始形成并陈述自己的共产主义思想，于 1790—1791 年创办了《皮卡第通讯》报。1792 年 9 月以多数票取胜而被选举任命为索姆郡行政官，谴责私有财产制度，热烈地拥护法国的巴黎公社运动，有力地抨击罗伯斯庇尔派的政策。热月政变前夕，巴贝夫并未有丝毫的泄气和松懈，又继续创办了《新闻自由报》，后来改名为《护民官》。1794 年，农民出身的巴贝夫又陆续地创办了《出版自由报》（后改为《人民的保民官》），12 月，热月党的国民公会要求废除最高限价法，当时的法国社会阶级矛盾斗争激烈，投机商活动一度十分猖獗，人民的生活更是困苦不堪。巴贝夫看着眼前的社会现状，心痛不已，激烈地抨击热月党的伤民伤财的政策，并极力地主张取消个人财产而采取土地公有制，建立平等的共和国。由于强烈的革命声音，以及攻击热月党人，使其在 1795 年 2 月被政府逮捕而入狱。在狱中，巴贝夫也不忘心系人民并努力地奋战，在极其困苦的条件设施和艰苦的环境中形成了共产主义的理论，并开始了平等派的密谋活动。后来 10 月获释出狱，巴贝夫依旧没有停下自己前进的步伐，继续出版了《护民官》，并积极地宣传革命思想，强烈地抨击布朗督政府。1796 年 2 月，督政府查封了他的报纸和主要的活动场所——先贤祠俱乐部。于是，巴贝夫开始转入地下活动。由于巴贝夫积极而踊跃地参加法国大革命，曾多次被捕入狱，也促使他成了平等派运动的领导人之一。热月政变后，巴贝夫组织了一个秘密团体"平等会"，密谋夺取政权，建立劳动者专政。

1796 年 3 月，巴贝夫主持并建立了平等派密谋组织的中央指导委员会，计划进行秘密活动，策划发动武装起义，推翻督政府。于是为了推翻资产阶级政权，巴贝夫同他的战友组成团体作战，积极地筹备群众起义。与此同时，中央委员会起草了各项行动的纲领——建立国民公社，实行革命专政，共同生产，平均享有社会产品。1796 年 5 月，他们拟订了起义计划，并决定 5 月 10 日起义。但是，不幸的是，在起义的前夕，由于准备起义的警察部队已被解散，特别是加入秘密组织的叛徒格里泽尔上尉在 5 月 10 日向警察局告密，导致武装起义的秘密文件被截获而泄密，最终起义还没有开始，就因为走漏了风声而终止，巴贝夫和密谋运动的其他主要领导人全部被督政府逮捕，革命的结果终究还是以失败而告终，终究没有逃脱恶魔的掌控。巴贝夫由于激进的思想被法国当局多次逮捕。后来，巴贝夫在旺多姆最高特别法庭上为密谋事件进行了长达四天的辩护，但 1797 年 5 月 27 日，年仅 37 岁的巴贝夫还是被凡多姆高等法院判处死刑，最终遭到了残酷处决，牺牲了他年轻的生命，巴贝夫临刑前，给妻子写了一封催人泪下的遗书，在遗书中他坚信自己的牺牲是光荣的，并且认为后世会肯定他的伟大事业。"我是为了最伟大和最崇高的事业而牺牲的"，"这样的死是光荣的"。① 一起策划起义的达尔泰也被判刑处死，其他的 7 名首领均被流放，其余人被判刑或释放。就这样，这些起义者献出了宝贵的生命。

---

① 参见《巴贝夫文选》，梅溪译，商务印书馆 1962 年版，第 95 – 98 页。

内心渴望的理想社会

在法国执政时期，法国社会极不稳定，阶级矛盾突出且复杂多变，王党叛乱时有发生，各种政治俱乐部纷纷出现，人们的思想也极其活跃。这时候的国家状态处于国库空虚、物价飞涨，整个市场呈现出一片萧条、低迷的景象，二月革命后在巴黎成立的联合政府中的布朗督政府，引起了人民群众的强烈不满。面对这样萧条的国家，巴贝夫开始思考未来国家的出路，基于悲惨的现状，他的理想是建立起生产资料和生活资料一律公有的大国民公社，其共产主义是财产公有、共同劳动、平均分配的农业共产主义。为实现理想的公有制社会，巴贝夫主张以暴力的形式推翻督政府，建立革命专政，以此来实现心中的理想社会。

巴贝夫亲身经历了 1789 年的法国大革命，目睹了第三等级的阶级同国王和贵族的激烈斗争，也看见了人民群众为了反抗被剥削、被压迫、被欺凌的现状而表现出可歌的勇气，并为人民群众的革命热情所鼓舞和感染。但是，革命后不久，他发现这场革命远不是一场真正的人民革命，因为革命后，人民所做出的牺牲并没有换来应得的社会地位与幸福生活，人民依旧没有摆脱被剥削、被压迫的凄惨命运，人民仍然被穷困的生活弄得疲惫不堪，没有稳定的物质生活，也没有政治地位，挣扎在生存线上。因此，他大胆地提出："对于人民来说，革命并没有完成。"对此，巴贝夫强调，必须进行一场人民的革命，一场真正属于人民，革命成果由人民享有的革命。他提出要用暴力铲除私有制这个万恶的制度的根源和暴政，建立一个人人平等的社会，消除不应该存在的地位差别和特权阶级。这时的巴贝夫实际上已经有了革命专政的新思想火花，已经确立了暴力革命的思想路线，巴贝夫的思想中已经开始反映出了要支持当时工人阶级和穷苦群众反对压迫、渴望平等而斗争的强烈愿望，他开始为受剥削阶级谋划未来，代表了这一阶级的利益，而且积极地鼓舞他们进行反抗，为争取解放而坚定信念，勇于斗争。可以看到巴贝夫为了改变城乡劳苦大众的贫困状况，坚决反对封建专制制度和新的资本主义制度的压迫和剥削，为贫苦大众谋求幸福，努力去实现他所理想的空想共产主义的制度。在这一过程中，巴贝夫的空想共产主义思想随着实践革命斗争的深化而不断地发展。但是这一时期他的思想还不成熟，对于"人民"在阶级概念上还很模糊。

"平等共和国"

巴贝夫学说的核心是"平等论"，法国反对封建制度的资产阶级革命刚结束不久，便产生了巴贝夫领导的平等派运动。以往的空想社会主义者所批判的不平等多指向封建专制制度，而巴贝夫基于对新的社会矛盾和阶级关系的认识，将批判则直接指向资本主义制度。对于新出现的阶级，巴贝夫很快就认识到了其本质，看到了社会仍然存在着不平等，依旧是少数人对多数人的剥削，社会贫富两极分化还在继续，究其根源，在于私有制的存在。因而巴贝夫从两个方面对资本主义进行了批判：一是对资本主义的经济制度进行了深刻的批判，他认为这种新的制度是一种更为残酷的剥削制度，广大人民群众遭受到了更为残酷的剥削；二是对资本主义政治制度进行了批判，他认为在资产阶级共和国里存在着两个完全对立的集团——富有集团和贫穷集团，两个集团在政治、经济和社会生活中都是处于不平等的地位，是完全对立的，也就是两大对立阶级。[1]

巴贝夫不仅对资产阶级共和国进行了深刻的批判，还设想出了"平等共和国"的方案，也就是建立一个自由、平等，以劳动为基础的"平等共和国"。巴贝夫的方案中是要实现真正的自由、平等，而不是资产阶级口号中的自由平等。他批判了资产阶级平等的虚伪性，强调广大人民群众的重要性，因而，平等应该体现在政治权力、社会经济等方方面面。

巴贝夫为无产阶级同资产阶级斗争提出了斗争口号"以劳动为基础的公众福利"，这也就证明巴贝夫所要构建的"平等共和国"是要实现绝大多数人的福利，而非少数人的福利。[2] 此外，巴贝夫还赋予了这一口号具体内容：第一，"平等共和国"应该由许多"国民公社"构成，这是共和国的基层单位，是生产和消费的联合组织。共和国将会对整个社会的劳动力和需要量进行管理，调整劳动力的分配。各个公社的生产和劳动力的分配也都由中央统一安排。第二，"平等共和国"废除私有制，建立财产公有制。巴

---

[1] 参见《巴贝夫文选》，梅溪译，商务印书馆1962年版，第68–85页。
[2] 参见《巴贝夫文选》，梅溪译，商务印书馆1962年版，第89页。

贝夫认为在自然状态下的人类本来就应该是平等的，但是私有制却造成了人世间的种种不平等，因而私有制是这一切不平等的总根源和罪魁祸首。所以他主张消灭私有制，实行公民共同所有，最终形成财产公有、集体共同劳动和人人平均分配的"平等共和国"。第三，"平等共和国"将实行计划经济。资本主义制度下的盲目生产将不再存在，社会不会再有生产过剩的危险，共和国将按照现实的需要和人口的增长确定生产，一切都会按照制订好的计划而进行。第四，"平等共和国"实行普遍的劳动制度。共和国中将不存在压榨别人的劳动成果而享乐的人，每个有能力劳动的公民都要从事劳动。繁重的劳动可采取义务劳动的方式，社会成员轮流承担，而其他专业劳动则由专业劳动者负责。第五，"平等共和国"实行绝对平均的分配制度。共和国将社会总产品平均分配给公民，而且对于儿童、老弱病残也有同等的关怀。第六，"平等共和国"中科学、文化和艺术等其他各项事业都会蓬勃发展。共和国中各项事业都会不断向前发展，人们的思想与艺术方面也会得到更丰富的享受。①

　　巴贝夫不仅构想出"平等共和国"的基本特征，还提出了建立"平等共和国"的革命道路，即人民革命、武装起义、彻底推翻旧制度、劳动者革命专政等道路。他号召劳动群众为"真正平等"而展开斗争。② 巴贝夫指出，1787 年开始的法国资产阶级革命就是"富人的革命"，人民在其中付出的最多，但革命胜利后却没有保证人民的权利，因而他指出接下来的革命不是简单的内阁更替、官员更换，而是要建立新的革命政权，即人民当家作主的"平等共和国"，对此巴贝夫提出了暴力革命、人民政权和过渡时期的思想。为实现建立真正平等共和国的目标，巴贝夫和其他战友还制定了一系列文件：《起义法令》《施政计划大纲》《经济计划大纲》等。在这些文件中，他们提出了一系列具体的革命措施：建立新的革命政权，也就是人民政权，这个政权的最高权力应该交给坚定的革命者。取得政权以后，要稳定新的社会秩序，武装镇压一切反抗行为，实行普遍劳动制；扩大公有财产，普及国民公社。虽然由于历史条件的限制，巴贝夫所设想的未来理想社会有很深的小农经济色彩，他的共产主义的"国民公社"不过是消

① 参见萧贵毓、牛先锋：《社会主义通史》（第 1 卷），人民出版社 2011 年版，第 181－184 页。

② 参见萧贵毓、牛先锋：《社会主义通史》（第 1 卷），人民出版社 2011 年版，第 185 页。

费的共产主义，具有平均主义的色彩。巴贝夫所构想的共和国是通过暴力的方式积极投身于大革命的实际斗争中而争取来的，他的空想共产主义思想已不再简单地停留在空洞的理论上，而是和实际的革命运动结合起来，变成真正实践的空想共产主义。而且，巴贝夫的空想共产主义思想没有停留于一种固定不变的水平上，而是随着斗争的发展，他的思想认识水平也在不断地向前发展和提高。比如，关于土地问题，开始他主张集体所有，后来发展到主张土地公有。并且，最为可贵的是，经过最初实际的反封建制度的斗争，到最后他提出组织人民武装起义，推翻资产阶级政权、建立平等共和国的、人民专政政权的行动纲领。在空想社会主义的思想发展史上，这种提法尚属首创，表明他的共产主义思想已发展到相当高的水平。

亲密战友的夙愿与巴贝夫主义

巴贝夫有一位挚友名字叫作菲力浦·邦纳罗蒂，他是一位法国革命家。邦纳罗蒂也是 18 世纪末和 19 世纪初意大利著名的空想共产主义者和法国平等派运动的主要参加者。为了纪念巴贝夫的英勇献身，30 年后邦纳罗蒂出版了一本名为《为平等而密谋》的书，全面地论述了巴贝夫的学说。在 1797 年的时候，巴贝夫由于领导平等派运动失败，他本人和其他参加平等派密谋的主要成员被处以死刑，而同时参加密谋的邦纳罗蒂和其他主要成员被判处流放。在此后的 30 年里，邦纳罗纳这些参加平等派运动的人过着流放的生活，但是坚定的意志并没有因此而被磨灭。由于整个国家和社会处于跌宕起伏之中，拿破仑帝国和复辟王朝都统治过国家，在这持续混乱的 30 年里，人们似乎忘记了平等派运动。但是巴贝夫为了革命牺牲的惨烈和他所留下的斗争精神却一直影响着邦纳罗蒂，他并没有灰心，也没有失去理想信念，一直保持着一腔热情和乐观的态度，坚定革命信念，继续从事着秘密的革命活动。终于，在 1806 年，邦纳罗蒂巧妙地避开了警察的监视，与非拉德尔夫社取得了联系，此人极其反对拿破仑的统治，也迫切希望寻求新的国家发展道路。于是邦纳罗蒂与非拉德尔夫社于 1809 至 1811 年组织了至圣社，此后他们还多次参加了推翻拿破仑和恢复 1793 年宪法的军事密谋。1823 年邦纳罗蒂被派到意大利，被从事宣传活动的学生安德里扬在米兰拜访，导致至圣社的活动败露，因此他被日内瓦当局驱逐，从而开始了布鲁塞尔的流亡生活，而且还改了名字。在流亡的日子里，邦纳罗蒂并没有忘记挚友巴贝夫的夙愿，依旧为至圣社积聚力量，准备重返法国进行密谋行动。在此期间他还通过回忆和广泛收集平等派密谋的史料写成了两卷本的记述平等派运动历史的书。他撰写了《为平等而密谋》即《巴贝夫密谋的历史》，通过这种方式祭奠亲密战友，也为巴贝夫将思想延续。这本书不仅是挚友对于巴贝夫的纪念，对整个社会主义思想史也产生了重大的影响。18 世纪末到 19 世纪 30 至 40 年代是空想社会主义蓬勃发展的时期，这一时期空想社会主义一个显著的特征就是：有了直接的共产主义理论。这一时期以巴贝夫为代表的学说代表了"18 世纪法国空想共产主义的最高成就"，可见，虽然巴贝夫在他还很年轻的时候就与世长辞了，但他给后人留下了非常珍贵的平等思想。

巴贝夫的思想不仅被亲密的挚友所追崇，很多空想社会主义者都是巴贝夫的追随者，他们被称为巴贝夫主义者。巴贝夫主义者在很多方面将巴贝夫的思想具体化，提出了一些新的观点。例如，巴贝夫主义者主张公民自愿加入公社，如果有不愿意加入者，也可以适当保存私有经济，同时采用法律措施限制私有经济发展。保有私有经济的公民不能享有政治权利，而且要承担沉重的赋税。此外要废除继承权，私有经济拥有者死后财产不允许其家人继承，而是归公社所有。巴贝夫主义者还强调平均分配，建议繁重劳动义务制和轮流制，主张对公民进行良好教育，等等。巴贝夫主义者的思想在一段时间内成了空想共产主义思想史的一个重要环节，随着历史的发展而逐渐弱化，但他依旧可以证明巴贝夫思想的巨大影响力，在空想社会主义思想史上有着巨大的价值。

参考文献：

[1] 萧贵毓、牛先锋：《社会主义通史》（第 1 卷），人民出版社 2011 年版。

[2]《巴贝夫文选》，梅溪译，商务印书馆 1962 年版。

"叛逆" 贵族圣西门

　　克劳德·昂利·圣西门（1760—1825），法国空想社会主义者。圣西门生于巴黎一个贵族家庭。1777 年参军，1779 年赴美参加美国独立战争。1789 年回国参加法国大革命。1797 年开始研究自然科学。1802 年起开始写作，宣传自己的空想社会主义。圣西门的代表作主要包括：《一个日内瓦居民给当代人的信》《19 世纪科学著作导论》《人类科学概论》《万有引力》《论实业制度》《实业家问答》《论文学、哲学和实业》《新基督教》等。在圣西门的著作中，主要体现了关于阶级斗争的思想。

　　圣西门的空想社会主义思想是在法国大革命和欧洲资本主义工业迅速发展的社会历史条件下形成的。它反映了当时尚未成熟的无产阶级对现存社会制度的失望和抗议，以及建立使他们真正取得解放的理想社会的愿望。圣西门的著作抨击了资本主义社会的全部基础，提供了启发工人觉悟的极为宝贵的材料，它们是人类文化遗产中的珍宝。

查理大帝的后裔

　　1760 年 10 月 17 日，巴黎的一个旧式贵族家庭迎来了一个新生命——圣西门。他的父亲巴尔塔·昂利·圣西门是一位伯爵，曾在路易十四的宫廷里工作，母亲则是法国北部皮卡尔迪·圣西门家族的成员。家庭背景十分显赫，家谱可以追溯到查理大帝。圣西门也曾说过"我是查理大帝的后裔，圣西门公爵的嫡亲"①。但是，圣西门出生的时候家业早已衰落，靠着

---

　　① 《圣西门选集》（上卷），何清新译，商务印书馆 1962 年版，第 53 页。

向朝廷领取补贴度日。

似乎是贵族血液里与生俱来的骄横，幼年时期的圣西门十分顽皮。有一次，圣西门和小朋友在大街上玩耍，来了一辆车，其他小朋友都跑开了，只有圣西门横在马路中间，一动不动，硬是把车逼停。上学的时候，由于圣西门的调皮，老师找树枝体罚他，结果在老师拿树枝靠近他的时候，他趁老师不注意，抽出文具刀刺进老师臀部。13 岁的时候，由于拒绝参加圣餐仪式而与父亲发生冲突，被幽禁在堡垒里。

尽管圣西门十分调皮，但是作为贵族的后裔，他从小还是受到了良好的教育，他的老师朗贝尔是启蒙思想家和百科全书派的代表人物之一，在其师的唯物主义哲学思想的影响下，圣西门从小就对宗教迷信持批判态度，崇尚自然科学和唯物主义哲学。少年时的圣西门就有了远大的抱负，15 岁的时候，仆人每天叫醒他时会说："起来吧，伯爵，伟大的事业在等待着您呢！"①

华盛顿麾下的战士

按照贵族的传统习惯，圣西门 17 岁的时候入伍，任骑兵连少尉。1779 年，圣西门以志愿军的身份赴美参加北美人民反对英国殖民统治的战争。圣西门共参加了五次战役，多次负伤，因为英勇善战，接连晋级。1783 年，年仅 23 岁的圣西门，已经晋级为上校。

圣西门称自己是在华盛顿的指挥下作战的，并说："我可以自称是合众国自由的奠基人之一。"② 在亲身参加美国独立战争的实践过程中，圣西门的思想发生了巨大的变化，资产阶级民主思想开始占据他的头脑，并促使他实现了从贵族思想到资产阶级民主思想的转变。圣西门曾回忆说：

"我在美洲期间，研究政治科学的时间大大多于研究战术的时间。战争本身并没有引起我的兴趣，而战争的目的却特别吸引着我，……我在美洲逗留的后期，对我目睹的一些重大事件进行了深入的思考；我努力探索它们的原因，并设法预见它们的结果。我特别觉得有兴趣的，就是研究对我的祖国可能发生的那些后果。从此以后，我认为美国革命标志着新政治纪

---

① 参见萧贵毓、牛先锋：《社会主义通史》（第 1 卷），人民出版社 2011 年版，第 201 页。

② 《圣西门选集》（上卷），何清新译，商务印书馆 1962 年版，第 186 页。

元的开始，这一革命必然引起整个文明的重大进步，并在短时期内使欧洲占有统治地位的社会制度发生巨大的变化。我的使命不是当一个军人，有一种力量拉着我去从事另一种可以说与军人的职业背道而驰的活动，这就是研究人类理性的运动，以便将来改进人类的文明。我为自己规定的目的就是如此。我后来完全献身于这一目的，并终生为它奋斗。"①

"公民包诺姆"

1789 年秋天，圣西门回到法国后，来到故乡皮卡尔迪。其实，此时的圣西门并不想参加革命，尽管他确信旧制度已经"奄奄一息"，正在走向灭亡，但他依旧厌恶破坏，不想改变传统。

法国大革命声势浩大，影响力极强，很快圣西门就卷入革命的洪流之中，他四处发表演说，坚决要求废除贵族和僧侣的特权，积极宣传平等自由的思想，并且将自己的名字圣西门伯爵改成"公民包诺姆"（老百姓、庄稼人的意思）。曾经让圣西门引以为傲的贵族出身，此时却成为他迫切想改变的事情。圣西门完成了贵族向第三等级的转变，成为和法国革命联系最密切的人。

法国大革命爆发之后，很多贵族们纷纷逃亡国外，圣西门却在这个时候和贵族们逆向而行，从国外返回自己的祖国，投身到大革命的浪潮之中，亲身经历了封建制度崩溃、资产阶级大革命、热月党的反动统治、拿破仑帝国和波旁王朝复辟的曲折过程。正是这些亲身经历，促使了圣西门空想社会主义思想的最终形成。对此，恩格斯也评价道："圣西门是法国大革命的产儿。"② 然而，圣西门的思想深处是反对暴力革命的，随着路易十六被送上断头台，圣西门的家族走向了没落，圣西门本人也被雅各宾政府所监禁。现实重重的打击终于触碰到了圣西门所能承受的底线，他的革命热情消失殆尽，由于害怕暴力而和革命道路渐行渐远，最终退出革命活动，从事金融投机。

---

① 《圣西门选集》（上卷），何清新译，商务印书馆 1962 年版，第 190–191 页。
② 《马克思恩格斯选集》（第 3 卷），人民出版社 1995 年版，第 725 页。

短暂的商业投机与投身自然科学

退出革命事业后，圣西门和普鲁士贵族冯·列德伦伯爵合伙，开始了国有资产的投机活动。由于圣西门的聪明才智，他们很快取得成功，积累了相当多的财富，不动产的收租就达到了 15 万里弗尔。但是很快圣西门和列德伦就发生了分歧，圣西门经商的目的是办一所科学学校和一个大工业企业，这与列德伦的投机目的有着本质的区别。圣西门曾经这样形容这段合作：他们最后的道路是迥然不同的。圣西门自己所追求的是一种荣誉，而列德伦却一心只想发财。圣西门说他走向了肮脏的泥潭。[1]

与列德伦决裂以后，圣西门分得了 144 千里弗尔，从此，圣西门用这笔钱开始进行自然科学的研究。圣西门以高涨的热情，表示要"立即计划为人类的理性开辟一条新的道路——物理政治学的道路"[2]。圣西门开始努力学习各种知识，为了到学校里听名师讲课，圣西门数次迁居，为了学习无机体知识，他搬到工业大学对面居住；为了学习有机体知识，他又搬到医科大学附近居住。圣西门自己总结这段日子为："我是用钱购买科学的。用佳肴和美酒款待教授，对他们解囊相助。"

这一时期的法国，资产阶级的统治地位已经确立，日益突出的社会矛盾引起了圣西门的注意力。圣西门清楚地看到，在法国资产阶级革命中，人民群众是革命的主要动力，但是，革命结束以后，人民的流血牺牲却并没有换来自己参加革命时所向往的幸福生活，反而被资产阶级政权取代了封建专制政权，以资本主义的剥削制度代替了封建剥削制度，人民群众的生活只是陷入了不同形式的水深火热之中。伴随着资本主义的发展，法国的工农业生产都有了较大的增长，银行信贷制度也有了长足的进步，这一切使得法国的无产阶级所受到的剥削与压迫日渐严重。当时，法国工人的工资很低，工作时间很长，生活费用很高，生活十分艰辛。针对法国这一现状，圣西门表示要为人类的理性开辟一条新的道路——物理政治学的道路。于是圣西门开始了努力学习新知识、拜访名师和周游列国求学的历程。

---

[1] 参见《圣西门选集》（上卷），何清新译，商务印书馆 1962 年版，第 54—55 页。

[2] 参见《圣西门选集》（上卷），何清新译，商务印书馆 1962 年版，第 55 页。

从 1799 年开始，圣西门用了四年的时间，对自然科学进行了系统而深入的学习，为他日后从事科学研究奠定了坚实的基础。1802 年，圣西门开始出国旅行，先后到了英国、瑞士、德国等地，考察了这些国家的科学发展现状及发展趋向。科学研究和出国考察对圣西门主义的形成，特别是他的哲学思想的形成，有着极其重要的意义。这一时期的游学经历使圣西门成了"当时最博学的人"，也坚定了他为实现改造欧洲社会而开辟道路的决心。马克思曾评价他说："从事自然科学研究和旅行的时期是圣西门平生中最重要的时期。"[①] 圣西门结束游学后回到法国开始从事科学研究，并且著书立说，直至生命的终结。

贫困潦倒的生活与丰硕成果

1803 年，42 岁的圣西门发表处女作《一个日内瓦居民给当代人的信》。这是他在游历日内瓦时所写的，在这部著作中圣西门首次提出阶级斗争的思想，这本书也开启了圣西门空想社会主义思想的形成。

此后，圣西门一直从事的写作工作、科学研究和旅行几乎花光了他所有财产，圣西门的生活十分窘迫，他开始在一家当铺当缮写员，每天工作九个小时，只能利用下班后的晚上时间著书。长期的劳累和贫苦的生活使圣西门的身体每况愈下，以致咯血，但他仍然坚持写作。幸运的是他遇到了之前的仆人迪亚尔，得到了迪亚尔的全力支持，并且住到了迪亚尔家里。这一时期迪亚尔全力支持圣西门写作，照顾圣西门起居，圣西门可以将全部精力都投入写作之中，迪亚尔还出钱帮圣西门出版了《19 世纪科学著作导论》。然而不幸的是，1810 年迪亚尔去世，圣西门失去了迪亚尔的支持，又一次陷入了困境之中。圣西门甚至贫困潦倒到变卖了所有家当，只剩下身上的衣服。但是，艰辛的生活丝毫没有降低圣西门对写作的热情，也没有削弱他潜心研究人类社会规律的意志。

生活的苦难使圣西门对社会有了更加深刻的认识，这些经历使圣西门将"渴望寻找和平的方法来结束整个欧洲社会所遭到的可怕危机"[②] 联系起

---

① 《马克思恩格斯全集》（第 1 版第 3 卷），人民出版社 1960 年版，第 585 页。
② 参见《圣西门选集》（上卷），何清新译，商务印书馆 1962 年版，第 62 页。

来，对他的空想社会主义理论的完善有着极其重要的作用。

接下来的几年里，是圣西门的创作巅峰时刻。1813 年圣西门完成了《人类科学概论》和《论万有引力》两部著作，1816 年完成《给一个美国人的信中》，1818 年完成《论财产和法制》，1819 年完成《寓言》《论欧洲社会改组》《关于反对 1815 年同盟所应采取的措施的意见》，1821 年出版《论实业制度》，等等。

绝望中的自杀未遂

圣西门的创作巅峰在 19 世纪 20 年代，此后，他的著作逐渐减少，事业处于滑坡阶段，生活日渐窘迫，于是圣西门对生活的希望也随之破灭。1823 年 3 月 9 日，一个阳光明媚的春天，万物复苏，世间万物都拼命地显示出自己旺盛的生命力，圣西门却在如此美妙的日子里感受到了人世间无可言语的疾苦与绝望。他用自己出色的文采写下几页遗书，从箱子底下摸索出一把手枪，笨拙地装上了 7 颗大型子弹，他坚毅的眼神看着窗外，而后眼神暗淡下来，随后他拿着手枪对准自己的太阳穴，丝毫没有犹豫地扣动了扳机……传奇的人物永远伴随着神奇的事情，随着七声枪响，圣西门捂住眼睛跑向医院，找医生医治他的眼睛。圣西门不知道为什么在开枪之后自己的生命没有结束，随后医生在地板上找到了 6 颗子弹，这 6 颗子弹并没有打中圣西门的头部，而唯一穿颅而过的子弹在壁炉里找到，这颗子弹打中了圣西门的眼睛，从此他失去了右眼。一个星期后，圣西门痊愈出院。随着右眼的失去，圣西门的负面情绪、悲观、消沉、绝望都随之消失，他重新振作起来，继续自己热爱的写作事业。圣西门用了四年时间写出了四册的《实业家问答》。1825 年，圣西门出版《论文学、哲学和实业》一书，这本书中他指出无产阶级具有充分的远见和财产管理的能力，是对无产阶级认识的又一重大进步。同年 4 月，《新基督教》一书出版，这是圣西门人生中最后一部著作，也是凝聚其思想精华且影响力最大的一本著作，是圣西门空想社会主义思想的集中体现。马克思曾指出，《新基督教》一书，直接作为工人阶级的代言人出现，宣告圣西门努力的最终目的是工人阶级的解放。

圣西门在《新基督教》一书出版后就身患重病，加之生活条件的艰辛，圣西门身体状况越来越差，1825 年 5 月 19 日，出身贵族，一生大起大落，为人类留下思想瑰宝的圣西门与世长辞，终年 65 岁。他穷尽一生，为人类留下了一笔丰厚的思想财富。

"批判空想社会主义和共产主义"的第一人

圣西门是"批判空想社会主义和共产主义"的第一人。他的空想社会主义思想中包含了丰富的社会主义因素，他提出的社会发展规律的观点，所有制是社会大厦基石的观点，一切人都必须劳动的观点，按照才能与贡献分配的观点，重视科学和重视生产的观点，男女平等的观点，等等，这些都是社会主义思想中宝贵的财富。其主要的思想财富包括以下几个方面。

哲学思想和社会历史观。圣西门曾说："我觉得在一切科学中，最重要的是哲学。哲学家站在思想的顶峰，他由这里俯瞰世界，观察世界过去是什么样子，将来应该变成怎样……他对世界将来应当变成怎样所持的观点支配着人类社会。"圣西门的哲学思想包括对世界本原的认识，认为世界本原是物质；世界上一切物质都是运动着的物质；物质的运动是有规律的。但是，圣西门在认识论方面，在唯物主义反映论和唯心主义先验论之间摇摆不定。圣西门对传统的宗教神学采取了严厉的批判态度，但是他的批判态度并不彻底，而且还企图建立新的宗教。圣西门思想中的社会历史观基本上是唯心主义的。同所有空想社会主义者一样，圣西门认为人类理性的发展是推动社会进步的动力，哲学家的观点决定社会政治制度。他说："哲学家的主要任务，就是认识最适于当时的社会组织体系，以促使被统治者和统治者采纳，如果这种体系能够完善就应使其完善，而当它已经达到完善的最高阶级的时候，就应把它推翻，并利用各方面的专门学者所收集的材料在这个体系的基础上建立新的体系。"① 在他看来，只有哲学家的思想是决定社会政治制度的关键因素，这显然是唯心的。圣西门还提出了人类社会发展规律的观点，认为每个新的社会制度代替旧的社会制度都是历史发展过程中的一个进步。在圣西门的思想中已经具有"经济状况是政治制度的基础这样的认识"，经济基础决定上层建筑的历史唯物主义思想在他那里已经"以萌芽状态表现出来"。② 圣西门提出了人类历史发展的两种形式：

---

① 参见《圣西门选集》（下卷），何清新译，商务印书馆 1962 年版，第 169 页。
② 《马克思恩格斯选集》（第 3 卷），人民出版社 1995 年版，第 609 页。

逐步演进和暴风雨般的突变。在此基础上，圣西门还提出了人类社会历史发展是分阶段的观点和判断社会制度优劣的四个标准。他还肯定了阶级的存在，并试图进行阶级划分。

资本主义制度在法国确立以后，圣西门很快看出这个制度的弊端，并以犀利的笔锋对资本主义制度进行了批判。首先，圣西门指出资本主义制度的过渡性，认为终将有更加进步的社会制度取代资本主义制度。其次，圣西门指出资本主义社会的本质是一种"奴役形式"。圣西门认为，"在目前，资产阶级和贵族一样，已经变成实业阶级的负担了。资产阶级目前在社会上所起的作用，同小贵族的作用一样。"再次，圣西门揭露和批判了资本主义社会的政治制度。他指出，法国波旁王朝复辟时期主要依靠三个权力，即僧侣阶级、王权和法官，而这三个主要权力，都不以改善社会的最下等和人数最多的阶级的命运为目的。所以"法国目前的政治局势是非常令人痛心的"。最后，圣西门猛烈地抨击了资本主义制度下的利己主义。他说："贪婪已变成在每个人身上占有统治地位的感情；利己主义这个人类的坏疽侵害着一切政治机体，并成为一切社会阶级的通病。"① 因此，圣西门断定，资本主义已经发展到了不可救药的地步。

实业制度

圣西门与以往空想社会主义者最大的区别在于，他并不认为人类社会的起点是黄金时代，而后开始下滑。在圣西门看来人类社会是在持续进步，向前发展，最终进入黄金时代的，而他所谓的黄金时代就是实业制度。

实业制度是圣西门设想出的理想社会制度，在很多圣西门的著作中都有论述，圣西门对实业制度进行了全方位和系统的阐述，包括实业制度的目的、组织形式、基本原则以及实现途径等多个方面，形成了一个完整的理论体系。实业制度的目的是实现所有公民最大限度的自由和整个社会的安宁，这种新社会的目的是既能满足人们物质方面的需要，也能满足人们的精神需求。而且为满足人们的这些需求，圣西门还非常强调科学技术和知识的发展，并且提倡将科学知识运用到生产之中。圣西门强调，实业制度是一种平等的新社会制度，这种制度按照最有利于生产的方式组织起来，

---

① 《社会主义思想史新论》，人民出版社 1989 年版，第 298 页。

建立在大生产基础之上，有精良的组织，以计划促进社会的发展和安宁。在实业制度中，一切人都要劳动，这是基本原则。实业活动是每个人和社会获得幸福的手段，所以每个人都必须参加劳动，为了促使每一个社会成员都积极参加劳动，圣西门提出要大力宣传"劳动是一切美德的源泉"的思想。同时政府也要积极同游手好闲分子做斗争，通过这些措施保证社会成员从事有益的劳动。只有这样才能实现实业制度下按照才能和贡献分配，尽可能实现平等，而且一切人都得到最大限度的自由。在实业制度下，整个社会坚持有计划、有组织的社会生产原则。圣西门还特别强调银行在组织实业方面的作用，银行应该将农业、工业和商业三大实业部门在财政和政治方面联系起来，形成调节机制，这样才会实现生产的有计划、有组织。

圣西门认为实业制度的实现方式只能是采用和平手段，也就是宣传和教化方式。遵循"新基督教"这一新的最高道德准则，"新基督教"思想是一种凝聚剂，会将社会各阶级、各阶层凝聚在一起，形成道德力量。圣西门的实业制度思想和对实现路径探索具有明显的进步意义，但是由于历史条件的限制，他和其他空想社会主义思想者一样，没有揭示人类社会发展的规律，也没正确指出无产阶级的历史使命，因而没有探索出可行的新社会制度建设途径。

恩格斯高度评价圣西门："在圣西门那里发现了天才的远大眼光，由于他有这种眼光，后来的社会主义者的几乎所有并非严格意义上的经济学思想都以萌芽状态包含在他的思想中。"①

参考文献：

[1] 萧贵毓、牛先锋：《社会主义通史》（第 1 卷），人民出版社 2011 年版。

[2] 蔡冬梅：《圣西门、傅立叶、欧文》，中国工人出版社 2014 年版。

[3]《圣西门选集》（上、下卷），何清新译，商务印书馆 1962 年版。

---

① 《马克思恩格斯选集》（第 3 卷），人民出版社 1995 年版，第 726－727 页。

对资本主义辛辣批判的傅立叶

沙利·傅立叶（Charles Fourier，1772—1837）。法国哲学家、思想家、经济学家、空想社会主义者。虽然出身于富贵的商人家庭，却对当时资本主义社会的丑陋现象进行了辛辣的批判。他认为脑力劳动和体力劳动的差别可以完全消除，并首次提出妇女解放的程度是人民是否彻底解放的衡量标准。但是他的学说在当时无人理会，被认为是"大脑患病的产物"。他所提出的空想社会主义的一些主张，对后来的社会主义运动产生了一定影响，被认为是马克思主要思想来源之一。他同圣西门、欧文并称三大空想社会主义者。

商业活动

1772年4月7日，傅立叶诞生于法国东部的商业中心贝桑松的法斯孔太首府的一个富商家庭。他的父亲是一家大呢绒商店的老板，虽然家境还算不错，但早年也曾给别人当过学徒。傅立叶在童年的时候就因优异的才能而超群出众。父亲在1781年去世后，留下了20万里弗尔的遗产。中学毕业后，由于他母亲硬要他在商业上飞黄腾达，使他不得不很早就中断了学业。傅立叶遵照了父亲的遗嘱没有去念大学而是去学习经商。1792年，20岁的傅立叶按照父亲的遗嘱继承了他应得的8万里弗尔的遗产，并靠自己的实力在里昂独立经营起了一家商店。傅立叶展现出了经商的天赋，生意也打理得风生水起。

但是到了第二年，也就是1793年，法国社会发生了大变动。一时间物价飞涨、商业投机成风，这时，傅立叶从马赛贩运了一批茶叶、咖啡等物品，希望从中能赚到一笔钱。但是，由于吉伦特派策划反雅各宾派发生了叛乱，在里昂的大资产阶级所策划的反对国民公众的暴动期间，傅立叶的全部商品都被当地的反革命政权征用，他本人也被拉进叛军。不久，雅各宾派就攻克了里昂，他因为政治问题而被逮捕，也正是这场无妄之灾让他陷入了困境，但他未被判处死刑，并得到一个机会逃到贝桑松。不久，他参加了军队，但只在军队服役很短时间，便由于健康原因退役了。从此，本来对革命冷漠的他，开始对革命进行深入的思考。但他并没有气馁或者有丝毫的消沉。为了生活，他迫不得已又去从事商业活动。

1796—1800 年，傅立叶先后到过里昂、贝桑松、巴黎、马赛等工商业城市，又陆续在里昂和巴黎做起了商店雇员和推销员以及交易所经纪人等职业来谋生。正是这些各种各样的商业活动，给他提供了参观社会、了解社会的机会，傅立叶在此过程中深入地了解了当时社会的运作模式和社会矛盾的症结所在，使他积累了思考现存社会制度弊病的丰富材料，让他非常地了解商人们的诡诈和投机，体会到了城市和农村之间的差异和对立。广大的贫苦大众在资本主义生产无政府的自由市场状态下，他们都不可能有任何的收入保障和稳定的资金来源，更没有所谓的社会地位，他们一直处于被压迫、被欺凌的状态之中。

傅立叶的童年时代和青年时代，正处于法国资产阶级革命的变革时期，这些变革对于他世界观的形成产生了极大的影响。也就是在这些经济活动中，他开始对资本主义经济制度有了深刻而清醒的认识，并开始萌生了主张用改良的手段来改造社会的想法。大约在 18 世纪 90 年代末，傅立叶开始从一个普通的经商者转变为空想社会主义者。傅立叶几乎一生都在从事商业活动，但是这并没有使他成为一个黑心的资本家。他为了探索有益于人类社会发展的道路，一直利用空闲时间读书。他博览群书，涉及哲学、政治学、历史学、经济学，等等，涵盖了社会科学和自然科学领域。傅立叶不仅认真读书，还喜欢展开社会调查，记录自己感兴趣的问题，久而久之形成自己的思考，这也就是他的空想社会主义体系。

潜心写作

从 1800 年起，他开始在里昂的报纸上发表论文、短文和诗歌。不久，傅立叶便开始沉溺于构思、写作他的巨著。他通过辛勤的努力，没日没夜地刻苦自学、饱览群书，日复一日、年复一年，虽然傅立叶没受过系统的教育，但他通过各种不同的方法还是卓有成效地获得了不少关于书本方面的知识，本来肚子里没有太多墨水的他开始积累了丰富的自然科学知识和社会科学知识。可以说，他是一个天才的自学家。不仅如此，他开始亲自动笔去写文章来表达自己内心的想法。虽然是一个商人出身，但他的文笔还是相当不错。傅立叶本人也曾说过，1798 年到 1802 年是他的学说形成的时期，1798 年是理论萌芽时期。经过多年的思考与研究，1800 年他完成了大型协作社理论，1802 年他发现了工业组织的谢利叶。

1803 年傅立叶发表论文《全世界和谐》，在这篇文章中他第一次表明自己的思想，指出了现存制度的弊端——存在着不公正，因而这种制度将被和谐所取代。傅立叶的第一部重要著作是《四种运动》于 1808 年匿名发表。全书分三部分，分别论述了哲学和社会问题、和谐制度问题、现存社会制度问题。书的形式和内容都很奇特，文字较晦涩，不太好理解。这本书在论及和谐制度问题时，往往只说到某些细节，不够系统全面。傅立叶自己后来也承认该书有很多错误，但是这本书明确地批判了资本主义制度，是傅立叶空想社会主义思想产生的标志。《四种运动》发表后，傅立叶继续从事商业活动。拿破仑复辟时，傅立叶当过一段很短时间的省统计局局长，后来又去经商。1812 年傅立叶母亲去世，他继承了每年 900 法郎的遗产。傅立叶又一次离开了商界，他有足够的时间和金钱支撑，可以专心于自己感兴趣的实业，开始埋头思考关于空想社会主义的设计。

1822 年，他发表了另一部著作《宇宙统一论》，修改成为 4 卷出版。这本书除了包括《四种运动》的主要内容外，着重描述了未来社会。这本书中，傅立叶还论证了自己的哲学观和社会观。1928 年，傅立叶回到故乡贝桑松，继续他的研究和写作。1829 年，他的《经济的和协作的新世界》在巴黎出版。这部著作逻辑严密，文字流畅，全面系统地阐述了傅立叶的观点，是他后期的代表作之一。这本书批判了文明制度，揭露了生产过剩的经济危机，阐述了和谐社会的组织问题和法郎吉问题，还进一步描述了无产阶级的贫困状况。这本书的影响非常深远，也代表了傅立叶思想成就的最高峰。

1829 年傅立叶回到巴黎，同年出版了《新世界》。晚年的傅立叶一直居住在巴黎，过着孤苦伶仃的生活，但是他依旧坚持写作，探索理想的社会制度。傅立叶晚年拥有很多弟子，他和学生们一起创办了《法伦斯泰尔》和《法郎吉》杂志。傅立叶于 1837 年 10 月 10 日去世，很多工人群众前来悼念。傅立叶的墓石上刻着：沙利·傅立叶之墓：谢利叶分配和谐引力与天竞相适应。人们以这样的方式肯定与纪念他的理论和贡献。

哲学思想与社会历史观

傅立叶的哲学思想有着明显 18 世纪法国唯物主义的烙印，他的唯物主义自然观采用了自然神论的形式。他认为自然界有三种一直存在的原则：上帝或精神原则、物质原则和公正原则。[①] 但是傅立叶口中的上帝基本不能创造物质，也不能随意支配物质。物质世界有自己的客观规律，上帝无法操控。上帝也必须遵守这个规律。傅立叶还总结了宇宙运动的规律，将宇宙运动分为四种类型：社会运动、动物运动、有机运动、物质运动。[②] 基于此，傅立叶认为自然界是可以被认识的，人类的未来社会也是可以被预见的，从而批判了不可知论。傅立叶认为情欲引力是先于意识而存在的，这种引力是由上帝分配的，但同时傅立叶也认为情欲引力同精确的科学是一致的。因而这种引力可以说明人类社会的过去、现在和未来，社会发展的动力就是这种不变的情欲引力。

傅立叶哲学思想中还包含了辩证法思想，强调事物的对立统一。他认为一切事物都处于对立和平衡之中，正反两方面作用同时存在。进而，傅立叶认为自然界有两种发展形式：和谐的发展和破坏性的发展，两种发展形式相互适应。傅立叶强调世界的统一性，物质世界与精神世界之间是统一的，而且自然界是永恒的。这些都说明傅立叶哲学思想是唯物主义，而且有着辩证法思想。

在社会历史观方面，傅立叶认为人类社会发展分为四个阶段：蒙昧时期、宗法时期、野蛮时期和文明时期。每个阶段都有自己的特征，而且社会发展是一个新陈代谢的过程，每个社会都包含旧社会的残余和新社会的萌芽。按照社会运动的规律，文明制度也必将被和谐制度所取代，经过保

---

① 参见《傅立叶选集》（第 1 卷），汪耀三译，商务印书馆 1959 年版，第 77－78 页。

② 参见《傅立叶选集》（第 1 卷），汪耀三译，商务印书馆 1959 年版，第 77 页。

障制度和协作制度，和谐制度将发展成为最理想的社会制度。

对文明制度的批判

尽管所有的空想社会主义者都会对资本主义制度进行批判，但是傅立叶的批判可以说是前所未有的，他对资本主义的批判具有深刻性，因而是社会主义史上极其重要的一部分。傅立叶所批判的文明制度主要就是指现实的资本主义制度。他揭露了资产阶级在物质上和道德上的贫困，并且进行了辛辣的讽刺。

傅立叶指出资本主义制度是一种特别不好的制度，而且不是永恒的制度，这种糟糕的制度必然陷入不能自拔的恶性循环之中，因而将来一定会被更高的社会制度所取代。傅立叶的这种声音在当时社会是极其特别的，因为他所生活的时期，很多政治家正在大肆宣传资本主义制度的优越性和永恒性。傅立叶这种不同的声音，引起了人们的关注。傅立叶指出，文明制度陷入恶性循环的原因就是这种制度创造出了自己无法克服的矛盾，在这种制度下个人与集体矛盾尖锐，个人以不正当的手段谋利，个人的幸福建立在别人的痛苦之上。这种个人利益与集体利益的对立实质上就是富人和穷人、工厂主和工人的对立。[①] 傅立叶还指出文明制度中有两个阶级：工厂主阶级和一无所有阶级，这两个阶级一个负责监督一个负责劳动，其实就是富人利用穷人的贫困进行剥削和掠夺。在傅立叶看来这样的制度已经成为一种寄生性和腐朽性的制度，充满了虚伪性。而且为了掩饰资本主义的虚伪性，资本主义思想家用了很多美好的词语作为掩饰，例如，天赋人权、自由、博爱、社会契约等，资本主义没有实现这些词语应有的意思，而是用它们掩饰了资本主义的腐朽与不堪。傅立叶不仅批判了资本主义制度的丑陋嘴脸，还探索了形成这一罪恶制度的根源。他认为产生这些的根源在于生产的分散性：一方面大规模的生产，另一方面生产却是分散的。这就造成了社会生产和个人分散之间的矛盾，这种矛盾引起了无政府状态，也引起了企业主之间恶性竞争，这种竞争还会导致垄断，因而也就导致了文明制度的恶性循环。傅立叶还指出了经济危机的必然性，这是由于物质

---

① 参见《傅立叶选集》（第 1 卷），汪耀三译，商务印书馆 1959 年版，第 223 页。

过多所造成的。傅立叶还将资本主义制度下的战争同经济联系起来，认为文明制度下的战争也是一种周期现象。当然，尽管傅立叶指出了资本主义的经济危机，并且探索到原因所在，但是由于时代的限制，他并没有找到解决经济危机的有效方法。

傅立叶还对资本主义商业进行了批判，讽刺了资本主义商业的欺骗性和掠夺性。他对资本主义商业的批判有两个原因：一是法国的商业资本发展造成了一种商业资本统治工业资本的假象；二是他自己经商的经历有机会亲身体会到商业中的欺骗性与肮脏。傅立叶对商业的批判也是他对整个资本主义制度批判的基础。傅立叶认为资本主义商业是一种罪行，他还详尽地论述了商人的 36 种罪恶行为：囤积居奇、投机倒把、证券投机、贩卖黑奴、证券投机、买空卖空、宣告破产、哄抬物价、重利盘剥、掺假掺杂、制造饥荒、危害健康、转移资本、降低工资、偷运走私、海盗行径，等等。① 在傅立叶眼里，资本主义的商业无恶不作，满是欺骗行径，罪恶滔天。傅立叶根据自己的从商经验和所见所闻，将自己的亲身经历揭露得淋漓尽致，他指出，资本主义商业的实质就是一种谎言和欺骗，这些罪恶的行为阻碍了生产的发展，给广大劳动者带来了无穷的灾难。

傅立叶还对资本主义社会的道德进行了猛烈的抨击，指出了资本主义制度下道德的虚假性。资本主义虚伪的道德就是为富人和统治者效劳，是一种欺骗人民大众的工具，因而，道德是为犯罪服务的。傅立叶还指出，资本主义道德的败坏特别表现在两个方面：两性关系和妇女地位。他认为在资本主义制度下，婚姻中没有真正的爱情，而是相互欺骗，这也导致了淫乱和通奸出现的必然。而在资本主义制度中，妇女的地位极其低下，妇女变成了一种商品，羞辱妇女成了文明的本质特征。傅立叶还对资产阶级的宗教进行了批判，认为其和道德一样，是为资本主义服务的，用来修饰肮脏不堪的现实。

傅立叶在对资本主义制度进行了批判之后，指出资本主义制度必然被另一种制度所取代。尽管傅立叶对资本主义制度的种种罪行进行了揭露，也预言了这种制度最终会走向毁灭，但是他还仅仅是在道德层面的批判，而且也不主张通过革命来消灭资本主义制度，进而建立起新的社会制度，

---

① 参见萧贵毓、牛先锋：《社会主义通史》（第 1 卷），人民出版社 2011 年版，第 274 页。

这也是傅立叶思想中的缺陷所在。

和谐制度的畅想

　　傅立叶心中的理想社会，即和谐制度，也就是"把整个社会变成各个自愿的组合"①。他认为，和谐制度下的生产是在复杂协作制度下进行的。傅立叶希望能因此建立心中的理想社会"法郎吉"，他的著作无一例外地抨击了罪恶的腐朽制度，表达了用和谐制度来代替资本主义制度的希冀和愿望。进入晚年的傅立叶在原有的理论基础上开始进行更深入的思考，并且详细地勾画了以"法郎吉"为基础的这一理想社会的组织原则和领导体制，其中内容包括了法郎吉的分配、消费及教育等问题，甚至还涉及了婚姻、妇女解放等诸多方面的问题。可以说，傅立叶一生中写过的这些作品都真实地反映了那个时代的现实写照，在他的学说中不但贯穿着对资本主义制度的深刻分析和尖锐批判，而且还包含着对未来社会的天才预测。

　　傅立叶主张以他设计的"和谐制度"来代替资本主义制度，他所宣扬的这种代替资本主义制度的"和谐制度"也可以称为协作制度，是由一个有组织的合作社组成的和谐社会，名为"法郎吉"，是一种工农结合的社会基层组织。"法郎吉"既是生产单位，又是消费单位，是生产—消费协作社组织。"法郎吉"通常由大约一千六百人组成，在这个组织里的人与人之间的关系是平等的，工人和农民可以共同地进行劳动，没有所谓的城乡差异，每个人都能够享受到自己的劳动成果，并且所有人都可以接受免费的教育，掌握人类文明进步的知识和文化，减少脑力劳动和体力劳动的差异。同时，傅立叶幻想在这种"和谐制度"中，人民可以按各自不同的性格来组成协作社，人人都能够依据自己的兴趣爱好去从事自己所喜欢的工作，而且还可以随时地变换工作。他还为"法郎吉"绘制了一套建筑蓝图，建筑物叫"法伦斯泰尔"，中心区是食堂、商场、俱乐部、图书馆等，建筑中心的一侧是工厂区，另一侧是生活住宅区。同时，他认为生产总收益除了生产费以外，法郎吉的产品需要按照特定的比例，按劳动、资本和才能分配给出资本的股东、技术工作者和生产劳动者，因为"法郎吉"是招股建设的，

---

　　① 《马克思恩格斯全集》（第 1 版第 3 卷），人民出版社 1960 年版，第 487 页。

这是一种农业和工业联合在一起的生产、消费协作组织，劳动者既可以以劳力的身份来参加，也可以以资本家的身份入股来参加，而不能像是资本主义制度里那样，劳动者除了劳动拿不到应有的报酬，资本家却一味地投资以赚取更多的利益，剥削了劳动者的资本，以至于穷人变得更穷，富人却变得更富。傅立叶主张全体成员都应该劳动，人人都可以入股，收入按劳动、资本和才能分配，这样才能消灭阶级对立，做到真正的人人平等和社会公正。

在和谐制度下，国家政权实际上已不再存在。"法郎吉"内部设有领导事务的机关，叫作"阿瑞斯"。各个"法郎吉"之间是一种平等友好的关系，互换自己的产品。而且在"法郎吉"中，以农业为主，工业只是附属和补充。傅立叶认为"法郎吉"的劳动与文明制度下的劳动有着本质的区别，这里的劳动是建立在协作前提下的，是诚实的劳动，劳动不再仅仅是为了糊口，人们不是为了报酬而劳动，而是一种精神力量。在"法郎吉"中，劳动权是最主要的天赋人权，人们心甘情愿参加劳动，其原因是情欲引力，也就是对健康和财富的愿望。在这种情欲引力下，人们从事各种劳动，创造社会财富。

傅立叶并不反对商业，他认为在和谐制度里商业依旧存在，但是商业应该是公有制经济，私人不能经商。傅立叶还提出了不同于旧式的分工，自由选择工种的设想，他从情欲和嗜好来论述劳动，认为每个人都会找到与自己兴趣相符的劳动。傅立叶还对分配和消费提出了独到的见解。既反对按需分配，又反对平均主义。在消费领域提出反对普遍禁欲主义，提倡幸福生活的观点。傅立叶把资本、劳动和才能统称为生产资料，它们分配收入统称为红利。而在消费方面，由于收入的差距，"法郎吉"是存在消费差别的。

傅立叶反对禁欲主义，认为这是对人性的扭曲，他反对马布利的斯巴达式共产主义，认为人应该得到无限的满足，所以在傅立叶所设想的协作制度下，人们的衣食住行都很有讲究，人们可以在生活的方方面面都得到享受。傅立叶还特别注重家庭、婚姻和教育问题。他认为妇女问题要随着社会制度的变化而变化，在"法郎吉"中，妇女要从家庭束缚中解放出来，平等地参加劳动，而且婚姻也要建立在两性相互爱慕的基础之上，实现婚姻自由。傅立叶还提出教育的目的在于实现体力和智力的全面发展。在和谐制度下，教育要受到普遍重视，儿童的教育要注重生产劳动方面，目的在于培养他们对社会的感情和劳动习惯。他主张用多种教育方式来培养孩子，使孩子们对接受教育产生浓厚的兴趣，他还指出科学教育是劳动教育的必然结果。傅立叶还在文化方面表达了自己的设想，认为全国各地都应该有博物馆，人们的文化生活应该丰富多彩。他还指出和谐制度会出现很多有才能的人，各行各业都会有优秀的杰出人物。但是，傅立叶对实现和谐制度的途径方面指出，不能通过暴力革命，而是要采取和平方式，他寄希望于出现一位仁义的富人，对他的"法郎吉"施与援手，这也是傅立叶社会主义思想空想性的表现。

短暂的"法朗吉"实践

傅立叶在 1832 年创办了"法郎吉"，为了进一步实现自己的美好设想，傅立叶曾多次进行过一些尝试，但是他毕生都反对革命斗争，也不主张从根本上将私有制彻底地废除和实行社会革命，甚至对雅各宾专政也抱敌视态度。他只是在社会上层分子中寻求同情与支持者，更多的只是期待富人能够慷慨解囊，请统治者和资本家来赞助他的计划，幻想和平改造资本主义社会。他曾将自己创立的理想社会的方案送给拿破仑一世，而在拿破仑帝国崩溃后，又以同样的方案向波旁王朝的政府呼吁，但都毫无反响。1832年法国众议院议员博德·杜拉利将自己的一片土地用于傅立叶从事"协作移民区"实验，但是由于资金短缺，最终只建立了一些有建筑物的农场，傅立叶所幻想的法伦斯泰尔并没有出现，连生产—消费合作社都没有建成。当年秋天短暂的"法郎吉"实践就以失败而告终了。但是傅立叶并不认为自己的设想有问题，他认为失败的原因是没有按照他的指示执行。

傅立叶的晚年生活变得越来越困苦，1837 年 10 月 9 日，傅立叶和两个信徒进行了长谈。第二天早晨，他就被发现已穿好衣服伏在床边去世了。虽然傅立叶的设想都失败了，他幻想通过宣传和教育来建立一种以"法郎吉"为其基层组织的社会主义社会，但是这种"和谐制度"的社会组织形式和分配方案能够为调和资本与劳动的矛盾提供有益的思想，这种协作制度也能够把教育与生产劳动有机地结合起来，妇女将获得完全解放，城乡差别和对立也将消失，从而达到人人幸福的社会和谐。并且这种关于消灭脑力劳动和体力劳动的对立，以及城市和乡村的对立的主张是共产主义理论的思想雏形。可以说，傅立叶对资本主义制度作了深刻、尖锐的揭露和批判，并以毕生的精力详细地制订了和谐社会的设想方案，特别是在这个方案中，他精心描绘了和谐社会的教育事业，其中诸如培养体力和智力全面发展的人、早期的幼儿教育、适应儿童年龄特点进行教育的主张、教育与生产劳动相结合等这些观点一直到今天都很有借鉴意义，他关于幸福的这些解读、对和谐社会的构想、对教育的关切给后人留下了一笔宝贵的精神财富，更为重要的是他所提出的关于未来社会的天才设想，也存在着一系列合理的因素。天才的观测，给马克思主义教育学说的建立以及科学社会主义的诞生都提供了极其宝贵的思想材料。

参考文献：

［1］萧贵毓、牛先锋：《社会主义通史》（第1卷），人民出版社2011年版。

［2］蔡冬梅：《圣西门、傅立叶、欧文》，中国工人出版社2014年版。

［3］《傅立叶选集》（第1卷），汪耀三译，商务印书馆1959年版。

［4］《傅立叶选集》（第2卷），庞龙、冀甫译，商务印书馆1959年版。

［5］《傅立叶选集》（第3卷），冀甫译，商务印书馆1964年版。

［6］《傅立叶选集》（第4卷），冀甫译，商务印书馆1964年版。

在美国进行社会主义实验的欧文

罗伯特·欧文（Robert Owen，1771—1858），英国空想社会主义者，也是一位实业家、慈善家。现代人事管理之父，人本管理的先驱。欧文也是历史上第一个创立学前教育机关（托儿所、幼儿园）的教育理论家和实践者。被马克思、恩格斯称为英国共产主义的代表，"社会主义者运动的创始人"。①

贫苦的童年

罗伯特·欧文 1771 年 5 月 14 日出生于北威尔士蒙哥马利郡的一个贫苦的马具匠家庭，父亲是马具师和小五金商，母亲是邮政员。家里共七个孩子，他排行第六，但是由于家庭贫困，有两个孩子早夭了。欧文的小时候也多灾多难，四五岁时喝粥被烫伤了胃，后来他的饮食只能清淡，而且要认真确认食物不会伤胃，欧文也由此养成了注意细节的习惯。欧文尽管出身贫寒，但是从小酷爱读书，童年的欧文通读了所有他能找到的感兴趣的书籍。欧文还特别活跃，喜欢参加各类比赛。他为人也很热情随和，结交了很多好朋友。可以说在学校时期的欧文是一个佼佼者。但是由于家庭经济条件所限制，欧文只读完乡村初级小学就辍学了。欧文 7—8 岁的时候给小学老师当助手，9 岁就开始在一家呢绒店当学徒。后来欧文离开了家乡，先是去投奔了做马具匠的大哥，然后开始在一家大衣料店当店员，还在一家布店做职员，后来欧文和朋友开办了一个生产走锭精纺机的工厂。散伙以后欧文独自经营。再后来欧文被一个外国厂主聘用，在一个很大的厂子

---

① 《马克思恩格斯全集》（第 1 版第 1 卷），人民出版社 1956 年版，第 568 页。

里做管理。尽管这些打工的日子很忙碌很辛苦，但是欧文一直保持着读书学习的习惯，只要有时间就会刻苦学习。在这个过程中，他也看见了欧洲社会的现实情况和问题所在，对他以后的空想社会主义学说产生了重要的影响。

"新拉纳克"实验

1795 年，欧文与人合伙在曼彻斯特创办了几个工厂——"查尔顿公司"。这是一个生产经营性的公司，而且还是欧文实验的一个开端。1799年，欧文开始扩大自己的公司，和别人合伙买入新拉纳克工厂。1800 年，欧文将查尔顿公司出售，成为新拉纳克棉纺厂的经理和股东，而后开始了他伟大的实验。

新拉纳克大概有 2500 名工人，他们很多都是失去土地的贫苦人民，挣扎在温饱线上而勉强生存，和英国同一时期的其他劳动者一样，经历着苦难。欧文看到这种情况决定进行实验，他准备改变工人们这样的现状，而且方法要有普遍适用性，同时还能谋利。欧文首先采取了以下措施：1. 缩短工作时间，工人的工作时间由原来的每天 13 – 14 个小时，缩短为每天 10.5 小时；2. 限制童工年纪，禁止使用 9 岁以下童工；3. 提高工人工资；4. 设立工厂商店，提供工人廉价消费品；5. 改善工人基础生活设施，修建工人住宅、公共食堂、医院、学校、道路、公园等。欧文通过这一系列的整改措施，给企业带来了巨大的利润，因此新拉纳克工厂也荣获"幸福之乡"的称号。[①]

在改造新拉纳克取得成就之后，欧文决定将经验和方法向全世界普及，将其整理成文字，著书立说，宣传自己的思想和做法。1813 年，欧文发表《新社会观，或人类性格的形成》，从哲学角度阐述人类性格形成的问题。这部著作引起了英国各界人士的注意，不久就传遍整个欧洲，欧文也因此成为当时社会上最有名望的慈善家和工厂主。

欧文一边写作，一边进一步思考如何对新拉纳克工厂进行改革。他认

---

① 参见萧贵毓、牛先锋：《社会主义通史》（第 1 卷），人民出版社 2011 年版，第 307 – 308 页。

为虽然工人的生活条件有了一定的改善，但是依旧处于被压迫的状态，依旧是社会底层。工人们创造出来的社会财富依旧被企业主所占有，并没有实现工人阶级共同富裕。这时候欧文已经初步认识到了资本主义生产的秘密：工厂主占有工人所创造的利润。欧文在发现这个秘密以后，继续对新拉纳克实行改革实验，还进行了很多社会活动。他亲自到工厂里进行调查，了解童工、妇女的工作和生活状况。他提出了禁止雇佣 10 岁以下儿童，12 岁以下儿童工作日不能超过 6 小时，等等。为实现这一法案，欧文向政府和议会提议。并在 1815 年发表了《论工业体系的影响》，呼吁制定实现上述改革的法案。欧文的呼吁开始遭到了反对，但是他坚持不懈。终于，在 1819 年 7 月，英国议会通过了禁用 9 岁以下童工和 18 岁以下工人的工作日为 12 小时的法令。1817 年 3 月欧文还将写好的《致工业和劳动贫民救济协会委员会报告书》提交下院济贫法委员会，希望消灭失业，建立农业合作公社等，但是依旧遭到了一致的反对。1820 年，欧文撰写了《致拉纳克郡报告》，在这篇文章中，欧文提出了消灭私有制，建立财产公有等，第一次系统地阐述了自己的空想共产主义观点。这篇文章的发表也代表着他从慈善家转变成了空想社会主义者。他指出："本报告的内容是一项使贫民和劳动阶级获得永久而有益的生产工作，从而解除公众困苦并消除不满情绪的计划。"①

19 世纪 20 年代开始，欧文身边开始聚集了一批信徒，追崇欧文的思想和学说，形成了欧文主义团体，他们一起为共产主义思想的宣传和发展而奔走。1824 年，欧文开始在美国生活，并继续开展自己的实验，他在印第安纳州购买了 3 万英亩的土地，并且建立了一个示范性的公社叫作"纽哈蒙尼－新协和"。新协和的组织法规定：公社财产公有，人们平等地享受权利和分担义务，公民的财产待遇相同，按照年龄分配衣食住行用以及教育资源，等等。欧文所进行试验的新协和中，劳动者共同占有生产资料，这里没有剥削。但是新协和依旧充满了矛盾：内部有着严重的宗教分歧和民族歧视，社会上层分子和普通劳动者矛盾；外部同当时的资本主义社会也有着矛盾。因此，新协和于 1828 年瓦解，欧文也因此损失了他几乎全部的家产。这次实验失败后，欧文还曾计划去墨西哥继续进行实验，但是由于

---

① 《欧文选集》（上卷），柯象峰、何光来、秦果显译，商务印书馆 1965 年版，第 296 页。

种种原因，最后也只能搁浅。

1829 年，欧文回到英国，开始在工人中进行共产主义思想宣传。他积极领导英国工人运动，通过工会掌握管理生产，以期改造资本主义社会。1833 年，伦敦举行合作社和职工代表大会，成立"全国生产大联盟"，欧文当选主席，这实际上是英国第一个总工会。1834—1835 年，欧文领导创办了《新道德世界周报》，他以此为阵地，开始宣传共产主义思想。1836 年，欧文开始分篇出版《新道德世界书》，主张平等的劳动义务和平等地获得产品的权利。1839 年欧文发表了《论婚姻、宗教和私有财产》，进一步批判现存制度。1849 年，欧文出版《人类思想和实践中的革命》，这是一本具有总结性的著作，囊括了他之前的思想观点和实践经验。尽管欧文始终没有找到实现共产主义的道路，但是他始终坚持无产阶级的理想信念。为了自己的信念，欧文一直奋斗到晚年，一直到去世的前几天还在全国社会科学促进协会代表大会上作报告，但是由于身体原因，他并没有讲完。1858 年 11 月 17 日，87 岁的欧文在纽汤镇与世长辞。

哲学观点

唯物主义的自然观和唯心主义的社会历史观是欧文哲学思想的基本特点。在自然观上，欧文是一个机械唯物主义者。他认为世界是物质的、不以人的意志为转移的客观存在，由元素和原子构成，是永恒存在的。物质处于一直运动的状态，运动是物质的存在形式，而且物质的运动是有一定的内在规律的，欧文还强调这种运动的规律具有客观性。欧文是一个唯物主义经验论者。他认为人的认识是对客观存在的反映，来源于感情和经验。

欧文在社会历史观方面并没有进行系统的阐述，但是在他分散的表述中，可以总结为，他认为人类社会历史是一个按照一定规律不断向前发展的过程。欧文还认为私有制必然被公有制所取代，但是他把私有制的出现看成是人为的，认为人类历史发展的原因是理性。

欧文还认为环境会决定人的性格，他认为人先天的机体和器官并没有太大的差别，而后来所生活的环境，包括自然界和人类社会对人的性格有着决定性影响。为此，欧文特别注重教育，认为教育是环境的一部分，教育可以改变人的性格。通过教育可以改变人的思想，培养优良的性格，消除资本主义的罪恶。欧文从这个角度出发，认为社会上存在的一切罪恶都是由社会不合理的制度生产出来的，所以要消除社会上的罪恶，必须消灭不合理的社会制度。

对资本主义制度的批判

欧文对资本主义制度的批判具有明显的时代特征。他对资本主义私有制进行了深刻的批判，认为私有制、宗教、婚姻形式是资本主义三位一体的祸害，其中最为罪恶的当数私有制，这是造成社会混乱、引发灾难的原因所在。私有制的存在引发各种不正当的竞争和欺骗，导致了一部分人对另一部分人的剥削和压迫，严重地阻碍了社会的进步。此外，私有制还造成了道德败坏、嫉妒、自私、仇恨、虚伪等人类丑陋的嘴脸，这些都是私有制所引发的恶果。私有制所引发的利己主义严重地损害了人的性格，使人们变得贪婪。欧文还运用了政治经济学的理论对资本主义进行批判。欧文接受了李嘉图的劳动价值理论，进而对资本主义进行了经济学分析，认为劳动是创造财富的源泉，是一切价值的基础。而且欧文通过对新拉纳克工厂的经营，发现了工人创造出来了剩余产品，这些剩余产品被企业主所占有，成了资本家的利润。欧文还用劳动价值理论对资本主义制度的贫富两极差距和失业问题进行了分析。资本主义的贫困是随着财富的增长而增长的，他认为资本主义制度下的贫困和失业都是由社会制度所造成的，是因为劳动没有得到社会"适当的支配"。欧文还指出在资本主义社会，对机器的使用是造成大量失业人口的原因之一，而且对机器的使用也加强了对工人的剥削。此外，欧文还对资本主义经济危机进行了论述，认为其产生的直接原因就是各种财富生产过剩。由于劳动者得到的报酬较少，购买力逐渐减小，商品销售困难，因而引发了经济危机。

欧文还对资本主义的政治制度进行了批判。他认为资本主义政治制度是一种充满了掠夺和欺骗的集合。虚伪地声称维护人民的利益，实际上仅仅是维护少数资产阶级的利益。资产阶级所鼓吹的议会民主和选举制度都具有欺骗性，其本质就是用暴力压迫弱者。资产阶级国家的法律本质就是保护富人、欺凌穷人的工具，没有公正可言，极其不合理。他还直接指责英国政府，认为英国政府是用暴力和欺骗维护统治。

欧文还对宗教迷信进行了揭露。认为宗教就是无稽之谈，就是一种欺骗的手段。社会要进步就必须破除迷信。但是欧文并没有认识到宗教产生的社会根源，他单纯地认为只要理性的真理战胜了神学宗教，社会制度就会随之发生根本性的变化。欧文还对当时的婚姻制度进行了批判。他认为两性关系应该建立在纯洁的感情基础之上，而不应该掺杂进来利益和财产的纠纷，这样不纯洁的婚姻必然带来通奸和卖淫的罪恶。

合作公社

欧文在批判资本主义私有制的基础上，设计了未来理想社会的方案，即建立在公有制基础上的合作公社。早在 1817 年，欧文在《致工业贫民救济委员会的报告》中就提出了建立平行四边形公社新村的方案。1820 年，他进一步提出了建立合作公社的方案，包括社会的组织原则、组织形式、生产方式，等等。

欧文所设计的合作公社是根据"联合劳动、联合消费、联合保有财产和特权均等的原则建立起来的"。合作公社消灭了私有制，实行财产公有制。因而在合作公社中，大家共同劳动、共同分配，消灭了特权阶级，没有剥削和压迫，也没有贫富两极分化。由于生产资料公有制，生产力迅速发展，生产能力急速提升。合作公社既是建立在生产资料公有制基础上的生产和消费单位，又是独立的经济组织和社会单位。每个公社都有完整的社会构成，是一个城乡和谐的有机整体。每个公社有 500 人到 3000 人不等，而且每个人都平均拥有土地。公社的最高权力属于全体社员大会，重大问题由大会讨论决定。合作公社会按照人们的年龄和经验来确定人们在社会中的不同地位和作用。欧文还规定了公社的外在布局，整个公社呈平行四边形。主要的公共基础设施，例如，学校、图书馆、食堂等，四周分布着住宅。

欧文还设计了合作公社的生产、分配和交换。合作公社进行有组织的集体生产，主要是农业生产，工业生产为辅。人们需要义务劳动，每个成员都会有适合自己年龄和特长的工作。在合作公社中，科学技术十分发达，而且被应用于生产之中，机器也由此变成为人类工作的工具。在分配方面，合作公社实行按需分配，产品分种类保存在货仓，有负责人向社员分配所需物品。而且社员在公共食堂吃饭，不需要单独分配食物。合作公社废除了商品和买卖，因而不存在交换关系。

欧文批判资本主义制度下的生产无计划性，造成了时间和劳动的极大浪费，而合作公社制度由于集合了社会集体的力量，因而在时间和劳动方面都得到了节约。欧文还提出了联合劳动，这种联合劳动是和公有制联系在一起的，而且实现了消灭城乡对立、脑力劳动和体力劳动的差别。关于合作公社的婚姻制度，欧文指出，婚姻要以爱情为基础，男女应该受到同等的教育，有同等的权利，因而在合作公社中，恋爱、结婚、离婚均自由。

欧文不仅对资本主义制度进行了批判，还设计了未来幸福的新制度，而且对于如何实现新制度也给出了明确的观点。他认为不能用暴力手段推翻现在的政府，而应该逐步地，经过一个过渡时期，进而实现新制度。在过渡时期，要全面培养人的素质，对社会上的每一个人进行启发，最终实现和平变革。他认为要先设立模范公社，然后逐步推广到整个欧洲。

学前教育的鼻祖

欧文是历史上第一个创立学前教育机关（托儿所、幼儿园）的教育理论家和实践者，教育制度在欧文的思想中也占有很大比重。他认为教育和生产劳动密不可分，因而要培育全面发展的人才，将教育和生产劳动结合起来。欧文主张建立教育法，以此在全社会普及教育。他认为对儿童的教育直接关系到国家未来的发展，是一个国家最重大的事情，所以国家一定要注重儿童教育。为了实现全民教育，欧文主张通过一项"联合王国全体贫民与劳动阶级教育法案"，这样贫困家庭的孩子也能接受到应有的教育。也由此，欧文反对雇佣童工，他认为应该完善幼儿教育，设置学前教育机关，建立专门招收不满 6 岁的儿童学习的"幼儿学校"，为幼儿的成长和教育创造条件。他认为，一切学龄前教育机构，必须扩大儿童的知识范围，"幼儿学校"应该实现改变幼儿环境、培育未来社会新人的目的。欧文在培养幼儿的实践中指出，培养儿童为社会服务的精神具有重大的意义，要从幼儿时期就培养他们团结互助的高尚品德，教会他们热爱劳动。而且欧文反对宗教教条式教学方法。欧文还亲自指导幼儿学校的工作，他注重孩子的全面发展，培养他们音乐、体育等特长。可以说欧文的教育思想一直到今天都有着显著的进步意义。

1816 年。欧文耗资一万英镑在他的厂区建立了第一所相当接近现代标准的公共学校——"性格陶冶馆"，这所学校专门为 2～14 岁的少年儿童提供良好的教育，另外还附设有成人教育班。这所学校的教学目标是要培养儿童良好的性格并提升职业能力，使他们未来成为有能力的人才。欧文把"读、写、算、说"当作学生们必需的学习项目。学校还设置了对公众开放的社交和休闲中心。欧文教育思想是为了他的最高目标——建立新的和谐社会而做准备的。欧文的教育理念在当时很超前，受到了社会各界人士的关注，每年都会有成千上万的人来参观欧文的工厂和他的"性格陶冶馆"。由此也证明欧文的教育理念取得了巨大的成功。

欧文的社会改造思想在当时的欧洲影响很大，有很多人认可欧文的思想，他的思想也逐渐渗透到了当时的工人运动之中。欧文不仅是空想社会主义者，更是空想社会主义实践家，因而被称为"社会主义者运动的创始人"。

参考文献：

［1］萧贵毓、牛先锋：《社会主义通史》（第 1 卷），人民出版社 2011 年版。

［2］蔡冬梅：《圣西门、傅立叶、欧文》，中国工人出版社 2014 年版。

［3］《欧文选集》（上、下卷），柯象峰、何光来、秦果显译，商务印书馆 1965 年版。

以革命斗争为天职的布朗基

路易·奥古斯特·布朗基（Louis-Auguste Blanqui，1805—1881）19 世纪法国早期工人运动活动家、革命家、空想社会主义者，巴黎公社的传奇人物，巴黎公社议会主席。在《藉星永恒》（1871）中设想多元的平行世界，构成一种不可思议的永恒。他的著作还包括《告人民书》《有关武装起义的指示》等。在革命实践活动方面，他超越了以往一切空想社会主义者，赢得了法国无产阶级和革命人民的尊敬。马克思和恩格斯高度评价他是"无产阶级政党的真正领袖"①。

短暂的学生时代

路易·奥古斯特·布朗基不仅是一名空想社会主义者，还是法国早期工人运动的革命家和活动家，1805 年 2 月 1 日出生于距尼斯约 50 公里的小县城普格德尼。布朗基的父亲多米尼格·布朗基曾是国民公会议员和吉伦特党成员，但是由于 1814 年波旁王朝复辟，布朗基一家被迫逃亡。他的母亲索菲·伯利翁费勒，生于皮卡尔迪。她是一位勇敢而且充满智慧的母亲，对儿子表现了伟大的母爱。她分别在 60 岁和 75 岁的时候，帮助儿子和朋友策划越狱，是一位有勇有谋的母亲。可以说，父亲和母亲的品性对布朗基无畏性格的形成影响非常大，他从他们的身上完美地继承了果敢坚毅的优良品质。

在 1818—1824 年六年之间，年轻的布朗基先后在玛珊学校和查理曼中

---

① 《马克思恩格斯选集》（第 1 卷），人民出版社 1995 年版，第 591 页。

学学习，他以极大的热情和非凡的努力对待他的学业。有聪颖的天资还特别努力，他的才能使其周围的人感到惊讶。他哥哥阿道夫在给他父亲的信中说："这个孩子将会震撼世界！"他有着非同于同龄人的智慧和勇毅。1818 年，布朗基开始了中学生涯。这时他已经对政治产生了浓厚的兴趣，经常参加学生运动，还在 1824 年加入了烧炭党人的秘密组织。这是 19 世纪初期在意大利组成的一个秘密团体，因为最初是在森林里的烧炭场所集合，故名烧炭党。复辟王朝时代这一组织扩展到了法国，它的主要目的是发扬自由主义思想和争取意大利的统一，布朗基毫不犹豫地加入了这样热血的组织活动当中。1825 年，布朗基 19 岁的时候，他顺利地以优异的成绩结束了中学的学业，开始进入巴黎大学去攻读法律和医学专业。在校期间，布朗基不仅仅满足于书本上的知识，而且经常参加各种活动。多次参加游行示威。紧接着，两年后，革命风暴使他中断了学业，他辍学从事革命活动，参加反对国王查理十世的街垒战。到 1827 年为止，他参加了几乎所有的学生运动。尽管曾经三次都受了很严重的伤，两次还是被刺刀所刺伤，还有一次是在乌尔街的街垒上被子弹打伤，但是他并没有因此而放弃，反而越挫越勇，像一个无畏的战斗士一样。但由于革命失败，他暂时选择了出国。于是在 1828—1829 年间，布朗基游历了法国南方、意大利和西班牙等各个国家，深刻地了解了各个国家的现状和风土人情，于 1829 年 8 月回到了巴黎，开始接受巴贝夫、圣西门和傅立叶的思想。随后，他在《地球报》做了几个月速记员。

漫长的革命生涯

1830 年 7 月，由于查理十世颁布了限制出版自由的法令，七月革命爆发。布朗基从《地球报》离职，加入了革命斗争。在这次斗争中，布朗基始终坚持着自己的信念，多次参加游行示威，一直站在人民这边，并且相信斗争必将取得胜利。波旁王朝被推翻，七月革命取得了胜利，但是这次革命的结果却让他失望，最终政权落到了金融贵族的手里，又开始了新形势下的专制制度。

七月革命以后，布朗基加入了"人民之友社"，这是由资产阶级共和主义者建立的。布朗基加入以后竭力宣传共和思想，进行推翻七月王朝的活动，并成为该社左翼领导人之一，经常在"人民之友社"的集会上进行发言，并且开始接触和研究空想社会主义学说。1831 年 1 月，布朗基被捕入狱，关进了福尔斯监狱，在接受审判时，布朗基自称是"无产者"，三个星期以后布朗基被释放，这也是布朗基人生第一次入狱。在这一时期，布朗基开始接受巴贝夫主义。1832 年，路易·菲利浦政府的内务部长加西米尔·彼里埃企图解散"人民之友社"，并且开始逮捕"人民之友社"的主要参与人，布朗基和该社的其他几位领导拉斯拜尔、托雷、于贝等人一起被捕，这也就是著名的"十五人案件"。当时法庭宣告了其他被告无罪，但是由于布朗基极力进行辩护，因而被以危害社会治安罪提起公诉，被判处一年徒刑和二百法郎罚款。

19 世纪 30 年代初期，法国社会的政治斗争此起彼伏，巴黎人民的骚动、里昂工人的起义、巴黎共和人士的起义、里昂工人的第二次起义，等等。这段时期也是布朗基政治思想形成的关键时期，他对无产阶级有了新的认识，尤其在看见无产阶级在斗争中表现出的战斗力，更加坚定了他的革命信念。

1835 年，布朗基积极建立了革命组织"家族社"。他提出"家族社"的宗旨和目标：武力推翻现存政府，建立平等共和国。他在一次"家族社"制造炸药准备起义的时候，被人告密，于是警察逮捕了 24 名成员，布朗基也包括在内。布朗基被判处了两年监禁，罚了二千法郎的款。1837 年，他又创立了一个秘密的革命组织——"四季社"。"四季社"的宗旨是要推翻资产阶级君主制度，建立理想的社会制度。这一时期的领导者还有巴贝夫，但是后来由于他的政治立场向右转，并且开始嫉妒布朗基的威望，二者反目成仇，甚至在后来的事件中巴贝夫开始诬陷布朗基。

1839 年，法国社会格外动荡，经济危机严重，失业人口持续增加，政治危机也进一步加深，人民的情绪也变得激动起来。布朗基认为这是起义的好时机。5 月 12 日，布朗基带领"四季社"成员在巴黎进行起义，准备推翻君主政府。这次起义布朗基组织了 500 多名"四季社"成员，但是并没有发动群众。起义者攻占市政厅后很快就被国王的军队包围起来。由于力量悬殊，这场起义仅仅两天多的时间就被镇压了。这次起义中，巴贝夫和布朗基都被捕入狱。他开始被宣判死刑，后改为无期徒刑。布朗基被关在圣米歇耳山监狱，这所监狱以酷刑出名，很多人受不了折磨在这里自杀。

布朗基计划越狱到他妻子的住处，但是妻子身体一直不好，没有实现计划。1841 年 1 月 31 日，布朗基妻子苏珊恩·阿美利不幸去世，享年 26 岁。这给布朗基带来了沉重的打击，他的儿子只能暂时寄养在外婆家，但是由于接受了宗教教育，后来儿子极力反对布朗基。经过布朗基母亲的策划，布朗基和其他朋友又一次准备越狱，但是最后失败了。从此之后，监狱对布朗基的看管更严格了。

艰苦的牢狱生活

1844 年，布朗基被监禁在圣米歇耳山监狱四年以后，被转移到了图尔监狱。长期的牢狱折磨让布朗基的身体每况愈下，后被送到医院救治，在医院治病期间，布朗基依旧被严密地监视。后来布朗基的医生诊断布朗基已经病入膏肓，时日不久，因而路易·菲利浦在 1844 年 12 月 6 日宣布对布朗基特赦。但是病重的布朗基依旧固执与骄傲，他拒绝了国王的恩赐，继续留在医院里被看守。布朗基卧床将近两年的时间，直到 1845 年 10 月，才能起床，并逐渐恢复健康。在他卧床养病的这段时间，很多政治活动家和工人们前来探望他，向他讲述最新的社会形势，也向他讨教革命方法。他和革命人士又开始保持着亲密的联系。1846 年，图尔市发生了多次暴动，当时有人举报说这是在布朗基的鼓动之下，当地的共产主义社团才暴动的。因此布朗基再度入狱。但是在审判的时候由于缺乏证据，布朗基被释放，重新回到了医院。一直到 1848 年二月革命，布朗基才被彻底释放。

被释放的布朗基回到了巴黎，很多之前的革命者同盟、共产主义革命者和布朗基的拥护者开始和布朗基取得紧密的联系。后来布朗基领导大家成立了"中央共和社"俱乐部。布朗基成为这个俱乐部的领导人，这也是布朗基宣传自己思想和组织活动的主要阵地。布朗基一直积极发展社员，他的威望也越来越高，这引起了资产阶级的恐慌。为了消除布朗基对工人群众的影响，警察局编造了一本叫作《塔色罗文件》的小册子，专门用来诽谤布朗基。大概内容暗指布朗基在同内务部长三次会面中泄漏了"家族社"和"四季社"的秘密，出卖了这两个组织的主要领导人，最后还供出了示威前的一些情况，因而导致了之前革命的失败。这个文件的用意很明确，就是为了毁坏布朗基的威信，减少他对革命的影响。4 月 14 日，布朗基发表了《公民奥古斯特·布朗基的公开回答》，上面有他的五十个朋友的联合签名，以此来回应这次诽谤。这抗议书发表在《论坛报》和《国民报》上，但是令人想不到的是，布朗基的老朋友巴贝夫却站在了诽谤者一边，这一举动让布朗基极其伤心。5 月 26 日，布朗基又一次被捕。在监狱中，布朗基得到了关于巴黎无产阶级的六月起义失败的消息，他悲痛不已，为自己在狱中无能为力而感到自责与伤心。

此时的布朗基已经 44 岁，身体状况并不是很好，艰苦的牢狱生活摧残着他的病体，但是他坚定的意志却并没有因此而动摇。由于《塔色罗文件》的污蔑和巴贝夫的指控，1849 年 4 月 2 日，布朗基被判处了十年徒刑。在监狱里，布朗基依旧保持着良好的日常生活习惯，每日专心阅读，认真写作。后来布朗基被押送到贝尔岛的监狱中，这时候，他喜爱上了地理。他的母亲和姐妹也非常支持他的兴趣，给他往监狱里寄了许多书籍和地图。布朗基一直和朋友们保持着通信，了解外面发生的事情，也经常写一些文章，来表达自己的观点和看法。

布朗基半生的时间都是在监狱里度过的，在监狱里他受尽了折磨，但是他从未放弃自己的理想信念，虽然身体残弱，却总能经受住一次又一次的考验。在监狱里，布朗基始终过着高度自律的生活。他坚持锻炼，控制饮食，少食油腻，多食蔬菜水果，尽可能不饮酒。他还在监狱的窗外种植了水果和蔬菜。在监狱中，布朗基始终保持着乐观的、积极向上的态度，苦中作乐。1852 年，布朗基在母亲的帮助下，准备越狱，但是私密信件却被截获，此后监狱对布朗基的看管更加严格，将他单独关进了地牢。1853 年，布朗基再次准备越狱，他和卡扎旺准备越狱后逃往英国。他们准备了假人，穿上了囚衣，模仿着日常布朗基和卡扎旺在牢房中坐着的模样。然后他们决定趁天气不好，下着倾盆大雨时逃出。布朗基和卡扎旺躲在一口井里面，巡逻兵巡逻过后，他们从井里爬出，然后翻出围墙。而后布朗基在一个小岛上找到了一个渔夫，给了渔夫一笔巨款，让渔夫送他们去大陆。但是这个渔夫品行不佳，拿了布朗基的钱以后，依旧告发了他们。布朗基又被投入贝尔岛富凯监狱的地牢。不久，他被转到政治犯监狱，但是受到较前更为严密的监视。1859 年 8 月 16 日大赦之后，布朗基才获准重返巴黎。

出狱后的布朗基重新获得了自由，但是生活并没有他想象的那么阳光明媚。多年不见的儿子和他很生疏，甚至带有仇恨。他不理解父亲的理想抱负，也不明白父亲为什么要使自己和家人如此狼狈。他希望布朗基放弃自己执着的政治理想，过平淡的生活。还有一件令布朗基伤心不已的事情就是，布朗基曾将自己的手稿交由母亲保管，但是母亲去世的时候这些手稿全部被烧毁了。这里面凝结了布朗基的心血，他得知这个消息后悲痛不已。

1861 年 6 月，布朗基被控告参与组织一个秘密团体，而被判处四年徒刑。布朗基又一次被关进圣彼拉奇监狱。入狱之后布朗基在监狱中有着极好的人缘，很多人成了他的朋友或者忠实的信徒，有一个时期形成了狂热的布朗基主义者，也就是在这圣彼拉奇监狱里诞生了布朗基派。1864 年，布朗基身患重病，又一次进入医院治疗，并且依旧是在警察的监视下。布朗基住院以后经常有朋友来探望他，他又一次萌生了越狱的想法，于是他乔装混在来探望他的朋友中间，逃出了监狱，来到了布鲁塞尔。在布鲁塞尔生活的几年时间里，他经常偷偷跑回巴黎，建立革命组织。他一边组织建立革命队伍，一边坚持写作，对很多政治经济学和社会问题进行研究。

1870 年 8 月，普法战争中法国节节失利，国内人民不满情绪持续上涨。布朗基借此机会组织起义，准备推翻拿破仑三世政府。他们打算占领拉维莱特大街的消防队兵营，夺取武器，然后宣布成立共和国。但是这次起义并没有成功。9 月 2 日拿破仑三世在色当投降以后，帝国就垮台了。随后法兰西共和国成立，国防政府组成。这时布朗基建立了俱乐部，并出版了《祖国在危急中》，号召人民群众反对政府的叛变行为。10 月 31 日，布朗基又一次领导起义，他们占领了巴黎市政厅，成立以布朗基为首的政府机关。但是由于布朗基轻信反动政客，结果国防政府恢复了政权，并且逮捕了起义者们。后来布朗基被捕，尽管他的身体状况十分糟糕，但还是被送进了斐热克医院。随后，巴黎的工人阶级夺取了政权，宣告成立巴黎公社。后来，布朗基被转移到卡奥尔监狱，同普通刑事犯关在一起，直至后来又被送进隔离狱室。再后来，布朗基被送到了托罗监狱。这时布朗基已经 66 岁，而且长期的牢狱生活和辛勤的工作使得他的健康受到了严重的损害。布朗基所在的托罗监狱的制度十分苛刻，他的牢房在地下室，寒冷、阴暗和潮湿，这里的防范也非常严密。在如此恶劣的情况下，布朗基依旧坚持着思考和研究，没有停止工作和写作。他在闲暇时间观察天空、海洋，注视行星的运动，并将观察结果在《星体永恒论》和有关黄道光成因的报告中体现，这个报告后来于1872年1月8日在科学院宣读，并且在《法兰西共和国报》上发表。同一年，《星体永恒论》的单行本也在巴黎出版。

1871年11月12日，布朗基被移送到凡尔赛监狱。一年之后，凡尔赛第四军事法庭才对他的案件进行审判，罪名是他参加10月31日事件和其他几次运动，以及对巴黎公社应负"道义"上的责任。此时已经67岁的布朗基，思路依然清晰，他驳斥了一切控告，但最后的结果是他依旧被认定有罪，褫夺公民权利，判处流放。随后布朗基被押到克莱尔沃中心监狱。布朗基被关在一个长2米、宽1.5米，只有一条狭窄窗缝的单人牢房里，很少允许他接见亲属的探望。在克莱尔沃潮湿的牢房里，布朗基的健康彻底地受到了损害；长年累月，他病在床上不能起来。他写信给他妹妹说，在这间牢房里他感到像被"活埋了"一样。1878年1月，社会主义的《平等报》发动了一个要求释放布朗基的运动，人们提他为议会选举的候选人。4月的第二轮选举的结果，他以6801票对5330票击败了资产阶级共和党候选人当选为波尔多的议员，但下议院宣布当选无效。然而，要求释放和选举这个"狱中人"的积极活动，终于迫使政府于1879年特赦了他。布朗基在克莱尔沃监狱被监禁了八年零三个月，这是他一生中所坐的最后一个监狱。

在1830至1879年组织工人起义和领导革命运动的近五十年间，布朗基曾多次被捕，他一共被监禁了37年，布朗基一生中有一多半的时间在监狱中度过。当他最后一次出狱时已经74岁了。出狱后的他仍保持旺盛斗志，继续积极参加工人运动。布朗基于6月25日动身去向波尔多选民表示感谢和以竞选者的身份在他们面前出现，受到波尔多市民的热烈欢迎。但在竞选时，他的敌人搬出了《塔色罗文件》，虽然文件里并没有任何证据说明他有罪，他还是比他的竞选者少得了158票。晚年的布朗基，在全国范围内为工人演讲，受到工人群众的热烈欢迎，人们还为他举行宴会。1880年，他写了一本小册子，题为《被奴役和受压迫的大军》，向里尔六千名群众发表了演说，受到了热烈的欢呼。1880年2月27日，他出席了在勒古尔帕街拉卡西礼堂召开的工人集会，做了拥护红旗反对三色旗的最后一次演讲。午夜一点钟回到家里，突然得了中风跌倒在地。1881年1月1日，经过五天与病魔斗争之后，不幸与世长辞，享年76岁。布朗基的去世对法国革命者来说是巨大的损失，送葬的人数将近20万，全法国的进步组织都派遣代表携带花圈纷纷来到巴黎，人们以无比悲痛的心情送了这位英雄最后一程。布朗基的遗体葬在拉雪兹神父公墓，巴黎工人在他的墓前修建了一座纪念碑，上面精心雕刻着他的铜像。

"平等共和国"

布朗基把资本主义社会比喻成"金钱皇帝""金钱王朝"，他从多个方面对资本主义社会进行了批判。布朗基首先指出资产阶级榨取人民血汗钱的罪恶本质。他指出资本主义社会使极少数人通过掠夺和剥削富裕起来，这种富裕不利于人民群众，只利于少数人。① 他认为现代资产阶级的财富是通过投机取巧、高利贷等肮脏的手段得来的，是不义之财。布朗基还猛烈地抨击了资产阶级的民主专制。资产阶级所谓的三权分立也不过是将权力集中在有共同利益的特权阶级手里。进而，布朗基指出，资本主义制度就是为了维护资本家的利益而建立的政治制度，而并非为人民大众谋取利益，国家非但没有保护大多数人的利益，反而保护富人去欺凌穷人。从这个角度看来，资本主义制度并没有太多进步性，依旧是富人对穷人的压迫和剥削，而且社会阶级对立愈加激烈。

布朗基不仅对资本主义制度进行了猛烈的抨击，还描述了未来共产主义社会的蓝图。他认为未来的共产主义社会是一个以全面协作制为基础的"平等共和国"。在这里没有压迫、没有剥削、没有专制，是一个工人们得到了解放的新秩序。

布朗基的空想社会主义思想较之前的空想社会主义者具有很强的进步性。他不认为共产主义社会是回到过去某一美好时刻，而是人类社会向前发展，经过人们长期努力，最终实现的美好社会。而且他并没有像之前的空想社会主义者，对未来的共产主义社会进行详细的描述。他认为革命者的使命在于为未来美好社会做好准备，而不是给未来社会制定条条框框，因而，布朗基也只是对"平等共和国"提出一些基本原则：1. 以全面协作制为基础，没有人剥削人，建立平等原则；2. 以公有制为基础的社会；3.

---

① 《布朗基文选》，皇甫庆莲译，商务印书馆1979年版，第75页。

不存在政治意义上的国家；4. 人类文明高度发展；5. 发展和普及教育；等等。① 布朗基对未来共产主义社会只提出了以上原则，至于"平等共和国"的具体面貌，他认为是未来人才应该去操心的事情。

在如何实现"平等共和国"这个问题上，布朗基批判了圣西门、傅立叶等空想社会主义者在革命斗争上的观点，继承和发展了巴贝夫关于暴力革命和专政问题的思想。

布朗基通过对资本主义社会的分析，得出一切革命都是由社会内部矛盾、由阶级斗争的计划引起的。这个革命既是政治革命也是社会革命，要通过武装斗争，推翻旧政权，消灭一切特权，进而建立共和国。他说道："社会主义就是革命。革命也就是社会主义。取消社会主义，人民的火焰就熄灭了，沉寂和黑暗就会笼罩整个欧洲。"② 为此，布朗基指出，未来资产阶级的斗争是同人民大众的斗争，是富豪贵族同全体劳动者之间的斗争，资产者和无产者的斗争，无产者要改变被奴役的地位就必须要通过暴力革命，消灭一切特权。而且从里昂起义中布朗基看到：只要工人们团结起来，无产者必定会胜利，私有制终将走向灭亡。布朗基再三强调暴力革命和武装斗争的重要性，明确地指出："各种社会主义流派的改革方案和造福人民的诺言，离开了工人武装夺取政权和解除资产阶级武装这个先决条件，就是舍本逐末。"③ 布朗基把武器和组织看作是进步的决定因素，是消灭贫困的重要手段。

布朗基主张建立革命专政，认为无产阶级必须在革命胜利后建立强大的革命政权，才能巩固革命成果，顺利实现共产主义，这个政权应该由全国人民选举产生、实行革命专政和人民自治的政府，但是要对敌人实行专政。布朗基还提出了具体的专政措施："其一，解散旧军队，建立人民武装；其二，剥夺敌人的财产，加强工商企业的管制；其三，改组旧政府；其四，不给敌人以任何自由。"④

从布朗基的武装暴力思想和革命专政思想可以看出，他对资产阶级厌

---

① 参见萧贵毓、牛先锋：《社会主义通史》（第 1 卷），人民出版社 2011 年版，第 388 – 390 页。

② 《布朗基文选》，皇甫庆莲译，商务印书馆 1979 年版，第 59 – 60 页。

③ 萧贵毓、牛先锋：《社会主义通史》（第 1 卷），人民出版社 2011 年版，第 391 页。

④ 萧贵毓、牛先锋：《社会主义通史》（第 1 卷），人民出版社 2011 年版，第 392 页。

恶至极，不再留有一丝幻想，他无论在理论上还是在实践上，都对社会主义的发展做出了巨大的贡献，是当之无愧的法国早期工人运动的杰出领袖。但是，他的思想基本停留在 19 世纪三四十年代的水平上，没有随着阶级斗争的发展而继续发展，因此并没有提升至科学社会主义的思想水平，随着时代的进步，布朗基成了"过去一代的革命家"①。

参考文献：

[1] 萧贵毓、牛先锋：《社会主义通史》（第 1 卷），人民出版社 2011 年版。

[2] 《布朗基文选》，皇甫庆莲译，商务印书馆 1979 年版。

[3] ［法］布朗基：《祖国在危急中》，顾良等译，商务印书馆 1980 年版。

---

① 《马克思恩格斯选集》（第 3 卷），人民出版社 1995 年版，第 244 页。

德国共产主义的创始人魏特琳

威廉·克里斯蒂安·魏特林（Wilhelm Christian Weitling，1808 年 10 月 5 日—1871 年 1 月 24 日）是 19 世纪三四十年代德国空想社会主义的著名代表人物，是一位重要的激进主义者，同时，他也是德国早期工人运动的著名活动家。被恩格斯称之为"德国共产主义的创始人"。魏特琳十分憎恨资本主义制度，但是他的思想中带有明显的乌托邦主义的成分。

军官的私生子

1808 年的 10 月 5 日，普鲁士的马格德堡一个情况略微特殊的家庭里，出生了一个可爱的男孩。之所以说新生儿的家庭有点特殊是因为，他是一个私生子。男孩的爸爸特里扬是法国的雇佣军官，男孩的母亲是一名厨师，叫作克里斯坦·魏特林。因此他们给孩子取名威廉·魏特林。魏特林很小的时候，他的父亲就在拿破仑的侵俄战争中战死沙场，小魏特林只能靠母亲做厨师微薄的收入生活。母亲的收入只能勉强维持生计，他们的生活十分拮据。魏特林从小就体验到了人间疾苦，知道生活在社会底层的人们是多么的不容易。由于家境所迫，14 岁的魏特林就不得不去成衣铺当学徒，以此减轻家庭的经济负担。

虽然由于生活所迫，魏特林的少年时代十分忙碌，但是这丝毫没有影响他的求知欲。魏特林从小就喜欢读书，而且对历史极其喜爱，认真地研读了《三十年战争史》《拿破仑战争史》等书，从中获益匪浅，而且有他自己独特的思考。魏特林从小就是侠义心肠，喜欢劫富济贫的故事，崇拜行侠仗义的英雄。他尤其崇拜传说中的侠盗辛德汉斯。而且由于盲目崇拜，魏特林还迎来了他人生中的第一次牢狱之灾。小魏特林和另两位年纪相仿的孩子，模仿侠盗进行侠义之举而被逮捕，这是他人生第一次当囚徒，当然也能反映出魏特林从小就有侠肝义胆，喜欢行侠仗义。

随着时间的推移，魏特林中学毕业了。这时的魏特林已经学会了缝纫妇女衣服的手艺。他背起行囊，来到了汉堡做起了一名裁缝，而且在此期间他还得到了一张流动手艺人的证书。从 19 世纪 20 年代末到 30 年代初，魏特林开始流浪于德国各个地方，这一时期他也更加近距离地感受德国普通民众生活的苦难，对社会问题和各种社会现象形成了清晰的认识和独特的感悟。也正是对这一时期生活的感受和思考，平等的观念深深地扎根在了魏特林的思想里。魏特林曾经说过："我平生常常有机会十分切近地观察这种困苦，并且部分地亲身感受过这种困苦。""我在德国周游很久，由于内心的热忱，我曾试图说服别人赞同我当时还不成熟的关于平等的看法，但是我从来没有遇到过，无论是在口头上或文字上暗示过平等的可能性或必要性的任何东西。"①

巴黎的革命生涯

魏特林于 1835 年 10 月辗转来到巴黎，在这里他开始接触到了空想社会主义学说。当时的巴黎可谓是空想社会主义传播的"圣地"，很多具有革命思想的大家在这里聚集，这里成了魏特林革命活动的起点。在巴黎这段时期，魏特林不仅仅接触并且认真学习了空想社会主义思想，更为重要的是他开始形成的自己独特的思考，并且开始加入革命团体。魏特林最开始加入了一个德国工人组织——"流亡者同盟"，而且还参加了该联盟的派系斗争。1836 年很多无产阶级分子从这个同盟中分化出来，成立了"正义者同盟"，魏特林成了领导人之一。成为同盟领导人的魏特林更加积极地参加各种革命，为同盟出谋划策，并于 1838 年撰写了《现实的人类和理想的人类》一书，这本书也成了同盟的纲领。书中阐述了财产"共有共享"的思想，并号召人们为实现新社会而奋斗。

---

① ［德］威廉·魏特林：《和谐与自由的保证》，孙泽明译，商务印书馆 1960 年版，第 284 – 285 页、295 页。

魏特林不仅仅是在思想上对现存的社会制度进行批判，还参加了当时的起义。1839 年 5 月，正义者同盟的 500 多名成员进行了"四季社"的起义，魏特林也参与了其中。很遗憾，起义失败了，很多起义者被驱逐出境，但是魏特林依旧坚持留在巴黎继续革命。

在瑞士的高光时刻

1814 年，魏特林移居瑞士，在这里他更加积极地进行革命活动，并且在工人中有了很强的影响力。不久，魏特林建立了共产主义联合会，并且积极宣传革命思想和政治主张。同年，他还在日内瓦出版了《德国青年的呼吁》（后来改名为《年轻一代》）。这是德国工人阶级的第一个刊物，魏特林在这个刊物上大力宣传共产主义思想，在此过程中，他的空想社会主义思想也逐渐形成一个完整的体系。

此后，魏特林进入了自己写作的高峰期，也是他革命思想的高光时刻。1842 年，魏特林出版了他最重要的著作《和谐与自由的保证》，这本书包含两个部分：《社会病态的产生》和《一个社会改革的理想》。书中描绘了一个新的社会制度，充分展现了魏特林的空想社会主义观点。这本书得到了无产阶级的一致好评，很快就有了多国文字的译本，在欧洲的工人阶级中广泛传播，这对于德国早期的工人运动有着很大的促进作用，魏特林也因此成了"欧洲无产阶级的理论家"。

在《和谐与自由的保证》一书中，魏特林以哲学思想为基础，论证了自己的空想共产主义理论。他认为人的欲望是社会的基本要素和动力，正是这些人的需要、要求和欲念促成了实现欲望手段的形成。因此，魏特林认为人类社会发展存在着一条永恒的自然规律：在一个秩序良好的社会里只有一个规律是永久不变的，那就是进步的规律，它是社会的自然法则。"这种进步规律也是魏特林思想体系的基础，在此基础上，他认为欲望和自然规律的结合是判断社会好坏的标准。

魏特林还对资本主义进行了批判，揭露了资本主义私有制的弊端所在。他认为私有财产是罪恶的根源，而且是一种违背社会利益的不公正的制度。魏特林甚至把以私有制为基础的资本主义制度称作是"现代奴隶制度"，认为这种制度本身是一种社会制度的倒退，私有制就是造成社会分化成剥削者和被剥削者的根源所在。魏特琳认为资本主义私有制基础上建立的国家是一座强迫工人劳动的监狱，这种体制下的军队也就是一种为资产阶级剥削人们的工具，这种财产私有制还会产生罪恶的战争，因此，资产阶级的法律、民主等都具有虚伪性，其本质无非就是为了维护资产阶级的剥削统治。因此，魏特林提出了"无产者无祖国"的思想，倡导抛弃资本主义所谓的道德，不要被资本主义的假面文明所迷惑，要实行财产共有共享，让无产者心甘情愿地为社会做出应有的贡献。

对于资本主义制度下产生的金钱拜物教，魏特林也是做了辛辣的批判。金钱维护了资本主义的剥削，他恶狠狠地讽刺金钱是可鄙的、地狱的、僵死的、丑恶的、低贱的，等等，由于魏特林缺乏劳动价值论的知识，不能深刻地理解金钱的本质和职能，因而他天真地提出了要废除金钱，将所有货币形式消失殆尽，大家要扔掉手里一切的钱财。正是因为如此偏激的思想，使得魏特林无法对金钱拜物教的现象进行更深层次的分析和揭露，也无法解读其本质和深层次的产生原因，更无法提出切实可行的解决方法。

此外，魏特林还对科学技术的产生和进步有着清晰的认识。在那个年代，很多人将广大劳动者社会地位的不断下降和生活状况的日益恶化归罪于科学技术的进步，魏特林却认为并非如此。科学技术进步和机器的使用不是造成广大劳动群众疾苦的根源，根源在于私有制。私有制让本可以造福人类的科学技术和机器走向了相反的方向，不但没有减轻劳动群众的劳动，给人们带来轻松幸福的生活，反而使无产者和劳动人民遭受到了剥削。而对于资本主义的商业，魏特林也毫不留情地进行了批判，认为是一种掠夺的方式，他认为商业就是盗窃，只要有商人的存在，就会有盗窃的产生，"至于商人这个名称，——这里附带说一下——我所理解的是一切不依靠劳动，而是依靠盈利、利润、投机等等而生活的人"。[①]

在《和谐与自由的保证》一书中，魏特林不仅对资本主义制度进行了批判，还对未来理想社会的社会制度进行了构想——民主共产主义家庭联盟。魏特林设计的理想社会里要废除私有制，实行公有制，是一个没有私有财产，没有国家政府，没有商人货币，也没有法律刑罚的"和谐与自由"

---

① ［德］威廉·魏特林：《和谐与自由的保证》，孙泽明译，商务印书馆 1960 年版，第 230 页。

的社会。在这个社会里，大家共有共享，"全体的和谐！以及在全体和谐中的每一个人的最大可能的自由！"① 魏特林所谓的和谐和自由是建立在欲望论的基础之上的，新社会的和谐不是个人的欲望和个人能力的和谐，而是"全体和谐"，也就是全社会的欲望和全体人能力的和谐。② 魏特林强调："从全体人的欲望和能力的自由与和谐中，产生出一切好的东西，反之，由于为了若干少数人的利益而压抑和克制这种欲望和能力，则产生一切坏的东西。"③ 魏特林认为，和谐社会是在工业和农业的基础上产生的，在此基础上，按照自然规律平等分配劳动和享受，为此要建立一套管理制度，并且重视对社会管理人员的选拔。在共产主义家庭联盟里，最高管理机关是三人团或三人委员会。这些管理人员应该以教授、教师和医生等为主，而且社会管理人员要有多方面的知识和才能，并且兼具关心社会利益的品德。在这个全体和谐的社会里，有劳动或业务系统和享受或家庭系统两大系统，除了老弱病残外，大家都要劳动。这里没有商品和货币，靠着交易簿实现分配。

最后，魏特林还对如何实现全体和谐社会的途径进行了探索。他认为必须要进行革命，超出以往空想社会主义者的地方是，魏特林推崇暴力革命，与此同时他也论述了过渡时期的必要性，认为建立新的社会不是一蹴而就的，要经历一个过渡时期。

在《和谐与自由的保证》一书中，魏特林对资本主义进行了全面的批判，但是他并没有分析出私有制产生的根本原因，也没有揭示出资本主义国家的本质。但是不可否认的是，这本书的出版是魏特林理论上的巅峰，也是他人生的高光时刻。

顶点之后的下坡路

《和谐与自由的保证》一书的发表是魏特林人生的顶点，就像是开口向

---

① ［德］威廉·魏特林：《和谐与自由的保证》，孙泽明译，商务印书馆 1960 年版，第 192 页。

② 参见萧贵毓、牛先锋：《社会主义通史》（第 1 卷），人民出版社 2011 年版，第 448 页。

③ ［德］威廉·魏特林：《和谐与自由的保证》，孙泽明译，商务印书馆 1960 年版，第 163 页。

下的抛物线，达到顶点之后，魏特林的人生也开始走下坡路了。尽管这本书的出版让魏特林的思想在空想社会主义史上闪闪发光，但同时也给魏特林带来无尽的麻烦。瑞士的统治阶级开始畏惧魏特林，认为他是一个破坏分子，开始对他进行迫害。其他很多国家的政府也开始排斥他，日内瓦、伯尔尼等国家也陆续将他驱逐出境。与此同时，《年轻一代》杂志也停刊了，魏特林的生活开始变得动荡不安。

被迫害的同时，魏特林本人却变得自负起来，认为自己名声大噪。1843年，魏特林的又一著作《一个贫苦罪人的福音》准备出版，尽管魏特林自己对这本书自信满满，但事实上，这本书根本无法与《和谐与自由的保证》一书相提并论。在这本书中，魏特林鼓吹早期的基督教共产主义，摘录了上百条的圣经，以此来论证自己的共产主义思想，使得自己的共产主义充满了宗教的色彩。他甚至认为，基督教学说是一切进步思想的来源，耶稣是共产主义战士的前辈。这本书出版之前，魏特林被检举侮辱了上帝，因而在1843年的7月被捕入狱，以亵渎神明罪判处6个月的徒刑，书稿也被没收了。后来书稿被魏特林的朋友找回，并于1845年在伯尔尼出版。

1844年魏特林刑满之后被驱逐出境，他前往伦敦。1846年3月30日，关于德国进行共产主义宣传的问题在布鲁塞尔共产主义通讯委员会上讨论，魏特林偏激的空想社会主义思想在这次讨论会上展现得淋漓尽致，和马克思、恩格斯的科学社会主义思想形成了鲜明的对比，开始发生冲突。随后，在克利盖的问题上又一次与马克思恩格斯发生激烈冲突，极力为克利盖辩护，为此彻底与马克思恩格斯决裂。

事后，魏特林丝毫没有悔过的意思，而是在错误的道路上越走越远。他脱离了无产阶级的革命斗争，加入了德国"真正的社会主义"和基督教的空想主义。1846年10月，魏特林起身前往美国，在克利盖的报纸做了编辑。魏特林在美国组织了"解放同盟"。1847年，正义者同盟会上宣布开除魏特林，并对正义者同盟进行改组，马克思恩格斯的科学社会主义理论成了同盟的指导思想，并将同盟改组为"共产主义者同盟"。

1848年欧洲革命爆发，魏特林从美国返回欧洲参加革命，但是此时的魏特林已经没有什么公信力了，并没有对革命起到什么良好的指导作用，他本人也对革命表现出来悲观的情绪。1848年11月，革命失败，魏特林被驱逐出柏林，他开始在汉堡从事革命相关工作。1849年魏特林又一次被汉堡驱逐出境，无奈之下，他只能再次前往纽约。在美国他创办了《工人共和国》报，建立新的工人协会。

在美国的日子

魏特林回到美国以后，在美国艾奥瓦州的"共产主义"移民区当选了主席，在这里开始实施共产主义，后来由于诸多原因，1853年移民区解散。1854年，《工人共和国》也在历时4年后停刊。《工人共和国》曾经是美国社会主义运动的主要思想宣传阵地，曾经也深受读者喜爱，影响深远，但是它并没有从实质上表达工人阶级的要求，因而最终也走向了终结。

此后，魏特林逐渐退出了工人运动，并在1854年结婚。婚后，魏特林开始对语言学和天文学产生了浓厚的兴趣，并且潜心于缝纫业的技术发明，找回了自己"最初的梦想"，这位"正义者同盟"的最初的领导人之一，就这样脱离了工人运动。1871年1月25日，魏特林在纽约逝世，尽管他后来误入歧途，对革命产生了阻碍作用，但是不可否认他空想社会主义思想体系的积极影响，他的"德国共产主义创始人"的地位也不容否认。

参考文献

［1］［德］威廉·魏特林：《和谐与自由的保证》，孙泽明译，商务印书馆1960年版。

［2］萧贵毓、牛先锋：《社会主义通史》第1卷，人民出版社2011年版。

［3］《马克思恩格斯全集》第1版，第1、14、37卷。

无产阶级的伟大导师马克思

卡尔·马克思，全名卡尔·海因里希·马克思（Karl Heinrich Marx，1818—1883），是马克思主义的创始人之一，第一国际的组织者和领导者，被称为全世界无产阶级和劳动人民的伟大导师。无产阶级的精神领袖，国际共产主义运动的先驱。

马克思是德国伟大的思想家、政治家、哲学家、经济学家、革命家和社会学家。主要著作有《资本论》《共产党宣言》等。马克思创立了广为人知的哲学思想历史唯物主义，政治经济学上创立了剩余价值学说，其最大的愿望是个人的全面而自由的发展。马克思认为资产阶级的灭亡和无产阶级的胜利是同样不可避免的。他和恩格斯共同创立马克思主义学说，被认为是指引全世界劳动人民为实现社会主义和共产主义伟大理想而进行斗争的理论武器和行动指南。

美好的童年

19世纪，特里尔所属的莱茵省是德国最发达的地区。1818年5月5日，城中布吕肯巷664号一幢普通的小楼里，迎来了一个新的生命。这里是犹太律师亨利希·马克思的住宅，他为人谦和、工作勤勉、待人诚恳。这个刚刚诞生的可爱小男孩，是他和荷兰裔妻子罕丽达生下的第三个孩子。看似普通的一天，看似一个普通的家庭，看似一个普通的男婴，然而人们当时没有意识到这个看似普通的一切将改变整个人类的命运。这个孩子被取名为卡尔·马克思。

马克思家境殷实，父亲学识渊博，母亲温柔贤惠，对马克思关怀备至，马克思的家庭环境良好。马克思所出生的城市是一座历史悠久的城市，这座城市曾经被称为北部罗马。这座城市也是德国最早出现空想社会主义思想的城市之一。马克思就在这座历史厚重、山清水秀的环境中长大，也正是这样的成长环境，使得马克思一生都对历史抱有极大的热情。

1819 年 10 月，马克思一家搬到了西梅昂街 1070 号，在这里开始了他美好的童年。马克思的童年是无忧无虑的，是充满了欢乐与幸福的。马克思本人既聪明伶俐又惹人喜爱。他精力充沛，每天探索着新游戏，而且经常对姐妹们搞恶作剧，但是姐妹们却很少和他翻脸，原因是马克思有着让她们着迷的本领：讲故事。马克思聪明伶俐的脑子就像一个丰富多彩的故事库，经常有一群孩子围着他听故事，大家听得如痴如醉。马克思小时候的玩伴都很喜欢他，很多孩子经常在一起玩耍。马克思就在嬉笑打闹中和欢声笑语中度过了短暂而美好的童年。

充实的少年

很快马克思就到了上学的年纪，特里尔中学是当地一所很不错的学校，曾经培养了很多科学家。12 岁的马克思就被送到了这所学校学习。聪明的马克思进入学校以后也表现出过人的才智，学习能力、领悟能力、理解能力都很强，很轻松就能学会课本中的难点，早早表现出了独立思考的能力和超强的创造力。在学校的马克思，古代汉语、法语和数学成绩都特别出色，他对拉丁文和希腊语也很感兴趣。这时他还遇到了一位良师——路德维希·冯·威斯特华伦。他个人修养很高，才华横溢，马克思十分尊敬他，跟他也学到了很多东西，他不仅是老师，更是马克思少年时期的偶像。马克思的班级里一共有 32 名学生，他是班里年纪最小的，但是他成绩优异。可以说马克思上学期间是各科成绩都很好的学霸。

马克思上学时期，很多政治事件和社会变迁对马克思产生了很大的影响。特里尔的人们对于普鲁士的专制很不满，经常发表不利于专制统治的言论，讥讽和嘲笑官吏。这种肆无忌惮的做法让柏林当局十分担忧，经常派出警察对市民严格监视。当局还给马克思所在的学校派去了一个唯利是图的小人当副校长，目的就是监视老师和学生的言论，这使得马克思十分厌烦。

很快马克思的中学时代结束了，1835 年 9 月，马克思中学毕业，他的各科成绩都很好，唯独物理得到的是"知识中等"的评价。马克思的德文作文题目是《青年在选择职业时的考虑》，这篇作文由校长维登巴赫亲自评阅，并且给予了很高的称赞。17 岁的马克思在这篇作文中彰显出了少年渴望为人类做贡献的激情，这时的他已经树立了崇高的志向。这时马克思已经认识到选择职业是关系到个人生活目的和生活道路的重大问题，每个人都要从自身的条件出发，慎重地选择职业。崇高的职业是为人类而工作的职业，高尚的人选择职业是和人类的幸福联系在一起的。这时的马克思尽管才中学毕业，但是可以看出小小年纪的马克思关心的却是整个人类的幸福。

如果我们选择了最能为人类而工作的职业，那么，重担就不能把我们压倒，因为这是为大家做出的牺牲；那时我们所享受的就不是可怜的、有限的、自私的乐趣，我们的幸福将属于千百万人，我们的事业将悄然无声地存在下去，但是它会永远发挥作用，而面对我们的骨灰，高尚的人们将洒下热泪。①

大学时代

1835 年，马克思开始了自己的大学生涯，他离开了家乡。10 月一天的清晨四点，全家人为马克思送行。他来到了波恩大学，成了波恩大学法律系的一名学生。进入大学的马克思学习热情高涨，一开始就选修了 9 门课。大学时的马克思对诗歌有着无比的热爱，同时还选修了希腊罗马神话、荷马问题等几门课。马克思给父亲写信，描述了大学丰富多彩的生活，父亲得知马克思如此上进，很是欣慰，但同时也充满了担忧，告诉马克思学习固然重要，但是也要爱惜自己的身体，劳逸结合，不要损害健康。父亲的担心不是没有理由，由于马克思学习不舍昼夜，在第二学期就病倒了，所以他不得不压缩到四门课，以减轻学习压力。

马克思在刻苦学习之余，也是大学里的活跃人物。他和其他年轻人一

---

① 《马克思恩格斯全集》（第 2 版第 1 卷），人民出版社 1995 年版，第 459 页。

样，热情奔放，课余时间积极参加击剑、骑马等活动。也会和同学们举杯畅饮，放声高歌。有一次还因为和同学们醉酒喧哗被处罚，他们被集体禁闭。但是小伙子们根本没有因此而害怕，还让其他同学偷偷送酒，继续畅饮狂欢。这件事情也在马克思的波恩大学肄业证书上有体现，成了被记下的违纪事件。

由于波恩大学太过于自在，马克思的父亲担心儿子学坏，因此决定让马克思转学。1836 年 10 月，马克思离开特利尔前往柏林继续念大学。柏林是一座和波恩完全不同的城市，作为德国的政治、学术和文化中心，柏林有着诸多的学术派别，学术氛围也很浓厚。这里相对少了传统的娱乐项目，适合安静地学习读书。马克思来到这里以后也将自己隔离在一个安静的环境之中，全身心地投身到科学与艺术的学习之中。在柏林大学，几个学期一共只有 12 门课，但是马克思积极自学。大学时期的马克思还自学了很多自己感兴趣的科目，包括历史学、文学、法学等。他读书认真，对于每一个学科都认真地做好笔记，记录学习心得。马克思充分利用时间学习，阅读了大量的书籍，包括《民法基础》《罗马法体系》《论科学的进步性》《美学》《拉奥孔》《叶尔文》《艺术史》等，门类繁多。他还自学了英语和意大利语。①

马克思来到柏林大学以后，开始接触黑格尔哲学，这一时期马克思经历了从讨厌思辨的黑格尔哲学转向接受并认可黑格尔哲学。起初他对黑格尔的著作的印象是"那离奇古怪的调子"，后来马克思深入了解了黑格尔哲学的内容，他的评价也发生了根本转变。他开始通读黑格尔的著作，掌握了黑格尔的辩证法，这对于日后马克思创立历史唯物主义的哲学体系有着重要的意义。

马克思开始和柏林的青年黑格尔派密切交往，加入了青年黑格尔派的博士俱乐部。在博士俱乐部里，马克思结识了很多志同道合的朋友。他们经常聚集在施特黑利咖啡馆，在这里探讨学术和社会问题。由于他们经常肆无忌惮地对实事进行评论，引起了当局的注意。为了逃避警察的跟踪，马克思几次搬家。

马克思一直对金钱没有太多概念，从小家庭富裕，父亲对他也很少限

---

① 参见张光明、罗佳芳：《马克思传》，天地出版社 2018 年版，第 18 页。

制花销，因而养成了他大手大脚的习惯。大学时期的马克思经常入不敷出，后来引起了父亲的不满。有一次，父亲在信里斥责了马克思，责怪他很少给家里写信却一年花了 700 塔勒。他希望儿子要做一个勤勉的学生，为将来的幸福打下基础。父亲害怕马克思所从事的事业会使自己受伤，因而进行了警告。

1838 年 5 月 10 日，马克思的父亲去世。后来马克思一直将父亲的照片贴身放在胸口的口袋里，一直到去世，这张照片随马克思入葬。由于父亲亨利希·马克思的去世，马克思家庭的收入大大减少。随着家庭援助的减少，马克思开始放弃了诗歌写作，在柏林的最后三年里也就听了两门课。1839 年到 1840 年，马克思开始撰写自己的博士论文——《德谟克利特的自然哲学和伊壁鸠鲁的自然哲学的差别》。为了完成博士论文写作，马克思拜读了亚里士多德、塞克斯都·恩披里柯、莱布尼茨、第欧根尼·拉尔修、斯宾诺莎、霍尔巴赫、谢林、黑格尔、休谟和康德等多位大家的有关论著，涉猎内容相当广泛，并且认真地做了笔记。论文中论述的问题有伊壁鸠鲁主义和斯多葛主义之间的关系、希腊哲学智者的观念、苏格拉底和柏拉图的有关宗教的观点以及后黑格尔哲学的前景等，提出了"宗教成分和哲学成分的对立"，哲学应该积极对待现实的原则。马克思于 1841 年 4 月提交了论文，但不是给柏林大学。而是寄给了耶拿大学。随后，马克思就被授予了博士学位。

结束大学生活的马克思开始了新的生活，他没有留在大学里任职，而是到了具有民主主义倾向的《莱茵报》工作。1842 年马克思被聘为《莱茵报》主编，那时他只有 24 岁。马克思利用《莱茵报》的平台，揭露反动当局，为被压迫的群众呼吁。后来马克思发表了一篇《关于林木盗窃法的辩论》论文，同林业所有者展开激烈的辩论，反对剥削人民正当权利的林木盗窃法。文章让莱茵省总督很愤怒，指责《莱茵报》在诽谤。马克思为了给报纸辩护，为人民争取利益，又写了一篇《摩泽尔记者的辩护》，比之前更大胆地向社会展开攻击。《莱茵报》受到了人民的热烈欢迎，但是却遭到了官方的痛恨。

《莱茵报》在马克思的指导下，反对当局的倾向越来越明显，但是来自人民大众的支持却越来越多。马克思做编辑的时候，《莱茵报》只有 885 个订户，但是两个月后就增加到了 3400 个。它的影响越来越大，政府也对

《莱茵报》越来越警觉。1843 年 1 月 19 日，普鲁士政府决定查封《莱茵报》，但是允许在执行日期 3 月 31 日之前继续出版。这一决定引起了抗议，民众要求取消查封《莱茵报》，而且有千余人在请愿书上签字。为了挽救《莱茵报》，马克思想尽办法，他最后决定自己退出，以此保住《莱茵报》。马克思在 1843 年 3 月 18 日发表了一则简短的声明，退出了《莱茵报》编辑部。政府如释重负，马克思也因此获得"自由"，但是何去何从是个很大的问题。

与燕妮相遇

燕妮·马克思（1814—1881）原名约翰娜·珍妮·贝尔塔·朱丽叶·冯·威斯特华伦。燕妮出身于一个德国贵族家庭。她的父亲路德维希·冯·威斯特华伦是一个商人，后来成了普鲁士政府一名枢密顾问官。出身于贵族家庭的燕妮受过良好的教育，而且曾经是"特里尔舞会皇后"。1836 年，马克思回特里尔向自己热恋的姑娘求婚。燕妮就和 18 岁的马克思约定了终身。两人的爱情遭到了家人的反对，燕妮的家人认为出身于贵族家庭的她可以缔结一门门当户对的贵族婚姻，但是燕妮却一门心思要嫁给市民阶级子弟。这一做法不符合传统的观念，因而障碍重重。与燕妮相识之后，马克思返回学校继续求学，在两人分别的日子里，马克思加倍努力。

马克思和燕妮私订终身以后，燕妮一直面对来自家庭巨大的压力，亲属都在劝她解除婚约。但是燕妮从来没有动摇。1843 年 6 月 19 日，马克思与苦等他 7 年之久的燕妮结婚。由于家长们的反对，他们的婚礼只有少数几个亲人在场。婚礼结束后，他们俩立刻就出去度了几个星期的蜜月。他们先是到了瑞士看莱茵河瀑布，接着游览了巴登省，在旅途中两个人对金钱有着令人惊讶的不在意的态度。据说马克思和燕妮把燕妮的母亲给的一笔钱放在了箱子里，他们一路从箱子里拿钱，从来没有算计，不知道自己花了多少钱，也不知道箱子里还剩多少钱。他们除了自己旅途所花的钱，还去探望了几个朋友，对于生活困难的朋友也是慷慨解囊，他们的朋友可以自己随意从箱子里拿钱。马克思和燕妮在这种花钱方式之下，很快这些钱就全部花完了。

巴黎岁月

从《莱茵报》离职以后，马克思一直想去国外。这时他和卢格联系得很密切，卢格和马克思设想，办一个刊物《德法年鉴》，出版地定在巴黎。

1843年，马克思和燕妮来到了巴黎。《德法年鉴》开办不久，卢格就病倒了，这样一来，所有的工作就都落到马克思一个人身上，马克思工作狂的本质在这时展露出来，他夜以继日地写作，还不停地和别人协调工作。很快，在1844年2月，《德法年鉴》第一、第二期的合刊就出版了。马克思本人在刊物上发表了三封通信、两篇论文。他明确地指出，工商业制度、私有制的剥削制度，正在以比人口繁殖快得多的速度引起现今社会内部的分裂。《德法年鉴》一经出版，就引起了广泛的关注，人民热切的关注和讨论让普鲁士政府感觉到担忧，立刻通告说《德法年鉴》阴谋叛国，要求对进入普鲁士的《德法年鉴》编辑一律逮捕，而且严格控制不让《德法年鉴》流入国内，有一大批《德法年鉴》都在边境被警察没收。

这种形势下，《德法年鉴》的编辑们也出现了分歧。马克思和卢格之间的不和也愈演愈烈，卢格反对马克思关于无产阶级历史使命的观点，他压根就瞧不起无产者。而且卢格是一个在金钱上斤斤计较的人，《德法年鉴》遇到困难时，他用刊物抵价，使得《德法年鉴》出版一期后停刊。马克思和他的友谊也走到了尽头。

1844年5月1日，马克思和燕妮迎来了他们的第一个孩子，孩子与母亲同名，也叫燕妮。这时期的马克思一面享受着当父亲的喜悦，一面结识了很多来自不同国家的流亡者，朋友也变得多了起来。马克思和当时的一些工人秘密团体建立了联系。但是平静的岁月很快就被打破。1844年巴黎出版了一份德文刊物《前进报》，马克思给这个刊物写文章，还参与编辑工作。这个刊物上刊登了很多批判普鲁士专制政体的文章，引起了德国官方的注意，官方通过驻巴黎大使，要求法国政府查封《前进报》。于是法国政府借口刊物未交保证金而对它进行查封，还将《前进报》成员驱逐出境。马克思决定离开巴黎，到布鲁塞尔去，但是这时的马克思已经很拮据了，路费都成问题。于是，马克思只能先起身离开，家里的事情处理完燕妮才带着孩子去布鲁塞尔与马克思相聚。1845年2月3日，马克思到达了布鲁塞尔，开始了另一段革命征程。

在巴黎的岁月，马克思有一个重大的收获就是结识恩格斯，并且开始了一段伟大的友谊。其实在此之前，马克思和恩格斯就见过面。恩格斯在柏林服役的时候就听说过马克思的名字。1842 年，恩格斯在途经科隆时去过《莱茵报》编辑部，在那里，马克思和恩格斯有一面之缘。但是见面并没有过多的交谈，两个人都是冷冷的。恩格斯在鲍威尔的影响下，对马克思抱有一些偏见。直到恩格斯在《德法年鉴》上阅读了马克思《政治经济学批判大纲》一文，他开始对马克思改观，而且渴望与马克思见面，深入地交谈。1844 年 8 月，在法兰西剧院广场附近的"摄政咖啡馆"里，马克思和恩格斯愉快地交谈。而且在接下来的几天，他们也几乎形影不离，一起探讨问题。他们的想法出奇的一致，两人伟大的友谊也由此拉开序幕。

颠沛流离的流亡岁月

马克思来到布鲁塞尔时，举目无亲，生活异常艰难。但是他对生活依旧保持着积极乐观的态度。不久，燕妮母女也到达了布鲁塞尔，而且他们之前的女佣海伦·德穆特（大家习惯叫她琳蘅）也来到了布鲁塞尔，一家人团聚。这时候马克思的家庭几乎没有任何存款，燕妮的嫁妆也几乎都变卖了。他们租下了圣诺塞－汤－诺德郊区同盟路 5 号的房子，暂时安定下来。恩格斯得知这一消息，很快从朋友那里凑到一些钱，给马克思寄来。这些钱解决了马克思的燃眉之急，因为当时马克思一家的一日三餐已经靠赊欠维持了。恩格斯的帮助来得如此及时，马克思深深感动，其他朋友也随之开始帮助马克思。不久，很多朋友聚集在布鲁塞尔，经常到马克思家里做客，马克思的家成了民主主义者和共产主义者的聚集中心。

但是，布鲁塞尔当局并不欢迎马克思，马克思刚到布鲁塞尔就被叫到警察局，要求他签写书面文件，保证不对比利时的内政发表评论。马克思照办，但是政府依旧不放心，警察紧密盯着马克思的一举一动，而且普鲁士政府也在不停地骚扰马克思。1845 年 12 月，马克思只好退出了普鲁士国籍。

这时，恩格斯和父亲发生了分歧，放弃了他所讨厌的商业，来到了布鲁塞尔。恩格斯第一次见到燕妮，就像久别重逢的老友一样相谈甚欢。恩格斯在马克思家旁边租了一套房子，几乎每天都到马克思家里与他们夫妇二人长谈。两个老朋友一起进行时局分析、学术讨论。马克思、恩格斯还参加了一些工人团体的会议，帮助一些流亡的德国人，对他们进行理论熏陶。马克思、恩格斯还开始计划写一本书——《德意志意识形态》。他们不休不眠地工作，经常一起奋战通宵，这个过程没有人感觉到苦累，相反，二人沉浸其中，工作氛围十分欢乐。

马克思、恩格斯认为，无产阶级应该建立起革命的政党组织，这样才会发挥更强大的作用。于是1846年，在马克思和恩格斯的努力下，建立了革命组织"共产主义通讯委员会"。主要主持者有马克思、恩格斯和菲利普·日果等人，魏特琳也参加过委员会的工作，但是马克思看到了魏特琳思想中的平均主义、封闭的宗派主义、革命密谋主张等，认为这些思想会对国际工人运动起到阻碍作用。而且魏特琳这个人也非常固执，他对马克思和恩格斯的意见听不进去，反而认为马克思是为了一己私欲，想独揽"报酬优厚的翻译工作"。1846年3月30日，他们之间的冲突爆发了，对于魏特琳的抱怨，马克思、恩格斯不留情面地反驳，和魏特琳的战友关系也走到了尽头。

1847年6月，正义者同盟代表大会在伦敦召开，马克思因为经济拮据未能出席，恩格斯从巴黎赶往伦敦。会议将正义者同盟改称为共产主义者同盟；提出以"全世界无产者，联合起来"为口号，代替原来"人人皆兄弟"的口号；提出同盟新纲领，以《共产主义信条》为纲领草案；等等。这次大会具有重大意义，使得正义者同盟变成了一个国际性共产主义组织。

这段时间，马克思开始为《德意志－布鲁塞尔报》写稿，不久这份报纸就变成了共产主义者同盟的机关报。这段贫寒的岁月里，燕妮又生下了两个孩子：女儿劳拉和儿子埃德加尔。马克思夫妇有了三个孩子，家庭氛围更加热闹，负担也更为沉重。

1847年9月27日，各国社会主义者和民主主义者们大约有120人聚集在布鲁塞尔，他们决定成立"民主协会"，马克思被选为副主席之一。马克思在协会里积极工作，对推动西欧革命民主主义运动发挥了巨大的促进作用。

1847年11月，马克思和恩格斯一起去了伦敦，参加共产主义者同盟的第二次代表大会。大会在1847年11月29日开幕，欧洲各国都有代表参加，大家在会上展开了热烈的讨论，大家最关注的就是纲领的问题。第一次代表大会以后，大家对《共产主义信条》进行补充，在修改和添加的基础上完成了《共产主义原理》。大会最后决定纲领名称定为"共产主义宣言"，委托马克思和恩格斯完成，这也就是后来广为流传的《共产党宣言》。

1848 年 1 月底，《共产党宣言》的定稿被寄往伦敦，2 月发行了 23 页的单行本。1848 年被翻译成瑞典文，19 世纪 60 年代，开始陆续被翻译成俄文、法文、西班牙文等。19 世纪末，《共产党宣言》几乎有了欧洲所有重要语言的译本。

1848 年，共产主义者同盟盟员们积极参加革命，布鲁塞尔政府的防备也随之加紧。这时马克思也向法国临时政府提出申请，要求撤销之前的驱逐令，很快法国政府回信，表示欢迎马克思重返法国。1848 年 3 月 1 日收到这份回信时，正好马克思接到了比利时的驱逐令，限他 24 小时内离境。

然而在最后的 24 小时，马克思仿佛经历了一场腥风血雨，警察闯进马克思的家里，称马克思的身份有问题，将其扣押。马克思被关 24 小时后被释放，全家已经没有时间收拾行李、同朋友告别，于慌乱中匆匆离开了生活三年的布鲁塞尔。

重返巴黎的马克思，以极高的热情指导革命，和战友们一起组织了德国俱乐部，同时还在巴黎组织新的共产主义者同盟中央委员会。马克思、恩格斯为新的中央委员会起草了一份文件《共产党在德国的要求》。这份文件被大量印刷，成了盟员们的思想武器。

1848 年 4 月，马克思和战友们一起回到德国，马克思和战友们计划创办一份大型报刊，为了彰显出来和当年《莱茵报》的继承关系，取名为《新莱茵报》，副标题"民主派机关报"。但是创办报刊的资金是一大难关，尽管面临着资金困难，《新莱茵报》还是在 1848 年 5 月 31 日出了创刊号，标注日期是 1848 年 6 月 1 日。马克思出任总编辑，当时同事们戏称他为"马克思老爹"。《新莱茵报》坚持坚决的革命立场，毫不留情面地批判资产阶级、小资产阶级在革命中的软弱性。作为《新莱茵报》的主编，马克思既要负责报纸的各项工作，还要参加革命民主主义组织，在各种集会上发表演讲。由于《新莱茵报》有很多激进的观点，很快就"惹来了很多麻烦"。法院监察员借口《新莱茵报》中有侮辱宪兵和检察长茨魏费尔言论为由，传讯了马克思和报纸发行人，随后，又到编辑部开始搜查。

1848 年 9 月，全德国民议会召开，传来普鲁士政府与丹麦缔结停战协定的消息，民众被激怒了，强烈反对停战协定，《新莱茵报》也向人民呼吁，希望由人民来保卫革命成果。这激起了反对派对《新莱茵报》的仇恨，《新莱茵报》被迫停刊，很多编辑们也纷纷逃亡国外。所有的重担都压在了马克思一个人身上，股东们纷纷撤资。马克思拿出了父亲留给他的遗产，挽救报纸。他几乎耗尽了自己所有财产，先后共拿出 7000 塔勒。直到 10 月 12 日，《新莱茵报》才得以复刊。

但是，《新莱茵报》很快又迎来了一次灾难。政府对于《新莱茵报》发表的革命性言论特别恼火，频繁地传讯马克思。1849 年 2 月 7 日，马克思、恩格斯等人作为被告被送上了陪审法庭，罪名是 1848 年 7 月 5 日《新莱茵报》上一篇《逮捕》的文章涉嫌诽谤茨魏费尔和宪兵。马克思在法庭上发言，认为刑法典条文的第 222 条和第 67 条并不适用于《新莱茵报》。马克思不仅做了一般的辩论，还带有明显的政治倾向。很快马克思又成为另一案件的被告，原因是民主主义者莱茵区域委员会在 1848 年 11 月 18 日按照国民议会的主张，发表号召拒绝纳税的呼吁书，这一举动被控告为煽动叛乱。马克思继续在法庭上精彩地发言，而且揭露了以国王为代表的反动封建势力的卑劣，他还反驳了检察官关于拒绝纳税"动摇社会基础"的控告。马克思在精彩的发言后，陪审员们也被他的雄辩所折服，宣布被告无罪。

尽管对《新莱茵报》的审判告一段落，但是资产阶级对这份报纸的不满却与日俱增。1849 年 3 月 1 日和 2 日，第 16 步兵团第 8 连的两个军官闯入马克思家里，质问是谁在《新莱茵报》上揭露他们连长滥用职权。他们凶神恶煞，直到看见马克思口袋中似乎有一把手枪才离开。3 月 15 日，马克思又收到了"第 34 步兵团士兵"的恐吓信。但是这并没有使马克思退缩，而是继续在《新莱茵报》宣传，鼓励工人阶级独立行动起来。当局这次没有在法庭上和马克思较量，而是直接致信马克思，限其 24 小时之内离境。《新莱茵报》的很多其他编辑也被驱逐出境。1849 年 5 月 19 日《新莱茵报》用红色油墨印刷了最后一期。

马克思又一次开始了流亡生活。马克思的生活被贫困笼罩着，甚至连典当的东西都没有。他向拉萨尔求助，但是拉萨尔却组织募捐，将马克思的窘迫生活闹得沸沸扬扬，这让马克思感到极度难堪。祸不单行，7 月 19 日，法国内政部长通过警察局局长要求马克思迁往布列塔尼，马克思提出抗议，但是 8 月 23 日，马克思收到了驱逐令，要求他和夫人在 24 小时内离开巴黎。马克思只能赶往伦敦。这时候燕妮怀着第四个孩子，经过协调，燕妮勉强在巴黎住到 9 月 15 日，但是马克思必须即刻离开。

贫寒生活中的坚定信念

马克思到了伦敦以后，先安顿在一个小旅馆中。由于一路的颠簸和贫困，马克思卧床不起。后来，马克思好不容易筹到一笔钱，让燕妮来到了伦敦。燕妮到后，马克思一家搬到了切尔西区安德森街 4 号的房子。很快，燕妮生下了第四个孩子，取名叫作格维多。这一时期他们的生活非常窘迫，基本的生活都很难维持，孩子也挣扎在生死线上。他们生活上的麻烦不断，有一天房东要求马克思支付 5 英镑的房租，尽管已经给二房东交过房租，但是房东本人表示没有收到过，为此还叫来了警察。后来他们仅有的一点家当也都被查封，而且被要求第二天必须离开。他们几经周折搬到了莱斯特广场莱斯特街 1 号的德国旅馆。但是由于很难凑齐房租，马克思一家又搬到了索荷区第恩街 64 号一个犹太花边商的小房子里。尽管生活艰苦，但是马克思和燕妮一直保持着乐观，没有对生活丧失信心。

艰苦的生活中，马克思始终没有忘记自己的理想信念。他准备重新办杂志来总结革命经验，并给杂志起名《新莱茵报·政治经济评论》。马克思多方联络，筹集经费，但是效果却微乎其微。几经周折后于 1850 年 3 月 6 日在汉堡出版第一期。杂志共六期，1850 年 11 月 29 日出版第五、六期的合刊后，《新莱茵报·政治经济评论》也终结了。

1849 年 9 月 18 日，马克思参加了德意志工人教育协会全体大会，会上被选举为"伦敦德国流亡者救济委员会"委员。与此同时马克思还开始重建共产主义者同盟，马克思认为新的革命即将爆发，因此要重建各地同盟间的联系。1850 年 4 月，伦敦产生了一个"世界革命共产主义者协会"，由共产主义同盟、宪章派和布朗基派三个组织组成。但是这一时期欧洲的革命前景似乎黯淡了下来，这否定了马克思之前的预测。革命可能性的消退也使很多革命者开始急躁，这样的背景下，马克思、恩格斯和很多战友发生了分歧。因此出现了"冷静的"共产主义者和"狂热的"共产主义者之间的论战。以维利希、沙佩尔和列曼为代表的"狂热的"共产主义者态度极端，在与马克思、恩格斯的争论中，一度有人要动武，最终的结果是共产主义者同盟一分为二，由于维利希、沙佩尔在同盟伦敦区部的支持者更多，因而马克思和恩格斯等人被开除同盟。但是，科隆中央委员会要求撤销将马克思、恩格斯等人开除同盟的决定，沙佩尔坚决不承认这一决定。最终，科隆中央委员会不得不宣布把"维利希－沙佩尔集团"开除共产主义者同盟。

经历了事业上的起起伏伏，马克思贫困的生活也一直没有好转，几乎给所有的亲朋好友都写过信，请求帮助，马克思甚至还考虑过迁居美国。这时恩格斯作出了一个艰难的决定，回到了原来他极其厌恶的地方——父亲与别人合开的公司，恩格斯在这里当职员。从此，他就有钱接济马克思一家，甚至有时候是上百英镑寄给马克思。

而这一时期，马克思留在伦敦，专心写作，《路易·波拿巴的雾月十八日》就是这一时期的著作。但是马克思的写作时常给自己带来麻烦。有一段时期，马克思接到一份工作是描绘德国流亡者们的状况，写成后由柏林出版商出版，稿费是25英镑。马克思用犀利、幽默、讽刺的语言将金克尔、卢格、司徒卢威等人的装腔作势、不学无术，以及利用革命搞投机、私生活混乱等形象描绘得淋漓尽致。后来手稿落到了普鲁士警察手里，被马克思描写的流亡者又说马克思把秘密卖给了警察。这一时期马克思的著作《揭秘科隆共产党人案件》也给他带来了极大的麻烦。这个小册子是根据实事案件的叙述来抨击普鲁士政府的。小册子被印了2000册。1853年3月6日被警方查出并全部没收。这时马克思的肝炎刚刚有所好转，这一消息又给他的心情造成了巨大的打击。但是这个小册子在美国流传开来，刊登在《新英格兰报》，后又出了单行本，印了500册，恩格斯又个人出资印了420册。

除了写作以外，马克思这一时期也几经搬家，在1850年12月住进了第恩街28号。马克思一家在这里住了6年，他和燕妮还先后失去了两个孩子——女儿弗兰契斯卡和小儿子埃德加尔。他们的小女儿也出生在这里。马克思一家为了生活，经常和当铺打交道，要典当东西，还经常和食品店老板赊东西。尽管恩格斯会帮助他们，但是马克思还是想办法自己谋生。

后来，马克思为美国一家报纸《纽约每日论坛报》定期写稿，这成了马克思一家的重要经济来源。刚开始，马克思也有一点不自信，毕竟之前他没有用过英文撰稿，但是通过给《纽约每日论坛报》撰稿，很快马克思的英文写作能力就达到了极高的水平。马克思每周给《纽约每日论坛报》

交两篇稿子，稿酬开始是一篇稿子 1 英镑，后来变成 2 英镑。但是报纸的资本家嘴脸也很快暴露出来，他们对待马克思的稿子经常随意处理，不合心意的稿子随意丢弃，也不付稿费。而且经常把马克思寄来的文章当作自己的社论刊登，报纸经营不景气的时候还扣押马克思的稿子，这些龌龊的举动使马克思十分不满。马克思给报纸寄信指责，而且也开始寻找其他的美国报纸合作。这一举动使《纽约每日论坛报》害怕，答应每周固定支付一篇文章的酬劳，第二篇的酬劳视发表情况而定。马克思在给《纽约每日论坛报》撰稿的 10 年间，写了 500 余篇文章，涉及面非常广泛，包括各国政治、军事、外交、经济，等等。

这段时期尽管生活拮据，但是燕妮却始终陪在马克思身边，不离不弃，肩负起家庭主妇、马克思助手和秘书等多个身份。马克思对燕妮也充满了感激之情。当然，在为钱发愁的时候，他们也会发生一些不愉快，但是很快就会烟消云散。在艰苦和繁忙的岁月里，马克思也不忘陪着孩子一起长大。他是孩子们很好的玩伴，会给他们讲故事，朗诵《荷马史诗》，陪同孩子一起学习。而且马克思很注重孩子的教育。李卜克内西回忆说，一次他们在马克思家里，大家以为燕妮和孩子们都不在家，几个朋友唱起了《年轻的木匠伙计》，突然，马克思听到房间里有动静，红着脸说："别唱了，别唱了，姑娘们在呢！"大家都觉得特别好笑，姑娘们还小，唱歌不会影响他们的品行。但是马克思坚持认为孩子们听到这种歌不好。

马克思日常生活中也有很多嗜好，他喜欢下象棋，可是棋艺并不高超。但是马克思下棋却很好胜，经常和李卜克内西下棋到深夜。马克思烟瘾也很大，他抽雪茄时会把一半放在嘴里嚼，他说这样是双倍的享受。马克思还特别喜欢喝酒，经常和朋友们畅饮一杯。可以看出，马克思尽管是个工作狂，但是他的生活并不乏味。

60 年代开始，马克思一家就经常受疾病的困扰。燕妮得了一次很严重的天花，医生说可能是抵抗力下降而被感染的，三个孩子必须离开家，只有马克思和琳蘅在照顾燕妮。经过了一个月的治疗，燕妮康复了，马克思却病倒了，尽管燕妮痊愈了，但是她却因为自己生病面容变得憔悴而伤心了很久，马克思也为此很自责。由于这段时间马克思没有时间给报刊写文章，因而没有收入，他们又一次债台高筑。1861 年 2 月 28 日，马克思起身去荷兰，因为和他很亲密的姨夫在那里。马克思此次去荷兰，姨夫也很慷慨地给了他 160 英镑，可以偿还一些债务。马克思离开荷兰以后来到了阔别已久的德国。在柏林，马克思设法恢复普鲁士国籍，计划在这里重新办报纸。但是燕妮和孩子们对于回德国都不感兴趣，而且办报纸的事情马克思和拉萨尔也没有谈妥，因而回德国的事情只能暂时告一段落。

此次德国行马克思还回到了家乡特里尔，和年迈的母亲重聚。尽管之前由于不理解儿子的事业而和马克思进行过激烈的争吵，但是这么多年过去了，对于儿子的思念早已消淡了当初的分歧，母亲销毁了之前的几张票据，母子两人这次见面也算相谈甚欢。

马克思回到英国后暂时还清了债务，但是几乎也用光了所有的钱。而且在 1862 年由于美国内战爆发，《纽约每日论坛报》也拒收马克思的稿子了，因为马克思支持北方，而该报纸倾向于和南方妥协。这是马克思一家主要的经济来源，燕妮有些恐慌。好在马克思和一家自由派报纸《新闻报》达成了协议，成为该报纸的撰稿人，每篇文章酬劳 1 英镑，每篇报道 10 先令。

在艰苦的岁月中，孩子们也开始接二连三地生病，大女儿得了一种顽固的咳疾，小女儿爱琳娜在即将要上小学的时候出现了黄疸病的症状，马克思一家都被愁云笼罩着。孩子们因为没有衣服和鞋也没有办法去上学。懂事的大女儿燕妮甚至背着父母偷偷去剧院找工作，以此来减轻家庭的负担，这让马克思十分心疼。尽管恩格斯一直在帮助马克思一家，但是由于美国内战，恩格斯的公司也受到了影响，收入减少了很多，所以对马克思的帮助也很有限。马克思开始出去找工作，他联系了一个铁路营业所，但是因为马克思的名字不好写而未被录用。在马克思一家最艰难的时候，恩格斯寄来了 100 英镑的期票，马克思一家的危机才得以解除。

1863 年 12 月 2 日，马克思接到了母亲去世的消息，他即刻起身回特里尔。这时马克思已经患有一种让他痛不欲生的疾病——痈。他的后背伤口还在化脓，只能带上药和 10 英镑路费上路。马克思得到了母亲留给他的遗产，然后他又起身去荷兰姨夫那里。在荷兰他的病愈加严重起来，疼痛难忍，在姨夫和表妹的照顾下逐渐好转，直到 1864 年 2 月才回伦敦。

马克思母亲的遗产使他们还清了债务，而且搬到了新房子——梅特兰公园路莫丹那别墅 1 号，这个宽敞明亮的房子让燕妮和孩子们兴奋不已。后来马克思的另一位朋友沃尔弗给马克思留下了一笔遗产，有 824 英镑。而且恩格斯的经济状况也逐渐好转，马克思一家暂时摆脱了贫困。

国际灵魂

1863 年 7 月，英国和法国工人代表在伦敦集会，英国工人在会上递交了一封信，号召各国工人加强联系。这封信带回法国后引起了强烈的反响，他们派出了代表团到英国致谢。为欢迎这个代表团，圣马丁堂举行了集会，会上很多国家的代表也都发了言，而且决定建立一个国际协会。为了制定国际协会的条例和规章，还先成立了一个委员会，马克思成了委员会的成员。这次集会中，马克思看到了希望，他积极为协会起草纲领，也就是后来的《国际工人协会成立宣言》。

委员会是国际工人协会中的领导机构，各国工人活动家聚集在一起商讨各种事务。委员会的工作也很繁忙，马克思是委员会中最尽职的一个成员，几乎每次开会都出席，起草各种文件，日常事务事无巨细。马克思同其他委员的关系也很融洽，经常工作之余一起畅饮几杯。而且马克思夫妇一直都热情好客，邀请委员们去家里小聚，因此马克思在委员会中的威望也越来越高。

越来越多的国际工人协会委员来到马克思家里畅谈，也给马克思的家里带来了变化。有一位叫作拉法格的小伙子，在去马克思家相聚的过程中喜欢上了马克思的女儿劳拉。拉法格是巴黎医科大学的学生，英俊、聪明，但是有些热情过分，有时会冲动。尽管马克思夫妇最初有些担心，但是在给拉法格提出种种要求后，还是同意了他们在一起。

这段时间马克思的旷世巨著《资本论》也问世了。马克思在写作《资本论》的时候几乎每天都是工作到深夜，尽管医生再三警告他，他病情复发是因为经常熬夜，但是他还是带病写作，工作起来专心致志，废寝忘食。拉法格回忆说，马克思每天早上八九点起床，喝一杯黑咖啡、读一会报纸就开始写作，经常凌晨三四点钟还在奋笔疾书。吃饭的时候总是要叫很多遍才出来，而且几乎最后一口饭还没咽下去就匆匆忙忙又回到书房。胃口不佳的时候马克思就吃一些刺激性食物来增强食欲。马克思就是在这种情况下完成《资本论》的。

马克思对自己的著作十分满意。《资本论》第一卷完成以后，他认为自己很快就可以经济独立了。然而这种美好的愿望很快化为泡影，这部旷世巨作的酬劳微不足道，马克思自嘲还没有他写这部书时吸的雪茄钱多。《资本论》第一卷在1867年9月出版，印刷了1000册，但是由于人们对这本书的理解程度不同，评价也褒贬不一。但是从官方立场来看，这本书的革命观点令他们极其愤怒。由于这本书严谨的科学论证方法，始终也没被列为禁书。1871年，第一版售完。马克思原来的6章改成了7章25篇，又加了很多注释，重新出版。

1870年发生了一件令马克思特别开心的事情，恩格斯搬到了马克思家附近，这样他们就可以天天见面交谈，不需要书信交流。很快恩格斯成了总委员会的委员，这使得马克思的工作负担减轻了很多。

1871年3月28日，巴黎公社宣布成立，马克思虽然远在伦敦，但是对于巴黎公社却十分关注，他和恩格斯称这是一场工人阶级的革命。马克思始终关注巴黎方面的动向，询问巴黎公社的近况。马克思甚至把巴黎起义称为"我们党从巴黎六月起义以来最光荣的业绩"。但是马克思也看到了巴黎公社的弱点，认为这并不是在严谨的学说指导下诞生的。马克思还直接向公社提供建议，希望他们不要内部争执，以大局为重。但是让马克思很失望的是，公社的军事措施一再失误，给了凡尔赛军队卷土重来的机会。5月28日，经过一周的奋战，巴黎全部沦陷。马克思十分痛心，并在两天后向委员会提交了《法兰西内战——国际工人协会委员会宣言》，以此总结巴黎公社的经验教训。

1871年6月13日，《法兰西内战》在伦敦出版，印刷了1000册，很快就被抢购一空。很快开始再版，而且被翻译成多种文字。刚开始大家不知道作者就是马克思，后来马克思公开承认自己是作者，政府又一次视马克思为眼中钉，加之马克思在对逃到国外来的公社战士们进行援救，各国警察都加紧监视马克思。很多国家都建立起了马克思的档案，他的女儿们也因此受到了一些迫害。

1871年9月还闹了一次乌龙事件，许多报纸报道马克思去世的消息。纽约的民主主义组织"世界民主协会"还开了追悼会，很多吊唁也寄到了马克思家里。而其实这时马克思正在忙碌地工作，而且有巨大的压力，因为国际内部这时发生了明显的分化。

《法兰西内战》问世后招来了资产阶级的攻击，英国工联的一些领袖也决定与《法兰西内战》脱离关系。奥哲尔和鲁克拉夫特两人发表声明，不同意《法兰西内战》的观点，并宣布退出总委员会。总委员会斥责了二人的行为，也毫不犹豫地和他们决裂。这两个人的行为也反映了英国工联对国际工人协会的态度。总委员会的其他工联领导也很快与马克思闹分歧，其中最为显著的就是巴枯宁派。

1867 年，巴枯宁迁往瑞士，多年来一直和马克思争夺国际工人协会的主导权。1871 年 9 月 17 日伦敦代表大会开始，这次会议一个重要问题就是国际政治活动。马克思对工联追随资产阶级政党的做法很不满意，会议表明了这种态度。会上再次对巴枯宁组织反对国际的分裂活动进行了斗争。而巴枯宁派对马克思已经开始使用最粗暴的咒骂了。

伦敦代表大会之后，马克思认为一定要对国际有一个交代，首先就是要在下一次国际代表大会前把巴枯宁的影响清除，揭穿巴枯宁派的阴谋。马克思、恩格斯为此写了《所谓国际内部的分裂》的小册子，递交了总委员会。1872 年 9 月，代表大会在海牙召开。关于总委员会的问题巴枯宁派主张取消总委员会，而马克思主张扩大总委员会的权限。马克思的主张胜利了，而且大会通过了修改共同章程的决议。这样一来，巴枯宁想要夺取国际领导权的打算就落空了。恩格斯又进一步提出要把总委员会驻地迁往纽约。委员会还通过对巴枯宁的调查，认为他确实存在秘密同盟，违背国际章程等问题，因此委员会建议开除巴枯宁。海牙大会以马克思的拥护者对巴枯宁派的全胜而结束。

晚年生活

从国际工人协会中退出来，马克思已经快 55 岁了。马克思到了含饴弄孙、享受晚年乐趣的年纪。马克思的两个女儿出嫁之后，家里就只剩下了小女儿艾琳娜。他们在家里养了小猫、小狗和小鸟，一是大家都喜欢小动物，二是让家里充满生气。马克思也重拾年轻时的爱好，经常阅读文学作品，尤其喜欢荷马、但丁、莎士比亚等人的作品。

1870 年，马克思从充满争斗的政坛中退出，他潜心书房，准备把《资本论》第 2、3 卷整理出来。但是他的身体已经越来越差，还经常伴有头痛，于是他只能减少工作，经常出去疗养。马克思在感到疲惫的时候经常用数学作为自我放松的一种方式，代数成了马克思的精神安慰。后来由于身体原因，他只能暂时出去疗养。在女儿的陪同下，马克思到了卡尔斯巴德。尽管这一时期也有很多社会主义者有工作上的事情来找马克思，但是马克思仅仅是以"顾问"的身份给予帮助。

1870年7月6日，马克思告诉库格曼，为了写好《资本论》第二卷，他准备学习俄文。马克思开始大量阅读俄文书籍和杂志，不到一年的时间，他就能用俄文快速阅读了。尽管马克思奋力工作，但是《资本论》后面几卷的出版工作却有些缓慢。

1880年秋天，医生诊断燕妮患了绝症——肝癌。这让马克思悲痛不已。马克思和燕妮准备去法国看望女儿和外孙们。尽管病人这种情况不适合出行，但是燕妮想在最后的时日里享受一下生活。他们于1881年7月26日启程去往巴黎，住在了女儿燕妮家里。后来从巴黎回到伦敦，燕妮就病倒了，马克思知道最悲惨的时刻就要到来了，他在妻子燕妮身边无微不至地照顾。1881年12月2日，燕妮去世，三天后葬在伦敦海格特公墓。燕妮走后，马克思的生命也几乎消尽了，他精神上受到了巨大的打击，身体情况也越来越糟糕。

1882年开始，马克思按照医生的吩咐，外出疗养，可是身体总是时好时坏。马克思身体稍微好一点，他就开始准备《资本论》第一卷的德文第三版，丝毫没有懈怠。

1883年3月14日14点30分左右，恩格斯来到马克思家里，琳蔷告诉大家马克思处于半睡状态，但是当恩格斯等人走进马克思房间的时候，发现这位为共产主义奋斗一生的伟人已经长眠。

1883年3月17日，马克思安葬在海格特公墓，与燕妮安葬在一起。当天只有马克思最亲密的朋友们前来送葬。没有繁杂的仪式，只有人们沉重的心情和对马克思的敬仰。

参考文献：

[1] 萧灼基：《马克思传》，中国社会科学出版社2008年版。

[2] 袁雷、张云飞：《马克思传——人间的普罗米修斯》，中国人民大学出版社2018年版。

[3] ［英］以赛亚·伯林：《卡尔·马克思：生平与环境》，李寅译，译林出版社2018年版。

[4] 张光明、罗传芳：《马克思传》，天地出版社2018年版。

甘愿做第二提琴手的革命导师恩格斯

弗里德里希·恩格斯（Friedrich Engels，1820—1895），德国思想家、哲学家、革命家、教育家、军事理论家，全世界无产阶级和劳动人民的伟大导师，马克思主义创始人之一。恩格斯是卡尔·马克思的挚友，被誉为"第二提琴手"，他为马克思从事学术研究提供了大量经济支持，是国际工人运动的领袖。

出身名门

1820 年 11 月 28 日弗里德里希·恩格斯出生于伍珀塔尔。为了庆祝这个生命的到来，恩格斯家里举行了盛大的庆祝。几乎伍珀河谷所有的厂主、商人们都来庆贺，恩格斯 24 岁的父亲喜得长子也异常兴奋。为什么他的出生会如此高调呢？我们来看看恩格斯的家庭背景。恩格斯的曾祖父老约翰·卡斯帕尔是伍珀河谷恩格斯家族的第一代资本家。恩格斯的祖父小约翰·卡斯帕尔将家业发扬光大，成为全国闻名的纺纱业大王。"卡斯帕尔·恩格斯父子公司"在当时是一个含金量很高的著名品牌。恩格斯的父亲老弗里德里希是一个名副其实的豪门之子。他热爱时髦、风度翩翩，有倔强的性格，冷酷而高傲，有着一切豪门子弟和资本家身上的特征。恩格斯的母亲爱丽莎出身于书香世家。她的父亲在中学任职。从小爱丽莎就接受了良好的教育，性格温柔大方，热情奔放，她酷爱文学和艺术。恩格斯出生的时候爱丽莎曾想给儿子取名约翰——诗人歌德的名字，但是恩格斯的父亲不同意，给自己的长子取名弗里德希里。爱丽莎知道丈夫很专横，因此很少和他硬碰硬。因为恩格斯的父亲经营生意要四处出差，因此爱丽莎对孩子们的影响更大一些。恩格斯的母亲是一个经常让家里充满欢声笑语的人，也是一位很有思想的妇人，她有很高的文学素养，还读过黑格尔的著作。对孩子爱丽莎也很温柔，不强迫孩子做祷告和戒律，恩格斯童年很多欢乐美好的回忆都来自母亲。爱丽莎还偷偷送给儿子所谓的"邪书"——《歌德全集》。外祖父家也是恩格斯的一个乐园，他经常去外祖父家里，才华横溢的外祖父总是有很多精彩的故事讲给恩格斯听。恩格斯的童年是富裕的、欢乐的、有爱的。

恩格斯从小就接受了良好的教育。恩格斯在中学时期，是一个经常和老师争论的学生，因为独立思考的他，经常有自己的想法。一次在语文课上，老师评价歌德是一个腐蚀青年人思想的无神论者，教会不会承认这样的弟子。恩格斯立刻站起来说：这位诗人很有才华，上帝不会拒绝这么有才华的人。老师讽刺恩格斯并不了解歌德。恩格斯大声喊道"不！"为了证实自己并非胡乱争辩，恩格斯大声背出《浮士德》。老师吓坏了，急忙喊恩格斯停下来，说这种糟糕的诗，会让恩格斯的父亲很愤怒。但是恩格斯丝毫没有停下来的意思。下课后，很多同学在恩格斯身后大喊：歌德万岁！弗里德里希万岁！但是这件事情激怒了恩格斯的父亲，恩格斯被严厉地训诫了4个小时。

在爱北斐特中学时期，恩格斯给人的印象是十分奇特的。他学习成绩很好，天资聪颖，有自己独特的想法，而且非常有教养。但是他有时候性格又很不稳定。

1837年9月，恩格斯想继续深造，但是父亲想让他早些学习经商，因而要求他到家族公司里学习。恩格斯内心极度不喜欢，无奈还是遵从父亲的意思。恩格斯每天都穿着特别考究地来到公司。这一习惯是从父亲那里学来的，他的父亲就是伍珀河谷穿着最时髦的老板。恩格斯在穿衣方面丝毫不逊色于父亲。一天，经理告诉恩格斯阿姆斯特丹的商人晚上要在市政厅举办晚宴，让他穿燕尾服出席。于是恩格斯精心梳理头发，修剪指甲，穿上坎肩和燕尾服，戴上白色手套，拿起一支手杖。父亲见到十分开心，认定儿子就是整个晚宴最帅气的人。

尽管表面上恩格斯服从了父亲的安排，但是他内心深处还是叛逆的，屡次和一些纨绔子弟争吵，曾经对杰克讽刺道：你先减掉点脂肪，你没照照镜子，看看自己那副尊容吗？类似于这样的事情经常发生，人们都在背后议论纷纷，认为恩格斯将失去人们的尊重，失去社会地位，等等。老弗里德里希知道训诫不会使儿子改变，因此决定将儿子送到朋友那里，让亨里希·洛伊波尔德加以管教。于是不满 18 岁的恩格斯就被父亲送到了不来梅。

在不来梅三年，恩格斯不仅学习如何经商，还写了大量的诗歌，画了不少素描。然而不来梅的实习生活依旧不是恩格斯感兴趣的，每天就是寄送信件、分送账单、抄写票据等。恩格斯闲来无趣就阅读写作，翻看各国报纸。1839 年恩格斯匿名发表了《伍珀河谷来信》，这也展现出了他的革命民主主义世界观的形成。

1841 年 3 月底，恩格斯回到了巴门，准备秋季服兵役。9 月底，他来到了柏林，到近卫炮兵旅十二步兵连开始一年的志愿兵服役。其实作为豪门子弟，恩格斯家里完全可以用钱免去兵役，但是恩格斯想换一下生活环境，这便是最好的借口。很快，恩格斯对等级森严、枯燥乏味的兵营生活也厌倦了，经常借故不去执行他认为没有意义的任务。但是恩格斯还是很喜欢军事训练，他对军事科学也产生了兴趣。1842 年，恩格斯结束了兵役，又回到了故乡。

深入工人内部

1842 年 11 月下旬，恩格斯在父亲的安排下，前往曼彻斯特，在欧门－恩格斯棉纺厂办事处工作。在这里，恩格斯深入了解了资本主义运作和当时工人的真实情况。

恩格斯深切体会到了机器大工业时代社会生产力的发展，也看见了在这样的背景下资本主义工厂是如何剥削工人，使工人生活在水深火热之中的。他对这种资本主义生产方式和制度开始进行了深入的思考。

在曼彻斯特，恩格斯放弃了上流社会的社交，不再去参加舞会，也不去和花花公子们推杯换盏，而是利用自己的空闲时间和普通工人们交往。通过和工人们的深入接触，他知道了工人们生活的现状，了解了工人们所处的不利地位，知道了当代工人所具有的特征，因此，对工人们的尊重油然而生。恩格斯还深入地了解了资产阶级，看见了资产阶级唯利是图的嘴脸以及剥削的本质，更看见了资本主义制度的弊端所在。

　　在曼彻斯特，恩格斯结识了格奥尔格·维尔特。维尔特是1843年来到英国的，在一家德国公司的办事处工作。维尔特积极关注工人阶级的斗争，写出了很多揭露资本主义剥削本质、歌颂无产者的诗歌。恩格斯十分欣赏维尔特的才华，二人成了亲密的朋友。维尔特还加入了共产主义者同盟，但是天妒英才，34岁的维尔特因为黄热病和脑炎去世。这使恩格斯伤心了好一阵子。恩格斯还结交了其他正义者同盟的成员，包括沙佩尔、鲍威尔等人。

　　在这里恩格斯还邂逅了他钟爱一生的女神，玛丽·白恩士。这是一位爱尔兰姑娘，她的父亲是一位染色工人，玛丽在一家纺织厂工作。她热情奔放，善良温柔，恩格斯被她的活泼和灵性深深吸引着。也正是在玛丽的帮助下，恩格斯才经常走访工人住宅区，结识了很多工人朋友。后来恩格斯与玛丽在布鲁塞尔结婚。

　　随着恩格斯对工人阶级的深入了解，他认为自己应该认真地学习理论知识，这样才能更深入地理解和研究工人阶级和资本主义制度。因而恩格斯开始苦读古典哲学，研究空想社会主义思想，阅读亚当·斯密和大卫·李嘉图的著作。在曼彻斯特的日子，恩格斯通过刻苦学习，在政治、经济、文化、哲学、历史等方面都有了理论知识上的增长。他还完成了《政治经济学批判大纲》和《英国状况》系列文章。

　　1844年9月，恩格斯回到了家乡。这次回到伍珀河谷，恩格斯发现家乡发生了很大的变化，大街上变得不安全，资产者经常被殴打，工人们开始反抗，当然恩格斯本人的思想也发生了很大的变化。于是1845年2月开始，恩格斯连续组织了三次周末集会。集会上大家积极发表演说，宣读美洲共产主义移民区的文章。本来集会还是要继续的，但是他们的集会引起了警察的注意，当再一次集会时，市长、总检察长和一大批武警都来了，在这样的场合下，集会上没有人敢畅所欲言，因而后来也就不举行了。恩格斯在家乡的这段时间还写了《英国工人阶级状况》这本著作，该书出版后引起了广泛的关注。

伟大友谊的开端

　　马克思和恩格斯的友谊可以称之为伟大的友谊。其实早在1842年11

月，二人就有过一次见面，但是那次见面两人并没有擦出友情的火花。1842
年 11 月，恩格斯去往英国的路上访问了《莱茵报》的编辑部。这时的恩格
斯和鲍威尔有着密切的联系，而鲍威尔和报社正发生意见分歧，所以受他
的影响，恩格斯也对马克思的印象不是很好。而且两人见面，马克思的态
度也很冷淡，因而二人只是礼貌性地打了招呼，马克思邀请恩格斯为《莱
茵报》撰稿。他们没有深入交谈，此后也没有深入地交往。

后来恩格斯撰写了《英国对国内危机的看法》《国内危机》《各个政党
的立场》《英国工人阶级状况》《谷物法》五篇文章，都发表在《莱茵报》
上。马克思看到恩格斯的文章后，被他的才华所吸引，认为他们两个人是
可以在灵魂和精神层面交流的，渴望和他成为朋友。

1844 年 2 月，《德法年鉴》1、2 合刊在巴黎出版，里面恩格斯和马克
思各自发表了两篇文章。恩格斯的《政治经济学批判大纲》和《英国状况
——评托马斯·卡莱尔的〈过去和现在〉》，马克思的《论犹太人问题》和
《〈黑格尔法哲学批判〉导言》，两位伟人的思想在《德法年鉴》上碰撞，
他们倾慕彼此的才华，感觉找到了思想上的共鸣，从此开始书信往来。据
记载，从 1844 年 10 月至 1883 年 1 月，马克思和恩格斯保存下来的书信有
1386 封。在这期间，有 16 年 10 个月他们居住在同一个城市，不用书信往
来，也就是在他们分开的日子里平均 5 天就要通信一次。二人时刻交换着自
己的生活信息和思想动态，可谓是一辈子亲密的、伟大的友谊。

1844 年 8 月底，恩格斯从曼彻斯特回国，特意到巴黎拜访马克思。在
法兰西剧院广场旁边的"摄政咖啡馆"里，两位友人热烈地交谈着。他们
都深深认同对方的思想，并且被彼此的观点所吸引着。接下来的 10 天里，
他们形影不离。在马克思的介绍下，恩格斯认识了很多马克思的朋友，并
且和他们一起去参加社会主义者和共产主义者的聚会，他们热烈地讨论着
工人运动的情况，交流关于社会实事的看法……这段旅程恩格斯收获满满，
回到巴门后就迫不及待给马克思写信，从此他们就保持着密切的书信往来。

1845 年 1 月，马克思被要求 24 小时内离开巴黎，马克思无奈只能迁往
布鲁塞尔。恩格斯得知消息十分愤怒，立刻进行募捐，让大家共同分担马
克思的搬迁费用。恩格斯把《英国工人阶级状况》的稿费全部拿出，作为
对马克思的帮助。后来，恩格斯也来到了布鲁塞尔，住在马克思家附近，
他们一起研究工作计划，一起写作。

1845 年 7 月，恩格斯和马克思一起前往英国 ，考察现实的经济问题。8 月 20 日，他们一起出席了由宪章派领导人、正义者同盟领导人等组织的国际民主人士协商会议。在会上，恩格斯提议建立一个国际性的革命组织，他还做了演讲，而且提出了后来国际无产阶级共同斗争口号"全世界无产者，联合起来"的雏形。

8 月下旬，恩格斯和马克思回到了布鲁塞尔，他们继续为共同的事业奔波忙碌，为科学研究积累材料。二人住得很近，往来也很方便，每天都要见面讨论，友谊就这样变得越来越深厚。

投身革命之中

恩格斯迁居布鲁塞尔后，一直同马克思一起工作。1845 年 11 月到 1846 年 5 月，他们专心完成《德意志意识形态》的初稿。但是他们引以为傲的巨著，出版过程却十分艰辛。本以为这本巨著可以得到优厚的稿费，缓解他们生活上的压力。但事与愿违，由于出版的困难，他们只能继续过着拮据的生活。

1846 年初，恩格斯和马克思还在布鲁塞尔创建了一个国际无产阶级的联系组织——共产主义通讯委员会。这个组织逐步建立了广泛的国际信息交流网，积极相互传递各国情况，进行斗争战略研究，宣传共产主义思想，等等。由于受到经费的限制，共产主义通讯委员会的活动受到一些影响，日常开支几乎都是靠募捐。在如此艰难的情况下，恩格斯的工作热情丝毫不减，而且迅速和各个地方的共产主义小组都建立了联系。

但是随着工作的进展，共产主义通讯委员会内部也出现了矛盾：先是狂妄自大的魏特琳，企图利用自己错误的观点主导共产主义通讯委员会的发展方向。后有海尔曼·克利盖就"真正的社会主义"进行辩论。但是恩格斯都在科学社会主义理论的指导下，与他们展开了激烈的讨论，及时扭转了共产主义通讯委员会内部的错误思想。随后，恩格斯被派往巴黎，又和格律恩所大肆鼓吹的"蒲鲁东协作社计划"论战。论战胜利以后，恩格斯也完成了此次巴黎之行的目的，即为组建无产阶级政党传播科学思想和发展可靠力量。但是恩格斯在巴黎的频繁活动引起了警方的注意，巴黎警察局局长下令将恩格斯驱逐出境，因而恩格斯只能暂时停止共产主义的宣传活动。

经过一系列的活动，组建无产阶级政党的条件已经成熟。1847 年年初，正义者同盟代表携带委托书，邀请恩格斯和马克思加入同盟，并且同意对同盟进行改组。经过 1847 年 6 月 2 日的第一次代表大会和 1847 年 11 月 29 日共产主义者第二次代表大会，恩格斯和马克思的学说得到了一致的认可，由此，世界上第一个按照科学社会主义理论原则建立起来的无产阶级政党诞生了。

随后恩格斯开始和马克思一起为世界第一个无产阶级政党起草纲领。其实早在 6 月份恩格斯就起草了《共产主义信条草案》，10 月下旬，恩格斯又为共产主义者同盟拟定了第二份纲领草案《共产主义原理》，鉴于恩格斯采取了问答的形式起草《共产主义原理》，因而第二次代表大会没有把它作为纲领讨论，而是委托马克思和恩格斯重新起草党纲。1848 年 1 月，《共产党宣言》写作完成，作为同盟新纲领，开始在伦敦出版。

1847 年 12 月 31 日，恩格斯在一次革命者的聚会上发表演讲。演讲内容充满了革命的激情，很快就被巴黎警察注意到，法国政府要求将他驱逐出境。当时恩格斯并没有在意。1848 年 1 月下旬，恩格斯连续发表了两篇歌颂人民革命的文章，法国政府正式下发书面通知，要求他 24 小时必须离境，否则将引渡给普鲁士政府。恩格斯只能起身前往布鲁塞尔。

3 月 3 日，布鲁塞尔中央委员会决定解散布鲁塞尔中央委员会，委托马克思等人在巴黎成立新的中央委员会。因而马克思、恩格斯启程去往巴黎。3 月 11 日共产主义者同盟巴黎中央委员会成立，恩格斯当选为中央委员。

这时，德国出现了大好的革命形势，维也纳人民赶走了梅特涅首相，柏林起义者们迫使威廉四世脱帽向阵亡的战士致敬。恩格斯被这种气氛所感染，他决定回到德国参加战斗。

1848 年 4 月 6 日，恩格斯离开巴黎，回到德国参加革命。他参加革命有两种方式：一种是参加《新莱茵报》的编辑工作，作为革命的思想阵地，宣传革命思想；另一种是参加实践革命。

在《新莱茵报》的工作中，恩格斯主要负责外交政策和军事问题的稿件。马克思将恩格斯誉为百科全书，他对于作者的来稿和各国的动态都能准确地把握，及时判断信息的有用性。恩格斯还是撰稿能手，尽管那时候《新莱茵报》的文章不署名，但是从语言风格中还是能看出来恩格斯撰写了大量文章。文风犀利，语言流畅，观点明确，通俗易懂，这是恩格斯文章的特点。恩格斯在《新莱茵报》上发表了大量的关于革命的文章，向敌人展开思想上的搏斗。而且作为工作狂的恩格斯，任何时候都保持着充沛的精力。

1848年9月，恩格斯比较集中地投身到革命运动中，参加集会，发表演说，成了科隆地区有名的革命家。1848年9月20日，科隆城举行了一场声势浩大的集会，声讨背叛人民革命的法兰克福国民议会。恩格斯在集会上发表了声明，认为法兰克福的国民议会议员应该退出议会，否则就是人民的叛徒……9月25日反动当局控告恩格斯等人"阴谋进行颠覆活动"，恩格斯随即逃往布鲁塞尔，警察搜查了恩格斯的住所，还在10月3日下发了通缉令，通缉恩格斯。10月4日，恩格斯被押送上了去巴黎的火车。恩格斯不想在巴黎逗留，只能开始流亡。

接下来的1个月，恩格斯步行了500多公里，到了日内瓦、洛桑、伯尔尼、瑞士等地。恩格斯一路慢走，一路观察，一路思考。他到达瑞士后，安顿下来，与瑞士最大的工人组织取得了联系，并在1848年12月9日到11日，参加了瑞士德国工人联合会第一次代表大会。会上恩格斯当选了联合会中央委员，担任中央委员会书记。

1849年1月，恩格斯又回到了科隆，重新开始《新莱茵报》的工作。但是他很快接到了法院的传讯，被指控在《新莱茵报》上的《逮捕》一文侮辱了科隆的检察官维费尔和宪兵。开庭的时候，恩格斯将《逮捕》的主要论点同德国的政治形势的发展做了对比，为自己洗清罪名，并且在发言结尾还呼吁出版自由。恩格斯在法庭上取得了胜利，法官不得不宣布他无罪。

洗脱罪名的恩格斯又一次投入革命斗争中。1849年2月24日，恩格斯参加了科隆工人和民主派举行的纪念法国二月革命一周年的宴会。3月19日，纪念柏林街垒战一周年的大规模宴会上，恩格斯再次提议为巴黎六月起义干杯。随后，全国爆发了维护帝国宪法的起义。5月初，萨克森王国首府德累斯顿最早出现激烈的街垒战，2500名起义者和政府军搏斗了4个昼夜。这场运动的领导者主要是小资产阶级民主派，恩格斯已经看到了小资产阶级的局限性，他们所领导的革命不可能成功。5月10日，恩格斯前往爱北斐特，随身还带了两箱子弹。他到达以后接受了安全委员会的委派，负责防御工作和安装大炮的工作。恩格斯建议，要把工人武装起来，向资产阶级强行征税用以部队军饷。他的言论引起了当局的警惕。后来安全委员会迫于资产阶级的压力，还是请求恩格斯离开。

恩格斯在回科隆的途中，还不失时机地组织了一起小规模的袭击军械库的行动。这次行动惹恼了当局，开始发出逮捕令。恩格斯不得不东躲西藏。5 月底，恩格斯被怀疑参与武装暴动而被黑森士兵逮捕，后又在革命民主主义者的努力下释放。释放后，恩格斯又参加了巴登－普法尔茨地区的革命战争。恩格斯作为副官，直接参加了四次战斗。尽管英勇奋战，但是最后维护帝国宪法运动还是失败了。起义失败后，恩格斯和其他 280 名官兵到了瑞士，开始流亡生活。

恩格斯在瑞士停留了 3 个月，于 1849 年 11 月 10 日到达伦敦。在这里他和马克思又一次会合，一起开展工作。他们一起起草了两份《中央委员会告共产主义者同盟书》，准备对同盟进行改组，号召成员要抓紧时间开展活动，迎接新的革命高潮。但是随着欧洲工人运动的发展，客观形势的变化使得共产主义者同盟已经不合时宜，于是在 1852 年 11 月 17 日，共产主义者同盟宣布解散。同盟解散后，恩格斯也离开了伦敦。

重回商业

1850 年 11 月 28 日，恩格斯重返曼彻斯特，重新开始了他一直讨厌的商业。在恩格斯的内心，对曼彻斯特这个城市充满了厌恶，他认为在罪恶的商业里，是一种对时间的浪费。他也经常和朋友们抱怨，忙着"该死的生意"，就像被关在"巴比伦监狱"里。但是，恩格斯知道经商的收入对于他和马克思来说都很必要，他不仅援助马克思一家，还为社会主义流亡者委员会捐款。因而，恩格斯也只能硬着头皮经商。尽管恩格斯在经营一家很大的公司，但他依旧是一个有梦想、有激情的社会主义者。

恩格斯在城郊买了一座小房子，同玛丽和她的妹妹莉迪亚·白恩士生活在一起。在这里他也可以经常邀请志同道合的朋友讨论政治和学术。在经商的日子里，恩格斯也不忘写作，始终肩负着社会主义者所应该承担的责任。为了能有更多的时间写作，1857 年恩格斯将办事处的营业时间由7：00—17：00，改成了 10：00—18：00，后又改成 10：00—16：00。尽管恩格斯讨厌商业，但是在经商的过程中，他深入地了解了资本主义生产和流通的过程，对资本主义企业的运作过程了如指掌。这也为他协助马克思完成《资本论》做了一定积累。

恩格斯经商之余，最感兴趣的就是军事科学。恩格斯在文章和书信中关于军事问题的讨论有150万字，占他著作总数的五分之一以上。这足以说明恩格斯对军事问题的关注和热爱。19世纪50年代到70年代，世界范围内爆发了多场战争，这给恩格斯研究军事问题提供了很多素材，恩格斯密切关注战事，提出了很多军事理论，这为无产阶级军事战略的制定指明了方向，他本人也成为当时有名的军事理论家。恩格斯还曾经应聘《每日新闻》的军事通讯员，可惜最后没有成功。恩格斯曾在《普特南氏月刊》上发表题为《欧洲军队》的一系列文章，提出了很多新的观点，还为《美国百科全书》撰写军事方面的条目。19世纪60年代开始为《军事总汇报》和《自愿兵杂志》撰稿。可以看出恩格斯对军事方面内容一直钟爱，经商之余，多用来研究军事科学。

恩格斯重返曼彻斯特以后，家庭生活也很幸福。他和妻子玛丽一直相亲相爱，两人还经常一起出去旅行。不幸的是，1863年1月7日，年仅40岁的玛丽突然离世，此前没有任何生病的征兆，这让恩格斯很受打击，很长一段时间郁郁寡欢。为了不触景伤情，恩格斯换了房子。此后他和妻子的妹妹莉迪亚结为夫妻，度过了余生。对于恩格斯和莉迪亚的结合，家人是十分反对的，尽管默认这种同居关系，但是恩格斯的家人始终不承认莉迪亚是家族的一员。1867年，莉迪亚得了哮喘和坐骨神经痛的疾病。1877年病情进一步恶化，恩格斯为了让她安心养病，承担了很多的家务。1878年，莉迪亚又长出一个肿瘤，她自己知道将不久于世，向恩格斯提出请求，办一场婚礼。本来恩格斯是特别讨厌这种所谓的婚礼，但是为了满足莉迪亚最后的愿望，还是于1878年9月11日在病榻前举行了简单的婚礼，莉迪亚·白恩士也正式成为了莉迪亚·恩格斯。婚礼结束后的几个小时，莉迪亚就永远地离开了恩格斯。

"甘当配角"的无产阶级革命导师

1869年6月20日，由于恩格斯家族同欧门家族所签订的合股经营契约期满，恩格斯终于可以摆脱他不喜欢的商业，得到了解脱。期满之后为了能让继任者和他更好地交接工作，随时找他咨询，恩格斯在曼彻斯特又住了一年，恩格斯放弃了欧门－恩格斯公司的股东权利，作为补偿，欧门家族一次性付给恩格斯1750英镑。1870年9月20日，恩格斯搬到伦敦马克思家附近，住在瑞琴特公园路122号，从此好友可以每天相见，恩格斯可以自由自在做自己喜欢的事情。

恩格斯在马克思身边一直甘愿当配角，无论在生活上还是工作上，一直竭尽所能给予马克思帮助。据统计，1851年到1869年间，恩格斯援助马克思一家就高达3000多英镑。恩格斯不仅在金钱上对马克思慷慨解囊，在工作上也一直是马克思的好帮手和好搭档，但是恩格斯从来不注重个人的名利，甘愿默默奉献。

摆脱之前不喜欢的工作以后，恩格斯有更多的精力投身到工人运动中。巴黎公社失败的时候，恩格斯建议设立流亡者救济基金，并且个人积极捐款。巴枯宁主义者提出放弃政治斗争的谬论时，恩格斯代表委员会做了《关于社会主义同盟的报告》，并从实际的斗争需求出发，撰写《论权威》，以此给了巴枯宁分裂主义以致命的打击。面对杜林的庞大体系迷惑了党内左派领导人，恩格斯积极撰写《反杜林论》，系统地阐述了马克思主义世界观，等等，同时恩格斯始终关注着无产阶级在理论上和实践上的动态，并且尽可能给出正确的指导。

1883年3月14日，马克思的去世对于恩格斯来说是一个沉重的打击。在极度的悲痛中，恩格斯还是竭尽所能地处理好马克思的后事，并在马克思的墓前朗诵了最真挚的悼词。

马克思临终前，留下了自己最看重的《资本论》第二、三卷和一些手稿，没有完成的《资本论》可以说是他的一大遗憾。恩格斯对马克思留下的材料进行整理，他认真校对了前几版上印刷的错误，参看法文版和马克思的笔记，补充了一些内容。1890年《资本论》第一卷德文版第四版出版。之后恩格斯马不停蹄地开始整理出版第二卷和第三卷。经过了两年的努力，1885年7月，《资本论》第二卷正式出版。1894年5月，恩格斯将全部手稿整理完毕，《资本论》第三卷在1894年12月、1895年3月分两册出版。这时恩格斯身体状况已经很糟糕了，他开始指导伯恩施坦和考茨基整理第四卷手稿。可以说马克思离世以后，恩格斯作为好友一直积极帮他完成愿望，为《资本论》付出了很多心血，却始终没有名利上的私心。除了帮马克思整理手稿，恩格斯还经常组织无产者们聚会，参加各国政党的实际斗争，给予他们理论和实践上的指导。对法国工人党、英国新工联运动和俄国劳动解放社的建立，恩格斯都积极关注，并给予指导。

一生都为国际共产主义运动奉献的恩格斯在 1895 年 8 月 5 日，走到了生命的尽头。尽管恩格斯生前一再叮嘱丧事不要以党的名义举行仪式，只通知少数几个亲友参加，但是敬爱恩格斯的人实在太多，8 月 10 日的追悼会上有 80 多人出席，他们来自不同的国家，一起悼念无产阶级共同的导师。1895 年 9 月 27 日，按照恩格斯的遗愿，恩格斯的骨灰瓮被投入他生前最喜欢的大海之中，那里没有反动当局的监视，没有家族商业的束缚，只有恩格斯自由的灵魂……

参考文献：

[1] 中共中央马克思恩格斯列宁斯大林著作编译局：《回忆恩格斯》，人民出版社 2005 年版。

[2] 萧灼基：《恩格斯传》，中国社会科学出版社 2008 年版。

[3] 陈林：《恩格斯传》，天地出版社 2018 年版。

无政府主义鼻祖蒲鲁东

　　皮埃尔·约瑟夫·蒲鲁东（1809—1865）是法国政论家、经济学家、小资产阶级社会主义者，无政府主义奠基人之一。蒲鲁东被称为无政府主义之父，他否认一切国家和权威，认为它们维护剥削，扼杀自由。他反对政党，反对工人阶级从事政治斗争，认为其主要的任务是进行社会改革。主张生产者根据自愿原则，通过订立契约进行互助合作，彼此"等价交换"各自的产品。这种空想的互助主义方案建立在小生产者的小私有制基础之上，其目的是形成生产者之间"永恒的公平"，防止他们遭受破产的厄运，使小私有制永世长存。蒲鲁东的学说和政治活动对巴黎公社前的法国工人运动颇有影响。马克思在《哲学的贫困》等一系列著作中对蒲鲁东及其思想进行了深刻的批判。

牧童时代

　　皮埃尔·约瑟夫·蒲鲁东于 1809 年 1 月 15 日出生在法国边远省份贝桑松市郊区的一个半农民半手工业者的家庭。他的父亲既是一个农民，又是一个木桶匠。但是蒲鲁东并不会因出身贫寒就觉得自卑抬不起头，相反，他从小就以自己的庄稼汉祖先而感到自豪，有着积极乐观的生活态度。后来在一次法国国民议会的发言中，蒲鲁东曾对一位与他辩论的以出身显贵而自傲的贵族说道："我的十四代先人都是庄稼汉，请你给我哪怕只举出一个有这样高尚先人的家族来。"就如同他在自传里所写，他确实有一个少见的优越之处就是生来就和人民血肉相连。他的父亲是一个平凡的木桶匠，共有子女五人，蒲鲁东是年岁最大的那个，他从小就有大哥哥的风范。尽管一家人常常吃不饱肚子，但是蒲鲁东认为一家人很幸福，也很知足。在蒲鲁东12岁以前，他的生活几乎都是在田野里度过，有时做些轻微的农活，有时去放放牛，虽然清苦，但是在景色优美的田野里，蒲鲁东的童年也增添了很多色彩，过得充实。5岁时的蒲鲁东就做了赶牛者。在青青的草原上，蒲鲁东的童年有着很多小确幸，他光着脚在小路上奔跑，爬树、捉青蛙、捕龙虾，无忧无虑地享受孩童应该有的天真烂漫，一切都是那么的快乐和美好。有很多次在六月温和的清晨，他直接脱去了衣服沐浴在朝露里，享受着大自然赠予的这种惬意和舒适，怡然自得，忘我到几乎不能把自己同周围的自然界分开。蒲鲁东的童年就是这样和美丽的大自然密切地联系在一起的，这段童年也给了他豁达、坚韧的性格。

打工时光

然而，愉快的牧童生活很快结束了。原本不富裕的家庭，又迎来了一次不幸的遭遇。蒲鲁东12岁时，他的父亲破产了，原来经营的作坊，和他所拥有的那片土地一起失去了。这对于整个家庭来说无疑是一个噩耗。整个家庭被窘迫的生计和困境所迫，作为家里最大的孩子，蒲鲁东也被迫结束了无忧无虑的童年，不得不去到一家旅馆当雇工，想要凭自己的劳动去谋一碗饭吃，以此来缓解家庭的压力。幸运的是，蒲鲁东家庭有几位善良且热心的亲友，对他的家庭施与援手。后来在亲友的接济下，蒲鲁东被送到一个中学读书。难得的读书机会，蒲鲁东格外珍惜。但是好景不长，毕竟亲友的接济时有时无，由于穷困，蒲鲁东只读了几年书，中学都没有毕业，就不得不辍学。他只好不情愿地离开了学校，又一次开始打工。离开学校的蒲鲁东来到一家印刷所，去当排字工人独自谋生。但是离开学校的蒲鲁东并没有放弃学习，艰苦和忙碌的生活中，他依旧保持着良好的学习习惯。蒲鲁东在辛勤劳动之余努力抽出时间看书，勤奋自学，阅读他尽其所能找到的各种书籍。他不仅认真读书，还勤于思考，将自己的想法都记录下来。1837年，28岁的蒲鲁东写成了一本名为《论通用文法》的小册子。这本小册子曾经给蒲鲁东带来了很大的希望，他希望通过《论通用文法》得到贝桑松大学的一笔奖金。随后，蒲鲁东迁往巴黎，他继续坚持着读书学习，在他孜孜不倦的努力下，终于获得了该大学为期三年每年500法郎的助学金。得到了奖学金的蒲鲁东，充分利用这笔来之不易的金钱。这笔宝贵的资助，使得蒲鲁东研究与写作的条件有了一定的改善。1840年，蒲鲁东出版了《什么是财产？或关于法和权力的原理研究》。在这本书中，蒲鲁东对富有的剥削者及整个私有制进行激烈攻击。这本书一经问世，就在贫苦民众中产生了广泛影响。虽然生活并不宽裕，生活的压力也一直很大，但是蒲鲁东始终保持着积极进取的求学精神，坚持不懈地研究，坚持自己的梦想，并且一直为之奋斗。

初登政治舞台

1844年左右，蒲鲁东与马克思相识并开始密切交往。1846年马克思致信邀请蒲鲁东担任马克思的一个组织——巴黎的通信委员会成员。蒲鲁东在回信中拒绝，并且在许多重要问题上表达了他与马克思不一致的观点。蒲鲁东反对暴力革命，他认为消灭私有制有很多种办法，但是暴力革命是不可取的，革命不应该是社会改革的手段。并且，蒲鲁东反对把新的社会改革理论变为一种新的宗教。他批判共产主义学说是"教条主义"。

1846年春天，马克思与魏特林完全决裂。接下来，马克思与蒲鲁东也完全决裂了。随后，蒲鲁东为了更好地表述和宣传自己的思想，积极著书立说。二月革命的初期，蒲鲁东出版了一本新书《社会问题的解决》，他的政治思想与经济思想引起了社会的关注，获得了群众的支持。此后，他又出版了《经济矛盾体系，或贫困的哲学》。这本书以黑格尔的唯心主义哲学为基础，从政治经济学的角度论述了改良主义思想。蒲鲁东的小资产阶级的改良主义思想集中论述了资本主义经济体系造成了哲学的贫困，需要通过改良的方式改变现状。1848年4月，蒲鲁东出任了《人民代表》报和《人民之声》报的主编，而且当选为立宪会议议员。他的报纸的激进态度招来了资产阶级的憎恨，几次被政府查封。但是蒲鲁东并没有气馁，而是积极努力，先后改名为《人民报》《人民之声报》继续出版，报纸的销售量达到七万份。在当时，这个销量算是报纸类的佼佼者，因而影响很大，蒲鲁东的思想也得到了广泛的传播。1848 年 6 月，国民议会补选，蒲鲁东以 77000 票顺利当选为了巴黎的代表。这时正好是巴黎无产阶级六月起义失败后的几天，工人阶级看见了资产阶级毫无人性的镇压，心里都藏着一团怒火，蒲鲁东借此机会在国民议会发表了一次大胆的演说。蒲鲁东指责资本主义私有制是罪恶的根源，这个制度是以无知和残酷的剥削为基础的，统治阶级冷漠无情，对于人民的处境丝毫不会关心，他猛烈地抨击了资产阶级的冷漠嘴脸。马克思对蒲鲁东的这次演说评价为："虽然表明他对当前的情况很少了解，但仍然是值得极力称赞的。在六月起义以后，这是一个非常勇敢的行动。"[①] 蒲鲁东对政治革命并未抱有太大希望，他希望从经济领域开始改革，使贫困阶级从经济上获得解放。后来，蒲鲁东还发起组织开办国民银行的活动，希望给穷人以无息贷款，使贫苦阶级从经济上翻身。然而，这些努力都未能成功。

1849 年，蒲鲁东因为他在报纸上的言论和观点被判刑三年，并被罚款 3000 法郎。但是这并没有打消蒲鲁东的积极性。在监禁初期，他仍继续指导他的报纸，通过报纸宣传自己的思想，不断发表言辞激烈的文章，丝毫没有畏惧。还用极其讽刺的语言攻击路易·波拿巴总统的政策模糊不清。他质问道："请你告诉我，总统先生，你是个什么人物：是男人，是女人，还是半阴阳人？是兽还是鱼？"在刑满释放之前，蒲鲁东致信友人，表示自己想重新做排字工人。

实际上，蒲鲁东出狱后仍在进行研究和写作，尽管环境很艰苦，但是蒲鲁东没有停歇过。1858 年，蒲鲁东写了一部《论革命和宗教中的正义》，对天主教教会进行尖锐的攻击。可是好景不长，他安静地研究和写作的日子很快结束，由于这部著作的出版，蒲鲁东又一次被判处三年监禁。这一次，他不愿再住监狱，他不想逆来顺受，而且在监狱里也会耽误他的研究和写作，于是蒲鲁东最终流亡比利时。

---

① 《马克思恩格斯选集》（第 2 卷），人民出版社 1995 年版，第 619 页。

"无政府主义"的主张

1860 年，路易·波拿巴总统专门颁布命令，对蒲鲁东免于处罚，并允许他回到法国。但是当时蒲鲁东并没有即刻返回法国，很辛酸的理由是，当时蒲鲁东窘迫的处境，他的物质状况不允许他从比利时迁回法国，尽管思念自己的祖国，也只能暂时留在比利时。一直到后来的 1862 年他才得以返回法国。

蒲鲁东的思想中，最典型的当属"无政府主义"。蒲鲁东被称为"无政府主义之父"。在他看来，自由社会就是无政府的社会。蒲鲁东在批判资产阶级民主制的阶级局限性的基础上，走向了另一个极端。他反对任何国家组织形式，提出了"打倒政党，打倒政权"① 的口号。他认为无政府才会实现公民充分的自由。蒲鲁东的联邦制的精神是分散主义，他不赞成社会主义制度的民主集中制，反对对工人的管理，反对一切权威统治，反对一切统治。蒲鲁东的无政府主义主要有以下观点：主张绝对的自由；取消一切政府；否定一切国家和权威。可以看出蒲鲁东的观点是要绝对的自由，否定了一切政党和权力。②

蒲鲁东在其《一个革命者的自由》中，区分了两种社会构造："我把整个社会分为两种构造，一个是我们所叫的社会的构造。其他一个就是政治的构造；第一种之于人类是本有的，自由的，必然的，它的发展特别在于逐渐衰弱并隔开第二种；而第二种则本然地是造作的，束缚的，和过渡的构造。""社会构造不是别的东西，而是利益建筑在自由契约与经济力量的组织之上的平衡，所谓利益，是一般的，即：劳动，分工，合力，竞争，商业，钱币，股票，互相保证，等等。""政治构造以权力为原则。它的形态是：阶级的区别，政权的分立，行政的集中，司法等级，以选举为主权的表现，等等。""这两种构造，如我们所容易看出的，有绝对相异而且又

---

① 卢森贝：《政治经济学史》（第 3 卷），生活·读书·新知三联书店 1960 年版，第 248 页。
② 严书翰、胡振良：《社会主义通史》（第 2 卷），人民出版社 2011 年版，第 209 – 210 页。

不可并行的本性。"① 不难看出，蒲鲁东认为以经济活动为主的社会构造是浑然天成的，是符合自然的；而以政治权力为核心的政治构造，则是违背自然的，不可缺少的，而且这种政治构造也会对人类造成极大的危害。蒲鲁东在总结历史经验的基础上，得出结论，只要有政府的存在，个人就不会自由。蒲鲁东认为远古时代是一种"消极的共产主义"状态，但是在那种状态下，人们之间的关系是平等的，公民是自由的。随着私有财产的出现，人与人之间的关系开始改变，人们开始受束缚，尤其政府出现以后，人们的自由彻底消失了，人与人之间的平等也不复存在。

蒲鲁东认为，本然的社会，应该是契约性质的。由于他极其看重个人自由，因而极力强调人与人之间的绝对平等和完全自由，认为社会就是互不压制、互不侵夺的契约的关系。

蒲鲁东反对一切形式的政府，他在《社会问题的解决》中说："我们应该像以往推翻君主制那样地推翻民主制……自由不能和民主并立，就像不能和君主并立一样。在很久以前，民主的统治是建基于一个阶层的被奴役，而现在则将建基于普遍的奴役。""民主就是戴着假面具的贵族政治。""民主是专制的方式。"② 对于近代以来最为人们所称道的普遍选举权，蒲鲁东同样看出了其中可能包藏着的弊病。他指出："没有也永远不会有合法的人民代表。一切选举制度都是有缺点的机械论。""我们知道很多例子，都是那些用普选办法被选出的人物在取得可以向陶醉的人民显示自己权威的社会地位以后就图谋背叛。在选举大会上，人民在十个骗子当中未必能遇到一个正直的人。"蒲鲁东的结论是："政权是暴政的工具和堡垒，而政党则是它的生命和思想。""打倒政党。打倒政权。要求人和公民的充分自由。"③

蒲鲁东的无政府主义理论在很多方面是自相矛盾的，他主张自由，但是他认为联邦社会里是存在死刑的，他极力要求废除一切国家和政府，但

---

① 中国人民大学马克思列宁主义基础系编：《无政府主义批判》（下册），中国人民大学出版社 1959 年版，第 12 - 13 页。

② 卢森贝：《政治经济学史》（第 2 卷），生活·读书·新知三联书店 1960 年版，第 238 - 239页。

③ 卢森贝：《政治经济学史》（第 2 卷），生活·读书·新知三联书店 1960 年版，第 248、267页。

是他却向当时的政府寻求帮助，他否定一切权威，却以权威自居，因而他的理论中充满了矛盾。

对于如何实现蒲鲁东所谓的无政府社会，他否定了革命斗争，主张改良主义的政治道路。蒲鲁东鄙视无产阶级，认为无产阶级是低能儿，但同时也是可怕的政治力量。所以他反对无产阶级革命，主张阶级合作。蒲鲁东主张保留资本主义经济制度，通过互助来消灭剥削。他认为在所有权不变的基础上，通过简单的平衡就能实现改革。他提出了"互助主义"，认为生产者在自愿的原则下，通过契约合作，形成"永恒的公平"。蒲鲁东认为货币是产生剥削的根源所在，因而要消灭剥削就必须从货币入手。所以他提出了开办人民银行的计划。他认为既然问题主要在流通领域，那么人民银行可以实现劳动者的产品的公平交换，虽使用银行券，但性质近于产品与产品的交换，免除剥削。人民银行可以发放无息贷款，无产者有钱用来买生产工具，进而独立进行生产，很多受高利贷剥削的小生产者也可以充分利用无息贷款免于被剥削。人民银行还可以组织生产者按照生产产品的劳动量进行产品的直接交换，从而消灭间接交换中间的剥削。蒲鲁东认为自己的这个方案完美无瑕，并且积极地进行实践。1848 年下半年，他草拟了"人民银行"的计划，在他的多方努力之下，1849 年 2 月 11 日，银行开业了。可惜好景不长，3 月份蒲鲁东就被判处监禁，银行也由此关闭。因为营业时间甚短，因此没有任何影响和效果，也没能解决当时的任何社会问题。也许蒲鲁东认为没有理想中的景象出现，并不是因为自己的设计不够完美，只因没有更长的时间供其展示。

在蒲鲁东的思想中，人民群众的地位很尴尬，一方面，他认为人民群众应该被尊重；另一方面，他也认为人民群众的认识水平是有限的。所以他对人民群众认识水平的提高是充满期待的。蒲鲁东的无政府主义，是因为任何政府总是压制个人的，所以主张在未来的理想社会里不要任何形式的政府，不要任何政治组织。在其理想社会中，自由平等的个人之间只有经济的关系，而没有政治的统治者与被统治者，没有任何奴役与顺从。而这样的社会与人民群众的认识水平也是密不可分的。

蒲鲁东不赞成取消家庭、家政亦即家务，但是由于蒲鲁东小资产阶级经济的束缚，他提出了错误的家庭观念。他把妇女看成是家庭的附属品，对妇女进行了贬低，认为妇女对于生产没有任何积极意义，没有职业和理解能力，因而妇女只能处于从属地位，在家做好家务就是她们的本分所在。可以看出他思想中处处充满了矛盾，极力倡导人民的绝对自由，但是他口中所谓的个人自由其实仅仅局限在男子身上。

蒲鲁东的理论基础就是建立在客观唯心主义和混乱的政治经济学基础之上，所以他实现美好愿景的途径也不是从现实出发去探索，仅仅是从经济概念和范畴中进行推理，认为可以在理性公式的支配下实现。他要建立的自由就是以小私有制为基础的生产资料所有制，实行平均分配。可以看出他的思想既是空想的，又是相互矛盾的。

1865 年 1 月 19 日，蒲鲁东与世长辞，年仅 56 岁。出身贫苦的他，才华横溢、信念坚定，是当之无愧的无政府主义鼻祖。他用了并不是太长的一生，为空想社会主义思想留下了宝贵的财富。

参考文献：

［1］严书翰、胡振良：《社会主义通史》（第 2 卷），人民出版社 2011 年版。

［2］北京部队炮兵某部六连、南开大学历史系《蒲鲁东》编写组：《蒲鲁东》，商务印书馆 1977 年版。

［3］［法］普鲁东：《什么是所有权》，商务印书馆 1963 年版。

［4］卢森贝：《政治经济学史》（第 3 卷），生活·读书·新知三联书店 1960 年版。

全德工人联合会主席拉萨尔

斐迪南·拉萨尔（Ferdinand Lassalle，1825—1864）德国早期工人运动活动家，全德工人联合会创始人，联合会主席。普鲁士著名的政治家、哲学家和法学家。国际共产主义运动中机会主义路线的重要代表人之一。他曾指出工人阶级的贫困是由"铁的工资规律"造成的。他在柏林大学攻读哲学、语言和历史，接受黑格尔的哲学体系。1848年欧洲革命期间，参加杜塞尔多夫民主派的革命活动，并与马克思、恩格斯结识。

我是自己的上帝

1825年4月11日，斐迪南·拉萨尔出生在布雷斯劳。父亲是犹太绸缎商人，家境殷实。作为家中的独子，拉萨尔从小生活富裕，生活无忧，物质条件和精神生活都比较丰富。拉萨尔比马克思小七岁，少年时代曾被称为神童，极富才华，聪明伶俐，父亲非常宠爱他。小时候的拉萨尔喜欢恶作剧、爱搞怪，全身散发着富二代自命不凡、放荡不羁的个性。少年时代的拉萨尔对古典文学感兴趣，他阅读白尔尼、海涅、莱辛等人的作品，受到民主主义思想的影响。可能是由于家庭条件比较优越，从小又备受宠爱，在学校读书时，拉萨尔脾气也比较倔强，而且有时会有一点暴躁，一语不合，就要和人决斗。拉萨尔从小就目标明确，有自己的志向，很清楚自己应该追求的是什么，自己想要的是什么样的生活。拉萨尔很明确地表示，他对自己家里的绸缎生意没有一点意愿，志不在此，不会接替父亲的工作，他一心只想搞学术，希望自己可以在学术上大有作为，而且很明确有自己的偶像——黑格尔——是他努力的方向和榜样。有一次，父亲问他未来的志向，拉萨尔很明确地告诉父亲，自己将从事这个世界上最伟大的职业，也就是和人类利益息息相关的。在他看来那就是历史学研究。

少年时代的拉萨尔逐渐沾染上一些资产阶级的恶习，如投机取巧、爱慕虚荣、好出风头等。1840 年春天，拉萨尔来到了莱比锡德国东部的大商埠，在莱比锡的商学院就读。但是这座学校的氛围和拉萨尔却极其不搭调，学校里枯燥沉闷的生活使拉萨尔感觉到厌烦，而拉萨尔张扬的性格也受到了学校的压制。

在莱比锡商学院的日子里，拉萨尔和老师的关系特别紧张，经常发生口角，老师也极其不喜欢这个张狂的富二代。他不喜欢学校安排的课程，喜欢写诗、写剧本。拉萨尔的老师曾挖苦他说，拉萨尔未来如果从事演员的职业，应该会大展宏图，事业有成，拉萨尔适合莎士比亚《威尼斯商人》中的放高利贷的犹太商人夏洛克。从小娇生惯养，受尽宠爱，而且性格倔强的拉萨尔哪里受得了这种讽刺，在他看来这是人格的侮辱。他毅然决然地决定退学，离开这个他从来都没有喜欢过的"破学校"。

尽管离开了莱比锡商学院，但是天资聪颖的拉萨尔依旧保持着良好的学习习惯，发奋图强，经过努力考入了弗罗茨瓦夫大学。但是他张狂的作风和放荡不羁的性格丝毫没有改变。因为在他的心里，上一次退学也并不是自己的错误，因而没有任何反思、悔悟与改正。在新的学校里，他依旧我行我素，放飞自我。在弗罗茨瓦夫大学里，拉萨尔没有束缚自己，还是惹祸不断，和同学相处不融洽，也与老师有诸多矛盾。在一位教授的课堂上，教授攻击了费尔巴哈和青年黑格尔学派，拉萨尔对此特别不满，他的不满不仅仅体现在语言上的辩驳，他甚至参加游行示威以示抗议。这一举动引起了校方的注意和不满，因为此事，拉萨尔被学校关了十天禁闭。这一事件后不久，拉萨尔又转学到柏林大学。在柏林大学里，他迷上了黑格尔，成为黑格尔的忠实粉丝。拉萨尔的迷恋是一种付诸实际行动的"追星"，他努力学习黑格尔的著作，认真研究黑格尔的思想。一个放荡不羁的富二代每天凌晨 4 点就会准时起床，争取一切时间拜读黑格尔的著作。黑格尔的唯心主义哲学对拉萨尔产生极大影响，他认为学习黑格尔哲学是"精神上的一种再生"。年轻的拉萨尔也从偶像黑格尔哲学中汲取力量，他变得更加刻苦，变得更加自信，甚至觉得自己就是黑格尔"精神理念"的化身。拉萨尔在写给父亲的信中说道："通过哲学，我已经变为自我包含的理性

——换句话说，我是自己的上帝。"

"我是自己的上帝"这是拉萨尔精神独立的宣言，这句宣言将萨尔的性格特点展现得淋漓尽致，可以看出他的任性、自大，也能看出他的自强、不屈。在他以后的人生道路上，他也一直是自己的上帝，他的人生目标明确，并且全身心地为之奋斗，为了目标奋不顾身、一往无前的精神，始终伴随着他。

民主主义思想的萌芽与成长

在大学里度过几年后，拉萨尔就更加目空一切了。原本就桀骜不驯的他，大学毕业以后更是恃才傲物。这时的拉萨尔已经是一个翩翩少年，高挑而修长的身材，高贵的棕色卷发，精致的面容，清澈透亮的眼睛，聪明睿智的头脑，风趣幽默的谈吐，再加上富裕家庭的身份，俨然一个名副其实的高富帅。和其他的纨绔子弟一样，青春时期的拉萨尔开始骑马、泡妞、派对、给心仪的女人写情书，生活极其奢靡混乱，孤芳自赏，狂妄自大。这样的悠闲放荡生活都是拉萨尔的父亲在后面进行金钱支撑的，他雄厚的经济实力，才可以满足儿子如此的挥霍与享受。但是拉萨尔的内心充满矛盾：他大把大把地挥霍父亲的金钱，但同时又批评父亲是可耻的资产阶级。他认认真真地沉迷于黑格尔的哲学，同时也在不停地寻找自己在世界中的位置。他处于迷茫的状态。有一次，拉萨尔从家返回柏林的路上，他看见了一大群纺织工人在示威游行，在积极地争取自己的合法权益。这一幕景象映入拉萨尔的眼帘，他似乎被什么东西触动了一下，顿时心潮澎湃，这时一个想法在他心里萌生——成为无产阶级的领袖人物。虽然这仅仅是一个触发点，但是这个萌芽已经埋在了拉萨尔的心底。

1844 年，拉萨尔从柏林大学毕业，获得了哲学博士学位。刚刚毕业的拉萨尔狂妄自大，恃才傲物，认为自己凭借出众的才华可以挤入贵族和大资产阶级的行列中去。然而，他低估了资产阶级的势利小人嘴脸，也高估了自己的能力与才华，贵族和大资产阶级根本不把他放在眼里，对他冷若冰霜，甚至叫他"傻头傻脑的犹太年轻人""衣料店的小伙计"，他们对拉萨尔充满了鄙视与嘲讽。这对于自尊心极强的拉萨尔来说，无疑是一个打击。他开始仇恨资产阶级和贵族，也对这个社会产生了质疑。

很明显，拉萨尔由于个人的遭遇和情绪而开始质疑统治阶级，反对统治阶级。这时候他还是想为自己的地位和金钱而奋斗。1846 年，21 岁的拉萨尔包揽了哈茨费尔特伯爵夫人的离婚案。这个离婚案件进行了 8 年之久。哈茨费尔特伯爵要和他的老婆离婚，由于伯爵夫人要求分享两人的财产，这一要求引发了激烈的争执，并且越演越烈。其实本身这一桩离婚案件不过是一个普通的贵族家庭矛盾，而且是因为金钱分割引起的家庭矛盾，但是拉萨尔却借机将整个事件渲染为处于"无产者"地位的伯爵夫人反抗权贵压迫的斗争。拉萨尔也想通过这个案件提升自己的名气，为了这个案件他耗费了 8 年的时间，先后在 36 个法院里打了官司。为了帮伯爵夫人争取一笔巨大的离婚费，拉萨尔使出了浑身力气，并且认定这宗离婚案件就是处于无产者地位的哈茨费尔特伯爵夫人反抗贵族压迫的斗争。拉萨尔包揽这宗离婚案件以后，也开始从事政治投机。

1848—1849 年革命爆发时，拉萨尔由于受到哈茨费尔特伯爵控告而坐牢。1848 年 8 月，科伦陪审法院公开审理该案。拉萨尔为自己辩护，最后被宣告无罪释放。出狱后，他到革命运动高涨的莱茵省杜塞尔多夫，加入了革命民主派组织，还组织了"争取民主的君主政体俱乐部"，不久成为杜塞尔多夫民主革命运动领导人之一。这期间，他同马克思领导的莱茵民主主义者区域委员会和《新莱茵报》建立了联系，为马克思领导的《新莱茵报》工作，因而同马克思、恩格斯结识。1848 年 11 月 22 日，拉萨尔因为煽动公民武装反抗王室而被捕入狱，被判处 6 个月的徒刑。拉萨尔在法庭上表现得特别坚定，但是由于依旧对资产阶级议会民主制抱有幻想，他在演说中充满了对立宪国家和法律制度的信任。另一方面，1849 年 2 月至 5 月期间，马克思和恩格斯曾四次以《拉萨尔》为标题，在《新莱茵报》上公开发表文章声援过拉萨尔的斗争。拉萨尔出狱以后依旧为哈茨费尔特伯爵夫人的离婚案而积极奔走，1854 年，这宗离婚案以哈茨费尔特伯爵夫人获胜而告一段落。

这一时期，拉萨尔的唯心主义哲学思想和民主主义思想的发展都有些不健康。在 1858 年出版的《爱非斯的晦涩哲人赫拉克利特的哲学》一书中，拉萨尔歪曲了赫拉克利特的哲学，大肆宣扬唯心主义。1859 年拉萨尔发表《弗朗茨·冯·济金根》，这是一部历史剧，在这本书里，拉萨尔贬低农民群众，认为农民战争是极其反动的，进而反对自下而上的革命。后来，奥意战争爆发，拉萨尔出版了《意大利战争和普鲁士的任务》一书。书中建议学习德、意两国的民主运动，通过王朝兼并来实现德国统一。1961 年拉萨尔又出版了《既得利益体系》一书。在他的这一时期著作中，大多是宣扬唯心主义历史观。

全德工人联合会的建立之路

19 世纪 60 年代初期，正值德国工人运动高涨时期。1861 年，关于工会运动问题，拉萨尔和马克思进行了讨论，交换了意见。拉萨尔从黑格尔的唯心史观辩证法去论证社会主义和共产主义，认为社会主义和共产主义是符合人性向善，向上发展的要求。1862 年 4 月 12 日，拉萨尔在柏林工人区发表演说，题目为《论当前历史时期与工人等级思想的特殊关系》。在这次演说中，拉萨尔指出了工人阶级的任务——通过普遍的平等和直接的选举权把自己的原则上升为国家和社会的统治原则。拉萨尔文采了得，口才过人，用着优雅的词汇，滔滔不绝地向工人们描绘美好的未来。在他口若悬河的演说中，工人们听得如痴如醉，被他的激情所感染，更被他的文采打动，大家都认同拉萨尔的观点，并且积极拥护他。这次演讲也使得拉萨尔在工人中的威望得到了极大的提升。同年 6 月，拉萨尔的演讲稿以《工人纲领》为名公开出版，一经出版，受到了工人们的热烈欢迎。但是这一现象并没有持续很久，《工人纲领》也没有得到广泛流传，因为很快就被警察局没收了。柏林刑事法院以"煽起仇恨和蔑视"为由，对拉萨尔提起诉讼，他被判处 4 个月的徒刑。不屈服的拉萨尔并没有束手就擒，而是即刻发表了《科学和工人》《间接税和工人阶级状况》的演说为自己辩护。拉萨尔的积极辩护是有效的，最高法院最后只判他 100 塔勒的处罚金。

1862 年 7 月拉萨尔来到伦敦，向马克思介绍自己在工人中进行大规模鼓动的计划，并希望马克思同他合作，共同领导德国工人运动。他们就工人运动的路线和策略展开了激烈争论。拉萨尔认为，通过普鲁士国家帮助建立合作社，通过普遍的、直接的选举是实现工人阶级解放的唯一道路。马克思严厉批驳了这种机会主义观点，强调工人运动必须坚持《共产党宣言》中已经提出的原则。马克思指出，认为普鲁士国家会实行直接的社会主义干涉，那是荒谬的。这次会见使马克思确信不能同拉萨尔一道走，因为很多地方，他们的观点大相径庭，话不投机，因而只能放弃合作。

1862 年 10 月底，莱比锡工人们成立莱比锡中央委员会，准备召开全德工人代表大会，要建立工人自己的独立组织。于是进而向拉萨尔提出工人运动发展的方向和目标问题。1862 年 12 月正在筹备召开全德工人代表大会的莱比锡委员会致函拉萨尔，邀请他领导独立的工人运动。12 月 13 日，拉萨尔复信接受了这一邀请。不久，莱比锡委员会领导人瓦尔泰希等去柏林访问拉萨尔，拉萨尔向他们阐述了自己的观点，并一起商定了公开活动的计划。1863 年 2 月 10 日，莱比锡委员会致函拉萨尔，表示同意他的观点，请他就工人问题、合作社问题以及工人运动的路线、策略等问题进一步发表意见。拉萨尔于 1863 年 3 月 1 日写出《给筹备全德工人代表大会的莱比锡中央委员会的公开答复》，3 月中旬正式出版这本简称为《公开答复》的小册子，这是集中鼓吹改良主义的代表作。拉萨尔在《公开答复》中提出了一套机会主义的纲领。他认为工人不能不关心政治，同时也反对工人逆来顺受地追随资产阶级进步党。拉萨尔主张德国工人应该建立自己"强大的、独立的追求比普鲁士进步党更有原则的政治目的的党"。所谓"更有原则的政治目的"就是他在公开答复中 6 次提到的"社会主义或共产主义"，但是具体什么是共产主义和社会主义，二者有何区别和联系，他并没有给出明确的回答。

拉萨尔认为在资本主义制度下有一个"铁的工资规律"造成了广大工人的贫困。他对"铁的工资规律"做出了详细的解释：工人的工资仅仅能维持生存和养育后代的基本生存，如果工人家庭人口增多，工资水平就会随之下降；而如果工人要求提高工资就会助长人口繁殖，结果又会使实际工资下降。而其实在资本主义制度下工人的工资实际上就是工人出卖劳动力的价格，工资的高低由生产力水平和市场供求状况决定。由于资本家竭尽全力攫取更高利润，而工人竭尽全力争取更高工资，所以在二者的较量中，根本不存在"铁的工资规律"。

拉萨尔之所以虚构"铁的工资规律"，就是为了表明，他组建工人政党不单纯是为了提高工资而斗争，而是有更高的目标，是要掌握国家政权，消灭资本主义雇佣劳动制度。拉萨尔认为普选权是实现社会主义的首要起步，实现社会主义的根本途径就是和平的合法斗争。因而社会主义的目标就是要普遍建立工人生产合作社。拉萨尔的思想在当时德国广大工人中得到认可，同时也遭到不愿与进步党决裂的工人的抵制，另有一部分革命意识较强的工人则坚决反对。在双方争执不下的情况下，经过一个多月在多种场合的辩论与交锋，拉萨尔主义终于为大多数工人所接受。

1863 年 5 月 23 日，在莱比锡召开的全德工人代表大会上宣告成立全德工人联合会，此次联合会有来自 11 个地方的工人代表参加。这次联合会对拉萨尔有着极其重要的意义，因为在这次会议上拉萨尔被选举为联合会第一任主席。这是德国第一个社会主义政党会上通过拉萨尔主持起草的联合会章程，宣布联合会的宗旨是"通过走和平的道路，特别是通过争取公众的信念，为实行普遍的、平等的和直接的选举"。

马克思的朋友和敌人

拉萨尔和马克思的关系也是一言难尽，可以说他们二人既是朋友，又是敌人。拉萨尔在马克思心中绝对有着举足轻重的地位，在马克思伦敦的客厅里，一直挂着拉萨尔的肖像，拉萨尔死后很久都没拿掉。这足以证明拉萨尔在马克思心中的地位。可以说在很长一段时间，两人真的是惺惺相惜，至少是毫无保留地相互帮助。马克思在生活窘迫的时候，时常求助于拉萨尔，多次向拉萨尔借钱。马克思还请拉萨尔与出版商联系，帮助他出书。马克思是一个很少求人帮助的人，一方面是自尊心很强，另一方面是不喜欢给别人添麻烦，因而，马克思主动求助的人必然是知心朋友。所以拉萨尔和马克思是朋友这一点毋庸置疑，至少在一段时间内，是真真正正的朋友。拉萨尔的死讯一传来，马克思便写信给恩格斯说："朋友们最近以来一直要我对拉萨尔进行更严厉的批判，我感到庆幸的是我终于没有这么做。"他同时还感慨"没有拉萨尔的死，我本来还觉得人生是永恒的呢！现在我感到的是，死是那么近，那么容易来临"。

然后，在某些方面，拉萨尔和马克思也的确是敌人：一个是革命家，一个是机会主义。马克思要搞革命，拉萨尔要走议会道路，这在当时确实是根本性的矛盾。拉萨尔和马克思的另一个问题是"第三者"的存在。也许是拉萨尔内心还存在一个小孩子吧，他对于朋友的排名格外地在意，总是想成为马克思最好的朋友，没有之一。因而拉萨尔一直对恩格斯心怀妒忌，对他有一丝敌意。有什么事，他总想把恩格斯关在门外，想让马克思和恩格斯越走越远，自己成为在马克思身边最近的人。但马克思和恩格斯的友谊是牢不可破的，他们的友谊并不是"塑料姐妹花"，一碰就破。当然，恩格斯也感受到了拉萨尔的小心思，也对他保持冷淡。拉萨尔对恩格斯的态度大约也影响到马克思和他关系更深入的发展，因为马克思和拉萨尔的关系徘徊于朋友和敌人之间，不好定夺。

拉萨尔勾结俾斯麦

1862 年 9 月，俾斯麦任普鲁士王国首相。资产阶级同容克地主阶级之间的宪法冲突日益激化，俾斯麦企图利用和控制日益高涨的工人运动，以钳制资产阶级。而拉萨尔也有心与俾斯麦妥协，幻想求得普鲁士国家帮助和实现普选。于是拉萨尔抛弃了反对容克贵族反动统治的同盟者自由资产阶级，转而同容克贵族的政治代表俾斯麦进行政治交易。从 1863 年 5 月 11 日开始，他们之间多次密谈和通信。拉萨尔把全德工人联合会的章程呈送俾斯麦，并表示工人阶级"本能地感到自己倾向于独裁"，只要国王"把自己从一个特权等级的王权变成一个社会的和革命的人民的王权"，那么工人阶级就会"倾向于把国王看作是与资产阶级社会的利己主义相对立的社会独裁的天然体现者！"拉萨尔向俾斯麦"呈献所希望的仙方"，力图使之相信赐予普选权"是真正在道义上征服德国"。俾斯麦对拉萨尔也颇为赏识。

拉萨尔向普鲁士王朝献媚的背叛行为和他在联合会中的个人独裁，激起越来越多的先进工人的反对。与此同时，马克思、恩格斯通过威廉·李卜克内西在德国工人和全德工人联合会中大力宣传科学社会主义理论，揭露拉萨尔的机会主义。不久，联合会中出现了以瓦尔泰希为首的反对派，拉萨尔的威望日益下降。

拉萨尔是一个充满矛盾的人物。在德国工人运动摆脱资产阶级的影响，走上独立发展道路，从单纯的经济斗争转向政治斗争的过程中，拉萨尔起了重要作用，其功绩是不应抹杀的。但是，他的机会主义理论又把刚刚独立的工人运动引入歧途。

真性情浪漫的拉萨尔

1863 年 5 月，拉萨尔创立了德国第一个工人政党：全德工人联合会，由他担任主席。这个党的纲领旨在以和平手段通过普选获得政权。拉萨尔因此成为当时欧洲政治舞台上一个十分活跃的人物。毫无疑问，他有着无限的政治前途，虽然风险也同在。

但在他巨大的政治热情背后似乎燃烧着一团更为炽烈的爱情之火。半年前，1862 年的冬天，他在柏林与一位年轻姑娘邂逅，名叫埃莱娜·冯·多尼捷，是当时巴伐利亚公国驻德大使的女儿，年仅 18 岁。认识拉萨尔之前她已由父母做主与一个叫拉高维茨的罗马尼亚人订婚。与拉萨尔结识后，她的感情起了变化，在不到两年的时间里，两人到了如胶似漆的地步。尽管知道有障碍，他们仍打算成婚。

1864 年 8 月 3 日，热恋中的拉萨尔冒着暑热动身前往日内瓦，去向在那里担任公职的姑娘的父母求婚。拉萨尔信心十足，觉得凭他的名声、地位以及姑娘对他的爱，婚事应当是十拿九稳的。

但姑娘父母却另有想法，他们看惯了政治舞台上的跌宕起伏，对拉萨尔这个风云人物持怀疑态度，也不想改变自己定下的许婚诺言，因此断然拒绝了拉萨尔的求婚。

一开始，拉萨尔还沉得住气，他请巴伐利亚国王出面，向多尼捷公使施加影响，又请德国大主教出来调停。但这些都没起到作用，更糟糕的是，埃莱娜本人在父母的压力下开始动摇，最后竟放弃了自己的誓言，对拉萨尔说了声"对不起"，又回到了原来的未婚夫拉高维茨的身边。

拉萨尔被激怒了。不仅仅是发怒，而且是疯狂了。未料的失败使他失去了理智。两个多星期内，他不处理任何党务，不回答任何人的来信，脑子里只有一个想法：复仇。

他给埃莱娜的父亲写了一封措辞尖利，带侮辱性的挑战信，说他是个"拐卖女儿"的骗子。这在当时很明显就是提出决斗挑战。多尼捷公使对此没有直接回答，而让他选中的未来女婿出面应战，决斗由此而生。

一个在政治上有着广阔前景的人物，一个大家寄予无限期望的大党领袖，因为一个二十来岁的姑娘的任性爱情，抛弃一切，奔赴决斗场，今天看起来实在荒诞不经。不过从另一角度看，这也不正说明拉萨尔这个人不像许多政治家那样老奸巨猾，还不算是个有性情的人吗？

作弊者的牺牲品

关于决斗的地点，又有一个插曲。拉萨尔的那次决斗其实不是在伯塞高尔夫球场上发生的，由于瑞士法律禁止决斗，拉萨尔曾表示要在离日内瓦不远的法国领地上进行，而伯塞高尔夫球场历史上常常被选作决斗场所，故被误认为是事件发生之地。但后来因为图方便，又临时选在较近的还是在日内瓦境内的一个叫"方块树林"的林子里，离高尔夫球场约三公里处。

两周来处于极度狂怒烦躁中的拉萨尔，在决斗时间、地点定下后反而变得平静了。决斗前夜，他睡得很安稳。他好像对此事漫不经心，还拒绝了朋友要他做一些射击练习的建议。而他的对手拉高维茨却在射击场练了一百五十发子弹。

关于决斗过程的具体记载也颇有历史文化方面的价值。1864 年 8 月 27 日，上午七点三十分，拉萨尔和他的证人们也来到现场。作为程式，双方证人分别向对方决斗者做出最后的调解。但双方都以沉默表示拒绝。接着是抽签决定裁决者，拉萨尔的证人罗斯多被指定为第一轮枪机的手枪装弹者和发令者。双方又各出一证人，在小道上量出十五步的距离，两端位置要与阳光构成同一角度，以避免顺光、逆光的差异。

这时，罗斯多已为两把枪上完膛，让决斗双方抽签选枪，之后两人被分别领到测量好的两端位置上站定。双方又按惯例商定：裁决者必须以清楚、嘹亮的声音发出如下口令：先喊"一"，十秒钟后喊"二"，再十秒钟后喊"三"，双方射击。八点十五分，决斗者就位，证人后退分列两边，寂静空旷的树林里响起裁决者罗斯多沉闷有力的噪声："注意！"接着是拉长的"一"。刚过几秒钟，罗斯多还未来得及发出"二"，拉高维茨的枪已经响了。拉萨尔跟跄了一下，随即也开了枪，但子弹射了个空：他已被重创。

拉萨尔挣扎着想站稳，他的朋友们赶快上前扶住。手枪从他手中掉下，他已无力保持平衡。顾不得对拉高维茨的作弊进行追究，朋友们赶紧救护拉萨尔，把他平放在地上。其中一个是医生，他检查了拉萨尔的伤口，心里很快得出结论：胸口的枪伤是致命的。

但拉萨尔并未意识到问题的严重性，还要继续决斗。医生决然地制止了他，同时拉高维茨一方的人赶快离开。后者一行人钻进他们的马车溜走了。拉萨尔的对手拉高维茨是个不光彩的人物，他在那次决斗中违例提前射击，是明显的作弊。

拉萨尔被护送回宾馆。考虑到瑞士法律对决斗的禁止，治疗是在秘密中进行的。侍从们也被塞了钱，以便使他们保持沉默。而拉高维茨的作弊行为之所以一直未被提起大约也与此有关。尽管有从各地请来的名医全力救治，拉萨尔还是于8月31日上午7时吐出了最后一口气。那年他刚满40岁，一个风华正茂的政治家和思想家就这么不明不白匆匆离开了人世。而最令人感叹的是，他实际上是个屈死鬼。

9月2日，在日内瓦卓越教堂举行过悼念仪式后，拉萨尔的遗体被送回德国。12天后，他的葬礼在布雷斯罗的犹太公墓举行。

拉萨尔的去世在欧洲引起巨大反响，人们评论道，事件最大的牺牲品是全德工人联合会。伟大的德国工人运动刚刚起步，初成规模，却因为一场无谓的、作弊的决斗而遭到严重挫败。

决斗事件过后不久，埃莱娜与拉高维茨成了婚。但三个月后，拉高维茨便死于肺部疾患。有人说这是拉萨尔的冤魂缠上了他。至于埃莱娜，她不管怎么样也出了名，许多出版社找她写回忆录，她也真写了一本。60年代，德国总理访问法国，内容之一是在被认为是决斗之地的伯塞高尔夫球场为拉萨尔立了块纪念碑，尽管后来的考证表明，这地点是错的，但人们并不打算迁碑，毕竟两地还是很近的。拉萨尔的纪念碑也就因此一直长眠在此。

参考文献：

[1] 严书翰、胡振良：《社会主义通史》（第2卷），人民出版社2011年版。

[2] 夏尔：《拉萨尔》，商务印书馆1964年版。

[3] 张文焕：《拉萨尔评传》，人民出版社1983年版。

无政府主义的集大成者巴枯宁

　　米哈伊尔·亚历山大罗维奇·巴枯宁（1814—1876），俄国早期无产阶级革命者，著名无政府主义者。出生在俄罗斯帝国贵族地主家庭。1849 年曾参加德意志革命，后被捕引渡回国。在被拘禁和流放西伯利亚期间背叛了革命事业。1861 年逃往英国，1864 年加入第一国际。在此期间，他玩弄各种阴谋，企图分裂第一国际，篡夺国际领导权。他的这些伎俩，一再被马克思主义者所戳穿。1872 年的海牙代表大会上，他指使其党羽搞分裂活动，被大会开除出第一国际。1876 年病死于瑞士。

叛逆的贵族之子

　　在特维尔省境内，有一幢高大而宽敞的平房住宅。它是典型的俄国乡绅住宅，由意大利建筑师引进俄国的古典风格。这座房子属于普列姆希诺庄。普列姆希诺庄地处景色优美的丘陵地带，没有俄罗斯大平原那样肥沃，也不像俄罗斯大平原那样极其单调。这里的生活就像奥苏加河的河道一样，恬静而又开阔，倾向省府特维尔，也倾向更加远方的莫斯科。

　　这座庄园是在 1779 年春季传到米哈伊尔·亚历山大罗维奇·巴枯宁（后文简称巴枯宁）的祖父——米哈伊尔·瓦西里耶维奇·巴枯宁手中。祖父家庭在莫斯科贵族历史上处于受人尊敬但并不十分显赫的地位。祖父退职回到普列姆希诺庄时，还较为年富力强，但由于没有政治抱负或学术造诣，也没有给后人留下较为有影响力的名望。他长得高大魁梧，强健有力，性格刚烈。有一次，他只凭一块木板就单枪匹马地赶跑一伙强盗，一次还将一个失礼的马夫从马车的座厢举起后扔进河里。

祖父米哈伊尔·瓦西里耶维奇·巴枯宁生养了三个男孩和五个女孩，其中米哈伊尔·亚历山大·巴枯宁是米哈伊尔·亚历山大罗维奇·巴枯宁的父亲，是祖父孩子中的唯一一个不像其父亲的孩子，体质文弱，天资聪颖，后留学意大利，毕业于帕多瓦大学，获得哲学博士学位，其论文的题目是《论小人物》，是用拉丁文写成的。一个世纪以后，这篇论文仍被保存在家庭档案中，是家庭成员们值得骄傲、自豪的一件事。

后来巴枯宁的祖父去世，巴枯宁的父亲经管田庄，与自己的母亲和三个未婚的姐姐在普列姆希诺庄一起过着休闲富足的生活。这时巴枯宁的父亲已经是中年男子了，但依然还未结婚，直到遇见了巴枯宁的母亲——她是穆拉维约夫世代贵族的养女，名叫瓦瓦娜·穆拉维约夫。当时巴枯宁的母亲瓦瓦娜是一个貌美、年轻、穿戴入时的女孩，比巴枯宁的父亲小了 24 岁。巴枯宁的父亲曾一度陷入了爱情的痛苦之中，但最终两人终成眷属。瓦瓦娜在结婚后的 15 年里，生了 10 个孩子。

1814 年 5 月 30 日，米哈伊尔·亚历山大罗维奇·巴枯宁出生了，在家里排行老三。巴枯宁有两个姐姐、两个妹妹、五个弟弟。巴枯宁是男孩中最大的一个，于是有着照管弟弟们的责任，在姐妹中起着一定的领导作用，养成了喜欢发号施令和要别人服从自己的习惯。

由于巴枯宁出身在官僚贵族家庭，从小就接受了良好的教育。先从母亲那里受到了启蒙教育。等长大一点后，父亲就开始教他们历史、地理和自然科学，并在复活节的前一周，给他们读福音书，解释教义和教堂的礼仪。而且家里还请了各种家庭教师，有法文、德文等家庭女教师，也有其他学科的家庭教师。在艺术方面，女孩子一般学弹钢琴，巴枯宁学拉小提琴，家里还举行合唱。所以，家里的女孩也都成了聪明、文雅、博览群书的女子，并且能够熟练地使用两三种语言来表达自己的思想和见解。在家庭教育中，巴枯宁的父母特别注重培养孩子们的团结之情。对家庭的热爱使他们团结在一起。这份家庭团结在巴枯宁不走运的岁月中起到了情感慰藉的作用。

1828 年秋，巴枯宁已经 14 岁了。作为长子，他注定要入伍。巴枯宁的父母也像当时俄国许多贵族一样，想让自己的儿子发迹于军界。1829 年，15 岁的巴枯宁进入帝俄首都彼得堡炮兵学校学习。在等候进入炮兵学校期间，巴枯宁寄宿在彼得堡的姑父母家中。姑父母两个都是管教非常严厉的人，无疑助长了处于青少年时期的巴枯宁的叛逆性格。姑父尼罗夫曾任波夫省省长，对年轻人的需要和兴趣好像一无所知，硬要巴枯宁朗读一本编造民族圣徒功绩的传说集——《舍提米内》。因为尼罗夫认为，这是一本对青年人非常有教益的书，并且要巴枯宁相信里面的每一句话。巴枯宁叛逆的性格绝不会听他姑父的话。

进入炮兵学校后三年，巴枯宁快要 19 岁了，这时的他与刚进入炮兵学校的他相比已经发生了一些变化。但是姑母对巴枯宁的成长变化无动于衷，依然认为照应内侄并对其进行纪律约束是自己的权利和责任。尤其是当她听说巴枯宁追求玛丽亚（比巴枯宁小的远方表妹）时，极其愤慨，强烈表示反对，而且不允许巴枯宁随意外出。但是叛逆的巴枯宁根本不理会姑母这一套，听到姑母责备其在学校债台高筑的事情，便掉头就走，表示永不登门。巴枯宁由于在经济花费方面东挪西借，给借款者票面高得多的期票去换取现金，所以，在炮兵学校三年期间，他债台高筑，尽管他父亲在彼得堡的朋友悄悄替他还掉了一些，但总数已然高达一千九百卢布。

巴枯宁在炮兵学校的学习成绩并不是很优秀。他以临时抱佛脚的学习方法，每次考试前一个月才准备功课，然后通宵达旦地开三个星期的夜车。由于巴枯宁本来就有些天赋，所以，在第三学年末通过了毕业考试。1833年 1 月成了炮兵掌旗官。

1833 年 8 月，巴枯宁从炮兵学校回到了家，受到了全家人的热烈欢迎。每个人都感到无比高兴。溺爱孩子的父亲对巴枯宁的债务也并不介意。在他回来三个月之前，听说姐姐吕波夫和一个姓雷纳的男爵订了婚。雷纳是驻扎在附近的一个骑兵团的军官。现在他回来了，便很快就觉察到吕波夫对未婚夫的态度上有点不正常。原来是姐姐吕波夫并不爱雷纳。只是迫于父亲的压力，硬要她和雷纳结婚。巴枯宁生来就有强烈反抗性，而姐姐吕波夫生来就有屈从性。于是巴枯宁自命为家庭年轻一代造反的头目，极力怂恿吕波夫违抗父亲的旨意。于是巴枯宁与父亲展开了两代人之间的斗争。

探亲的时间结束了，巴枯宁回到了彼得堡，仍然继续写信责问吕波夫和父亲，对这门不公正的亲事表示抗议。巴枯宁还把吕波夫写给他的亲笔信笺寄给父亲，用以说明她并不爱雷纳。而且巴枯宁还把顽固的姑母拉过来，也让她写信给兄弟反对这门亲事。这一争论风暴持续了近 4 个月之久。巴枯宁的父亲由于受到四面攻击，只好低头认输，姐姐吕波夫也解除了婚约。这次风暴过去之后，父母与子女之间又和好如初。

1833 年秋，巴枯宁在彼得堡拜见了尼古拉·穆拉维约夫，他是当今这个家族中最为有名的人物。巴枯宁几乎每天都要去拜访，并在其间认识了尼古拉的可爱、年轻的女儿们。三个姐妹聪明伶俐、举止娴雅、貌美如花。三姐妹都很可爱，让巴枯宁不禁艳羡，根本无法要这一个而不要另一个。这个插曲后来不了了之。虽然没有和她们其中的任何一个人谈对象，但在尼古拉家玩耍的时间也占据了他学习的精力。1834 年初，他最终以"不求上进，屡教不改"的罪名，被炮兵学校开除了，被派往立陶宛服役。在立陶宛服役期间，巴枯宁经常与家人写信倾诉自己内心的苦闷。

1835 年 1 月，巴枯宁被派往特维尔给炮兵队养马。在没有得到允许的情况下，他执意回家探亲，并不再愿意回波兰驻防地。他撒谎称生病待在家里不走，并提出辞呈。即使父亲对他的行为产生了不满情绪，巴枯宁也丝毫不在乎。但差点由于军队追查而被缉拿。最终因为家庭出面，以"因病经本人申请，退伍"的借口离开了军队。

巴枯宁虽然在从兵生涯已经没有什么希望了，但是作为一个贵族兼地主的儿子来说，不论文武总要担任公职才是唯一荣耀的职业。特维尔省的省长托尔斯泰伯爵是他们家的世交，答应在他主管的部门中给巴枯宁找一个职位。由于巴枯宁的好朋友斯坦凯维奇灌输给他治学优于仕途的思想，而且巴枯宁已经跟随斯坦凯维奇学习了康德的哲学。但他还缺乏勇气，也不忍心同父亲作对。因为巴枯宁的父亲已年近古稀，体力日渐衰弱。巴枯宁作为长子理应代替父亲料理家务，分担责任。可是经过了一番身心的折腾和犹豫不决之后，突然有一天，巴枯宁毅然决然地要去莫斯科。巴枯宁叛逆的天性一定会促使他这么做的。

1836 年巴枯宁到了莫斯科之后，他给父亲写了一封信，拒绝了父亲给他安排的任何仕途生涯，决心要从事哲学研究，愿意在这期间找一个数学教员的工作来谋生。

哲学小组的解散

来到莫斯科后，巴枯宁参加了以青年哲学家斯坦凯维奇为首的哲学研究小组，结识了别林斯基。别林斯基被认为是这一时代伟大的文学评论家。

在哲学研究小组中，巴枯宁表现出一个既好学又好为人师的形象，他总是粗暴地对待每一个新加入的成员，并且让这些新成员快速进入哲学的"神秘境界"。巴枯宁像俄国其他一些贵族家庭出身的知识分子一样，热衷于当时颇为流行的德国唯心主义哲学，以研究黑格尔、康德、费希特等人的哲学为时髦。巴枯宁对费希特的《幸福生活指南》一书爱不释手，并将费希特的讲演集《论学者的使命》译成俄文。这篇译文被刊登在当时的进步刊物《望远镜》杂志上，这是他的处女作，得到了几卢布的稿费。

由于巴枯宁违背父亲的意愿，他的父亲自然也不再给他生活费。但是巴枯宁自己却认为自己非常了不起，认为自己从家里来到莫斯科，是过上了一种独立的生活。他故意虚张声势，定制了大量名片，上面印着"数学博士巴枯宁先生"，并向有钱的贵族、亲戚递送这些名片。但是几乎没有学生找他做家教。所以，他不得不依靠朋友，借债度日。要是朋友不愿意借给他，他就会找放贷的人借钱。巴枯宁在没钱的时候虽然能够忍受贫困，但是他一旦手头有钱，就会随意请朋友到最豪华的餐厅吃饭，买各种各样的名酒，大吃大喝，把还债的事情完全抛诸脑后。久而久之，巴枯宁在朋友圈里名声落地，因此，朋友们给他取了一个绰号——"赫列斯塔科夫"。他是果戈理的著名喜剧《钦差》中的一个人物，说的是一个吹牛大王和食客。

1837年初，斯坦凯维奇小组的主要成员的情绪都很忧郁。姐姐吕波夫的去世，更加重了巴枯宁的抑郁心情。吕波夫本身体质微弱，由于受到肺结核的传染，不久之后去世。《望远镜》杂志由于刊登反动势力的革命思想而被停刊。巴枯宁也由信奉费希特的浪漫主义思想和形而上学思想，产生了苦恼。巴枯宁感到思想和行动已经失去了坚实的基础，转而研究黑格尔的思想。就像当时迷信费希特的思想一样，巴枯宁这次也同样把自己研读和领会的人生哲学和思想观点，传授给她的姐姐和朋友们。他相信思维的力量，并使姐妹们相信"思考、思考、再思考"的道理。在研读黑格尔的哲学著作中，巴枯宁认识到费希特的浪漫主义使他吃了亏，因为它否定客观现实，而现实是不容忽视的。黑格尔不仅承认现实，而且把现实作为他全部哲学的基础，成功地把现实和理想结合起来。与费希特的浪漫主义相比，黑格尔的浪漫主义更为精妙。

在此时，巴枯宁的好朋友别林斯基的思想渐渐与巴枯宁产生了分歧。别林斯基比巴枯宁大三岁，是一个收入微薄的军医的儿子，在俄国等级森严的社会里，与巴枯宁的"世袭贵族"地位是不相称的。别林斯基生性就不是一个浪漫主义者。因为他饱经人世风霜，根本无法形成把内在自我修养当作生存的最高目标的高尚信念。后来还责怪巴枯宁把他引入了费希特的抽象概念之中，使他在思想上毁坏了经验和现实的价值。所以，从研究费希特转向黑格尔使别林斯基又一次回到现实。但是巴枯宁出于个人浪漫主义的爱好，硬是在黑格尔身上找到了一种更高尚的浪漫主义。

1838 年 3 月，这种不相称的友谊达到了矛盾高潮。一个有自由倾向的富有出版商买下了一家要停刊的、持保守或反动观点的刊物《莫斯科观察家》，要聘请别林斯基当主编。因为自《望远镜》停刊以来，别林斯基就失去了新闻职业，也失去收入来源。这个消息无疑让他兴奋无比。但是巴枯宁与别林斯基两人工作的分工不同。现在，别林斯基是编辑，而巴枯宁只是一个撰稿人而已，这种不平衡的屈辱地位，令巴枯宁无法忍受。后来当别林斯基告诉巴枯宁，他今后"靠自己的才智生活，走自己的路"时，巴枯宁对他产生了强烈的轻蔑和憎恨，表示从此不再为《莫斯科观察家》写稿了。

巴枯宁自从跟别林斯基争吵之后，孤身一人来到了德国的柏林。现在，他的朋友就只剩下波特金了。波特金是一个富有的茶商的儿子。波特金没有上过大学，中学时期酷爱艺术、音乐和文学，毕业后到德国、法国和意大利旅行一年便完成了他的学业。1836 年经别林斯基的介绍，波特金加入了斯坦凯维奇小组。现在这个小组已经解散了。波特金给巴枯宁寄过一期《哈雷年鉴》，这个刊物是"黑格尔左派"的机关刊物。在柏林的时间里，巴枯宁继续认真地阅读黑格尔的著作。巴枯宁其实有两次回莫斯科，但都避开了别林斯基，只和波特金在一起。

除了巴枯宁所在的斯坦凯维奇哲学小组外，还有一个政治性小组，它是由赫尔岑和奥格辽夫领导的。1834 年警方发现这个小组有反动的行为倾向，就把主要成员逮捕了。现在这个小组没有核心，也没有人领导。1840年，巴枯宁由于一心想实现精神生活的命运，认为德国是自己实现求知欲的地方，到柏林旅行是自己生活的唯一意义。于是他向自己的父亲求助，写了一封很长的求助信。在信中表示同意父亲为他安排的政府任职，也理解作为长子应该经管庄园的事务。但是倘若自己没有什么资历或大学学历，就很难找到一份像样的工作，他现在只有去柏林，在那里求学三年，才可以拿到博士学位，然后就有资格在莫斯科大学任教。对于这个计划需要一定费用，要求父亲给予他每年一千五百卢布的支持。尽管巴枯宁的父亲知道自己的儿子是一个不切实际的人，但是对于这样的计划还是给予了支持。

巴枯宁还请求赫尔岑的支持，要他马上给他两千卢布，以后两年内每年给他一千五百卢布。在所有巴枯宁认识的朋友中，赫尔岑是他认识时间最短的一个。巴枯宁留给赫尔岑的初次印象依然还具有吸引力，所以赫尔岑爽快答应了巴枯宁的求助。

革命的冒险家

1840 年巴枯宁来到柏林，没几天就碰到了俄国的一位蓝眼睛大汉——伊万·屠格涅夫（俄国 19 世纪批判现实主义作家、诗人和剧作家）。当时的屠格涅夫并没有什么大名声，只是一个世袭贵族之子，生活宽裕。巴枯宁比屠格涅夫大了 4 岁。巴枯宁与屠格涅夫两人很快成了好朋友。

友谊之花初开之际，这两位年轻人一夜又一夜地畅谈他们的信仰、理想和抱负。屠格涅夫紧挨着火炉，巴枯宁平躺在沙发上，或者沿着菩提树大街漫步，到他们喜欢去的咖啡店喝咖啡。巴枯宁爱当导师，而屠格涅夫爱做徒弟，两人一拍即合。巴枯宁感到更为高兴的是屠格涅夫的生活费用很充足，花钱非常大方，于是自然成了巴枯宁借债的好来源。而且巴枯宁向来借钱忘还，屠格涅夫也不在意。

新学期开始后，巴枯宁经常去听维尔德尔的哲学课（维尔德尔是一位大名鼎鼎的哲学教授，也是黑格尔的忠实信徒）。除此之外，巴枯宁还上美学、神学和物理学课，不上课的时候，玩跳栏和骑马。1842 年 6 月，巴枯宁大学学年结束，获得了大学文凭。

巴枯宁在生活上依然是靠借债过活，屠格涅夫已经不像当初那样的慷慨解囊了。没有屠格涅夫的帮助，巴枯宁的生活又陷入了困难的境遇。巴枯宁不得不向朋友们借钱，有一家姓耶泽科夫的俄国人住在德累斯顿，其实巴枯宁也只是见过一面，就找人家借钱。

后来巴枯宁认识了卢格。巴枯宁曾经看过波特金给他寄过的《哈雷年鉴》，这一刊物就是由卢格创办的。卢格是一个颇有才华的人，他对巴枯宁和马克思的思想发展都有过短暂的影响。后来《哈雷年鉴》被迫停刊，于是卢格就在德累斯顿重新办了《德国年鉴》。1841—1842 年，巴枯宁独自一人在柏林度过冬天，这段时间他都在大量阅读青年黑格尔派的小册子和论文。1842 年夏，巴枯宁回到德累斯顿的时候，已经是一个成熟的青年黑格尔派了。后来，巴枯宁向全世界宣布他要转向革命事业，卢格的《德国年鉴》也由他掌握。随后一篇《德国的反动：一个法国人的笔记》发表在上面。但是这篇文章也引起了俄国当局的检查，不久，卢格的《德国年鉴》被查封。由于巴枯宁一直靠借债维持生活，当然也借了卢格不少的钱。《德国年鉴》被查封使得卢格失去一笔不多、但较为稳定的收入。现在卢格作为债权人，期望巴枯宁把债款还给他。由于卢格不是一个富人，也不能和屠格涅夫相比。巴枯宁没有办法，于是向屠格涅夫的银行经营者开了一张二千五百塔勒的支票，把支票寄给了卢格。结果这张汇票无法兑现。卢格依然继续要求巴枯宁还钱，但巴枯宁已经找不到别的经济来源，于是就厚着脸皮向普列姆希诺庄求助，写了一封动人的长信。在信中夹了一张他的欠账单，总共约一万卢布。如果还不了的话，就会彻底丧失信誉，并且还会进入监狱。最后，巴枯宁与卢格之间的纠纷，以巴枯宁的父亲拿出一万八千卢布而结束。卢格不再闹了，巴枯宁也没有进监狱。

经历了财务问题，重新获得自由的巴枯宁，现在把自己的思想和事业已经转到政治活动上了。

巴枯宁在旅居瑞士的时候，遇到了一个特别重要的人。此人同他一样不是瑞士本地人，在世界上到处漂泊。1843 年初，巴枯宁到达苏黎世的时候，得到了一本薄薄的《和谐与自由的保证》，作者就是威廉·魏特琳。

1843 年 5 月，巴枯宁与魏特琳在苏黎世相见。魏特琳坚持用暴力推翻社会秩序，推翻国家，并把自己的新书《一个贫苦罪人的福音》送给印刷者。结果被当局查获，于是魏特琳被逮捕，最后被逐出瑞士。巴枯宁深受其思想影响，用暴力革命推翻社会政治秩序已经成为他的理想目标。

1844 年，巴枯宁还结识了马克思和蒲鲁东。卢格在《德国年鉴》停刊后，又继续主办了《德法年鉴》的刊物。马克思在上面发表了一篇文章。马克思比巴枯宁小4岁，但是他的阅历和经验却比巴枯宁丰富很多，而且学识渊博，令巴枯宁十分敬佩和心悦诚服。但是俄国贵族之子和犹太律师之子总是存在不相融洽的地方，两人彼此互相不理解，也无好感。最终，由于思想信仰的不同而成为对手。相反，巴枯宁与蒲鲁东建立了统一战线，成为一个彻彻底底的无政府主义者。

入狱免死流放

1847年11月，赫尔岑到意大利一个月以后，有两个年轻的波兰流亡者邀请巴枯宁参加为纪念1831年波兰起义而举行的宴会。这时候的巴枯宁由于过着懒散的生活，生病也是刚刚见好，头发也剃光了，为了参加这个宴会不得不定做了一个假发。巴枯宁在宴会上的演说非常激进、非常有热情，这个演说激怒了当局沙皇政府。1847年11月14日，巴枯宁接到一条离开法国的命令。于是他不得不逃回三年前居住的布鲁塞尔。

各地革命起义蠢蠢欲动，巴枯宁也积极参与其中，当他1848年到达柏林时，消息灵通的俄国驻德公使就提前知道了巴枯宁的行动。巴枯宁到柏林的第二天就被警察逮捕了。但是，警察收押了24小时之后，就把巴枯宁给放了。

一个月后，德累斯顿起义爆发。巴枯宁成为一支敢死队的队长。这段时间，巴枯宁完全换了一个人，再也不懒散了，而是废寝忘食，烟酒全戒。就在几个星期之前，巴枯宁曾在歌剧院里观看瓦格纳指挥贝多芬的第九交响曲。现在这个歌剧院已经被起义者烧了，大火蔓延至邻近的建筑物，烧毁了保存在那里的珍藏文物。后来当局军队逮捕了部分起义者，他们不是被就地枪决，就是被扔进了河里。巴枯宁则有幸逃脱，离开了德累斯顿。

尽管巴枯宁发起了起义革命，但他们心中并没有什么成熟的计划。而且他和同伴们身上就只带了几个临时政府的大印和一大堆信件等，其他则一无所有了。有趣的事情发生了，1849年5月9日晚上，巴枯宁他们在睡梦中被捕入狱了。

巴枯宁在萨克森的古城监狱待了两个星期后，转至科尼格施泰因石砌的城堡（曾经是国王的避难所）。这里的条件算是比较好的。巴枯宁住进了一间清洁、温暖、明亮的房间，透过窗户可以看见广阔的天空，这是坐牢的人很少能够享受到的优待。他每天可以在这个宽阔城堡的庭院里散步，并能居高临下，欣赏"萨克森瑞士"的美景。散步时，还有两名士兵带着有刺刀的长枪，并且用铁链牵着他。巴枯宁在监狱的生活可谓是优越的，他可以尽情地吸烟，因为监狱一个月供给他一千六百支雪茄。也能得到自己想看的书，虽然这些书籍出入城堡时，副官要对每一页进行检查，看看有无暗号，他还能收信和写信。

当然巴枯宁之所以能够得到这么好的待遇，不仅是因为他是一个比较重要的政治犯，还归于他的朋友、亲戚对他的帮助。

不久之后，萨克森当局法院判处了巴枯宁及同伴们死刑。但是即使判处了死刑，也未必会执行。奥地利和俄国对巴枯宁都很有兴趣，两国向萨克森政府多次提出要引渡巴枯宁。萨克森当局也是求之不得，因为他们既不想处决巴枯宁而招人憎恨，也不想承担无限期监禁他的责任。他们达成协议，先把巴枯宁引渡到奥地利，然后再回俄国。1850 年 6 月 12 日，巴枯宁被捕已经一年零一个月多了，这天夜里，巴枯宁被叫醒，按指令穿好衣服，以为自己要被枪决了。但是随着车子越走越远，过了边界，才知道自己要去的地方是奥地利。

14 日晚上巴枯宁来到了布拉格城堡——赫拉德森。这里的牢房和萨克森相比，要差很多。虽然巴枯宁无法亲自收发书信，但是可以找人代办。巴枯宁偶尔也能收到朋友们寄来的钱，可以用来买自己需要的东西。可是巴枯宁总是生活在自己的精神世界里无法自拔，把仅有的一些钱用来买数学书看，也不买一件衣服。他身上穿的衣服已经破得不成样子了。在奥地利的 11 个月来，巴枯宁一直抱怨"全身疼痛"，尽管每天只有半个小时的活动时间，他依然还很能吃，饭量未减。现在已经辗转入狱两年多了，巴枯宁几乎已经停止反抗，转向了保持沉默，似乎已经绝望了，对生活也别无所求。1851 年 5 月，奥地利当局先判处巴枯宁处以绞刑，之后改为无期徒刑。

按照之前奥地利和俄国达成的协议，现在的巴枯宁是时候被押送到俄国了。当巴枯宁站到自己的国土上时，他惊呼道："啊，乡亲们，回到自己的国家很高兴，即使是死在那儿也好。"旁边感情冷漠的官员呵斥道："禁止说话。"

早在 1844 年的时候，巴枯宁就被判了到西伯利亚服苦役，但当时的巴枯宁逃跑了。直到 1851 年 7 月的一天，一位武官带来沙皇的口信，告诉巴枯宁死刑在俄国是不存在的，让他不用担心。然后让巴枯宁写一份所犯罪行的忏悔书，于是巴枯宁欣然接受了这项"快乐的事情"。他用两个月的时间，精心准备了一份三万字的《忏悔书》，呈递给沙皇。

在这份《忏悔书》中，巴枯宁详细叙述了从 1840 年 6 月离开彼得堡到 1849 年 5 月德累斯顿起义被捕的整个活动。巴枯宁承认他该受俄国法律最严厉的惩罚。他的思想和行为荒唐透顶，胆大妄为，罪行累累。最后，他在《忏悔书》结尾写下了自己的大名——"忏悔的罪人，米哈伊尔·巴枯宁"。

沙皇特别认真地看了《忏悔书》，尽管对巴枯宁是否出自真心有所怀疑，但依然是感到特别欣慰。除此之外，沙皇还准许了巴枯宁要求见家人的愿望。对于家里人来说，这是六年多来，第一次从官方那里得到关于巴枯宁的消息。

这时，巴枯宁已经 37 岁了，还没有结婚。巴枯宁的父亲老巴枯宁已经是 83 岁的老人了，双目也已经失明。巴枯宁在俄国监禁的第二年，家里人给他寄来了松鼠皮镶边的睡衣，裤子和靴子等。随后家里的姐姐、弟弟们也相继来探望巴枯宁。巴枯宁的个人健康出现了问题，患有痔疮和坏血病，面容浮肿。没过几年，巴枯宁家里也出事了，巴枯宁的父亲亚历山大·巴枯宁去世了。巴枯宁的母亲瓦瓦娜在 44 年的婚姻生活里，前 30 年尽心竭力养儿育女，后 14 年忙于照顾多病的、生活不能自理的丈夫。现在，母亲瓦瓦娜开始心疼自己的儿子巴枯宁，不遗余力地向当局请求为儿子减轻罪过。

母亲瓦瓦娜在探视完巴枯宁之后，为儿子的身体健康急剧衰退而忧虑，于是不断地向当局写请求书。或许是伟大的母爱打动了沙皇，1857 年巴枯宁获得了一个向沙皇再次写请求书的机会。这时的巴枯宁已经受够了牢狱生活，为了获得沙皇的赦免，巴枯宁一方面说沙皇的宽大仁慈，一方面写自己罪行累累，还不断诅咒自己。一个星期之后，沙皇龙颜大悦，告诉巴枯宁现在有两条路可选：一是继续坐牢，二是流放到西伯利亚。巴枯宁毫不犹豫地选择了流放。

复出重回西欧

在西伯利亚鄂木斯克、伊尔库茨克等地，巴枯宁待了 5 年多，虽然名义上是政治流放犯，但实际上是个享有特殊待遇的公民。他长期住在西伯利亚城镇里，生活条件较好，既不需要做苦工，行动上也比较自由。巴枯宁后来在舅父的关照处，领到了一张可以在西伯利亚全境通行的护照，甚至接受官方和巨商的委托，巡视东西伯利亚一些地区。1861 年 6 月，巴枯宁趁在黑龙江沿岸调查商务情报之机，轻而易举地逃出了西伯利亚。

巴枯宁经过日本横滨、美国旧金山，于 1861 年年底重返欧洲，来到英国，同旅居伦敦的赫尔岑、奥格廖夫会晤。巴枯宁迫不及待地向赫尔岑分析政治形势的发展情况。赫尔岑上次见到的巴枯宁是一个 33 岁、十分帅气的花花公子。现在的巴枯宁已经 48 岁了，上了年岁，皮肤也变得粗糙了，牙齿全掉光了，满头浓厚的卷发，下巴长满胡须，不加修剪，几乎叫人认不出来了。

1862 年年初，巴枯宁在赫尔岑主编的《钟声报》上发表了《告俄国、波兰和全体斯拉夫族友人书》，在这篇文章中，他表达了自己想要奋斗的理想信念。

1863 年波兰再次掀起了革命起义，遗憾的是波兰起义失败了。这件事对巴枯宁晚年的生涯是有影响的。16 年前在巴黎的时候已经激起了他对波兰民族主义就是革命力量的信念。这次波兰起义的失败永远打破了这种由来已久的幻想。巴枯宁再也不能无视波兰民族主义掺杂着强烈的领土贪求——波兰想获得民族自由，又要把波兰的统治强加给别的民族，并看清了绝大多数波兰人根本不是革命者。此时的巴枯宁已经是出名的俄国鼓动家了，不断有当局政府扬言要抓捕他。

在这个时候，巴枯宁的妻子安东妮来了。巴枯宁在西伯利亚流放的时候，遇到了一个十分漂亮的女子，巴枯宁对其一见倾心，并与之结婚。这次，安东妮风尘仆仆来找自己的丈夫巴枯宁，可是受到了赫尔岑的冷遇，这令巴枯宁耿耿于怀。

巴枯宁和赫尔岑的关系也在渐渐恶化。《钟声报》是赫尔岑办的刊物，可是由于巴枯宁的插手，使得《钟声报》的销量大大减少，令赫尔岑十分愤怒，于是他以一个受人引诱而误入歧途的弱者的复仇心理，与巴枯宁翻脸了。另外赫尔岑的儿子萨沙和巴枯宁之间的争吵，更是加剧了两人之间的怨恨。

1864 年 1 月 11 日，巴枯宁夫妇越过边境，到达意大利。巴枯宁在意大利长期生活在众多的游民无产者中间。在他的资产阶级个人主义的世界观的支配下，巴枯宁从那些绝望的、破了产的游民无产者身上，在他们那种破坏一切的盲目情绪中，看到了他所谓社会革命的希望。正是在意大利生活的几年里，巴枯宁逐渐形成了自己的一套独特的关于"社会革命"的观念，即无政府主义的思想。

巴枯宁在这里再一次遇见了马克思，混入了第一国际。后来由于资助巴枯宁的一位富人不再支持他，巴枯宁夫妻在意大利的生活也不是很愉快，便动身来到了日内瓦。1868 年 6 月，当巴枯宁着手为"和平和自由同盟"中央委员会起草声明，并成为该同盟的会员时，已经开始与马克思对立起来了。

巴枯宁想通过"和平和自由同盟"与"第一国际"建立联盟，这样巴枯宁就实现了他个人野心——不愿担当同盟或国际的一个小委员，而是可以与第一国际领导人马克思平起平坐。为了实现这个计划，1868 年 12 月 22 日，打着"同盟"为"第一国际"服务的旗号，巴枯宁从日内瓦写信给马克思宣布自己是马克思主义的信徒，发誓要为实现国际的原则而斗争。

但事情的发展并不像巴枯宁预想的那样，"第一国际"的力量不断壮大，马克思直率地称："和平和自由同盟"是日内瓦空谈的场所。国际代表认为，从国际的工作来看，"和平和自由同盟"没有理由存在下去。尽管巴枯宁的希望落了空，但他并未甘心，他依然不愿意做一个不引人注意的国际会员。于是他在自己周围集合一批忠诚的追随者，建立了一个"国际社会主义民主同盟"。这个同盟的成立是巴枯宁与马克思之间长期斗争的开始。四年以后，这场斗争在海牙代表大会上以马克思付出重大代价获得胜利以及第一国际分裂而告结束。

其实，自 1870 年法国里昂、马赛革命失败以来，巴枯宁的革命活动生涯已告结束。但他在西班牙和意大利这两个地方还有很多追随者，1873 年夏天，西班牙的朋友为他筹集了一千五百法郎的旅费，希望他可以前往西班牙。在以前只要给他一张车票，他就会欣然前往。但是现在，他拒绝了。巴枯宁与马克思的决裂以及无政府主义国际的建立，使得他在意大利的声望颇高，他们称巴枯宁是神圣的艺术大师，是半传奇式的人物。但意大利仍是没有革命希望，且令人觉得十分沮丧的地方。所以，革命的前线再也没有巴枯宁可停留的地方了。

1876 年 7 月 1 日，米哈伊尔·巴枯宁去世。巴枯宁的一生中离不开与朋友们的相识、相交、决裂的循环，也无愧是一个理想的浪漫主义者，一个热衷于革命、充满幻想的冒险家，一个极端的个人主义者。

参考文献：

[1] 严书翰、胡振良：《社会主义通史》（第 2 卷），人民出版社 2011 年版。

[2] 姜涛：《巴枯宁的手》，北京大学出版社 2010 年版。

[3] ［俄］巴枯宁：《国家主义与无政府》，中国政法大学出版社 2003 年版。

修正主义鼻祖伯恩施坦

爱德华·伯恩施坦（1850—1932）是德国社会民主主义理论家及政治家，德国社会民主党成员，也是进化社会主义（改良主义）的建立者之一。伯恩施坦的政治生涯开始于1872年，那年他成了德国社会民主工人党的一员。1888年，由于来自普鲁士的压力，他被驱逐出瑞士来到伦敦，并且和恩格斯开始有了密切的联系。他发表了一系列标题为"社会主义的问题"的文章，这些文章导致了德国社会民主党中关于修正主义的争论。伯恩斯坦还在1899年写了《社会主义的前提和社会民主党的任务》一书。该书与奥古斯特·倍倍尔、卡尔·考茨基及威廉·李卜克内西的观点有强烈的冲突。伯恩施坦回到德国后，担任德意志帝国议会的一员，后来他成为德国独立社会民主党（USPD）的创始人之一。而后他重新加入了德国社会民主党。

初入政坛　崭露头角

伯恩施坦于1850年1月6日出生在柏林一个犹太血统的德国人家庭，在兄弟姐妹十几个中排行老七。父亲原来是一个白铁匠，后来当了火车司机。父亲本来收入就不高，再加上兄弟姐妹多，从小生活就比较艰苦。少年时代的他晚上用光线很弱的油灯看书，很早就导致了眼睛近视。从出生到他18岁，他个子比较矮小，体质也比较虚弱，因此也有了胆怯和自卑的心态。经常因为自己体质差和眼睛近视而苦恼，甚至担心自己活不到20岁，这也使他一直到成年都缺乏自信和进取心，成天过着听天由命的懒散日子。

尽管少年时代的伯恩施坦体质差而且有不少性格弱点，但他头脑十分聪明，又喜欢读书，理解能力和记忆能力也很好。尤其重要的是他有很强的怀疑精神，非常善于独立思考，无形之中为他成为一个思想政治大师打下了基础。

伯恩施坦的父母都是犹太教教徒，因此，全家都信奉犹太教。伯恩施坦虽然也跟随父母信奉犹太教，却对基督教十分感兴趣。他是犹太人，根据学校规定可以不去上宣扬基督教教义的宗教课，可是他却常常去旁听，而且有时候星期天也去离住的地方不远的基督教堂做礼拜。伯恩施坦深受新约全书中的人物吸引。他虽然对基督教义持批判怀疑的态度，但终身对基督教怀有崇敬之情，也对基督教的历史和社会价值多有肯定。

伯恩施坦家境贫困，他的父母文化水平也都不高，家里都是靠父亲一个人赚钱养活一大家人。但是他的伯父阿隆·伯恩施坦却是个享有社会盛誉的著名人物。阿隆建立了柏林犹太教革新会，成为德国资产阶级自由派的主要代表人物，是影响很大的《柏林人民报》的创刊人和多年社论执笔人，也是个影响很大的著名学者，曾获得德国著名自由主义思想家洪堡等人的高度评价。阿隆曾经鼓励过伯恩施坦，但是由于伯恩施坦性格上的怯懦、不自信，能够主动和伯父交谈的机会不是很多。所以虽然他很敬仰伯父，但思想上并没有受到伯父很大的影响。

伯恩施坦家庭条件差，因而他的学生时代也不是很顺利。最先他是在柏林一家私立七年制小学上学，毕业后在一个远房亲戚的资助下在柏林一所九年制的文科中学读书，在读到六年级的时候由于成绩不好和家境困难就辍学去找工作了。虽然伯恩施坦的学生生涯非常短暂，可是培养了他对政治的兴趣。他对著名的激进民主主义者约翰·雅科比感兴趣，也开始关注他并思考政治问题，积极地去吸收自由主义思想，慢慢地对世袭君主制产生怀疑甚至是厌倦。当时普鲁士专制王朝反对德国的统一，那时伯恩施坦仅仅12岁，他和朋友躲在地下室里唱着《守卫莱茵河》和《德意志高于一切》等被普鲁士政府禁唱的歌曲，并在他们的外衣上佩戴象征德意志的黑、红、黄三色彩带，以此来表示对普鲁士君主专制制度的憎恨和反抗。同时，伯恩施坦十分仇视拿破仑三世，在他看来，拿破仑三世是扼杀1848年法兰西第二共和国的刽子手。当1870年普法战争爆发时，伯恩施坦满腔热情地支持普鲁士政府，都有去当志愿兵的冲动了。当拿破仑被俘后，巴黎宣布成立共和国，伯恩施坦内心十分高兴。

1866年，伯恩施坦16岁时，他的舅父介绍他去古腾克兄弟银行当学徒。四年学徒结束后，上司把他介绍到魏玛一家银行设在柏林的支行做文书，不久，又转到路特希尔银行担任同样的职务，在这里一直工作了七年。由于长时间在银行工作，他对交易所的肮脏内幕有所了解，特别是了解到报社负责人昧着良心为股份公司吹捧，伯恩施坦对资本主义制度感到非常失望。他和一些朋友组织了以英国著名空想社会主义者托马斯·莫尔的著作《乌托邦》为名的交谊会，关注由激进的民主人士创办的《民主报》，也关心社会民主党推动的工人运动。1872年初，伯恩施坦在一家酒馆里认识了社会民主党的著名活动家弗·威·弗里切，并邀请他去了乌托邦交谊会。从这以后，伯恩施坦对工人运动的关注更加积极。他买了拉萨尔和杜林的著作，也看了倍倍尔和威廉·李卜克内西的文章，包括《爱森纳赫纲领》。此间伯恩施坦开始参加社会民主党所组织的活动，旁听了关于对《爱森纳赫纲领》的讨论。拉萨尔和杜林的著作没有激起伯恩施坦对社会主义的兴趣，但是《爱森纳赫纲领》中的国际主义使伯恩施坦深受触动。他对倍倍尔、李卜克内西的反战勇气大为敬佩。不久，伯恩施坦还聆听了倍倍尔充满激情的演讲，也认识了倍倍尔。

1872年4月，伯恩施坦不顾他伯父阿隆的反对，正式加入德国社会民主党。入党不久，党的领导人之一伊格纳茨·奥艾尔很重视他，把他作为鼓动家进行培养。不长一段时间后，伯恩施坦就成了党的称职鼓动员。他不拿报酬，把自己的业余时间全部用来做党的宣传鼓励工作。他的演讲虽然缺乏激情，而且演讲中有时还有些紧张，但是他摆事实讲道理且通俗易懂的演讲风格，给他的宣传鼓动工作带来了不小的成绩。

在德国统一之前，德国工人运动中同时并存着两个政党：一个是受马克思和恩格斯指导的德国社会主义工人党，就是爱森纳赫派；另一个是全德工人联合会，即拉萨尔派。两派曾经有过激烈的斗争。1871年，德国统一后，无产阶级力量进一步壮大，建立一个统一的无产阶级政党成为迫切的任务。但是如何统一，党内有很大的争论。马克思和恩格斯主张坚持有原则的统一，坚决反对进行无原则的联合，但李卜克内西等党的领导人主张放弃原则的妥协。伯恩施坦是支持后者的，他被选为出席两派合并问题谈判会议的爱森纳赫派的九名代表之一。1875年2月，拉萨尔派和爱森纳赫派九名代表组成的代表团，在哥达进行了有关合并问题的谈判，谈判达成了合并的协议。接着，1875年5月，在哥达又召开了拉萨尔派和爱森纳赫派的合并大会，通过了

《哥达纲领》，决定成立德国社会主义工人党。作为谈判的代表人之一，伯恩施坦第一次发挥了较大的政治作用，这也是他初次在政坛上崭露头角。

深受恩格斯喜爱的有为青年

伯恩施坦虽然是党的宣传鼓动家，而且在政坛上也崭露头角了，但是他的理论素养并不高，对马克思主义的认识也不够深刻。比如，伯恩施坦当时和很多党员甚至包括著名领袖威廉·李卜克内西都认为拉萨尔是马克思的学生，拉萨尔的贡献是把马克思的一些思想用通俗的语言介绍给群众，尽管他在一些方面把马克思主义庸俗化了。柏林大学讲师欧根·杜林的"社会主义"理论也引起了伯恩施坦很大的兴趣。尽管杜林对马克思有许多批评，可是在伯恩施坦眼里，杜林不仅是个社会主义者，而且用科学的激进主义补充了马克思主义。杜林对社会主义中的自由主义因素的有力强调甚至超过了马克思，所以社会主义运动可以同时容纳马克思和杜林。伯恩施坦热情地把杜林的《国民经济和社会经济学教程》《国民经济和社会主义批判史》等著作推荐给威廉·李卜克内西、白拉克，甚至寄给尚在狱中的倍倍尔。这些都可以看出伯恩施坦理论素养的欠缺。

1878年夏，伯恩施坦接受了银行家、社会民主党党员卡尔·赫希伯格的邀请，去担任文学秘书，于是他辞去了银行的职务。同年10月，德国反动政府以谋刺德皇为借口，诬陷德国社会民主党，并颁布了由俾斯麦提出的《反社会党人法》，社会民主党的组织和报刊遭到查禁，党除了由党员参加的议会选举和议会活动外，不能从事任何合法活动，很多党的活动家被迫流亡海外。此时，伯恩施坦已随赫希伯格离开了德国来到瑞士的苏黎世，他和赫希伯格等人一起受党的委托筹办《社会民主党人报》，秘密向国内运送和发散。1878年年底至1879年年初的冬天，伯恩施坦陪患有慢性肺病的赫希伯格去瑞士南方休养。在此期间，伯恩施坦阅读了恩格斯的《反杜林论》，认真研究并接受了马克思主义的唯物主义和社会主义革命理论。赫希伯格除了创办《社会民主党人报》外，还利用假名分别在苏黎世和莱比锡创办了《社会科学年鉴》和《政治经济文丛》。伯恩施坦除了用笔名为《社会民主党人报》和《政治经济文丛》写文章外，还担任了《社会科学年鉴》的报道部分的编辑工作。这期间，考茨基受到赫希伯格的邀请来到苏黎世，专为几个社会主义的报刊撰文。考茨基对伯恩施坦产生了很大的影响，伯恩施坦开始进行认真的理论学习和思考，学术水平得到了很快的提高。1882 年 12 月，倍倍尔带着伯恩施坦去伦敦拜会了马克思和恩格斯，伯恩施坦赢得了两位老人的信任，他自己也受到他们革命精神的感染，当时他完全沉醉于社会主义运动。在和恩格斯一起外出散步时，伯恩施坦全神贯注，努力不放过恩格斯的每一句话，以致伦敦这个大城市几乎没给他留下什么印象。之后，伯恩施坦和恩格斯经常通信，仅保存下来的就有一百多封。在恩格斯的指导下，伯恩施坦和考茨基并肩战斗，为普及马克思主义、肃清空想社会主义等错误思潮做出了很大的贡献。伯恩施坦写了大量的文章，揭露和批判德意志帝国和俾斯麦政府的反动政策以及为这些政策提供理论根据的国家社会主义，同时，宣传马克思主义的科学社会主义理论，批判党内存在的拉萨尔主义思想。

1890 年德国国内政治形势出现了变化，帝国议会于 1 月否决了延长《反社会党人法》。2 月，社会民主党在帝国议会的选举中取得胜利，获得了 150 万张选票。3 月俾斯麦被迫辞职，继之起来的卡普里政府采取了有自由主义色彩的新方针。伯恩施坦发表了名为《社会民主党在议会中的地位》的文章，劝告党要适应新的形势需要，不要低估议会斗争的作用和重要意义。伯恩施坦开始了自己的独立思考，对马克思主义的一些判断产生了怀疑，但此时并没有怀疑马克思主义的基本原理。

《社会民主党人报》的宣传和鼓动作用引起了德国政府的恐慌。1888 年在德国政府的压力下，他随该报编辑部从苏黎世迁往伦敦。伯恩施坦在伦敦一直居住到 1901 年。1890 年《反社会党人法》取消后，《社会民主党人报》完成了自己的使命就停刊了，之后伯恩施坦担任了党中央机关报《前进报》驻伦敦记者和党中央理论刊物《新时代》的常任撰稿人。在伦敦，他获得了和恩格斯频繁交往的机会，而且有时间去著名的不列颠博物馆读书和查阅资料。同时和马克思的女儿交往也十分密切，1893 年被恩格斯指定为他的遗嘱执行人之一。在这期间，伯恩施坦用马克思主义的观点写了《论工资铁律问题》等论著，受到了恩格斯的好评。

1890 年开始，当有著作全面质疑马克思主义关于工人阶级贫困和资本主义经济必然会因为自相矛盾而走向崩溃的论断时，伯恩施坦在《新时代》上连续发表文章进行批驳，但是在批判他们观点的时候，伯恩施坦自己也对马克思主义的一些基本观点产生了怀疑。

迈向修正主义

在 1888 年迁居到英国后，伯恩施坦观察和体会了英国的自由资本主义经济和资产阶级民主制度。当时英国已经完成了工业革命，资本主义正处于"繁荣"发展的时期，经济上没有发生大的波动，更看不出崩溃的迹象。资产阶级采取了一些自由主义政策来缓和阶级矛盾，容许一定程度的政治自由，如言论出版自由、集会结社自由、地方自治等，另外还实行了一些民主改革。这一切使伯恩施坦开始了新的理论思考，对马克思主义的怀疑更加严重了。

伯恩施坦一边看到了 19 世纪 80 年代和 90 年代的经济繁荣和英国工人运动的发展，一边又想起了老朋友赫希伯格的劝告：资本主义有着超乎我们想象的适应能力。由于对于资本主义生命力的重新认识，伯恩施坦在 1896 年秋天在《新时代》上以《社会主义问题》为总标题发表了 6 篇文章，对马克思主义的一些观点提出批评，修改了马克思主义基本原理。他认为整个欧洲的经济、社会都发生了翻天覆地的变化，这种变化是根本性质的变化，因而马克思主义已经不合时宜，不能再很好地指导我们了，我们必须重新思考关于资本主义和社会主义的问题。1899 年 3 月，伯恩施坦出版了《社会主义的前提和社会民主党的任务》，书中从哲学、政治经济学和社会主义三个方面，全面系统地修正了马克思主义理论。这本书的出版标志着伯恩施坦的修正主义思想正式形成，他也自诩为"修正主义分子"，成为第二国际修正主义的鼻祖和靠山。在这部书中，伯恩施坦强调了民主在社会主义中的重要意义，伯恩施坦所指民主这一概念包含着一个"法权"观念，社会一切成员的权利都是平等的。在伯恩施坦看来，民主是社会主义的本质属性，是社会主义必不可少的，也是实现社会主义的必要手段，没有民主的社会主义不能称之为社会主义。而且社会主义具有阶段性，它并不是一种社会模式，而是一种社会进程，是从资本主义向全面民主发展中的一个过程。在社会发展动力的方面，伯恩施坦不赞成马克思的阶级斗争，否定了阶级斗争是社会发展的动力，他提出了阶级合作的观点。伯恩施坦认为资本主义制度具有自我更新的能力，它不同于之前的社会制度，因而在这种制度下暴力革命并不是建成新社会制度的有效方式。伯恩施坦认为，社会民主党人通过积极地组织和行动来继续发展它，就可以逐步实现社会主义。伯恩施坦还反驳了列宁主义的国家学说，认为国家并非只能成为阶级压迫的工具，国家也可以超越阶级成为全社会的共同事务的委员会。

《社会主义的前提和社会民主党的任务》的出版在社会民主党内引起了很大程度的恐慌和担忧。在召开的德国社会民主党大会上很多学者包括卢森堡、倍倍尔等对伯恩施坦的观点进行批判，倍倍尔甚至做了一个长达 6 小时的报告，来反驳伯恩施坦的观点，得到了大多数人的赞同。但是也有一些代表站在伯恩施坦这一边，帮伯恩施坦传达他的政治思想。其实在会前，伯恩施坦已经来到荷兰，但没有出席大会，只是寄去了一篇声明。大会经过四天的激烈争论，通过严正声明，称党没有理由改变基本原则和策略，但也没有对伯恩施坦进行谴责。当时伯恩施坦的改良主义思潮在法国、英国等大多数欧洲国家都存在，伯恩施坦同时也觉得长期在国外为党宣传越来越困难，非常苦恼。

1900 年，伯恩施坦辞去《新时代》的工作，转去机会主义的杂志《社会主义月刊》工作，1901 年，伯恩施坦返回德国。从 1902 年起到第一次世界大战期间，伯恩施坦一直是德国社会民主党的国会议员，参加了历次党代表大会，还多次出席社会民主党和第二国际代表大会，因此始终是社会民主党的著名活动家。这一时期，伯恩施坦一直鼓吹议会道路、和平过渡等思想，他继续否认马克思主义的社会主义学说的科学性，强调最终目的是空想，同时大力论证修正主义的必要性和正当性。

伯恩施坦回国不久就在社会科学大学生联合会的一次会议上以《科学社会主义怎样才是可能的？》为题发表演讲，这篇演讲稿以小册子的形式出版，伯恩施坦在这篇文章中认为，社会主义不仅仅是纯粹的科学，科学的基石是经验，是系统的理论知识，而社会主义是一种关于未来的社会制度的学说，它包含了一些科学上没有得到证实的或者科学上无法证实的东西，因此势必包含一部分空想主义。但与此同时，伯恩施坦也指出社会民主党所说的社会主义和科学之间有着密不可分的关联，因为社会民主党能自由地批判现存事物，比任何其他政党更加使自己的目的和要求同与之有关的科学的学说和要求一致起来。伯恩施坦建议用"批判的社会主义"代替"科学社会主义"这一名称。

伯恩施坦认为社会主义对资本主义社会的批判是以经验事实为根据的，因此是科学的，但是把反对资本主义作为实现新的社会制度的目的，就带有思辨的理想主义因素，因此是不科学的。伯恩施坦在《社会主义月刊》上发表的《争论的核心：关于"科学社会主义怎样才是可能的？"这一问题的结束语》一文中，肯定了在工人阶级和资产阶级之间斗争的事实方面，马克思主义的社会学说的确做了科学的论述，但是由于加入了对未来的假说因素，虽然承认假说也属于科学的一部分，毕竟不和科学等值。伯恩施坦认为，社会民主党的判断和行动不应当受最终目的支配，而是应当受工人阶级当前的需要以及对现代社会发展的趋势和条件的科学研究支配。

在马克思逝世 20 周年时，《新时代》等很多刊物发表的纪念文章中公开批判修正主义。但是伯恩施坦并没有因此而反省，而是在 1903 年 4 月发表《马克思崇拜和修正的权利》一文进行反驳。他指责《新时代》所代表的马克思主义正统派把马克思纪念日当作"革出教门和做出科学上的死刑判决的恰当机会"，声称自己有义务"捍卫社会主义修正主义的、科学的和由实际斗争的需要产生的权利"。1908 年《前提》再版时，伯恩施坦坦言，工人阶级应该实现的是理想，而非教义。

1915 年，伯恩施坦又转向中派立场，宣扬社会和平主义。1917 年他成了德国独立社会民主党（USPD）的创始人之一。直到 1919 年他一直都是 USPD 的成员，然后他重新加入了德国社会民主党。1918 年伯恩施坦任社会民主党政府财政部部长助理一职。从 1920 年到 1928 年，伯恩施坦再次成为德意志帝国议会的成员。1921 年，伯恩施坦参与起草机会主义的党纲，后又出版了《社会主义的过去和现在》，1924 年又出版了《什么是马克思主义？》等书籍，在伯恩施坦的著作中，他继续歪曲马克思主义，为修正主义辩护。因为伯恩施坦的种种言论和执迷不悟，列宁斥之为无产阶级的叛徒。伯恩施坦于 1928 年退出了政坛。1932 年 12 月 18 日，伯恩施坦逝世于柏林。由于伯恩施坦一直以来性格孤僻，很少与人交往，没有什么亲密朋友，因此，他的葬礼也冷冷清清。他孤零零地离开，带着对马克思主义的扭曲。

参考文献：

[1] 伯恩施坦：《社会主义的前提条件》，中国政法大学出版社 2003 年版。

[2] 严书翰、胡振良：《社会主义通史》（第 2 卷），人民出版社 2011 年版。

德共创立者李卜克内西

威廉·李卜克内西（1826—1900），德国工人运动和国际工人运动的著名活动家；德国社会民主党领袖，第二国际创始人之一；欧洲 1848 年革命的参加者，共产主义者同盟盟员。曾在德国工人运动中进行反对拉萨尔主义、捍卫国际的原则的斗争，1867 年起为国会议员；德国社会民主党创始人和领袖之一。

高贵的出身，跌宕的成长历程

1826 年 3 月 29 日，德国黑森公国的吉森城里的李卜克内西家里诞生了第三名男婴。孩子的父亲是一位旧式学者兼任官职，在当地颇有名望。他看着啼哭不止的新生儿，高兴不已，给孩子取名"威廉"，对孩子寄予了厚望，希望威廉长大以后也能和自己一样，在政府任职，成为达官贵人。尽管小威廉出生高贵，但是这并没有给他一个衣食无忧、无忧无虑的童年。5岁那年，他的母亲因病与他永远地分开了；次年，父亲也抛下了几个未成年的孩子与世长辞。原本富贵、幸福的家庭顷刻间土崩瓦解，小威廉只能被寄养在舅舅家里。

威廉的舅舅是一位学识渊博的牧师，心地善良，对小威廉也十分疼爱，经常给孩子们讲新奇的故事。在舅舅家里，威廉度过了一段平静而温暖的生活。但是，好景并不长，威廉 9 岁那年，一天，警察突然闯进家里，蛮横地带走了威廉的舅舅。此后，舅舅再也没有回来过。舅舅被指控参加了秘密的革命民主人权协会，两年之后，舅舅在狱中与世长辞，小威廉又一次经历了亲人的离世，幼小的心灵再一次留下了一道伤疤，蒙上了一层阴影，生活的平静也又一次被打破。

后来，李卜克内西上了初中，他开始对社会问题产生了强烈的兴趣。他在课余时间阅读了当时著名的空想社会主义者们的著作，对乌托邦、太阳城里美妙的生活充满了向往。16 岁那年，李卜克内西以优异的成绩考入了吉森大学，后又相继转入柏林大学、马尔堡大学。他主修的专业是哲学和神学，但他的兴趣一直集中在社会学上。大学里的演讲比赛中、沙龙辩论会中，经常能听到李卜克内西就社会问题发表的演说和慷慨激昂的陈词。

马尔堡城堡上的呐喊

李卜克内西大学时期，整个德意志都被郁闷、落后、僵化所笼罩着，校园生活也十分沉闷，他作为一个热血青年，总幻想着改变这一切。于是，李卜克内西在学生中筹建秘密政治团体，组织罢课、散发宣传品。那时候，德意志同盟帝国的"宪法之父"、著名社会民主党人西尔维斯特·约尔丹教授由于被诬陷犯有"叛国"罪而被关押在马尔堡附近山冈的城堡里。李卜克内西经常去城堡探望这位他心目中的英雄。面对英雄所遭受的苦难，李卜克内西总想为他做些什么。终于，一天夜里，李卜克内西和几个伙伴们在 12 点钟以前一起来到城堡上，找了一个僻静的地方隐藏起来。当伊丽莎白教堂里的大钟刚打第一响的时候，他们就爬到城堡上，马尔堡城的人们听见了高昂的声音从天而降：

> 在那铁窗后面，
> ——我把手指向天际，
> 他那张枯瘦、苍白的脸，
> 一双明亮、火热的眼睛，
> 正从那墙垣后面，
> 凝视着美丽的人间……

这场慷慨激昂的演讲伴随着最后一遍钟声的余音而结束，李卜克内西响亮的声音传遍整个山冈。

第二天，全城人们开始热议这件事情，这一举动唤醒了人们内心对自由的渴望，也引起了当局的恐慌，他们开始寻找组织者和朗诵者。当时马尔堡有一个特别讨厌的家伙，为了邀功请赏、加官晋爵，他向卡塞尔政府告密，说马尔堡大学有一个秘密的反政府组织，带头人是李卜克内西，这次事件的组织者就是他。政府接到密报后立刻采取行动抓人。李卜克内西在警察局的人赶来之前得到了消息，在朋友毛斯的陪同下和同学们挥手告别，朋友们用了李卜克内西最喜爱的一首歌为他送行：

"祝君康健，再饮一杯美酒！

再见吧，弟兄们，人生终须一别！"

带着同学们的不舍和牵挂，李卜克内西登上了离别的列车，开始了人生第一次充满奇妙的远行。

改变命运的偶遇

踏上离乡的列车，李卜克内西万般不舍。在奔驰的列车上，他开始怀念家乡的种种，他对毛斯说："这一去，不知何日归，我虽然从小失去双亲，但德意志，我们灾难深重的祖国，毕竟也是哺育我成长的母亲。我不情愿离开她，而今又不能不离开她，这是做儿女常有的感情吗？"

这时火车上一位陌生的男子劝说李卜克内西留在国内，并告诉他在瑞士即将开始一场反对分裂主义同盟的斗争。

听了陌生人的话，李卜克内西若有所思，也感到这个陌生人就像一个久违的朋友，似曾相识。这位陌生人就是鲁道尔博士。他是一位民主主义者，向李卜克内西粗略地讲述了一下瑞士的情况，还说他此行德国的目的就是为了给模范学校物色一位老师。他邂逅李卜克内西，被其理想抱负所吸引，认为这就是他所要找的优秀教师。李卜克内西也毫不犹豫地答应了他，跟随他一道来到瑞士。火车上这一临时改变的决定，影响了李卜克内西此后的命运。

四处流亡的日子

李卜克内西在瑞士当老师期间，教课之余也经常给一些进步报纸撰写稿件。这种平静的生活结束于 1848 年 2 月。法国首都巴黎爆发了资产阶级民主革命，揭开了欧洲革命的序幕。听到这一振奋人心的消息，李卜克内西立即带上一把双膛枪，奔赴巴黎参加革命。3 月初，当李卜克内西踏上巴黎街头时，巴黎人民已经推翻了路易·菲利浦国王的统治，宣布建立共和国。由于没有参加战斗，22 岁的李卜克内西感到无比遗憾，但是，巴黎人民胜利后狂欢的场景感染了他。李卜克内西在这里深刻地感受到了自由的气息。

巴黎革命的浪潮也波及了封闭、专制的德意志。同年 9 月，在巴登公园，爆发了反封建的武装起义，宣布建立"德意志共和国临时政府"。听到这一消息，李卜克内西和几个朋友一起渡过了莱茵河，加入起义队伍。没过多久，起义军被政府所镇压，李卜克内西等人经历了 8 个月的铁窗生涯后，法院准备对李卜克内西进行起诉。就在此时，巴登又爆发了新的反封建的武装起义。起义大获全胜，并由民主党人建立了临时政府，在人民群众的努力下，李卜克内西等人被无罪释放。出狱那天，人民群众将李卜克内西高高举起，如同欢迎凯旋的英雄一般，李卜克内西被深深地感动着。

经过了一场牢狱之灾和见证了人民群众的热情，李卜克内西出狱后更加坚定了自己的理想信念，立即投入维护帝国宪法的运动之中。帝国宪法是 1849 年制定的，它规定了取消贵族特权、私有财产不可侵犯等条款，这显然触犯了贵族的利益，他们极力要求废除这一宪法。为了维护帝国宪法所维护的德国革命成果，李卜克内西参加了护宪起义。由于领导起义的小资产阶级民主派的软弱，起义被反动军所镇压，李卜克内西连夜穿过边境，第二次逃亡到瑞士。

1850 年初春，李卜克内西又和流亡者一起迎着风浪，渡过英吉利海峡，在伦敦开始了长达 12 年的流亡生涯。

师从马克思

李卜克内西和流亡在伦敦的其他德国革命者建立了自己的组织——德国工人教育协会。一天在协会组织的会员郊游中，李卜克内西在远处看见了一位硕大头颅、浓密头发的男子，李卜克内西已经猜到，这就是马克思。他有些胆怯地向马克思走去，做了自我介绍。马克思一边听着自我介绍一边凝视着这个陌生人，很快他们就像老朋友一样开始了活跃友好的交谈。

在这以后，李卜克内西同马克思及其家人很快熟悉起来，他几乎每天都到马克思家里去，同马克思交谈数个小时，成为马克思家里的一员。马克思对这位年轻人也寄予了厚望，每天都要询问李卜克内西的学习情况，马克思既是良师又是益友，经常认真地给他讲课，分析问题，有时也进行考问。李卜克内西若是答得不好，还会受到马克思的责骂。马克思和李卜克内西还有一个"约会"地点——大英博物馆。马克思十分喜爱那里，几乎每天都去，他也要求李卜克内西一起去学习，每天早上图书馆一开门，就有两个人去看书——马克思和李卜克内西。在马克思那里，李卜克内西学到了很多东西，并迅速成长。他总说，马克思是他的导师。

李卜克内西在伦敦游居了12年，用他自己的话说，这段时间是他"学习社会政治"的年代，在这里，他是幸运的，在马克思的指导和影响下，他终于成了一名无产阶级革命家和共产主义者。

有一天，李卜克内西来到流亡者们聚会的地方，有人正在辱骂马克思，攻击他的学说，李卜克内西打断他们的谈论，咆哮道："你们为什么要侮辱马克思？"一个家伙反击道："因为他的行为活像一个雷神！"李卜克内西顿时青筋暴起，大声斥责说："难道因为马克思谴责了你们的无知吗?！难道因为他教训了你们，急切地填补了你们知识缺陷吗?！我正告诉你们，他决不会因为你们的攻击而放弃他的目的。哪怕全世界化成废墟，他也会坚持到底！普鲁士的司法没有使他屈服。他对你们这些家伙理应不讲情面。你们考虑问题要合乎逻辑，表达思想要清晰，为人要诚实，除了这些他就无求于你们了！"

李卜克内西说完便怒气冲冲地离开，这些言论深深地刺痛着他。也因此次事件，他决心要为人们写一篇关于马克思伟大和谦虚的文章。在后来的革命岁月中，李卜克内西一直真切地捍卫马克思的学说。马克思和李卜克内西亦师亦友，但李卜克内西对马克思的维护是出于理性，是对真理的捍卫，而不是个人情感的泛滥。

1883年3月14日，一个李卜克内西不胜悲痛的日子，马克思离开了人世。他听闻消息立即动身赶往英国，并代表德国社会民主党在葬礼上致悼词。他抑制着沉痛的心情，庄严宣誓："我们不会耽于悲痛，而会照着已故的伟大战士那样去行动；我们要尽全力来早日实现他的教导和他的志向，这就是我们对他的最好的纪念。"往后的日子里，李卜克内西用实际行动履行了他在马克思墓前的誓言。

1861 年，威廉一世登上普鲁士王位，大赦天下，李卜克内西于 1862 年 8 月返回自己的祖国，结束了长达 12 年的流亡生活。回国后，李卜克内西参加了全德工人联合会，他一直没有忘记自己的誓言，竭尽全力地在这一组织里宣传马克思主义理论，把德国工人从拉萨尔的控制下争取过来。

李卜克内西在担任《社会民主党人报》的编辑期间，发表了马克思的《国际工人协会成立宣言》和《论蒲鲁东》等文章，从而为马克思主义的传播和战胜拉萨尔主义做出了贡献。李卜克内西还经常到各地的工人集会上发表演讲，阐述马克思主义理论，密切同工人的联系。不久，李卜克内西在工人中就名声大噪，而且全德工人联合会中形成了以他为中心的反对派。可是好景不长，这样显眼的李卜克内西引起了普鲁士当局的注意，并且成了当局的眼中钉、肉中刺，他被当作危害国家安全分子驱逐出柏林。

1865 年年底，李卜克内西一家在莱比锡定居下来。在那里，他结识了工人教育协会主席倍倍尔，二人结成了伟大的友谊。李卜克内西在倍倍尔的介绍下与工人团体和组织建立了密切联系。

1867 年 8 月，北德意志联邦举行第一次国会选举。李卜克内西和倍倍尔被选为议员。10 月 17 日，在国会讨论兵役法草案时，李卜克内西登上讲坛，要求废除常备军，代之以人民武装力量。但是也有很多反对的声音，要求李卜克内西即刻下台，但这并没有对李卜克内西造成多大影响，他凭借自己的口才为自己辩解，宣传正确的思想。他的言论在全国得到广泛的传播，并且得到了工人们的认可。

为了进一步争取受拉萨尔主义影响的广大工人群众，李卜克内西和倍倍尔多次与全德工人联合会的领导接触，要求统一问题进行协商。但是联合会主席施韦泽是一个利欲熏心、善弄权术的家伙，为了维护在全德工人联合会的独裁地位，他对李卜克内西等人的建议置若罔闻。1869 年 3 月 28 日，李卜克内西和倍倍尔出席了全德工人联合会的代表大会，李卜克内西表现得异常勇敢，公开揭露了施韦泽等人与俾斯麦政府的关系。这一举动极大地动摇了施韦泽在全德工人联合会的地位。于是，在后面对施韦泽担任主席进行信任投票时，出现了三分之一以上的弃权票。而且大会也对全德工人联合会主席的权力做了重大的限制。

1869 年 7 月，德意志工人协会联合会代表大会在爱森纳赫开幕。这是德国社会民主工党的成立大会。倍倍尔做了关于党纲的报告。李卜克内西就党的政治工作做了演讲。这次大会具有重大意义，它所建立的德国社会民主工党是国际工人运动中各国第一个建立的无产阶级政党，也是德国第一个公开赞成《共产党宣言》原则的党。

反对普鲁士王朝战争

1870 年 7 月，普法战争爆发了。李卜克内西和倍倍尔从一开始就反对俾斯麦的侵略战争。李卜克内西和倍倍尔因此而被指责为"背叛祖国"，"为路易·波拿巴效劳"。一些资产阶级民族主义者试图袭击李卜克内西，一些不明真相的群众在所谓"爱国主义"的情绪驱使下，对李卜克内西的住宅进行突然袭击。他们用石头砸烂玻璃，李卜克内西的人身安全受到了极大的威胁。为避免引起工人间的摩擦，李卜克内西拒绝对袭击者提出起诉，这足以看出李卜克内西顾全大局、心胸宽广。

1870 年 9 月 4 日，法国宣布成立共和国。11 月底，议会在讨论政府要求再拿出 1 亿塔勒的战争拨款时，李卜克内西和反动议员进行了针锋相对的斗争，要求议会否决关于增加战争拨款的法案，敦促政府放弃任何兼并法国领土的侵略行动，尽快与法兰西共和国缔结和约。

普鲁士政府开始对李卜克内西和倍倍尔采取迫害行动，不久，他们就被逮捕了，受到了长达 3 个月的审讯。巴黎公社失败以后，德国政府为了阻止德国社会主义运动，对李卜克内西、倍倍尔和赫普纳三人以"阴谋叛国罪"进行起诉，李卜克内西还被指控有"渎君罪"。审讯长达 15 天，最后李卜克内西等三人被判处 2 年监禁。从 1872 年到 1874 年，李卜克内西和倍倍尔一起在胡伯图斯堡服刑，两个人以乐观的精神，在牢狱中苦中作乐，度过了两年艰苦而又充实的牢狱生活。1874 年，李卜克内西刑满释放，立即投入工作和战斗之中。

统一德国工人运动

巴黎公社革命失败后，以李卜克内西为代表的爱森纳赫派曾提出过与拉萨尔派合并的建议，但是受到拉萨尔派的拒绝。在巴黎公社革命失败后，拉萨尔派在工人运动中的威信日益下降，于是，德国工人运动分裂的两派统一的时机已经成熟。

1874年10月10日，李卜克内西就合并问题与拉萨尔的代表进行了谈判，此后，他又两次参加了全德工人联合会的会晤和在哥达举行的两派对等委员会预备会议，并参与制定纲领草案，起草合并后的党章。1875年2月，由李卜克内西为主，起草了一个统一的党的纲领草案，由于李卜克内西和倍倍尔的急于求成，对拉萨尔派做出了无原则的让步，草案里充满拉萨尔机会主义观点。1875年5月22日至27日，两派在哥达城举行了统一的代表大会。会议只对纲领做了个别改动，就通过了妥协性的纲领。

哥达代表大会选出了统一的中央委员会，宣告了统一的德国无产阶级政党正式成立。会议决定把党的名称改为"德国社会主义工人党"。这次会议结束了德国工人运动的分裂状态，推动了19世纪后期的国际共产主义运动的发展。李卜克内西在工人运动统一中功不可没，但是也是由于他的失误，让《哥达纲领》有了退步的内容，使得党的马克思主义理论水平有所降低。

德国社会主义工人党在实现统一后，力量获得了迅速发展，到1876年，党拥有23种报纸。到1877年，报纸种类增加到41种，这引起了俾斯麦政府的恐慌。1878年5月，俾斯麦抓住谋刺德皇威廉一世这一事件，把责任推卸到社会主义工人党人身上。为此，10月会议通过了俾斯麦提出的"镇压社会主义工人党企图危害治安的法令"（简称"非常法"）。这一法令明确禁止社会主义工人党的集会、结社和发行报刊。而且政府可以不通过任何法律程序，随意放逐被它认为是危害安全的"危险分子"。

"非常法"明显是针对社会主义工人党的，公布之后，社会主义工人党的活动受到了极大的限制，陷入一片混乱状态。正在这时，马克思、恩格斯给李卜克内西写信，要求他们克服动摇和软弱。李卜克内西和倍倍尔等人制定了合法斗争与秘密斗争结合的策略，建立了秘密中央机构和地方组织，保存了党的核心和基本力量。

由于"非常法"时期党的力量损失很大，尤其是资金严重缺乏，为了筹集活动经费，李卜克内西和马克思的女儿艾琳娜及丈夫一起去美国，访问了纽约、费城、波士顿、底特律、芝加哥、匹兹堡和华盛顿等城市，进行演讲，介绍德国党和工人运动的发展状况。他们共为工人运动带回了

16000 马克，为"非常法"时期的工人运动提供了巨大的经费支持。

在长达 12 年的"非常法"时期，李卜克内西受到了各种各样的诽谤和驱逐，然而他逆流而上，不屈不挠，为巩固刚刚统一的德国工人运动和德国社会工人党取得合法地位做出了巨大的贡献。

老当益壮

1890 年 9 月，经过 10 年颠沛流离的李卜克内西一家在柏林郊区安定下来，在那里，李卜克内西度过了生命中最后的 10 年。在李卜克内西人生最后的 10 年，他没有停止对理想的追求和对社会主义事业的热爱，依旧为德国社会主义工人党奉献自己最后的力量。

1890 年 10 月，李卜克内西出任《柏林人民报》的主编，一直工作到他去世。1891 年 10 月 14 日，德国社会民主党在埃尔福特召开代表大会。李卜克内西当选为大会党纲委员会主席。1892 年 9 月，李卜克内西以德国社会民主党代表身份去马赛参加法国工人代表大会。1896 年 7 月，70 岁高龄的李卜克内西参加了在伦敦举行的第二国际第四次代表大会，被选举为大会执行委员会委员和政治行动问题委员会委员。1898 年，德国社会主义党在斯图加特召开代表大会，72 岁的李卜克内西登台讲话。他认为，德国不可能不通过革命而和平发展，进行无产阶级斗争是德国社会民主党的力量所在。1899 年 10 月，李卜克内西最后一次参加德国社会民主党在汉诺威召开的代表大会，会议上，倍倍尔做了 5 个小时的批判修正主义报告，李卜克内西对其进行了绝对的支持，并发言说："伯恩施坦的观点将会把社会主义引到资产阶级改良党的道路上去，历史事态和经济发展表明，马克思主义的经济理论和唯物主义历史观是完全正确的。"

1900 年 8 月 7 日晚上，李卜克内西因病在家去世，享年 74 岁。原本他还在计划着几天后去瑞士，但是死亡的突然来临使这个无产阶级革命者的人生留下了一个小小的遗憾。

李卜克内西离世的消息传到工人中，许多人为此痛苦不已。8 月 12 日，来自柏林和德国其他城市乃至欧洲的工人、社会民主党人和许多普通市民都参加了为李卜克内西举行的葬礼。送葬者多达 15 万人，浩浩荡荡的送葬队伍进行了 5 个多小时。人们永远记住了李卜克内西这个名字，以及他的名言："请你们称我为革命士兵，因为革命士兵意味着对事业忠贞不渝，在生死关头表现出忠诚，同时在任何情况下都表现出绝对的可靠、充满信心，具有战斗的勇气和力量。"

参考文献：

[1] 严书翰、胡振良：《社会主义通史》（第2卷），人民出版社2011年版。

[2] 黄蕊：《威廉·李卜克内西　卡尔·李卜克内西》，中国工人出版社2014年版。

[3] 周尚文主编：《国际共运史事件人物录》，上海人民出版社1984年版。

令俾斯麦政府"头疼"的倍倍尔

奥古斯特·倍倍尔（1840—1913）生于普鲁士，卒于瑞士格尔桑斯。同李卜克内西是好友，并在他的帮助下成长为社会主义者。1866 年同李卜克内西创建萨克森人民党，加入第一国际。次年当选为德国工人协会联合会主席。1869 年 8 月，他和李卜克内西共同创建德国社会民主工党（爱森纳赫派），并制定了党纲。倍倍尔是国际工人运动著名政治家和活动家，是德国社会民主党的主要领袖。

下士之子

1840 年 2 月 22 日，在德国科隆杜伊茨普鲁士第二十五步兵团军营暗堡第三连的小房间里，一盏锡制的油灯拼尽全力地燃烧着，昏黄的灯光映衬着屋里的墙壁，房间更加昏暗。晚 9 时整，军营的号手一如往昔地吹响了低沉的"归营号"，这意味着士兵们将就寝，享受夜的安静，寻觅梦的恬静。然而，恰在此刻，士兵们寂静的夜被一声清脆的啼哭声打破，下士约翰·哥特洛普·倍倍尔的长子——奥古斯特·倍倍尔降生了。

倍倍尔出生时，他的父亲已经在军营里生活十几年了，但还只是一个下士，不仅地位低下，薪饷也十分微薄。为了缓解一下贫困的生活，倍倍尔的母亲在军营里开了一个小卖部，向士兵们出售一些必需品。尽管如此，倍倍尔出生后的日子依旧拮据，他的第一条裤子和第一件上衣都是用他父亲的一件旧大衣改做的。后来倍倍尔的两个弟弟出生了，他们一家人的日子更加艰难。

倍倍尔四岁的时候，父亲由于肺病离开了他们。他的叔父也在同一个军营里服役，为了照顾倍倍尔一家，叔父与母亲结婚，成为了倍倍尔的继父。继父 1841 年完全残废，只能在科隆的布劳委勒省立反省院当临时看守。继父本身就是非常严厉的人，脾气也十分暴躁，倍倍尔和弟弟们经常接受体罚。但继父也是一个热心肠的人，虽然工资微薄，却尽量让倍倍尔和弟弟们衣食无忧。好景不长，不幸又一次降临到倍倍尔头上，1846 年 10 月 19 日，倍倍尔的继父也因病去世了。倍倍尔的母亲又一次成为寡妇，他和弟弟又一次无依无靠，此时倍倍尔最小的弟弟已经夭折。由于没有任何生活来源和政府补贴，母亲只能带着倍倍尔兄弟两人回到自己的家乡维茨拉。

维茨拉是一个景色宜人的小城，在这里生活着倍倍尔的外祖母、三个已经结婚的姨母和一个舅父。在维茨拉的生活依旧艰苦，外祖母在城郊有几块面积不是很大的田地，外祖母去世后，倍倍尔的母亲继承了这些土地。生活稍微有点好转。

最初，倍倍尔兄弟进入了当地一所贫民小学开始读书。在学校里，倍倍尔是一名非常优秀的学生，不仅聪明，而且勤奋好学，算数、几何、历史、地理各科成绩都很突出，尤其是历史和地理，但是他对唱歌和宗教不是很感兴趣，学校里的老师们都很喜欢他，经常夸赞他。倍倍尔也有调皮捣蛋的时候，会做一些恶作剧。有一次，倍倍尔用钉子在大石头刻上自己的名字、出生地点和日期，放在教堂门口的石梯上，以为这样自己就可以出名，结果被音乐老师发现，狠狠地给了倍倍尔几个耳光，并处罚他留校察看三次。还有一次，班上有几个学生受到了老师不公正的处罚，倍倍尔为了帮同学辩护，结果被老师认为是共犯，尽管他没有参与，却依旧被一起处罚，倍倍尔仅仅就是想维护正义。后来，随着时间的推移，倍倍尔一点一点长大，变得乖巧，但是喜欢主持公道这一点却伴随了他的一生。

倍倍尔和弟弟上学以后，家庭负担又加重了，母亲夜以继日地给别人缝制军用手套，却只有微薄的收入。为了维持生计，倍倍尔的母亲不得不忍痛卖掉祖母留给他们的几小块地。尽管如此，倍倍尔一家依旧经常填不饱肚子。有好几年，他们的晚餐只是一块不大的面包，涂上薄薄的奶油或果子酱，每次倍倍尔和弟弟都没有吃饱，眼巴巴地看着母亲，母亲也很无奈。所以，后来倍倍尔回忆这段岁月时说，那时候最大的理想就是能饱吃一顿奶油面包。

没过几年，倍倍尔的母亲因为生活贫寒和过度劳累，染上了肺痨，几乎完全丧失了劳动能力。幸亏几个亲戚接济，倍倍尔一家才勉强能维持生计。从此，不满十岁的倍倍尔便挑起了生活的重担，成了家里的顶梁柱。他不仅要照顾母亲和弟弟，料理家庭琐事，承担大部分家务劳动，还要想方设法赚钱养家糊口。每天放学后，他都跑到市里一家花园饭店的九柱球场上做小工，直到晚上十点多才结束工作，拖着疲惫的身体回到家里。

1853 年 6 月，倍倍尔十三岁的时候母亲永远地离开了他和弟弟，从此倍倍尔和弟弟成了无依无靠的孤儿。为了生存下去，倍倍尔去了姨妈家里，在一个水磨坊里工作，弟弟则去了另一个姨妈家里。倍倍尔在水磨坊里的工作十分辛苦，他每天需要赶着两头驴把面粉运到乡间交给农民，然后再把粮食运回来磨成面粉，晚上要洗马、洗驴，清洗马棚。此外，倍倍尔每天还负责在鸡场里喂鸡、捡鸡蛋。

虽然倍倍尔的生活十分艰辛，但是他勤奋好学，学习成绩一直优异。不幸的是，1854 年，由于过于沉重的生活压力，倍倍尔不得不离开学校，开始了他的学徒生活。

浪迹天涯

19 世纪五六十年代，维茨拉的铁矿开采业兴起，退学后的倍倍尔计划学习矿业，但悲哀的是学习矿业的学费特别昂贵，倍倍尔无力承担，只能到一家作坊当旋工（操控旋床加工物件的工人）学徒。学徒生活异常辛苦，而且待遇极为苛刻。倍倍尔每天早晨起床后要先给师傅家里挑四担水，然后从早五点一直干到晚七点，中间没有休息的时间，只是吃饭时才离开旋床，晚上也不许外出。星期天，朋友们都结伴出去游玩，倍倍尔不得不在店里，等待着给主顾们清理肮脏的烟斗。为此，倍倍尔经常被气得痛哭流涕，但是生活丝毫没有因此而怜悯倍倍尔。由于童年时期严重缺乏营养，再加上繁重的工作，倍倍尔的身体瘦小、虚弱。本应该是七彩绚烂的童年与少年时期，倍倍尔的世界却一直被乌云笼罩着。在如此艰辛的条件下，倍倍尔唯一的乐趣就是抽空读书，倍倍尔总是能从拮据的生活中省出几分钱，用来租书，在做学徒的那几年，倍倍尔阅读了大量的书籍，主要是历史小说类，包括希腊、罗马和普鲁士的历史书籍，其中许多历史人物和事件，倍倍尔牢记于心。

1857 年，倍倍尔学徒期满的那一天，他的师傅去世了，不久店铺也关闭了。由于在当地找到工作十分困难，而且倍倍尔一直对外面的世界充满了向往，早就想出去闯荡一番，于是，1858 年 2 月，十八岁的倍倍尔冒着大雪，带着对外面世界的好奇，离开了家乡，走向了远方，从此开始了漫长的流浪打工生涯。

当时，欧洲各国的机器工业有了很大的发展，手工艺者在城市里找份工作变得越来越困难。政府规定，手工艺者必须随身携带一本漫游簿，写明拟经由的地区，并且必须由警察机关登记和签证，没有签证的人要受到处罚。在许多城市还有明文规定，手工艺者必须在上午八点到警察机关接受医师检查，否则不给签证。没有签证或漫游簿被警察和宪兵没收，就根本找不到工作。

倍倍尔浪迹天涯的日子里，没有明确的方向，只是凭感觉，估计在哪个城市能找到工作，就前往哪个城市拼一把。最初他坐火车到达法兰克福，找工作无果，随后启程前往海德堡，依旧没有找到工作。此时，倍倍尔已经身无分文，无法支付路费，只能步行到不同的城市，几经辗转，倍倍尔在一个叫斯派尔的小城市里找到了一份临时的工作。虽然工作环境恶劣，住宿条件简陋，工资低得离谱，倍倍尔依旧暂时在这里安顿了下来。倍倍尔每晚都是在作坊里的一个墙角搭几块木板过夜，即便是这样艰苦的工作，倍倍尔两个月后还是失业了。他只能背起行囊，继续浪迹天涯。

穿梭于天地之间的生活，并不诗意也不浪漫，更别提无拘无束、自由自在了。倍倍尔的流浪生活只能和艰苦、绝望联系在一起。流浪的生活让倍倍尔"享受"到了人间所有的疾苦，有时长途跋涉几个星期也找不到工作，身无分文，流落街头，以天为盖，以地为席，靠着沿途乞讨，维持着生命的继续，途中还要躲避宪兵和警察，以免漫游簿被没收。荒凉的夜晚，倍倍尔经常躲进乡间的旧谷仓里，在干草堆上过夜。遇到雨天，倍倍尔只能在室外和雨水亲密接触，由于没有替换的衣服，倍倍尔一连几天身上的衣服都和雨水纠缠在一起，以致身上长出疹子。秋风萧瑟，秋叶飘零的季节，倍倍尔为了在寒冷侵袭之前，买一件过冬的棉衣，要几个星期忍着饥饿，伴随着肚子的"吼叫"拼命地干活。

1858—1859 年的冬天寒冷而漫长，11 月中旬开始，严寒笼罩着整个德国。当时，倍倍尔在累根斯堡的一个小作坊里找到了工作，因为老板过于苛刻，倍倍尔与其发生了激烈的冲突，于是不顾漫天飞舞的大雪，毅然决然地离开了作坊，和作坊里的另一位手工艺者一道前往慕尼黑。在这个天冷、人冷、心更冷的冬季，他们在慕尼黑盘旋了一段时间，没有找到任何工作，只能启程去奥地利碰碰运气。屋漏偏逢连夜雨，他们在奥地利入境的时候就遇到了麻烦，奥地利边境要求入境的手工艺者必须提交有五古尔盾①的旅费证明，可是他们根本没有钱。倍倍尔急中生智，把自己和同伴扮成绅士，利用铁路蒙混过去。为了看起来装扮得逼真一些，他们把靴子和衣服仔细地刷了好几遍，又在外衣内装上一条白色的衬衣领子，然后用了少量的钱买了边境这端末站到对面首站的车票，登上了火车。这一招居然真的奏效了，边境官看见他们穿戴整洁，仪表堂堂，加之乘火车而来，误以为是有钱的绅士，所以没有详细检查就放行了。离开车站，他们又开始了步行的征程。严寒中，他们蹚着一米多厚的积雪前行，大雪不仅给他们前行的道路增添了阻碍，把山上的羚羊也逼下山来。黄昏时分，羚羊的咩咩叫，伴随着倍倍尔肚子的咕咕叫，一曲悲伤的曲调涌上倍倍尔的心头，不禁认为自己与羚羊同病相怜。

1860年5月初，倍倍尔流浪到了莱比锡。莱比锡当时是德国中部的文化和工商业中心，科学、教育、艺术和出版事业都很发达，倍倍尔很幸运地在这里找到了一份工作，莱比锡的自然环境、气候天气和城市氛围都是倍倍尔所喜欢的，不久他又在一家比较大的作坊里找到了工作。从此，倍倍尔结束了浪迹天涯的日子，在莱比锡安顿了下来。

倍倍尔的流浪生活前后历经了两年零三个月，行了近千公里的路程，途经了德国中部和南部，奥地利西部和瑞士北部等地，游走了几十座大小城市，亲身体验到了德国工人社会地位的低下和生活的疾苦，对德国的政治、经济、文化等情况有了具体而深刻的了解。这段经历是倍倍尔以后坚定地投身到工人运动中的坚定的意志保障和坚实的实践基础。

"强盗首领"

倍倍尔学徒期间，正是克里米亚战争发生的时候，在这一背景下，倍

———————

① 德旧银币名，约合十马克，也有学者译为"古尔登"。

倍尔特别关心政治。流浪期间，倍倍尔参加了一个天主教的帮工协会。他不是天主教徒，也不是真正潜心信教，让倍倍尔真正感兴趣的是这个协会会所里的大量报纸，可以通过这些报纸了解世界的形势。这一点，是倍倍尔参加协会的主要目的。

一天，倍倍尔在报纸上看见了在市区的一个大花园里即将举行民众大会，准备创立职工教育协会。倍倍尔如期赶到会场，但他进场的时候，大厅里已经是人山人海的景象了，他好不容易才在走廊里找到了一个位置。当天倍倍尔情绪高涨，因为这是他第一次参加公开集会。虽然倍倍尔对这些人的主张不完全赞同，但是对于工人们大胆直言，能强烈地反驳学问渊博的先生，他由衷地佩服，并暗暗下定决心，将来自己也要做这样的人，有胆识公开发言，说出自己的想法。就在当天晚上，莱比锡职工教育协会宣告成立，倍倍尔积极地报名参加，就此开启了他投身工人运动的生涯。

倍倍尔带着满腔的热血参加了工人协会的运动，积极为协会贡献力量，一年以后被选入协会的领导机构，成为协会委员会的二十四位委员之一，并担任图书部和娱乐部的负责人。很快，一年以前倍倍尔第一次参加集会时想要公开发言的愿望就得以实现了，从最初的小组发言到后来的大会演讲，倍倍尔独到的见解和口若悬河的讲演得到了大家的认可，他的组织能力和宣传能力不断得到加强，倍倍尔投入了大量的精力用在职工教育协会的发展上。除了需要出席其他会议，倍倍尔几乎每晚都在协会里度过，他甚至比协会主席更了解会员们的需要和想法。没过多久，倍倍尔就成为委员会议和月会参加最多的人，而且他在会议上的建议几乎都被接受了，倍倍尔的影响力逐渐大了起来。

1863 年 5 月 23 日，德意志工人阶级第一个全国性的独立组织——全德工人联合会在莱比锡建立，主席是拉萨尔。但是，联合会从建立之日起，内部就有着激烈的斗争，存在着主张会议道路、反对暴力革命的拉萨尔派和主张激进的工人派，双方一直有重大的分歧，常常相互辱骂，甚至大打出手，会议现场经常一片狼藉，甚至导致了好多人都拒绝将场地租给他们作为会议现场。每次开会，双方都极力地争夺领导权。有一次在开姆尼茨工人大会上，拉萨尔派代表为了取得多数支持，竟然做出了将双手同时举高的荒唐举动，倍倍尔发现后，带着些许气愤并掺杂着玩笑的口气说：大家都举双手表决。整个会场哄堂大笑，拉萨尔派十分尴尬。

在倍倍尔从一个普通工人转变为坚定的社会主义者的过程中，有一个人起了非常关键的作用，这个人就是威廉·李卜克内西。1865 年，倍倍尔与李卜克内西相识，此时李卜克内西已经是一位具有丰富革命经验的老革命家了。倍倍尔虚心向李卜克内西学习，听他讲述各国的革命故事和经验。在李卜克内西的推荐下，倍倍尔认真地研读了《国际工人协会成立宣言》。这本著作给了倍倍尔很大的启发，也坚定了他的革命信念。1866 年年底，倍倍尔参加了国际工人协会，也就是第一国际，以行动表明了自己的政治主张。

倍倍尔坚定的政治信念和积极的实践活动使他的威望越来越高，这时俾斯麦政府和资产阶级已经注意到他，并且对他心存忌惮，官方的报纸把倍倍尔描绘成了"强盗故事"，把倍倍尔本人说成"强盗首领"。由于官方的这种错误的宣传，倍倍尔在很多人心中的形象就是一副强盗的模样：高大健壮，红色头发，一脸横肉，齐胸胡子，等等。

1867 年 2 月，倍倍尔在北德意志联邦的议会选举中当选，一次在火车上，很多人都在讨论着正在进行的议会选举。很多人都在讨论倍倍尔是一个恶魔、狂暴症患者，也有人说他是一个强盗首领。倍倍尔听到别人在讨论自己就问道："你们怎么知道倍倍尔是这个样子？"有人谎称道："我亲眼看见了倍倍尔，亲耳听到的！"当倍倍尔说出自己就是倍倍尔时，整个车厢在尴尬中沉默下来。类似的情况在倍倍尔参加的聚会中发生过很多次，但每次聚会之后，人们都惊奇地说："倍倍尔原来是一个很正经的人！"

铁窗乐园

倍倍尔自投身工人运动后，从 1869 年到 1887 年，先后六次被捕入狱。倍倍尔乐观的性格和坚定的信念，令他并没有苦大仇深地度过自己的牢狱生活，更没有在这段时间虚度光阴，而是把铁窗生活过成了乐园，读书、健身、研究、写作，充实而有意义。

1869 年 12 月，倍倍尔第一次入狱，由于"散布危害国家的学说"同李卜克内西一道被判处三周监禁。第二次被捕是俾斯麦亲自下命令的，直接起因是普法战争中的战争公债问题。倍倍尔和李卜克内西当时都是该议会的议员，他们认为，如果投票支持战争公债，就会使俾斯麦政府的阴谋得逞；如果投票反对战争公债，就等于赞同波拿巴的侵略。于是为了反对这场战争，他们都投了弃权票。11 月 26 日，再次举行战争公债表决时，倍倍尔和李卜克内西坚决投了反对票。他们的举动激怒了俾斯麦，俾斯麦亲自下令逮捕倍倍尔和李卜克内西等人。12 月 17 日清晨，倍倍尔被捕，指控的罪名是"图谋和准备叛国罪"。

倍倍尔被关押在一个阴面的小囚舍里，条件极其艰苦，阴暗潮湿，不见阳光。那年的冬天异常寒冷，牢房中只有一个破旧的铁炉，每天供应的煤炭特别少，牢房里跟冰窖一样。由于恶劣的环境，倍倍尔还得了膀胱炎。

在牢房中，与倍倍尔为伴的是数不清的跳蚤，这种褐色的小虫子在倍倍尔的被褥中，不停地向他发起攻击。倍倍尔曾让妻子给他买来几盒药粉，但都被看守截留自用了。倍倍尔不得不每天周旋于和跳蚤的厮杀之中。倍倍尔的最高纪录是一天杀死了 81 只跳蚤，经过一段时间的搏斗，倍倍尔终于肃清了跳蚤的骚扰，可是按照医生的"吩咐"，看守又给他换了一个房间，于是，倍倍尔开始了新一轮的"厮杀"。

1871 年 3 月 3 日，德意志帝国国会选举，倍倍尔再次当选为国会议员，于是倍倍尔获得了释放。1872 年 3 月 11 日，莱比锡法庭再次以"图谋叛国罪"逮捕了倍倍尔和李卜克内西，并以这一罪名，判处倍倍尔两年监禁。7 月，倍倍尔又因"渎君罪"被判九个月的监禁，直到 1875 年 4 月才获释。倍倍尔在牢狱中懂得苦中作乐，将牢狱里苦闷的时间用来学习，坚强而又充实地度过那段黑暗的日子。

在狱中，李卜克内西和倍倍尔争取到了另一个活动机会是垦荒种菜。倍倍尔等人向监狱看守要求拨一片土地给他们耕种，但是遭到了拒绝，只准他们在墙边的一小条地上进行耕种。每到放风的时间，倍倍尔和李卜克内西就带着工具兴致勃勃地冲到墙边，但是他们很快就感觉到了失望，因为锄了几下发现，每一锄落下都会遇到石头。为了使土地变得肥沃一些，倍倍尔和李卜克内西忍着刺鼻的臭味，从监狱墙脚处的粪便堆积处，用一只大箩筐一趟一趟地运送肥料，并且认真施肥。在整理好土地之后，他们种上了萝卜种子。时隔不久，种子发芽了，继而长出茂盛的叶子。每天中午，一到散步时间，倍倍尔和李卜克内西就急匆匆地往菜地里跑，他们都想收获第一个果实，但总是失望而归。后来才知道，他们施肥过多，所以只长叶子，不长萝卜。他们满腔热血加上认真勤劳，就只换来了郁郁葱葱的萝卜叶子。但是，他们达到了健身的目的，原本倍倍尔左肺叶患有严重的结核病，出狱后医师检查时居然痊愈了，朋友们开玩笑说：应该感谢国家把他送进监狱。

这次服刑期间，倍倍尔的时间主要用来补充知识和著书，他认为这是度过逆境最好的方式。在此期间，倍倍尔完成了许多有影响的成果，他翻译了伊维·居尤和西基斯孟·拉克罗瓦的《基督教社会教义的研究》。他还为此写了一篇文章，文章的附录名为"妇女现在和将来的地位"。这段时间倍倍尔还写出了《妇女》一书的初稿，1879 年以《妇女在过去、现在和将来》的书名出版，后又改名为《妇女与社会主义》。这本书影响特别广泛，后世一直在研读，到 1973 年为止，仅在德国就出了 62 版。后来还被译成多种文字，在全世界范围内广为传播。

从 1877 年 11 月起，倍倍尔因被柏林法院指控犯有"侮辱俾斯麦首相罪"又被监禁六个月。这次服刑的后五个月是在莱比锡地方监狱里度过的。服刑期间，倍倍尔神秘地为难友们做了一件令人称快的好事。

在服刑期间，倍倍尔最讨厌的一个人当数狱中的典狱官，一个卑鄙的老头，他一直利用手中的职权中饱私囊。倍倍尔对此非常气愤，为了惩治这个坏家伙，倍倍尔想尽办法给法院院长写了一封控告信。写信期间，倍倍尔发现牢房三楼有一个临街的小窗户。于是，信写好后，一次倍倍尔的妻子来探望他，他偷偷给妻子塞了一张小纸条，让她晚上九点半整在窗下接信，然后誊抄交给法院院长。晚上九点半，倍倍尔夫妇成功接头，传信成功。几天后，一位看守告诉倍倍尔，院长把老头子（他们对典狱长的称呼）叫去狠狠地训斥了一顿，因为有人写信告了他的状，老头子现在老实了。倍倍尔表面平静，心里却乐开了花。

死而复生

由于长时期的铁窗生活和流浪，加之他从小生活困苦，倍倍尔身体一直不是很健朗，所以小病不断。1882 年 8 月，倍倍尔患了胃黏膜炎，需要卧床休息。当时，倍倍尔的妻子和女儿住在莱比锡，而倍倍尔住在附近的勃斯多尔夫，夫妻无法经常见面，妻子偶尔去探望他。有一次妻子一见到倍倍尔就大声喊道："天哪！你还活着！"

这样的见面问候让倍倍尔倍感疑惑，原来是妻子收到了两份电报，分别是来自巴黎的德意志协会和伦敦，内容是关于倍倍尔的去世，他们表示慰问，而且警察也到家里来打听关于倍倍尔的死讯。

倍倍尔的死讯甚至还漂洋过海传到了美国，纽约的一些德国社会民主党员得知后，当即在纽约举行了隆重的追悼会，有千余人参加，在追悼会上德国社会民主党的领导人之一瓦尔特稀还致了悼词。

倍倍尔去世的消息迅速传遍了整个欧洲，法国的一些报纸上还刊登了死者的小传。马克思在日内瓦湖畔休息时，从 9 月 16 日的《日内瓦报》上得到倍倍尔去世的消息。马克思信以为真，马上给当时在伦敦的恩格斯写信，说道："真可怕，这是我们党的极大不幸！他是德国的（也可以说是欧洲的）工人党里面独一无二的人。"

一场闹剧结束后，倍倍尔感受到了来自亲人朋友，甚至整个社会的关心，感动备至，更加肯定自己一生所坚持的理想信念和从事的实践活动。"死而复生"的倍倍尔更加认真地生活，他"暂时同死神签订了再活四十年的合同"。

1913 年 8 月 13 日，倍倍尔因心脏病而溘然长逝，终年 73 岁。他最终还是没有实现他与死神签订的"合同"。尽管比他自己预想的生命提前 31 年离世，但是他生命的意义并不是用长短来衡量的，他的精神影响远远超过了他的生命长度。在倍倍尔辞世后一百多年的今天，人们依然记得这个名字——奥古斯特·倍倍尔。

参考文献：

［1］严书翰、胡振良：《社会主义通史》（第 1 卷），人民出版社 2011 年版。

［2］赵婷：《倍倍尔》，中国工人出版社 2014 年版。

"拉丁区之狮" 拉法格

保尔·拉法格（Paul Lafargue，1842—1911），是马克思和恩格斯的学生，19世纪末20世纪初法国和国际工人运动的著名活动家，杰出的马克思主义思想家和宣传家，法国工人党和第二国际的主要创建人之一。主要著作有《马克思的经济唯物主义》（1885）、《宗教和资本》（1887）、《唯心史观和唯物史观》（1895）、《财产及其起源》（1895）、《思想起源论》（1909）、《马克思的唯物主义和康德的唯心主义》等。在科学社会主义思想史上占有重要地位。

混血儿的诞生

1842年1月15日，保尔·拉法格（后简称拉法格）出生于古巴圣地亚哥城的一个法国移民家庭。在16世纪初，古巴沦为西班牙殖民地，岛上的土著居民印第安人遭到血腥的屠杀。圣地亚哥是古巴岛东南岸一个古老而美丽的港口城市。

拉法格的奶奶，名叫卡特琳娜·皮浪，是圣多明各岛上一个黑人和白人的混血儿，她和一个来自波尔多的法国人结了婚。他就是拉法格的爷爷，名叫让·拉法格。在黑人暴动时期（1796—1802年），皮浪到古巴避难，在这场动乱中，她的丈夫失踪了，有可能是被杀了。在西班牙殖民地起义时，她和其他法国移民被逐出古巴，她带着孩子来到新奥尔良，这个孩子后来就是拉法格的爸爸。在新奥尔良，拉法格的奶奶依靠沿街叫卖水果和零碎小商品来维持生计。局势平定之后，她才返回圣地亚哥。拉法格的爸爸，叫弗朗斯瓦·拉法格，是圣地亚哥的一个箍桶匠，后来经营一个不大的种植园,以后又从事葡萄酒买卖。

拉法格的妈妈,名叫安娜·维吉尼亚·阿尔玛雅克,她出身于一个小种植园主家庭。拉法格的外公,名叫阿伯拉罕·阿尔玛雅克,他出身于圣多明各的一个犹太人和法国人的混血家庭。当他在法国结束学业回到圣多明各时,当地的动乱迫使他离开该岛,后来成为一位商人。不久,他没有正式结婚就和一个加勒比女子同居,这个女子便是拉法格的外婆。她属于当地的土著人种,这一种族后来渐渐被欧洲殖民者所剿灭。

因此,拉法格的血管里流淌着"三个被压迫种族的血液":黑白混血人、犹太人和印第安人。拉法格的皮肤黝黑而略带橄榄色,在端正的面庞上有一双引人注意的大眼白。马克思后来开玩笑,说他是"克里奥洛人"。

拉法格是爸爸妈妈唯一的儿子,在家里特别受宠爱。他的童年是在各种木料和刨花之间度过的,由于爸爸是一个箍桶匠,收入很少,经过漫长的艰苦岁月积蓄了一笔微薄的家产,才能够把拉法格送到波尔多中学去读书。1851 年,拉法格的爸爸妈妈带着儿子来到了波尔多居住。波尔多是法国西南部的一个重要港口,位于加龙河下游,工商业发达,尤以酿酒业闻名。拉法格的爸爸在这里也从事葡萄酒买卖,并拥有一些地产。拉法格先后在波尔多和图卢兹上学,之后进入巴黎大学医学院学习。

被巴黎大学开除

在拉法格上大学的期间,法国各地开展了反对路易·波拿巴第二帝国的革命运动。因为当时的社会背景是波拿巴利用法国各个阶级之间的矛盾篡夺了政权,演出了复辟帝制的闹剧。他对内实行专制统治,对外发动战争,贪婪掠夺殖民地。波拿巴实行的经济政策使法国的大资本家和金融巨头们大发横财,国家的经济命脉操纵在一小部分投机家和银行家手里。所以,大资产阶级们的商业规模不断扩大,生活骄奢淫逸。而劳动人民的生活却每况愈下,工人的工作时间长达十三个小时,生活必需品的价格上涨,实际工资却下降。失业者人数猛增,许多小企业负债累累,陷入破产。一部分中产阶级也同样受到波拿巴经济政策的影响。于是更多的人加入了反对第二帝国的阵营。

1860 年以后,法国工人运动重新活跃起来。1862 年,法国工人派遣了一个庞大的代表团到伦敦参观第三国际博览会。在此期间，他们与别国的工人代表交流了斗争经验，提高了阶级觉悟，推动了法国工人运动的进一步发展。在法国工人运动活跃的形势下，波拿巴政府不得不做出一些让步。法国工人们利用政府的让步更积极地展开活动。

巴黎的拉丁区，是法国进步的学生运动中心。拉法格进入大学后，就积极加入了反对波拿巴统治的斗争中。拉法格属于被称为"拉丁区之狮"的共和主义大学生团体。

在共和主义大学团体中，也存在一些资产阶级共和派，他们实际上是投靠帝国。这些年轻的知识分子以饱满的政治激情向第二帝国宣战，在斗争中，拉法格同沙尔·龙格在1864年创办的《左岸报》合作发表了一系列揭露资产阶级共和派的伪善面目。

拉法格非常敬仰布朗基，并接受了布朗基主义的主张即反对资本主义，必须开展坚决的革命斗争。当布朗基越狱成功时，拉法格和许多大学生一样，对此感到欢欣鼓舞。并决心把自己的一生献给革命事业，竭尽全力为之效劳。

1865年2月，拉法格去伦敦旅行，并会见了马克思。那时的马克思常常生病，正在潜心写作《资本论》第一卷。马克思的书斋在二楼，靠墙放着装满书籍的书柜，上面堆放着一包一包的报纸和稿件，直挨到天花板。在两张桌子上也放满了各种各样的文件、书籍和报纸。在房间正中光线最好的地方，是一张朴素的小小的写字台和一把木质的安乐椅，旁边放着一张沙发。壁炉上也放着书，还有雪茄烟、火柴盒等。马克思的女儿、夫人、朋友们的照片也放在壁炉上。此时的拉法格24岁，是一个小伙子，马克思在他心中留下了特别深刻的印象。

1865年10月，拉法格参加了在比利时召开的第一次大学生国际代表大会，而且是大会的组织者之一。由于提出了推翻帝制，用红旗代替法国三色国旗的革命主张。因此，被当局指控为：粗暴地侮辱法国神圣的国旗，鼓吹进行恐怖活动，践踏宗教，攻击社会秩序。

1865年12月12日，他被永远开除出巴黎大学，而且禁止在两年内进入法国所有大学学习。无奈之下，拉法格来到伦敦，进入圣托罗修医院附属医学院学习。

与劳拉的婚姻

在伦敦近三年的时间里，拉法格经常到马克思家做客，有机会直接聆听马克思的教诲。他们经常在一起长谈，有时展开热烈争论。傍晚时，还陪着马克思散步，在沿着草地行走的时候，马克思还非常具有耐心地帮助拉法格学习经济学知识。在此期间，拉法格如此频繁来马克思家做客，除了来聆听马克思教诲之外，还因为自己喜欢上了马克思的二女儿劳拉，并对她产生了真挚的爱情。

劳拉 1845 年 9 月 26 日出生于布鲁塞尔市郊的一所简陋的小房子里，她比拉法格小 4 岁。劳拉比较小的时候差不多都是在痛苦的流亡生活中度过的，直到 1849 年随爸爸妈妈到达伦敦。劳拉长得特别像妈妈燕妮，脸颊绯红，美丽的卷发金光闪耀，就像有夕阳经常照耀着似的。她和姐姐燕妮，都以优异成绩从伦敦女子中学毕业，后来在科尔姆和马卓妮两位老师的指导下进修意大利文和法文。在校期间姐妹俩时常获得一等奖。她们的英文能运用自如，法文学得非常好，意大利文可以看懂但丁的作品。西班牙文也懂一些，就是学不好德文。

另外，劳拉性格开朗，活泼机智，是一位多才多艺的好女孩。平常还喜欢唱歌，钢琴弹得很好。妈妈燕妮都不得不夸赞她：真奇怪，劳拉任何事都做得那样好，不论是在厨房里、在海滩上、在不列颠博物馆阅览室或者是舞台上。她爱好诗歌，曾把海涅、歌德的一些作品译成英语，而且自己也写了一些英文诗。因此，在家里还获得了一个"女诗人"的绰号。劳拉常常还充当爸爸马克思的秘书，帮他抄写文稿，收发和草拟信件，以及查找资料等，为此她特地给自己弄到了一张不列颠博物馆图书馆的出入证。

在热恋中的拉法格有时表现得过于热情，以致马克思不得不加以干涉，要求拉法格适当控制自己的狂热感情。他告诉拉法格，真正的爱情是表现在恋人对他的偶像采取含蓄、谦恭甚至羞涩的态度，而绝不是表现在随意流露热情和过早的亲昵。他希望拉法格在考虑结婚以前成为一个成熟的人，因为无论对拉法格还是劳拉都需要长期考验。他要求拉法格必须在伦敦或巴黎通过医学博士考试，经济上能够自立。

后来，拉法格向劳拉求婚。劳拉是一个沉着、冷静和审慎的孩子，思考了好久才拿定主意。劳拉的爸爸马克思认为，拉法格是一个非常正直的小伙子，但又是一个受到溺爱而且过于单纯的孩子。他给拉法格写了一封很长的法文信，让拉法格在提供有关他们家经济情况的确切消息之前，与女儿劳拉不可再有进一步的发展。拉法格很快完成了一切婚礼所必需的准备，拉法格的爸爸也从波尔多来信，为儿子拉法格求婚，在经济方面提供了十分有利的条件。

1866 年 8 月 6 日，拉法格与劳拉举行了订婚仪式。一年后，马克思觉得拉法格已经是女儿的未婚夫了，决定把他介绍给恩格斯。此后拉法格和恩格斯两人建立了最诚挚的友谊，并终生把恩格斯看作自己的导师和挚友。两年之后，1868 年 4 月 2 日，拉法格和劳拉在伦敦举行了简朴的婚礼。恩格斯从曼彻斯特赶来向他们祝贺，并且愉快地担任了他们的证婚人。婚礼是按照世俗方式而不是宗教仪式举行的，打破了旧的传统习俗，在当时是一个非常勇敢的举动。从此，拉法格成为马克思家庭中的一个成员。

为无产阶级解放事业奋斗的共同理想把拉法格和劳拉的命运紧密联系在一起，他们既是生死与共的爱侣，也是志同道合的战友。

拉法格在伦敦的三年里（1866—1868），是他世界观发生决定性转折的时期。他从蒲鲁东主义逐渐转向马克思主义，成长为国际共产主义运动的一名坚强战士。从此，拉法格以百折不挠、一往无前的精神投入了争取无产阶级解放的伟大斗争。

1868 年 7 月 22 日，拉法格获得医学博士学位之后，一度想去美洲，后来打消了这一念头。他和妻子一起来到法国巴黎，因为一方面拉法格的爸爸希望儿子回到法国，另一方面拉法格也想尽快投入法国工人阶级的革命斗争中。此外，他在英国取得的毕业文凭，在法国无效，要想在法国行医，必须重新进行考试。

1869 年 1 月初，劳拉生下了第一个儿子埃迪耶纳，此后，身体一直不好。劳拉的妈妈燕妮和妹妹杜西等相继到巴黎探望拉法格夫妇。一年以后，拉法格的第二个女儿出生了。这个小女比她哥哥整整小一岁，一生下来就很羸弱，两个月后不幸夭折了。又一年以后，劳拉又生下了第三个孩子马尔克。马克思夫人燕妮对拉法格夫妇这样接二连三地生孩子，感到十分忧虑。她希望，这种速度可以停下来。否则很快就不得不唱起：1，2，3，4，5，6……10 个小黑人！恩格斯也认为拉法格这样不妥，一个懂医术的拉法格竟然如此愚蠢，让人出乎意料。如果不进行干预，真的有可能会发生不幸。

在投身革命与行医的选择过程中，拉法格完全放弃医生职业，专心致志地从事革命活动。拉法格从波尔多前往巴黎，会见了巴黎公社的许多活动家和国际工人协会的老战友。公社战友们的自我牺牲精神和英勇气概令他十分敬佩。劳拉本来也想同拉法格一起前往巴黎参加战斗。但由于找不到一个可以托付照顾孩子的人，最小的孩子还在生病，劳拉无法脱身，只得留在波尔多。

1871 年 7 月 26 日，拉法格夫妇不满七个月的第三个孩子马尔克，因病得不到及时治疗，不幸夭折了。他们的长子埃迪耶纳，也患了重病。由于缺乏必需的药品和医疗设备，身为医生的拉法格无能为力。后来，他们的长子在 1872 年 5 月也病死于西班牙。

海牙会议之后，拉法格和妻子移居伦敦，住在西北区汉普斯敦泰特南山公园路 27 号。他们在这里度过了近 10 年动荡不安的流亡生活。可是，三个孩子的死亡使拉法格遭到了悲痛的打击，他再也不愿行医，于是开设了一个摄影石印和雕版工厂，以维持生计。由于营业情况不好，不久就关闭了。劳拉不得不去教书，以贴补家用。这一期间，拉法格的境况十分困难，多亏恩格斯的接济，才勉强糊口。

巴黎的 "明灯"

1882 年 6 月 6 日至 8 月 22 日，马克思由于患支气管炎和胸膜炎复发，在静养期间，他经常同拉法格见面，详细了解法国工人运动的情况，并提出忠告。1883 年 3 月 14 日，马克思因肺脓肿在伦敦梅特兰公园路 41 号自己的住宅里与世长辞。拉法格得知这一噩耗后，立即从巴黎前往伦敦，参加了在海格特公墓举行的马克思的葬礼。

自从 1865 年拉法格在伦敦第一次会见马克思以来，已经 18 年过去了。正是在马克思的直接影响下，他成为一名坚定的无产阶级革命家。对他来说，马克思不仅是一位慈祥可亲的岳父，更是循循善诱的导师和可以推心置腹的朋友。马克思的逝世，使他感到极大的悲痛。他决心沿着马克思所指引的道路，继续进行顽强的战斗，为完成马克思的未竟之业而贡献自己的全部力量。

拉法格积极地投入党的宣传和组织工作。为了培养党的理论宣传骨干，工人党的社会主义图书阅读小组举办了一系列的讲座，向工人们讲解马克思主义的基本理论。拉法格讲的是马克思的经济唯物主义，有些讲稿的用语不是很确切，于是他虚心向恩格斯请求审阅。恩格斯非常高兴拉法格把文稿拿给他看，看完之后，恩格斯往往给出自己中肯的建议，有时还给予一些严肃批评，这样非常有助于拉法格在理论上的进步。而且拉法格虚心学习，有了很大的进展，而后的一些表现让恩格斯也很满意。恩格斯说，只要拉法格更加注意一些理论上的问题，那他就会成为巴黎这个光明之城的一盏明灯。

拉法格没有辜负恩格斯的希望，他几十年如一日不倦地钻研理论，努力在工人阶级中传播马克思主义，从而真正成为巴黎的一盏"明灯"。

拉法格同各国的社会主义者建立了密切的联系，并在主要理论刊物上发表文章。由于拉法格在圣伯拉惹监狱受惩罚的时候，没有缴纳木栏刑事法院判处的罚款，所以，再一次被捕，被关押在圣伯拉惹监狱两个月之久。工人们曾进行募捐，为拉法格筹集这笔罚款。但拉法格把工人们募捐的所有款项交给了党组织，自己宁愿坐牢。

在狱中他忍受种种生活上的折磨，抓紧一切时间进行工作和学习。他的《雨果传说》一文就是在狱中写成的。

拉法格再次出狱之后，依然积极支持工人斗争。由于法国南部的三千名煤矿工人罢工，以示抗议资本家对工人的残酷剥削和胡作非为，但工人们打死了拒绝听取工人要求的矿长。巴黎政府立即派军队对工人们进行镇压。拉法格及其同伴们都坚决支持工人罢工，于是巴黎的社会主义团体在水塔剧场组织了有一千五百多人参加的大规模群众集会。拉法格等人在会上发表了演说，支持工人罢工的行为。后来政府指控拉法格等人唆使抢劫。巴黎刑事法院对拉法格等人进行审讯，他们在法庭上非常冷静，把法庭当作了宣传社会主义学说的讲坛。他从容不迫地进行了接连好几个小时的演说，丝毫不为自己的行为辩解，而只是为了开导愚昧无知的庭长和陪审官们，阐明科学社会主义学说，响亮地宣布一个新社会制度即将来临。于是陪审官们无奈，赶紧宣告他们无罪，令全场响起了热烈的掌声。

结束自己的生命

晚年的拉法格依然保持旺盛的革命斗志和大胆探索的进取精神,在两条战线上进行毫不妥协的斗争,既反对夸大议会斗争意义的改良主义派,又反对否定任何合法斗争的无政府主义派。满头白发的拉法格在发言中对改良主义做了有力的批判。他自豪地宣布,自己进行了四十年的社会主义宣传,从来没有改变过自己的信念,始终坚持革命道路。并著书立说,宣传和发展马克思主义思想。1909年,拉法格出版了自己的主要哲学著作——《卡尔·马克思的经济决定论》,宣传辩证唯物主义的反映论,批判唯心主义先验论和形而上学。这部著作包括了原先发表在其他刊物上的《马克思的历史方法》《抽象思想的起源》《正义思想的起源》《善的思想的产生》《灵魂观念的起源和发展》《上帝的信仰》等。

1911年11月25日,星期六,拉法格和劳拉一起到巴黎度过了在世的最后一天。他们拜访了一些老朋友,还到电影院看了一场电影,之后回到德腊韦的寓所,同园丁杜塞以及其他亲人闲谈了一会儿,讲了在巴黎度周末的情况。

第二天上午十点钟左右,杜塞觉得拉法格夫妇起床有点晚,心中感到不安,通常他们都会早早地起来。于是杜塞上楼敲了一下他们的房门,没有人回答。于是他开门进去,发现拉法格已经平静地与世长辞了,劳拉则在旁边的一个房间里坐在安乐椅上永远安眠了。他们穿得整整齐齐,房间里的一切跟平时一样。拉法格在遗书中说:

> 我的身体和精神都还很健康,我不愿忍受无情的垂暮之年接连夺去我的生活乐趣,削弱我的体力和智力,耗尽我的精力,摧折我的意志,使我成为自己和别人的累赘。在这样的时刻到来之前,我先行结束自己的生命。

> 多年以来,我就决心不逾越70岁这个期限,我确定了自己离开人世的时间,并准备了把我的决定付诸实行的办法:皮下注射氢氰酸。

> 我怀着无限欢乐的心情离开人世,深信我为之奋斗了45年的事业,在不久的将来就会取得胜利。

共产主义万岁！

国际社会主义万岁！

然而多数人为拉法格夫妇的逝世深感惋惜。列宁在听到这个噩耗时说：一个社会党人不是属于自己的，而是属于党的。如果他能为工人阶级做哪怕一点点有意义的事，哪怕是写一篇文章或一份呼吁书，他就没有权利自杀。

为了向拉法格夫妇表示最后的敬意，1911 年 12 月 3 日，巴黎市的两万名工人为保尔·拉法格和劳拉·拉法格举行葬礼。

法国和其他国家的社会主义政党和工人组织的许多著名活动家出席了这一隆重的仪式。他们组成十二人一排的长长的送殡行列，在红旗的引导下，跟随拉法格夫妇的灵柩，缓缓向拉雪兹神父公墓行进。每一队前都有花圈和花束。巴黎十二区的乐队演奏着肖邦的葬礼进行曲。火葬场的大厅里无法容纳全体前来向拉法格夫妇做最后告别的人群，追悼会只得改在露天广场举行。

法国和其他国家的十多名代表在葬礼上发表了演说，他们之中有：法国的迪布勒伊、布拉克、瓦扬、盖得和饶勒斯；德国的考茨基；比利时的安塞尔；英国的凯尔·哈第；俄国的列宁、柯伦泰和鲁巴诺维奇。所有的演说者都对拉法格和劳拉一生的活动和功绩做了很高的评价，并对他们的去世表示深切的哀悼。

列宁作为俄国社会民主工党的代表，高度赞扬拉法格是马克思主义思想的最有天才、最渊博的传播者之一。在拉法格身上结合着两个时代：一个是法国革命青年同法国工人为了共和制的理想进攻帝国的时代，一个是法国无产阶级在马克思主义者领导下进行反对整个资产阶级制度的坚定的阶级斗争、迎接反对资产阶级而争取社会主义最后斗争的时代。

参考文献：

[1] 李兴耕：《拉法格传》，人民出版社 1987 年版。

[2] 拉法格：《宗教和资本》，生活·读书·新知三联书店 1963 年版。

托派国际头子托洛茨基

列夫·达维多维奇·托洛茨基（1879—1940），原姓勃朗施坦，全称列夫·达维多维奇·勃朗施坦，工农红军、第四国际的主要缔造者。无产阶级的革命家、军事家和理论家。

十月革命时，托洛茨基任俄国社会民主工党（布尔什维克）中央政治局委员、彼得格勒苏维埃主席。十月革命后，任外交人民委员、陆海军人民委员、共和国革命军事委员会主席、共产国际执行委员会委员、俄共/联共（布）中央委员、俄共/联共（布）中央政治局委员等职。1926 年 10 月联共（布）中央全会决定，撤销他的中央政治局委员职务。1927 年 1 月共产国际执行委员会决定，撤销他的执行委员职务，同年 11 月被开除出党。1929 年 1 月被驱逐出苏联。1938 年组建第四国际，1940 年 8 月在墨西哥遭暗杀。

托洛茨基提出和完善"不断革命论"与斯大林主义的"阶段革命论"对立，并且提出"发展不平衡原理"，与斯大林主义的"一国建成社会主义论"对立。

农民之子

列夫·达维多维奇·托洛茨基 1879 年 10 月 26 日出身于乌克兰赫尔松县亚诺夫卡村的一个较为富裕的农民家庭。

亚诺夫卡村，这个名字出自一个姓亚诺夫斯基的地主。亚诺夫斯基是一位上校，在亚历山大二世在位期间，得到了赫尔松省草原上的五百俄亩土地。这里的草原一望无际，地域辽阔，但交通不便利，阻隔了与外界的亲密接触。在托洛茨基出生那年（1879 年 8 月 26 日），沙皇制度第一次遭到了炮轰。一个恐怖主义的"民意党"判处了亚历山大二世死刑，后来发生了袭击沙皇列车的事件，这场残酷斗争最终使得亚历山大二世被刺杀，民意党也遭受灭亡。

托洛茨基的父亲是位犹太农民，在小时候就跟全家人一起离开了波尔塔瓦省的犹太人村落，来到无拘无束的南方草原上寻找幸福。父亲及其家人作为犹太农民，生活得非常贫穷，因此，便不知疲倦地劳动，对待自己和别人都很残酷无情，不断进行着原始积累，不断往上爬。从起初是小农，到后来从亚诺夫斯基地主那里买了一百多俄亩土地，还租了两百来亩，成了大农。托洛茨基的母亲出身于城市的小市民家庭，她家瞧不起双手皲裂的庄户人家。或许是父亲年轻时英俊潇洒，身材匀称，长着一张威武而精神的脸庞，而且还攒了一笔钱，足以买下亚诺夫卡村。所以，才让一个年轻的城里女子——他的母亲，从城市来到了草原上的乡村，并在以后的四十五年婚姻生活中，养育了八个孩子，但只活下来了四个，托洛茨基在兄弟姐妹中排行老五。

托洛茨基的童年生活，虽然没有受到贫穷之苦，但也没体会过生活的慷慨与怜爱。家里氛围不是很有爱，四季轮回，农事不断来袭，淹没了亲人对家庭的依恋。尽管母亲来自城市，但最终还是适应了乡村的艰苦生活。

托洛茨基在亚诺夫卡村生活了九年，在偏僻的农村，那里广袤而开阔，但习俗、眼界和兴趣却贫乏而狭隘。直到他的表哥莫伊谢伊·菲利波维奇·施片采尔来到了他们家，才开启了他的城市文明意识，让他意识到了乡村的狭隘。施片采尔是母亲的侄子，刚好 28 岁，是一个聪明的好人，家人都非常喜欢他，性格好又有才华。遗憾的是在中学毕业后没读成大学，后来做一些新闻方面的工作以及一些统计工作。他来到这里是为了躲避当时流行的结核病。

托洛茨基在和他一起生活的时间里，从他那里知道了很多从前不知道的东西，比如怎么拿杯子，怎么洗脸，单词怎么读，刚挤的牛奶为什么对肺部有好处等。施片采尔还散步、写作、玩地滚球、顺带教托洛茨基学算术和俄语，使得托洛茨基非常崇拜他，但托洛茨基也同样觉察到了：他有一种比较严格的纪律感——城市文化的感觉。

城市的求学生涯

1889 年春，托洛茨基被送到敖德萨去读书，并且住在施片采尔的家里。敖德萨是一个民族众多、五光十色、熙熙攘攘的贸易城市。

来到这里以后，托洛茨基觉得自己受到了既有魅力而又很严厉的纪律的支配，每天九点钟上床睡觉，他们还手把手地教托洛茨基早晨要问候早安，要永远保持双手和指甲的清洁，不要用刀子往嘴里送食物，永远不要迟到，女佣上菜要道谢，不要在背后说别人的坏话等。这些文明环境的点点滴滴充斥了托洛茨基的日常生活。在古典文学的魅力和剧院的魔力面前，作坊也开始变得黯然失色，失去了吸引力。现在的他，似乎终于变成了一个小小的城里人。

相比于亚诺夫卡村，在这里读书是一件特别方便的事。施片采尔来亚诺夫卡村的时候带了一捆书，激起了托洛茨基的阅读兴趣。在敖德萨，这里的书籍选择范围很广，而且还能得到施片采尔的悉心指导。托洛茨基开始拼命阅读，晚上熄灯睡觉的时候，总是不舍得睡下，央求他们再给自己哪怕五分钟的时间。

托洛茨基多看、多了解、多掌握知识的渴望，在不知疲倦地吞噬一行行铅字的过程中得到了满足。托洛茨基痴迷于阅读、喜剧，由于从小就热爱文字，写过诗歌，并且被大人们要求朗诵给他们听。在敖德萨中学的二年级时，还与同学们一起办起了杂志。不过由于学校不许办杂志，最终悄无声息了。

托洛茨基在中学二年级时与法语老师比尔南德之间爆发了一场冲突。比尔南德老师是瑞士人，身材纤细，从侧面看上去几乎是扁平的，就像被钳子夹过一样。他有点秃顶，薄薄的嘴唇发青，给人一种不善的感觉，鼻子尖尖的，额头上有个神秘的 X 形大伤疤。所有人都无法忍受比尔南德，他有消化不良症，上课时总要吃上一种糖，而且把每个学生都当成自己的敌人。在学校里，大多数学生的法语学得并不好，尤其是德国移民学起法语来特别困难。德国学生瓦克尔学得更差，于是就成了比尔南德老师眼中的敌人。可是有一次，比尔南德老师无缘无故地给瓦克尔打了一分。

于是同学们悄悄议论，要给比尔南德老师"搞一场音乐会"。搞音乐会的意思就是当老师下课走出教室的时候，大家齐声低吼，把他轰出去。托洛茨基在同学们当中并不是一个跟班的，而是挑头的。这样的音乐会也会偶尔对付一下美术老师。可是这次，对付比尔南德老师，大家一起下定了决心。比尔南德老师刚把点名册夹到腋下，准备走出教室，边上的一排学生就开始吼了，整齐的声浪一直传到门口。比尔南德老师的一只脚已经迈出了门，但又迅速转身，快步走到教室中间，脸色铁青，面对面地站在敌人眼前，怒火冲天，一句话也没有说。全班学生就像什么事也没有发生一样，尽可能装出一副无辜的样子。比尔南德在教室里站了半分钟，发狂地转身朝门口走去，燕尾服的后襟像船帆似的鼓了起来。这一次，全班同学用整齐而热烈的吼叫把他轰出了教室，声音传到走廊上很远的地方。

第二天早晨去上学时，托洛茨基被校长叫去了，想弄清楚是不是他挑的头。这件事被校长追究起来了，一些受罚的学生出卖了他。尽管托洛茨基一直是班里的好学生，成绩一直保持第一名，最终却还是被开除了，但是采用的却是最轻的开除方式，即这次被开除，还是有权再进入圣保罗实科中学就读。经过了暑假，托洛茨基开学只要通过了学校的考试即可再回到学校。由于老师们出的题目也相对简单，所以，他们允许托洛茨基上三年级。经过了自己被开除的事件，现在这个班级的多数同学也被他划分成：出卖过他、保护过他以及保持中立的三拨人。这次学校的事件也算是一场政治考验，这三拨人也成为日后政治生涯中时常遇到的三拨人。

托洛茨基是一个自尊心很强，脾气很急躁，可能还有些孤僻的孩子。进入实科学校时，他没有觉得自己比同龄人更优越。虽然在乡下的时候，大人们总是夸耀他，所以可能没有人比得过他。但来亚诺夫卡的城里孩子总带有那种不可企及的优越感，也让托洛茨基对他们只能仰视。现在自己来到城里读书之后，尤其是他学校的成绩非常棒，所以，从亚诺夫卡走出来的托洛茨基渐渐感觉到自己比城里的孩子还要厉害。而且与他交往密切的孩子都不得不承认他的领导地位，老师们也都表扬他。由于托洛茨基很热爱阅读，每当别人侃侃而谈自己还没有读过的书籍时，总会自责，所以时常对自己很苛刻，对自己性格和知识都不太满意，希望自己应该变得更优秀、更高尚、更博学。

来到城里读书后的托洛茨基有了很大的变化，尤其对现存制度、不公平现象和专横暴虐深感憎恨，不满亚历山大三世所统治的现实社会，不满警察的蛮横霸道、地主的巧取豪夺、官吏的贪污受贿、民族的肤浅局限，不满学校和街头的不公等，并使自己逐渐站到了现存制度的对立面，成了反对派。

第一次入狱

1895 年恩格斯逝世，俄国各个城市的大学生和中学生小组都组织了纪念恩格斯的各种活动。托洛茨基当时是 15 岁，但对恩格斯和马克思基本是一无所知。因为在敖德萨这个城市也没有社会主义小组，托洛茨基通过施片采尔认识的一圈子人都对制度不满，但没人敢于否定。1896 年，托洛茨基已经是 17 岁的青年小伙，现在他遇到了自己人生第一个十字路口。在这一年里，托洛茨基认清了自己在人类社会中该处何种位置，开始站在政治角度思考各种问题，接触了一些社会民主党人的流放者，并为自己的独立性和选择道路的权利问题与父亲发生争执，革命的意念占据了托洛茨基的身心，于是他开始进行革命宣传。

1896 年，彼得堡爆发了著名的纺织工人大罢工，大学生们纷纷积极加入。托洛茨基是通过"韦特罗娃事件"的示威活动参加到革命工作当中去的。1897 年，他和一些伙伴发起了革命宣传，成立了一个革命组织，名称是"南俄工人协会"。托洛茨基主要是撰写革命宣传单和文章，然后用印刷体誊写一遍，以便胶印。为了让一些不太识字的工人能够不费劲地看懂这些宣传单，托洛茨基工作极其认真，每一页都要耗费两个小时，有时连续抄写一个星期，只有开会或者从事小组的其他工作时才中断。除了负责宣传单之外，还经常深入工人工作的各个工厂，了解车间发生的事情，第二天便把了解到的新情况和新问题在新传单上进行解说，工人们如饥似渴地传阅。

托洛茨基还为"南俄工人协会"起草了社会民主主义精神的协会章程。这些革命传单在工人们中起到了很大的反响，引起了当局警察的注意。由于警察怀疑有老流放者在后面指导，不相信托洛茨基这些小伙们能够发起这场革命，于是缓缓没有采取行动，只是进行监视。后来，警察们发现了他们的小组，展开了大搜捕。1898 年 1 月 28 日，迫害开始了，共有两百余人被捕，在被捕的人当中有很多人只是普通百姓。还有一些是曾经被寄予厚望，后来出卖了他们的人。

这次革命组织遭到了残酷打击。19 岁的托洛茨基也被捕，第一次进到监狱，开始被关在尼古拉耶夫监狱，后来被送到了赫尔松监狱。这里的牢房宽大，但钉着粗铁条的窗户很小，而且封得严严实实，只能勉强透进光线。对托洛茨基来说这是一种完全的、绝对的、暗无天日的孤独。既不准放风，也没有邻居。每天午饭是一顿稀汤，早饭和晚饭是一份撒了盐的黑面包。换洗的衣服也没有，三个月来穿着同一件衣服，没有肥皂，监狱里的寄生虫快把托洛茨基活活地吃掉了。牢房里也不通风换气，里面的气味如何，只能根据副监狱长进来时的古怪表情做判断。19 岁的托洛茨基，在没有一本书、一支笔、一张纸的监狱里，每天沿着牢房对角线走一千一百一十步，边啃面包，边来回踱步作诗。无限的孤独感时不时地吞噬着这个小伙子。

在这个监狱快三个月了，监狱里的面包、装满干草的口袋和虱子就像白天和黑夜一样已经成了他生活之中不可缺少的一部分。有一天傍晚，看守送来了干净的内衣、毯子、枕头、白面包、茶叶、糖、火腿、苹果等，原来这是托洛茨基的母亲送来的。这些美好的东西令托洛茨基激动不已。除此之外，从农村来的姐姐带来了四种外文版的《福音书》，他靠着在学校打下的德语与法语基础，一句一句地把《福音书》读了一下来，几个月来，外语的水平提高了不少。后来父亲来看他，因为跟亲属会面时，犯人都是被安置在一个狭小的木笼子里，并用两道栅栏与探视人隔离开来。由于父亲以为托洛茨基一直被关在这个狭小的笼子里，所以，看到儿子的处境后，一句话也说不出来，苍白的嘴唇无声地翕动着。

在监狱的时间也是托洛茨基集中精力进行理论研究的机会，第一次听到了列宁的名字，并对列宁的著作进行了研究。

流放与流亡

第一次入狱之后，托洛茨基被判处流放至西伯利亚。1900 年秋，托洛茨基第一次被流放。沿着勒拿河顺流而下，水流载着几条装有犯人和押解人员的船缓慢前行。夜里很冷，裹在身上的皮袄到早晨都会挂上一层霜。沿途每到一个预先指定的村庄就留下一两个人。托洛茨基和一位亲密的女犯，名叫亚历山德拉·利沃夫娜，在达乌斯季－库特村下船。他们在莫斯科羁押解送犯的监狱里结了婚。亚历山德拉·利沃夫娜在南俄工人协会中占有非常重要的地位。她对社会主义的忠诚以及无私忘我的精神让其拥有无可争议的道德威望。共同的工作把他们紧密联系在一起，为了避免在流放时被分开，两人结了婚。

到达乌斯季－库特不久，托洛茨基开始给《东方评论报》撰稿。这时，马克思主义已经成了托洛茨基的基本世界观和思维方法，他主张通过革命来推翻沙皇制度。1902年，托洛茨基知晓了《火星报》是要建立具有铁的行动纪律的职业革命家的集中组织，再加上列宁的《怎么办》一书，托洛茨基觉得自己手写的报告、在报纸上发表的文章以及为西伯利亚联合会写的传单都显得渺小而狭隘。应当寻找另一种活动领域，应当逃出去。现在托洛茨基已经有两个女孩，小女儿还不到四个月，出逃一定会加重妻子的负担，但是托洛茨基的妻子却赞成他逃出去，消除了托洛茨基的所有顾虑。

托洛茨基开始了第一次流亡。1902年秋逃到伦敦，叩响了列宁居住的大门，后来参加了列宁、普列汉诺夫、马尔托夫等人主编的《火星报》工作。这一年托洛茨基23岁，与当时较为杰出的一批人物相识。《火星报》的政治领袖是列宁，比托洛茨基大10岁，主要的政论力量是马尔托夫，比托洛茨基大7岁。马尔托夫是犹太人，一个古老的西伯莱伟大学者的后裔，跟列宁一起在彼得堡建立工人解放斗争协会。他对于社会的不公正，更多的是受到道德义愤的支配，属于浪漫主义的叛逆者。而列宁抑制了自身的浪漫主义气息，深知革命党人曾为脱离现实付出鲜血和挫折的代价，所以主张要给革命党人灌输现实主义精神，使冷静和热情相结合。

后来《火星报》内部产生分歧，并渐渐具有了政治意味，出现了"强硬派"和"温和派"，分歧点在于列宁想建立完备而明晰的党内关系，把党和秘密组织等同起来。马尔托夫则倾向于松散组织，希望把所有在秘密组织的领导下开展工作的人员都视为党员，于是出现了布尔什维克党和孟什维克党。列宁曾努力争取托洛茨基到以列宁为首的"强硬派"的布尔什维克，但是托洛茨基拒绝了。站到了孟什维克的"温和派"一边。孟什维克的领袖马尔托夫是革命运动中最富具有悲剧性的人物之一。他是才华横溢的作家、富于创见的政治家、具有远见卓识的人物，但是他的思想缺乏勇气，他的敏锐缺乏意志。所以马尔托夫对事件的第一反应总是显露出革命的意向，但没有意志的弹簧做支撑，他的思想很快就消沉了。托洛茨基与马尔托夫的关系没有经受住革命前几次重大事件的考验。1904 年 9 月，托洛茨基正式宣布退出孟什维克。后来，托洛茨基长期游移于布尔什维克和孟什维克之间，在组织上没有参加任何一个派别。

托洛茨基从西伯利亚逃出之后，来到欧洲，在巴黎结识了他的第二任妻子——娜塔莉娅·谢多娃。谢多娃是一个女大学生，在巴黎大学学习美术史。原先在哈尔科夫的一所贵族女子学校读书，由于她劝说同学不去祈祷、不读《圣经》而读俄国的激进文学作品，被开除了。她也是一个革命者，比托洛茨基第一任妻子小几岁，与托洛茨基育有两个儿子：长子谢多夫生于 1906 年，1938 年 2 月 16 日在巴黎被杀；另一个儿子谢尔盖生于 1908 年，疑似在 1936 年到 1938 年间在集中营死去。托洛茨基是一位挚爱妻子的丈夫，在家务、带养孩子上，他也帮忙。孩子上学后，还能够辅导孩子做作业。

托洛茨基在俄国 1905 年革命期间从芬兰回国，12 月被推举为彼得堡苏维埃主席，经历了短促却异常激烈的革命高潮。第二次被捕，当时 26 岁。在社会民主党的所有领袖中，托洛茨基虽年轻，但表现得最老练，在他身上流亡者的狭隘性最少。托洛茨基比其他人更深刻地感到什么是夺取国家权力的斗争，也从革命中获得声望最多。1906 年在彼得堡狱中写了《总结与展望》，提出他一生活动的理论基础——不断革命论，即民主革命过渡到社会主义革命的不断性。社会主义革命的不断性、国际革命的不断性，认为俄国的民主革命必然要由工人阶级通过建立起自己的阶级专政来领导、完成，并由此发展成社会主义革命，并且率先预言欧洲社会主义革命很可能将从俄国革命开始。

1907 年 2 月托洛茨基在押解流放地途中逃脱，第二次流亡国外，长达十年。在流亡中，初次见到考茨基。在柏林郊外弗里登瑙的一幢素净小楼里，托洛茨基见到了一位皮肤白皙、快活、有着明亮的蓝眼睛的老人，并用俄语招呼您好，表示欢迎。考茨基被对手们称为是第二国际的"教皇"，考茨基的母亲是位作家，也是十分称赞自己的儿子。考茨基认为自己的主要理论使命是调和改良与革命，认为现实就是改良，革命是模糊的历史远景，并把马克思主义当作现成的体系加以接受，并像教师一样把它通俗化。托洛茨基认为他头脑呆板，索然无味，缺乏灵活性和心理敏锐度，作为一个演说家，极不出色。

在这次流亡期间，托洛茨基的第二任妻子和孩子们也一起同行，他的父母也开始出国来看望他，并带着自己第一任妻子的女儿，他的大女儿季娜和爷爷奶奶一起住在农村。现在托洛茨基的父母已经完全接受了自己儿子选择的革命道路。母亲生病了，病得很重，在柏林医院切除了一个肾，手术后的头几个月，她的状态还不错。然而，不久之后，疾病又复发了，几个月之内就夺去了她的生命。母亲是在亚诺夫卡村去世的，这个地方是她生活了一辈子，养儿育女，度过了自己勤劳一生的地方。

1917 年 1 月 13 日，一个阴雨寒冷的星期天早晨，托洛茨基在纽约港上了岸，受到了俄国社会民主党侨民的热烈欢迎。不久传来了俄国首都发生动乱的消息，托洛茨基便和家人以及一些流亡者离开纽约，5 月份，乘火车经过芬兰抵达彼得格勒。在彼得格勒，一群高举红旗示威的群众从火车上把托洛茨基抬到肩上，他当即向这批群众发出进行一次新的革命的号召。

列宁比托洛茨基晚到彼得格勒一个月，这一时期，列宁与托洛茨基的分歧已经消除，开始一起并肩战斗。1917 年 7 月事件爆发，喀琅施塔得的水兵和首都的工人等受到布尔什维克党员的鼓动举行武装示威，最后以失败告终。

托洛茨基再次被捕入狱，妻子和孩子们来进行探望。孩子们也已经投入了政治生活中。儿子们寄住在朋友家中时，那里时常有一批军人聚集在一起喝酒，醉了就骂布尔什维克，七月事变更使他们的咒骂达到了顶峰。当其中一个年轻的军官说列宁和托洛茨基是德国间谍时，大儿子谢多夫抄起椅子向他扑了过去，小儿子也拿起餐刀帮忙。大人们把他们拉开了。孩子们把自己锁在房间里歇斯底里地大哭，并打算秘密步行前往彼得格勒，想知道那里是如何对待布尔什维克的，父亲的情况怎么样了。后来托洛茨基的妻子把他们带走了，城里的情况不太好，报纸在攻击布尔什维克。他们的父亲蹲在监狱里，革命完全没有实现人们的期望。在他们探视父亲时，托洛茨基告诉他们真正的革命还在前头呢，不要灰心。

托洛茨基的三个女儿也参与了群众集会和游行示威。七月事变也使她们遭遇了危险，被人群挤倒在地，有一个把眼镜弄丢了，另外两个人都丢了帽子。她们也非常害怕刚见到的父亲又离她们而去。

驱逐与暗杀

托洛茨基从 1904 年开始，就置身于社会民主党的两个派别之外。从 1905 年至 1917 年，托洛茨基都是和布尔什维克一起并肩战斗的，但是对于孟什维克也并没有放弃，希望孟什维克能够向左转。直到 1917 年，托洛茨基彻底对孟什维克失望了。

1917 年 11 月 1 日，列宁在彼得格勒党委的会议上说，在托洛茨基确信不可能与孟什维克联合之后，没有比托洛茨基更好的布尔什维克了。列宁认为托洛茨基主义是最接近布尔什维主义的社会主义思想流派。列宁与托洛茨基的关系进一步拉近了，两人的办公室在斯莫尔尼宫的两端，中间隔着一条走廊。托洛茨基一天无数次穿过这条长廊找列宁商议事情，列宁的秘书也不停地穿梭，送来列宁的便条，便条上面的重要词句都画上了两三道杠杠。

即使在后来党内斗争中托洛茨基也始终与列宁保持一致。斗争双方是列宁与党的多数领导组织之间，斗争的主要问题是：我们目前能否进行革命战争？一个革命政权是否可以与帝国主义者签署协议？托洛茨基和列宁在这两个问题意见一致：现在还不能进行革命，可以与帝国主义者签署协议。托洛茨基非常清楚列宁对革命、对历史和对自己意味着什么，托洛茨基说列宁是自己的导师。

1919 年托洛茨基成功保卫了彼得格勒，得到了共产国际颁发的一张奖状。十月革命之后，军事反对派即察里津反对派出现了，他们反对需要具备军事知识和更广阔视野的集中化军事组织。斯大林在察里津待了几个月，一直在幕后搞一些活动针对托洛茨基，列宁非常了解斯大林，察里津人如此顽固，不听从指挥，是因为有斯大林的幕后指挥。可是，列宁不想党内发生冲突。后来，列宁刚一生病，斯大林就开始通过自己的盟友把察里津的名字改成了斯大林格勒。斯大林总是支持那些在政治上只能依靠机关的恩惠而存在的人。他把明仁斯基安排在国家政治保安局，并成为重要领导人。明仁斯基在革命期间的无能表现，就像一个无能之人的影子，这样的人在官僚主义气氛中被得到了重用。布哈林曾经开导托洛茨基说：斯大林的第一个特点是懒惰；第二个特点是嫉妒心强，他对那些比自己能干、懂得多的人非常嫉妒。

对于经历了三年国内战争的工人群众来说，越来越无法忍受军事命令的方式。列宁凭借着自己准确的政治本能感觉到了危急时刻的到来。托洛茨基出于经济方面的考虑，基于战时共产主义，想让工会继续把力量集中起来。而列宁出于政治上的考虑，主张减轻军事压力。在第十次党代表召开之前，两人产生了对抗性的交叉，在党内爆发了争论。而斯大林等人企图把这场争论继续扩大，使争论局面拖延下去。恰恰在第十次党代表大会上，斯大林被推举为总书记。

1921年底，列宁的健康状况恶化了，丧失了说话和活动的能力。斯大林等人开始对党的领导权动了心思。托洛茨基认为，斯大林自从密切接触列宁以来，就一直在暗中反对列宁。斯大林有计划地把那些与自己气味相投的人、想过安稳日子的老实人，或者是受了委屈的人等网罗在自己身边。列宁和托洛茨基也曾试图防止。但是所有计划和推测中都有一个不确定的因素，那就是列宁的身体健康状况。

1923年斯大林等人的预谋已经昭然若揭，但最大的困难是如何当众公开反对托洛茨基。因此，只能把列宁与托洛茨基对立起来，抓住两人之间的分歧不放。1924年1月21日，列宁逝世。于是他们开始公开地"反托洛茨基主义"，托洛茨基的权力不断丧失。同年秋，托洛茨基开始发烧，针对托洛茨基有系统、有计划的个人诬陷开始了。1925年，托洛茨基被解除了海陆军人民委员的职务。1927年，托洛茨基坚决反对斯大林修正主义对中国大革命的瞎指挥，被开除出党。同年，共产国际执委会第八次全会通过决定，解除其共产国际执行委员职务。1928年托洛茨基被流放，他的两位亲密朋友自愿随托洛茨基一起流放。刚一到达流放地，他们就立刻被捕，与刑事犯一起关在地下室，随后被发配到偏远的北方一隅。

接着，托洛茨基于1929年2月12日被逐出国，1932年被取消苏联国籍。先后流亡到土耳其、法国、挪威、墨西哥，只有挪威和墨西哥为他提供了避难权。

之后，托洛茨基的大女儿在莫斯科去世，那时才26岁，她的丈夫在托洛茨基流放不久前被捕。在继续从事反对派的工作中，她患了百日肺痨，从医院寄给父亲的信，耽搁了73天的时间，还没有收到父亲的回信就离开了人世。托洛茨基的二女儿也被开除出党，并剥夺了工作，女儿患重病的信件直到寄出后的第43天他才收到。除此之外，数千名的布尔什维克－列宁主义者处于无比糟糕的环境之中，他们这些人对十月革命和国际无产阶级做出的贡献远远超过那些监禁和流放他们的人。

1940 年 8 月 20 日，托洛茨基在墨西哥遭斯大林派遣的凶手暗杀，8 月 21 日晚 7 时 25 分逝世。8 月 22 日，按照墨西哥的习惯，一个巨大的送葬行列缓慢地跟在托洛茨基遗体的灵柩后面，穿过城市的主要大街，也穿过工人阶层居住的郊区——在那里，衣衫褴褛、赤脚、沉默的人群塞满了道路。遗体停放了 5 天供人们瞻仰，前来的人约 30 万，同时大街上不断响起无名诗人创作的民谣《列夫·托洛茨基大斗牛》。

参考文献：

[1] [俄] 列·托洛茨基：《托洛茨基文选》，人民出版社 2010 年版。

[1] [波] 伊萨克·多伊彻：《先知三部曲》，王国龙、周任辛、施用勤译，中央编译出版社 2013 年版。

[3] [苏] 列夫·托洛茨基：《托洛茨基自传：我的生平》，赵泓、田娟云译，上海人民出版社 2014 年版。

俄国劳动解放社创始人普列汉诺夫

格奥尔基·瓦连廷诺维奇·普列汉诺夫（Georgi Valentlinovich Plekha-nov，1856—1918），俄国社会民主工党总委员会主席，俄国马克思主义政党的创始人和领袖之一，是最早在俄国和欧洲传播马克思主义的思想家，俄国和国际工人运动著名活动家，十分受列宁尊敬。但是在 1903 年俄国社会民主工党第二次代表大会之后，他逐渐脱离布尔什维克，转向孟什维克主义，并在第一次世界大战期间支持民族主义并反对十月革命。可以说，普列汉诺夫的一生是矛盾的一生。

军事学校铸造少年英雄梦

1856 年 12 月 11 日，在沃罗什省利佩茨克县古达洛夫卡这座静谧的小村庄里，世袭贵族、退职上尉瓦连廷·彼得罗维奇·普列汉诺夫家里又添了一个儿子，这是他的年轻妻子玛丽亚·费多罗夫娜·别林斯卡娅生下的第一个孩子。三年前，瓦连廷·彼得罗维奇的前妻去世了，身边留下七个孩子，大一些的孩子和他的新婚妻子年龄相仿。瓦连廷·彼得罗维奇学识渊博，但待人严厉总是不苟言笑，是一位狂热的君主制信奉者，坚定不移地拥护农奴制度。

玛丽亚·费多罗夫娜生下普列汉诺夫时只有二十三岁，但她已经经历了一段艰难的人生。玛丽亚·费多罗夫娜的父母很早就去世了。她和她的姑姑一起生活，后来靠政府资助才得以在唐波夫高等女子学校读书。玛丽亚·费多罗夫娜在学校时表现出色，才华横溢，在学校里成绩名列前茅，并于 1849 年以优异的成绩毕业。毕业后，玛丽亚·费多罗夫娜在地主家中担任家庭教师，先后到过扎顿斯克与利佩茨克。

正是由于良好的教育背景，普列汉诺夫的父母非常重视子女的教育。瓦连廷·彼得罗维奇试图让他的儿子养成勤劳的品性与遵守纪律的习惯。他喜欢说：永远工作，至死方休。普列汉诺夫一生从未忘记过这些话。像他家中的其他孩子一样，普列汉诺夫从不回避农业活动，即使在炎热的夏季也参与其中。

普列汉诺夫从母亲那里继承了善良、同情和关爱他人的美德。她自己教孩子们俄语、算术和法语，并培养了他们对音乐的热爱。

普列汉诺夫 12 岁前一直在古达洛夫卡村生活，那时他在母亲的指导下完成了高中一年级学业。1868 年，他进入沃罗涅什军事学校进修，这也是他几个哥哥的母校。作为家庭贫困的退休军官子弟，他们享受免费教育。

沃罗涅什军事学校，以前是一所军事中学，拥有强大的教学力量。四十年后，普列汉诺夫在回忆中总结，正是因为学校里的杰出的俄语教员才使得他培养了对语文的爱好，并能够进行简明准确的说话与书写。

那些进步的文学作品像火花一样在年轻的普列汉诺夫心中闪现，点燃了他的内心追求。他在军事学校和同学们一起读涅克拉索夫的著作，他们深深沉浸在《铁路》的情节中，甚至在军训时隐瞒教官，模仿起书中人物的言谈举止来，那段时光一直铭刻在普列汉诺夫的记忆中。

马克思主义滋养心灵

格奥尔基·普列汉诺夫在接触马克思主义理论的少部分作品后，就决定系统地阅读卡尔·马克思和弗里德里希·恩格斯的著作。他来到帝国公共图书馆，使自己沉浸在书海中。其实，他进入矿业学院后不久就办理了图书借阅手续。他通常喜欢在不拥挤的阅览室里，独自一个人坐在桌子旁，刻苦地阅读着。图书管理员知道普尔汉诺夫是一位常客，很高兴帮助他。有一次管理员给普列汉诺夫带来了一些厚重的书。其中包括卡尔·马克思的《资本论》和弗里德里希·恩格斯的作品。然而，它们是用德语写的，普列汉诺夫还读不懂，他失望地离开了图书馆。

普列汉诺夫向他的同学们倾诉了自己的烦恼。于是，他被介绍给经济理论史专家伊万·费多罗维奇·费森科。伊万·费多罗维奇·费森科比普列汉诺夫大了整整十岁，对普列汉诺夫来说，他算得上是个中年人了。然而，他们彼此之间建立了亲密的友谊。不久便成立了一个小组，费森科经常向这个小组讲授政治经济学有关知识，主要是研读《资本论》第一卷。该书由尼·弗·丹尼尔逊和格·亚·洛帕廷翻译，并于 1872 年在彼得堡出版。当然，这本书可以在公共图书馆中找到，但不借给学生。通过费森科对马克思的《资本论》的简单解释，年轻的普列汉诺夫掌握了当时的马克思主义经济学理论的基本原理。

1876 年是普列汉诺夫一生中非常重要的一年。年初，他在房间里举行了一次秘密会议，许多工人宣传家都参加了会议。普列汉诺夫之前认识一位叫米特罗范的工人。米特罗范知识渊博，他性情与普列汉诺夫的民粹主义知识分子朋友们很相似。但是普列汉诺夫却认为米特罗范是个例外。普列汉诺夫在见到工人之前非常紧张，但当他真正见到了这群诚实、朴实的工人后，很快就放松下来，并觉得一切都是那么有趣。

工人们和大学生们一一走进房间。当所有人都如约而至后，大家就对革命团体的学习计划展开热烈的讨论。工人们希望，除了传播革命思想外，革命团体还应该开设一些常识课程。

后来普列汉诺夫在谈到这次晚会时还印象深刻。他对工人们充满了亲切感，并觉得工人们都很有修养，以致跟他们交谈宛如同学之间交流的那种畅快无阻。

离别时，许多工人邀请普列汉诺夫去家里做客。普列汉诺夫欣然应允，因为他也想进一步了解他们的生活。

不久之后，普列汉诺夫被要求领导一群工人。他花了很多时间来准备课程，并立即与听众们建立了亲密可靠的关系。与此同时，和工人的交谈也让普列汉诺夫学会了很多东西。

1876 年 12 月上旬，在一场民粹派小组领导人的秘密会议上，与会者决定在首都中心举行一次政治示威活动。普列汉诺夫与一些民粹派成员想鼓励听众和同志参加示威活动。这段时间，普列汉诺夫非常忙碌，他每天都要走进工人的宿舍，拜访他认识的人，有时套上工人的工作服，在工厂里找人。在那一时期，工厂的大门可以自由进出而不需要通行证，这对革命者来说非常有利。

最后，示威游行活动被安排在 1876 年 12 月 18 日。一大早，一群群工人和革命学生来到喀山教堂前。渐渐地广场上的人数比工作日的人数更多，这惊动了警察，更多的警察被召唤而来。

祈祷后，组织者决定采取行动。数以百计的工人和学生围着演讲者，一名身穿学生服的年轻人走上柱廊右侧的台阶。这正是格奥尔基·普列汉诺夫。

起初普列汉诺夫看起来有些紧张，但他很快恢复了镇定。他大胆地揭露了沙皇的骗局，并且鼓励大家要求土地和自由归于农民和工人。

这时在附近的一名 16 岁的工人雅沙·波达波夫突然打开了准备好的红旗。有几个人高喊："土地和自由万岁！社会革命万岁！"话音刚落，警察立即从人群中挤到红旗旁。普列汉诺夫他们迅速收起红旗，每个人戴上帽子以作掩饰，瞬间便与人群混合，向喀山胡同撤退。普列汉诺夫看到警察和埋伏院子里的人逮捕了一些示威者。而他和同志们跑到附近的一条街上，不久就把警察甩在了后面。令他激动振奋的是，他们的计划实现了，现在沙皇当局无法掩盖革命组织的存在。这是俄罗斯工人的首次政治示威，对使俄国革命运动达到高潮具有重要意义。

为捍卫马克思主义而战斗

1900 年 4 月"联合会"举行了第二次代表大会。在这次会议上，马克思主义者和机会主义者彻底决裂。"劳动解放社"宣布退出联合会，那些革命组织内"劳动解放社"的支持者，同时与"社会民主党"结盟的人也宣布退出联盟。

新的国外组织没有持续很长时间，它的使命仅仅体现在两种传单、一种文集和第二版《共产党宣言》的出版上。但是，《共产党宣言》的出版注定是"劳动解放社"和俄国马克思主义的重要历史阶段，将永远被载入史册。

1898 年恰逢马克思主义伟大革命著作《共产党宣言》出版 50 周年。第一版普列汉诺夫译本于 1882 年出版，随即就在俄国售罄，也有少部分作为"实物证据"保存在警察档案中。新一代的社会民主党人已经成熟，他们需要通过这一译作了解马克思主义基本原理，普列汉诺夫对此深有体会。但是，他计划能够发表一个新的序言，因为他打算在《宣言》里从作者的角度出发研究革命运动的现状。这需要做好充分的准备，最后这篇序言发展成一篇标题为《阶级斗争学说的最初阶段》的文章。

1900 年 9 月，该书终于出版。普列汉诺夫在新序言中仅探讨了《宣言》中提到的原理之一，他认为自原始公社土地所有权瓦解以来的所有历史都是阶级斗争的历史。普列汉诺夫在许多例子的基础上研究了阶级斗争在马克思主义先驱者理论中的地位，并谴责了试图放弃马克思主义原理的修正主义者。普列汉诺夫有力地反击了伯恩施坦及其追随者的攻击，后者认为马克思主义无产阶级专政理论在 19 世纪初已过时。普列汉诺夫在驳斥这种观点的同时，还进一步解释了什么是无产阶级专政，有力地反击了修正主义。而且普列汉诺夫还明确了暴力革命的必要性。

普列汉诺夫在第二版《宣言》的序言和 20 世纪 90 年代的其他著作中，出色地捍卫了马克思主义中无产阶级专政及其确立的方法，这是俄国马克思主义思想史上一笔宝贵的财富。

在论战中深陷错误泥潭

1912 年 10 月，普列汉诺夫曾在法国社会党人机关报上撰文写到，对于我们来说，国际无产阶级的利益就是最高准则。战争是同这一利益完全抵触的。因此国际无产阶级应该坚决反对各国的沙文主义者。是的，我们主张和平。但是我们不是和平主义者……我们不相信语言的魔力。我们知道，世界上只有一种力量能够维护和平，这就是有组织的国际无产阶级的力量。不管人们怎样指责我们说这是奇谈怪论，但是只有阶级之间的战争才能有效地对抗民族之间的战争，这一点并不因此而变得有所争议。

但是，这种普遍且本质上正确的论点并没有为世界大战背景下每个国家的社会民主党提供具体的行动方案。当普列汉诺夫了解到新的毁灭性武器，以及德军在比利时中立地区的暴行时，他惊骇地认为战争也可能蔓延到俄国。但他没有得出正确的结论：欧洲工人阶级应当立即联合起来共同反对世界大战。普列汉诺夫不了解这场战争是帝国主义战争，对双方都是不公正的，它是逐渐酝酿起来的，其本质上是帝国主义国家之间不可调和的矛盾引起的。

普列汉诺夫无法认识到这种复杂的局面，以致滑向"护国主义"的道路，也就是所谓的社会沙文主义道路。当他离开法国时，他在许多方面都赞同法国社会主义领导人的观点，后者实际上持有支持法国反动资产阶级政府的沙文主义观点。

1914 年 10 月 11 日，普列汉诺夫发表了关于洛桑战争的演讲。普列汉诺夫在讲话的前半部分对德国社会民主党领导人进行了严厉批评。他说，他们背叛了以倍倍尔和李卜克内西为首的德国无产阶级政党的革命传统。普列汉诺夫揭示出，许多德国社会民主党人在理论上陷入了修正主义，并且担心失去目前充满沙文主义热情的选民的选票，这是背叛的主要原因之一。普列汉诺夫说，自 8 月 4 日德国社民党在议会投票通过预算以来，它一直是德国的君主地主和资产阶级帝国主义政策的支柱，甚至是最可靠的支柱。

普列汉诺夫的讲话得到了所有与会者的认可。列宁也赞同这篇讲话的第一部分。

然后，普列汉诺夫剖析了法国和比利时社会主义者的行为。他坚定地认为比利时和法国是受到攻击的国家，并捍卫法国统治阶级将法国拖入帝国主义战争的政策，他说这是一场正义的战争，不仅在比利时方面，而且在法国方面。普列汉诺夫说，国际社会民主党应该按照"道德和权利的通常准则"同情他们的"自卫"。他为法国社会党人的错误立场辩护，主要是因为法国社会党人对军事预算投了赞成票，尽管他还指出，他们应该利用议会的讲台来批评法国的外交政策。

普列汉诺夫在报告结尾时呼吁世界各地的社会主义者遵循马克思创立的第一国际的传统，团结起来反对比利时的奴役和德国社会民主党的沙文主义。

列宁赞扬普列汉诺夫对德国社会民主党的行为的批评，但谴责他捍卫法国社会主义领导人的沙文主义立场。列宁说，战争已经具备了从资本主义社会发展到帝国主义的一切条件，社会民主党应该首先反对本国的沙文主义情绪。

演讲结束后，普列汉诺夫赶到圣勒摩，在那里他收到了许多国家的来信，请他发表对战争的看法。普列汉诺夫修改并丰富了他的报告，并根据回复保加利亚社会主义者扎哈里·彼得罗夫的来信的形式发表了该报告。这本关于战争的小册子《论战争》在巴黎出版。至此，普列汉诺夫的战争观已完全形成。不得不说，他的观点是完全错误的，因为普列汉诺夫远离了他过去坚持的国际主义正确立场，并以其固有的狂热主义捍卫了法国、英国和沙皇政府的伪爱国主义侵略，呼吁工人阶级支持其军事行动。

普列汉诺夫不知不觉地陷入错误的窠臼中。当时他认为俄国的失败将减缓其经济发展。这将不利于俄国人民的自由事业，有利于俄国的旧制度，即俄国人民力图推翻的沙皇制度。他看不到将帝国主义战争变成内战的机遇，或使俄国摆脱威胁它的灾难的革命前景。

在普列汉诺夫看来，俄国人的革命责任是尽一切可能向俄国的所有劳动人民，特别是向无产阶级表明，俄国的沙皇制度十分危害俄国人民自身的利益，并且它严重削弱了俄国对德国帝国主义进行反击的能力。同时，普列汉诺夫无视历史真相，以一种顽强的沙文主义幻想来安慰自己，仿佛一旦沙皇俄国赢得对德战争，俄国革命就将来临。

普列汉诺夫在《论战争》这本沙文主义社会思想的小册子给工人运动带来了极大的伤害，这是因为它给社会民主党人指出了错误的方向，促进了地主势力的传播和资产阶级的入侵，以及造成了沙文主义狂潮的蔓延，阻止了反帝国际主义者对大屠杀的统一。

尽管列宁和普列汉诺夫在机会主义"和解"的趋势上存在着深刻的分歧，但直到第一次世界大战前夕，列宁一直试图在马克思主义的基础上吸收普列汉诺夫的观点进行思想和理论合作。列宁在 1914 年高度肯定普列汉诺夫的理论成就，尤其是哲学上的功绩，并指出，他在 1908—1912 年与取消派进行了顽强的斗争，还指出了普列汉诺夫立场上的摇摆，即他到底是希望同谁统一的含混的态度，更彻底地说，普列汉诺夫有着相当程度的机会主义倾向。在普列汉诺夫一生的最后几年，他的精神危机和科学理论的退化对所有希望坚持马克思主义立场的人来说都是显而易见的教训。事实上，只有与革命工人运动的国际主义实践紧密联系，坚定不移地捍卫无产阶级国际主义原则，与马克思主义的敌人和歪曲者进行坚决的斗争，才能确保理论和思想的创造性发展。不幸的是，在普列汉诺夫一生的最后几年，从来没有贯彻这一行动准则，当时他从政治上陷入了孟什维主义、中派主义，后来又沦为彻底的社会沙文主义。

由于共产党的不断关心和明智的领导，列宁主义者对普列汉诺夫及其遗产的态度在苏联科学界牢固树立。苏联人民一直向普列汉诺夫表示敬意，并对这位俄国无产阶级革命运动者，俄国先进文化的杰出代表之一，以及其作为俄国马克思主义的先驱做出了应有的评价。

格奥尔基·瓦连廷诺维奇·普列汉诺夫永远不会被人民所遗忘。在他光辉的马克思主义著作遗产中，在为争取唯物主义胜利而奋斗多年的思想和理论斗争中，普列汉诺夫的名字是杰出而不朽的！

参考文献：

［1］［俄］戈·瓦·普列汉诺夫：《俄国社会思想史》（第 1 卷），孙静工译，商务印书馆 1988 年版。

［2］［苏］米·约夫楚克、伊·库尔巴托娃：《普列汉诺夫传》，宋洪训等译，生活·读书·新知三联书店 1980 年版。

［3］高放、高敬增：《普列汉诺夫评传》，中国人民大学出版社 1985 年版。

世界社会主义妇女运动领袖蔡特金

克拉拉·蔡特金（Clara Zetkin，1857—1933），原名克拉拉·艾斯纳，她为国际妇女运动做出了卓越的贡献。1910 年妇女代表大会在哥本哈根召开，蔡特金在会上提出将 3 月 8 日定为世界妇女斗争日，这激励了广大世界妇女争取自身合理利益。她是国际社会主义妇女运动领袖之一，是德国社会民主党和第二国际左派领袖之一，是德国共产党创始人之一，是无产阶级女权解放的灵魂人物。

少女英雄梦

小蔡特金出生在德国萨克森邦埃尔茨山脉脚下一个风景秀丽的小村庄——维德劳。村边有一条维德河，河的两旁草长莺飞，风景宜人。在这个美丽的村庄里，除了少数几家比较富裕的农民和手工业的师傅外，其他大部分都是贫苦的工人和家庭手工业者。

1857 年 7 月 5 日，克拉拉·蔡特金出生在德国萨克森州维德劳村的一个小学教师家中。由于父母都接受过教育，克拉拉·蔡特金从小就有机会受到良好的家庭教育，正是因为父母的教导，让小蔡特金成就了伟大的一生。

蔡特金一生的成就离不开父母从小的教育。她的父母经历了人生的不易，培养了蔡特金很多良好的品质。蔡特金的父亲叫哥特弗里德·艾斯纳，是维德劳附近的一个佃户的儿子，家境贫寒。幸运的是遇到了一位好心的牧师，在这位牧师的关心和帮助下，他学习了丰富的文化知识和艺术知识，并且也成为一名虔诚的基督教信徒，恪守着"爱人如己"的教条。蔡特金的母亲叫约塞芬·维塔勒，出身在一个优渥的家庭。约塞芬的父亲是一名法文和意大利文的老师，曾经做过拿破仑一世的侍卫官，拥护法国大革命，后来因为对拿破仑到处的侵略扩张行径不满而离开了法国军队。受到父亲的影响，约塞芬关注资产阶级自由、平等、民主的进步思想，也由此成为德国早期的一名女权主义者。

1853年，蔡特金的父亲哥特弗里德来到维德劳，成为一名小学教师。1855年，哥特弗里德和约塞芬结婚。在此之前，他们都各自有过一段婚姻经历。重新组建家庭之后，他们非常珍惜眼前的幸福，婚后生了三个孩子：长女蔡特金、长子阿图尔和次女格尔特鲁德。

父亲和母亲都是接受过良好教育的人，这在维德劳小乡村来说是少有的，蔡特金的家庭可以说是当地的"书香门第"。父母成为她的启蒙老师，有能力从小给她良好的教育。良好的家庭教育给蔡特金的一生留下了深刻的人生烙印。

在父亲母亲的引导下，小蔡特金从小就开始领略伟大的作品，了解世界伟大的人物。在文化艺术方面，父亲是她的引路人。父亲是一名小学教师，有时间也有精力从小给小蔡特金讲述世界上伟大的作家作品。小蔡特金从小就在莎士比亚、狄更斯、拜伦等作家的作品中熏陶长大。扎实的阅读功底和坚实的文学基础，使她后来书写了很多文学评论方面的著作。在政治信仰方面，母亲则给了她很大的影响。母亲常常给她讲法国大革命的故事。残酷的战争、勇敢的人民群众，这些都一次又一次冲击着小蔡特金的心灵。在这些革命故事中。小蔡特金看到了人民不畏强权的斗争精神，看到了人民群众追求民族解放、国家自由、民主平等的坚定信念，为政治信仰不惜牺牲生命的伟大精神。这些都在小蔡特金幼小的心灵深处渐渐生根发芽，后来一直保持在她的革命生涯中。

在父母的影响下，蔡特金成长成为一个善良、包容、极富同情心和同理心的人。父母带着他们几个孩子到贫苦的纺织工人和农民家里参观，到救济院去给那些吃不饱饭、没有衣服穿的穷人送去食物和衣物，小蔡特金从小就知道献爱心，有一颗善良的心。年幼蔡特金看到了底层人民生活的艰辛，也看到了生活的不公。穿着华丽衣服的绅士乘着四轮马车到处游玩，贫困的百姓辛勤劳作拼死拼活在为吃饭发愁。这到底是为什么？到底是什么造成了这么大的贫富差距呢？从小爱读书爱思考的蔡特金想不明白问题的原因，带着这些问题，她开始一点点阅读，企图寻找答案。在寻找的过程中，蔡特金开始一步步走向社会主义运动。

蔡特金对《瑞士解放斗争史》和《法国革命史》沉迷不已。读着瑞士民族英雄和法国革命勇士们的故事，蔡特金激动的心情久久不能平复。她的心似乎已经随着故事里的人物到了街垒准备战斗。蔡特金着迷这些英雄故事，她把这些英雄故事讲给一起玩的小伙伴听。小伙伴们认真地听着，屏住呼吸，心情随着这些革命故事跌宕起伏。听完这些故事，他们按照故事里的情节做起了游戏。在游戏里，他们扮演不同的角色，小蔡特金最喜欢扮演的就是瑞士民族英雄文克里特。蔡特金从小就展现出了组织能力，游戏的核心人物总是她。从那时起，一颗英雄的种子在少女的内心生根发芽。她幻想着长大能像英雄人物一样为美好的事战斗，获得胜利，就像文克里特那样。

蔡特金的父母很重视孩子们的教育问题。为了让孩子们有机会接受更好的教育，蔡特金一家迁居到莱比锡。1871 年年末，蔡特金来到了大城市。这里的一切让她感到陌生，感到不习惯。她喜欢大自然，她喜欢维德劳村庄的山山水水、树木花草。她想念一起玩耍的小伙伴。但小蔡特金不久就适应了城市的生活。在城市里，她有机会走进剧院，观看歌德的《浮士德》、莎士比亚的《哈姆雷特》《奥赛罗》等名剧。这些名剧给她留下了深刻的印象。

莱比锡是一座国际工人运动的城市，这里是国际工人运动的中心，先后成立了许多工人组织。如 1862 年，工人们建立了"前进协会"，之后在此基础上建立了"莱比锡委员会"，主要的任务是筹备全德工人代表大会的召开。1863 年 5 月，国际工人运动的城市莱比锡成立了全德工人联合会，这是德国第一个全国性的工人组织。在同一时期，德国其他地区也纷纷出现了工人组织。如 1869 年在爱森纳赫城建立了德国社会民主工党，这是由德国工人运动和国际工人运动著名领袖奥古斯特·倍倍尔和威廉·李卜克内西组织建立的。又如 1875 年 5 月，在哥达成立了德国社会主义工人党（1890 年改称德国社会民主党）。这是由全德工人联合会与爱森纳赫派合并而来的。莱比锡或者说是整个德国浓郁的政治气氛影响了蔡特金。

1874 年至 1878 年期间，蔡特金就读于冯·斯泰贝尔女子师范学校。在这个时期，蔡特金开始接触到革命思想。冯·斯泰贝尔女子师范学校的校长施密特女士是一位思想活跃、富有自由理念的活动家和教育家。在一次全国妇女联合会中，蔡特金的母亲与校长施密特女士结识，她欣然同意蔡特金进她的学校免费读书。在冯·斯泰贝尔女子师范学校，蔡特金的表现优异，是别人眼中的榜样。她聪慧又认真，似乎学习就是一件很简单的事，她总能很轻易地把各门功课都学好。她记忆力惊人，很快就能学会新知识，记住新内容。她在写作方面很有天赋，不仅有自己的写作风格，还能有很强的逻辑性。成绩优异的蔡特金得到了校长的赏识。

蔡特金一边在学校不断汲取新知识，一边在城市中看到了贫富差距以及生活的不公。蔡特金一点点长大了，她思考的问题一点点多了起来。她看到，在公园里一些衣着华丽的孩子跟着家庭教师游玩，而公园里还有另一些年龄相仿的儿童则挎着沉甸甸的报纸袋在叫卖。在剧院里，珠光宝气的阔太太们光鲜亮丽，但是如果把这些贵重的珠宝饰品变卖，就可以养活纺织工人的家庭生活好几年。蔡特金心里想，如果富人们稍稍克制下自己的欲望，那世界上将不会产生饥饿和贫困。在看到了这么大贫富差距后，蔡特金苦苦冥想消除贫困的办法。一次偶然的机会，她在报纸上看到了有关工人运动的文章。从此，社会民主党走进了她的视野。从那以后，她开始关注社会民主党的宣传单和小册子。她反反复复研读党的领袖倍倍尔和威廉·李卜克内西的演说词。在慢慢地了解和研读的过程中，蔡特金开始初步认识到解决贫困的出路就是必须推翻剥削制度。她开始拥护社会主义了。

红色地下学生

1878 年，二十一岁的蔡特金顺利通过国家女教师考试，父母和施密特校长知道这个消息后，都为她能有一个可靠的前途而感到高兴。但蔡特金并不想过安稳的生活，她决心奉献到工人运动事业中，把自己的知识贡献给工人和贫苦的农民。她把自己的打算告诉给了俄籍的好朋友瓦尔瓦拉，瓦尔瓦拉非常支持她的想法，并把她介绍给了一些俄国的流亡者和大学生。蔡特金积极参加社会民主党的集会，她有机会深入接触德国工人。当她听到工人们把"民族英雄"的"铁血宰相"俾斯麦叫作"屠夫"时非常惊讶。从此以后，蔡特金经常参加聚会，逐渐了解工人们的真实想法。她认识到，和这些有组织的工人们在一起，她有机会实现帮助穷人走向美好生活的愿望。

蔡特金的父母强烈反对女儿参加集会。但即便他们提前锁上家门，蔡特金也会想方设法从窗户出入。甚至施密特校长也不支持她的行动，施密特校长威胁她说，如果她不与那些"罪恶的暴徒"断绝来往，就和她脱离师生关系。蔡特金在面对家人和老师都不支持的情况下，非常沮丧。她在夜深人静的时候暗自落泪。到底要不要放弃？经过几天激烈的思想斗争，她做出了最终的决定。她含着泪坚定地对家人师长说自己不能够违背自己的信念。

1878 年，蔡特金挥泪告别了家人和师长，拿着行李走出了家门，毅然开始了她的革命事业。1878 年，德奥帝国颁布了《镇压社会民主党企图危害治安的法令》，德国党被迫转入地下。白色恐怖没有吓倒这个年轻的少年。1881 年蔡特金加入了德国社会民主党。之后不久，她来到瑞士苏黎世从事党的秘密报刊《社会民主党人报》的出版发行工作。

1878 年，蔡特金结识了奥西普·蔡特金。奥西普是一位俄国流亡者，他与那些只会说漂亮话但是从不实践的流亡者不同，他身体力行从事革命事业。他认为只有将工人阶级都组织起来、团结起来，才能实现改造世界的目标。表面上看，奥西普是一个木匠，实际上他是一个革命者。当时已经加入德国社会民主党。奥西普喜欢研读马克思和恩格斯的著作，认识蔡特金后，两人相见恨晚。他非常欣赏这位有远大抱负和坚强品格的年轻姑娘。1882 年 11 月，两人在巴黎结婚。

奥西普是一个充满热情的俄国革命家，阅读了很多理论作品。在他的指导下，蔡特金开始阅读革命著作，如《共产党宣言》等。蔡特金逐渐学懂弄通了社会主义学说的精髓。夫妇俩一起讨论社会主义理论，精神食粮丰富。现实生活中，两人生活十分艰苦。他们在蒙马特尔区租的房子狭小又阴暗。奥西普靠翻译和写文章挣些稿酬，收入微薄。为了维持生活，蔡特金也尝试做一些临时的翻译工作或者教课来获得一些收入。两人的生活异常艰辛。

两年后，他们生了两个男孩。两人一边沉浸在新生命到来的喜悦中，一边在发愁如何维持生活。新生命的到来让本就困难的家庭更加艰辛。为了养育孩子、补贴家用，蔡特金拼命工作。她白天要跑图书馆，还要料理家务，晚上还要在哄孩子们入睡之后，赶快翻译和写文章，生活节奏马不停蹄。即使是如此拼命地工作，他们依然生活很拮据。有时候为了糊口，不得不把一些必需的家具送进当铺。为了让孩子尽可能吃饱，夫妻俩经常忍饥挨饿。

尽管生活困难，但是丝毫没有削弱夫妻俩革命的热情。在流亡巴黎的几年里，蔡特金夫妇积极参加社会民主党的集会，听威廉·李卜克内西的报告，还经常和工人们一起热情地讨论问题。蔡特金积极参加游行示威活动，她几乎每年都参加巴黎的五月示威。在示威活动中，她竭力呐喊，向巴黎公社社员致敬。她走在前排的红旗下，和游行的其他组织者一起，带领游行队伍前往拉雪兹公墓，向安葬在那里的巴黎公社社员致敬。游行示威活动充满了危险，情绪激动的游行队伍和警察互不相让，发生了冲突。蔡特金赶紧组织工人们进行抵抗，她忽然觉得脚发麻，才发现是被警察的马刀砍中。鲜血染红了她的鞋，但她没有丝毫畏惧。在群众的保护下，她安全回到家中。脸色苍白的蔡特金依然坚强，"我不能放弃我的信仰"，即使危险、即使困难重重，也不会放弃自己的信仰。1889年奥西普病逝，这给蔡特金的精神带来了巨大的打击。坚强的蔡特金没有被生活压垮，她带着对奥西普的爱，将奥西普未尽的革命事业进行到底。她将自己的全部生命投入社会主义运动中。1897年，蔡特金加入德国社会民主党，开始加入无产阶级向资产阶级发起进攻的队伍。

动人的演说家

在流亡巴黎期间，蔡特金曾带着孩子回到莱比锡看望父母，在那里逗留了几个星期。当时正是"非常法"时期，社会民主党仍处在地下状态，一天，三位社会民主党成员找到蔡特金，请她在党的一次大规模秘密集会上做一次关于巴黎政治生活的报告。蔡特金感到很紧张，因为她以前只是在很少的一些人中间进行宣传和讨论，至多是在大会上提出一些反对的意见，但从未做过大会演说。她一边着手准备，一边给尚在巴黎的奥西普写信。奥西普鼓励她一定可以的，这增加了蔡特金的信心。她费了不少工夫，细致地准备了讲稿，她要把巴黎的情况告诉莱比锡的朋友们。集会的日期到了，蔡特金赶到会场，见有上千人聚集在那里等待着。她又有些紧张了，心扑通扑通直跳。一上讲坛，望着台下几千双期待的眼睛，她感到浑身在发抖。蔡特金极力想镇静下来，可就是控制不住自己，脑子里一片空白，精心准备的内容一下子全部溜走了，一句话也说不出来。台上台下都静悄悄的，蔡特金只能听到自己的心跳声。在片刻的寂静之后，蔡特金看到坐在第一排的一位白发老妇人正朝着她慈祥地微笑，并轻轻地对她说：孩子，别着急，讲不下去也没关系。再看看会场上的其他人，也都善意地对她点着头。绷紧的神经一下子缓和下来，蔡特金深深地吸了一口气，讲起了她在巴黎所经历的和看到的工人们的活动。

这是她人生第一次做正式演说。演说结束后，会场上响起热烈的掌声，很多人拉起她的手告诉她，她的讲话既生动又有趣。从此以后，蔡特金每星期都应邀在秘密集会上做两三次讲话。动身回巴黎那天，几百名工人涌到莱比锡车站月台上为她送行，许多人和她一次又一次地握手。警察以为工人们把倍倍尔带进了车站，赶快上前盘查，挤进人群之后，他们失望了，原来工人送的只是一个带着两个孩子的年轻妇女。然而，正是这位年轻的女性，凭着顽强的毅力，不停地奔走呐喊，很快就成了蜚声全德意志的女演说家。

1890 年 10 月，实施了十二年之久的"非常法"被取消了，俾斯麦随之下台。这年年底，蔡特金带着两个儿子回到了德国。起初，经倍倍尔介绍，蔡特金在斯图加特市出版社工作。一年以后，根据党的中央理事会的建议，她开始担任党的妇女报刊《平等报》的编辑。蔡特金非常喜欢这份工作，她忘我地全身心投入报纸的编辑出版上。她利用这份报纸唤醒女读者们对于美好生活的希望，提高她们的政治觉悟，向她们讲述世界各国妇女的生活和疾苦。与此同时，她还常常走上讲坛，通过富于激情的演说，直接进行宣传鼓动。

经过一次又一次的实践，蔡特金已不再像第一次上台那样因为紧张而不知所措了，而是滔滔不绝、游刃有余。她的演说很有特色，总是从听众们最关心的话题入手。面包涨价了，工人们本来就很干瘪的钱包受到了更大的威胁。谁的负担最重呢？当然是工人们的妻子。蔡特金的演说太明白易懂了，就连那些根本没有受过教育的妇女也豁然开朗。她们仿佛亲眼看到，那些被掠走的钱财怎样流进大贵族和大地主的腰包里，那些衣着华丽的贵族怎样在夜总会里一掷千金，尽享美味佳肴。母亲们仿佛立即看到自己的瘦弱不堪、饥肠辘辘的孩子们向她们伸出小手，只为了一片面包。

蔡特金以罕见的精力奔波着，她常常是巡回演讲，有时短短的两三个星期内要到不同的地方做十几次演说。她也很疲惫，经常在火车上坐着就睡着了。她不是不想好好休息，但她不允许自己这样做，因为很多人在等着听她的声音。有时候，她觉得自己真是筋疲力尽了，但只要一站到讲台上，就好像与群众有了内心的接触，立刻就精力充沛。就像希腊神话中的巨人安泰一样，只要一接触到大地母亲，就会重新拥有神奇的力量。

蔡特金的足迹几乎遍布了德国的所有城市，甚至在一些小镇也留下了她的身影。她那激动人心的演说为她赢得了很大的荣誉，也得到了人们的尊敬和拥戴。她每到一地，一登上讲坛，人们便报以热烈的掌声和欢呼声。她演说时热情洋溢，生动感人，讲到激愤处，还用拳头捶桌子。听过她演说的人，都感到精神振奋。当时，全德国都知道这位"动人的女演说家"，甚至在反对派阵营里，蔡特金也很有"声望"，许多地方的政治当局严厉禁止她在当地演讲，禁止的理由是尽人皆知，蔡特金以特别尖锐的方式进行颠覆现有的国家制度和社会制度的宣传。

国际妇女运动之母

蔡特金被誉为"国际妇女运动之母"，她发起国际妇女运动，倡导女性维护自己的合法权益，并将这一理念付诸行动。在她的努力下，一系列妇女运动的方针政策确立起来。

1889 年 7 月，第二国际成立大会在巴黎举行，蔡特金作为德国社会民主党代表团的成员出席了大会。在热烈的掌声中，蔡特金就《妇女劳动问题》发言。她从生产方式的变革角度阐释了妇女要从家庭走向社会的历史必然性："妇女解放问题是新时代的产儿，是机器生育了它……妇女解放意味着从根本上彻底改变她们的社会地位，这是她们在经济生活中的作用的一场革命。"在讲话中，她指出女性参加劳动是实现自身彻底解放的第一步，而"妇女的解放同全人类的解放一样，最终将是劳动从资本中解放出来的事业"。她呼吁女性朋友们要在社会主义旗帜下，"为争取她们被承认为享有平等权利的人而奋斗"。

蔡特金的发言掀起了巨大的震动，她号召"工人应该把按平等原则吸收女工加入自己队伍作为自己的义务，还要求实施不分性别、不分民族的同工同酬原则"。蔡特金的讲话也成为刚刚兴起的无产阶级妇女运动的指导思想。

1919年，共产国际成立后，她着手创建共产国际的妇女组织；1920年初，她起草了《关于共产主义妇女运动的提纲草案》和《共产主义妇女运动的方针》。在这两个文件中，她再次强调妇女的解放是工人阶级历史使命的重要组成部分，要吸收劳动妇女参加革命的阶级斗争。11月20日共产国际妇女书记处成立，蔡特金当选为书记。1921年6月蔡特金参加共产国际第三次代表大会，她做了《关于共产主义妇女运动问题的报告》。她指出："如果没有妇女参加，无产阶级就不能将自己的经济斗争和政治斗争进行到底。"

蔡特金也十分重视报刊的阵地作用。蔡特金创办和领导了指导欧洲妇女运动的《平等报》。1892年《平等报》创刊号作为圣诞节的礼物献给读者，在发刊词中这样写到：妇女解放只有在社会主义社会才有可能。在社会主义社会里，各种社会歧视和社会奴役的根源连同一个人的经济依赖一起被消灭。社会主义妇女运动的目的应该是：争取劳动阶级的妇女同她们的男人一起，为改变她们的生活状况而斗争，并且把她们进一步教育成为社会主义战士。《平等报》作为一个对妇女进行马克思主义教育的阵地，主要用来宣传妇女解放、领导妇女斗争。蔡特金承担了《平等报》的编辑工作。在蔡特金的领导下，《平等报》写尽了女性生活的艰辛、女性的困难和痛苦、女性所受到的不公待遇、女性的愤怒，在广大妇女中产生了极大的影响。《劳动报》成为社会主义妇女运动的传播者和最锋利的武器。

1907年8月，第一届国际社会主义妇女代表大会在德国的斯图加特召开，会上决定成立国际民主妇女联合会，把《平等报》作为机关报，并选举蔡特金为书记处书记。蔡特金为了说明妇女运动问题，还写了很多专著。她看到了无产阶级妇女运动与资产阶级妇女运动不同的性质和目的。她指出，资产阶级妇女运动要求在资本主义制度范围内实现本阶级妇女的自由和解放，而无产阶级妇女运动则要摧毁资本主义制度，实现妇女的彻底解放。

蔡特金推动了"三八"国际劳动妇女节的诞生。1910年在第二国际的哥本哈根国际社会主义妇女会议上决定每年举行国际无产阶级妇女节。"各国无产阶级有阶级觉悟的政治组织和工会一致同意：各国社会主义妇女每年要有一个节日，其主要目的是帮助妇女获得选举权；必须按照社会主义原则并连同整个妇女问题一起对待妇女的选举权要求。妇女节必须具有国际性和认真地筹备。"

这项建议得到全体与会者的热烈赞同。国际妇女节定为 3 月 8 日是为了纪念俄国女工在 1917 年二月革命中的英勇斗争。从此，每年的 3 月 8 日便成为国际劳动妇女节，蔡特金的名字也同"三八"国际劳动妇女节、同无产阶级妇女解放运动紧紧联系在一起。

除了妇女解放运动领袖的身份，蔡特金还是一位著名的无产阶级教育理论家。她关注教育问题，曾于不同场合多次发表过关于教育问题的报告演说，写过许多关于无产阶级教育的文章，有着先进的教育理念。这与她从小就接受了先进的文化教育密不可分。

1904 年她发表了《学校问题》这一著名报告。报告中，她针对当时德国的教育现状和劳动人民子女受教育的状况，系统地提出了她的改革思想：第一，主张义务教育。她主张实行从幼儿园到高等学校统一的、义务的教育制度，不管父母贫富贵贱，所有适龄儿童都必须读小学和中学。这在当时看来是十分先进的。第二，蔡特金主张教育世俗化，宗教与学校分离。她认为宗教课程既没有伦理学的根据又没有教育学的根据，并且宗教课阻碍了无产阶级进行现世的阶级斗争。第三，她提倡自由劳动。自由劳动就是学校设立劳动课，将劳动与直观教学相结合，这具有崇高的伦理学和教育学的意义。蔡特金非常重视劳动的作用。她认为劳动可以强健学生的身体、锻炼肌肉、提高动手能力还能促使学生形成劳动光荣的理念。让他们尊重劳动者的付出、尊重劳动成果。第四，她主张家庭教育。家庭教育是一个独立的教育单位，父母要对孩子们的教育负责。儿童就像一张白纸，家长在上面勾画；儿童像一块黏土，家长可以揉捏、塑造和定形。所以父母对孩子的影响是巨大的。另外，她还提出了全面彻底地改革各科教学、提高教师的地位和待遇、对中学生进行职业教育等一系列先进的主张。

蔡特金的一生与俄国无产阶级有着不解之缘。她的丈夫奥西普·蔡特金是俄国的一名马克思主义者，引导蔡特金走上了革命的道路。她支持俄国革命，支持苏维埃政权，1924 年后很长一段时间都是在苏联度过的。1922 年，在共产国际第四次代表大会上，蔡特金做了《俄国革命五周年和世界革命前途》的报告。她在报告中详细地论述了俄国革命的性质和意义，指出："俄国革命不论从它最重要的社会支柱无产阶级来看，还是从它的内容来看，都不可能是一场纯粹的资产阶级革命……通过革命争取和平，土地交给农民，工人监督生产，全部政权归苏维埃，全部政权归工农代表苏维埃，所有这些要求都跟资产阶级革命是不相容的。"1927 年，蔡特金在莫斯科度过 70 岁生日，让她意想不到的是苏联很多学校、企业、俱乐部都用她的名字命名。同年 10 月，蔡特金在克里姆林宫接受了苏联政府授予的"红旗勋章"，可见俄国人民对她的爱戴和敬仰。

不怕死的老太太

晚年的蔡特金依然活跃在革命事业上，她参加了共产国际工作，多次出席共产国际会议。1922 年蔡特金宣读了共产国际的宣言，她呼吁"工人阶级尽管有着使其不能团结一致的各种深刻的意见分歧，但它必须联合起来防御资本的进攻"。

蔡特金加入共产国际后，时常面临被捕的危险。但是她总是能巧妙地沉着应对。在蔡特金参加法共成立大会时，法国警察局非常恐慌，他们要立刻逮捕蔡特金。为此，警察还在边境上设立了一道又一道关卡。列车上的人们都在你一言又一语地议论着，大家都在猜测年迈的老人如何在警察的重重检查下躲过监视过境。讨论的人群中有一位慈祥的老人，她安详地刺绣，时不时地跟大家聊聊天，说是刚刚看望孙子回家。经过几次严格的检查，列车安全过境。谁也没有想到，这个慈祥的老太太就是警察大力追捕的"危险的女革命家"。

1927 年，蔡特金在莫斯科附近的一个小别墅定居，在这里她被精心护理。这个时候她视力受损、心脏病日益加重。还好有列宁的夫人、蔡特金的挚友克鲁普斯卡娅常常来看她。虽然身体欠佳，她依然密切关注着世界局势的变化，关心自己祖国的命运。

法西斯上台后，引起了人们的恐慌。蔡特金在多个场合坚决反对法西斯。1923 年 3 月法兰克福国际工人代表大会召开，会上蔡特金做了《反对国际法西斯主义危险》的报告，她强调"法西斯主义意味着一种把人类拖入一次新的世界大战的危险。这次战争比起我们在第一次帝国主义世界大战所经历过的一切野蛮、无耻、罪行还要广泛，还要野蛮"。蔡特金从法西斯主义是工人阶级面临的主要危险这个前提出发，号召建立广泛的反法西斯主义的统一战线，她呼吁"各种不同职业、不同政治与会派别、不同社会与宗教信仰的人们团结起来，进行反对法西斯主义与战争危机的斗争"。

1932 年 8 月 30 日，她以年龄最大的议员身份主持国会开幕式。她全然不顾法西斯分子扬言要杀害她的恐吓，登上讲坛，宣布国会开幕并且发表了控诉法西斯暴行的政治演说。她号召全世界劳动人民团结起来，同法西斯主义做斗争。在反法西斯斗争中，蔡特金是历史上第一位同法西斯进行面对面斗争的共产党人，表现出了大无畏的精神。1933 年 6 月，蔡特金向全世界劳动人民发出了最后呼吁："看看德国吧！垂死的、感到自身受到威胁的资本主义正在向法西斯主义求救。法西斯主义建立了毁灭人们身体和精神的野蛮统治，恢复了远在中世纪之前的暴行……凡是在思想感情上反对法西斯暴行的人，目前最迫切的任务是同正在斗争的人们团结起来，用援助，物质的援助，来保全受法西斯主义迫害的人的生命。各国反对法西斯主义的人们，我号召你们，同国际红色救援协会共同担负起国际团结的全部义务。"此时，她的生命还有不足一个月的时间，但依然战斗在反法西斯斗争中。1933 年 6 月 20 日，76 岁的蔡特金在莫斯科逝世。这位值得纪念的伟大女性被安葬在俄罗斯红场。

蔡特金将有限的生命焕发无限的光芒。她投身世界社会主义运动 50 多年，斗争是她一生全部的写照。1933 年 7 月 1 日出版的《共产国际》杂志刊登了共产国际执委会主席团的悼念文章，对蔡特金的一生做了简短的评价：克拉拉·蔡特金，这位伟大的革命家，去世了。她为社会主义世界革命事业战斗了 50 多年。直到生命的最后一刻，她仍高高地举着共产主义的旗帜。蔡特金这位伟大的革命家，伟大的社会主义女性，将被人们永远铭记。

参考文献：

[1] [德] 蔡特金：《列宁给全世界妇女的遗教》，魏城译，生活·读书·新知三联书店 1960 年版。

[2] 张汉清、孔寒冰编著：《克拉拉·蔡特金年谱》，北京大学出版社 1992 年版。

[3] 孔寒冰：《蔡特金》，中国工人出版社 2014 年版。

无产阶级的天才歌手鲍狄埃

欧仁·鲍狄埃（Eugène Edine Pottier，1816—1887）是法国的革命家，法国工人诗人，巴黎公社的主要领导人之一，《国际歌》的词作者。鲍狄埃经历了法国工人运动和欧洲工人运动中一个非常重要的历史阶段。鲍狄埃在剧烈的历史动荡和尖锐复杂的阶级斗争中度过了自己不平凡的一生。鲍狄埃发表过许多活页歌片和诗歌小册子，但仅有《革命歌集》和《鲍狄埃全集》传世。其生前发表了《少年诗神》（1831）、《社会经济诗和社会主义革命歌集》（1884）、《革命歌集》等多种诗集。他的诗歌热情洋溢，质朴有力，充分表现了革命无产阶级的豪迈气魄。列宁称誉鲍狄埃是"一位最伟大的用诗歌作为工具的宣传家"。

少年诗人

欧仁·鲍狄埃，1816年10月4日出生在风景秀丽的塞纳河畔法国名城巴黎。这是一个劳动家庭，他的祖父是一个裁缝，父亲靠制作木箱维持生计。年幼的鲍狄埃从小就懂得生活的艰辛。十三岁的鲍狄埃失学后开始和父亲一起学习制作木箱。每天天还不亮，这个瘦小的男孩就起床开始了一天的劳作。不停地锯啊、刨啊，还在长身体的小鲍狄埃经常工作到深夜，浑身酸疼。他在《小传》中这样讲道："在那制木箱的工作台旁，他呆滞、困倦、迷糊和笨拙。"童年的经历也给他后来创作童工惨境的作品时提供了生活经验。

苦难可以毁灭一个人，也可以激起一个人的斗志。鲍狄埃经历着工人生活的苦难，一种想要逃离这种生活的想法在心里生根发芽。贫困的生活让他对知识充满了渴望，他总是抓住空闲的时间来阅读书籍。一次，他在家里偶然找到了一本莱斯托语法书。通过这本书，鲍狄埃学会了诗词格律。后来，他有机会阅读一本当时著名的平民诗人贝朗瑞的诗歌集。贝朗瑞诗歌中鲜明的政治观点、朴实的民歌风格，让鲍狄埃深深着迷。他不停地阅读、背诵，爱不释手的时候就把诗集逐字逐句都抄下来。在小鲍狄埃的心里，贝朗瑞成了堪比荷马的光辉人物。

1830 年，巴黎爆发了反对波旁王朝专制统治的"七月革命"。群众奋力反抗查理十世的封建统治，他们在巴黎的街头游行示威，筑起巷战工事，占领了杜伊勒里宫。未满十四岁的鲍狄埃在这场声势浩大的革命暴风雨中经受洗礼。他爬上卢浮宫广场赎罪教堂的脚手架，在高处一览巴黎的这场运动，伴随着空中激荡的枪声，他呐喊道："自由万岁！"

在激动人心的革命运动中，小鲍狄埃开始创作了人生中的第一首诗歌《自由万岁》。"自由万岁"是小鲍狄埃内心的呐喊，也是生活在底层人民的最真切的呐喊。鲍狄埃由衷感慨：人们把铁锁链打得粉碎，自由在眼前闪耀着光辉；你们在叛国皇室的桎梏下，诅咒着万恶的政权早该摧毁！勇士们，你们在战斗中牺牲，但你们的英名将青史永垂！自由啊，鲍狄埃心里充满着渴望：而今自由重又带来希望：而今自由重又带来希望，啊！我们无限幸福无限欣慰。……新的一天，预示我们的未来灿烂光辉，自由万岁！自由万岁！

至此，鲍狄埃开始了一生以笔为戎的革命生涯。一篇又一篇激动人心的诗歌变成革命的力量。

七月革命之后，鲍狄埃开始了一边工作一边创作革命诗歌的生涯。经历了七月革命的洗礼，鲍狄埃的诗歌创作中充满了炙热的革命精神。"对革命胜利的憧憬，对胜利后并非乐观前景的预测，对民众的呼唤与赞扬，对资本家的警告，对世界革命与反革命力量的反思，这些都构成了这一时期鲍狄埃诗歌中重要的元素，开启了鲍狄埃创作的历程。"1831 年，鲍狄埃受到了民歌作家理查德·勒巴日的赏识。在理查德·勒巴日的资助下，鲍狄埃这一时期的部分诗歌得以结集成册，出版了名为《少年诗神》的诗集。《少年诗神》的出版让大众见识到了这个才华横溢的革命少年。虽然在后来的鲍狄埃眼里《少年诗神》并不是非常完美甚至是有些蹩脚的作品，但是诗歌里表达的对黑暗社会的反抗，对巴黎人民革命精神的敬仰，对革命胜利的喜悦，鼓舞了社会大众。

《少年诗神》整体上表达了反对暴政、渴望民主、自由和爱国主义精神。诗集封面上醒目写着"15 岁的鲍狄埃献给贝朗瑞的诗歌集"。在诗集的扉页上，鲍狄埃用自己写的四句诗作为题辞——"当春风吹拂法兰西大地，神圣的烈火将再次燃烧。继续前进吧，呵，小歌手，为了高歌这美好的希望。"《少年诗神》是小鲍狄埃战斗诗歌创作的起点，也是他革命思想的启蒙。

鲍狄埃出生和成长在 19 世纪上半叶，这是欧洲资本主义发展的兴盛时期。资本主义大机器生产不仅造就了大资本家，也产生了大量的无产阶级。无产阶级和资产阶级之间的阶级矛盾日益尖锐，反对资产阶级的工人运动此起彼伏。年轻的鲍狄埃深受工人阶级斗争的影响，他对工人阶级革命充满了热情。鲍狄埃的革命创作活动从一开始就和工人阶级斗争密切相关。

1831 年以后，鲍狄埃一直边工作边学习边写诗。他曾先后做过学校的管理员、纸店的伙计、木箱作坊工人。后来，鲍狄埃学会了绘画，1838 年以后，他在一个朋友的工厂里当绘图工。去朋友的工厂工作并没有想象中的快乐，聪慧的鲍狄埃意识到，自己为朋友打工，而朋友老板眼里只有金钱和利益，并没有情感和友谊。通过这段经历，鲍狄埃更加深刻意识到工人被压榨的悲惨遭遇。

这一时期鲍狄埃经常参加一些社团聚会，引人注意的是"新四季社"。这个社团的主要成员大都是激进的共产主义者。鲍狄埃在参加"新四季社"的过程中也潜移默化受到了影响，逐渐感受到了社会主义思想的魅力。鲍狄埃接受了"平均共产主义"要求消灭不平等现象和实现普遍幸福的主张。这时的鲍狄埃对社会主义的认知还停留在巴贝夫的社会主义思想，就是平均共产主义上。以巴贝夫为代表的平均派认为实现共产主义理想就是暴力推翻督政府、建立革命专政。"尽管'巴贝夫'共产主义体系'相当粗糙和肤浅'，但马克思仍高度称赞巴贝夫是第一个'真正能动的共产主义政党'的奠基人，巴贝夫的学说是'超过整个旧世界秩序的思想范围'的思想。"在巴贝夫的影响下，1840 年，鲍狄埃写了一首名为《是人各一份的时候了》的主张"平均共产主义"的诗歌。他把这首诗歌交给了一个共产主义宣传的朋友。随后，里昂和南方的一些城市到处都在宣传着鲍狄埃的这首平均共产主义诗歌。这个时期的鲍狄埃开始使用"工人欧仁·鲍狄埃"的笔名发表诗歌，鼓励工人阶级争取属于自己的权益，批判黑暗的旧社会。鲍狄埃开始正式踏上了革命创造的道路。

1848 年鲍狄埃参加了二月革命，群众的力量是巨大的！满腔热血的鲍狄埃毅然加入人群，喊着激愤的口号，拿起武器，与群众和战友们一起冲向前线，埋葬黑暗的七月王朝。在这种情绪的感染下，他写下了一首叫《人民》的诗。这首诗主要描写的是参加革命斗争的工人形象，通过工人也表达了自己"不自由，毋宁死"的决心。人民的形象在鲍狄埃的描绘下如此高大：不顾唇焦舌燥，二月里，正如七月间，这战斗的巨人又挺身而起。这"巨人"的力量是伟大的，他们内心不断渴求着正义，渴求着"不自由，毋宁死"。

理想很饱满，现实却令人失望。二月革命最终来看依旧是一场换汤不换药的革命。资产阶级临时政府从成立的第一天开始，就是算计如何获得最大的利益，而不是如何保证人民群众的利益。鲍狄埃逐步认识到了资产阶级的真实面目。革命尚未成功，同志仍需努力。他用简短而有力的文字鼓励大家去战斗，写下《用歌曲作宣传》："去投入战斗！歌曲啊，去投入战斗！"

鲍狄埃清醒地认识到二月革命之后建立起来的政权不是工人所要求的"劳动共和国"或"社会共和国"，而是彻彻底底的资产阶级共和国。于是鲍狄埃创作了《该拆掉的老房子》一诗，撕去了资本主义骗人的假面具，揭示出它依然是个充满阶级压迫、阶级剥削的资产阶级国家。这座该拆的老房子，虽然刚刚建立，但是已经腐朽。他呼吁人们起来推翻资产阶级的统治。

资产阶级和工作阶级的矛盾越来越深，到了六月，矛盾进一步激化。六月的巴黎，又一次响起了起义的号角。这次起义没有严密的组织和缜密的作战计划，都是群众自发的行为。鲍狄埃又一次身战沙场，这一次他差点殒命。残酷的斗争并没有击垮鲍狄埃，他一边奋勇作战，一边笔耕不辍，一篇又一篇充满战斗力的诗歌传播在广大工人中间。"街道上响起排枪声，人民英勇地向那里飞奔，快去建筑街垒！……开火，不断开火，我是霹雳，我的热血在枪筒里沸腾。"六月起义在敌人的围剿下失败了。在资产阶级的屠刀下，数以万计的工人倒下，手无寸铁的工人被杀害、被监禁、被流放。一次又一次的失败，让鲍狄埃意识到，要武装起来，只有武装起来才能战胜黑暗的资产阶级。在亲身经历六月起义的革命失败后，鲍狄埃控诉道："该死！那就死吧！这是我们的过错！低下头，又起胳膊，连勉强糊口的工资也被剥夺，这世道不容我们生活！那就走开！干脆死掉，咱们妨碍人家大吃大喝，这宴席上没有我们的座儿，该死！弟兄们，该死啊！"这声嘶力竭的呐喊也遭到了资产阶级的警惕。鲍狄埃被资产阶级围剿，成为他们关注的重点对象之一。资产阶级对鲍狄埃的暴行，让他的身体受到了严重损害，加上六月起义失败的打击，导致他二十几年一直病于神经官能征和脑充血。

面对资产阶级的围追堵截，鲍狄埃不得不拖着病身离开巴黎。他先后辗转于恕伊城、枫丹白露，甚至到了一些外省的地方。虽然身体羸弱又有敌人追剿，但依然没有动摇鲍狄埃用诗歌进行革命的信念。

六月起义后不久，波拿巴获得政权。波拿巴的野心是称帝，在 1852 年 12 月波拿巴建立了法兰西第二帝国。法国人民又一次深陷帝国统治。鲍狄埃在政变后的第三天写出了《谁来替她报仇？》，"共和国死了，人们把她装进棺枢，我是她的掘墓人，天啊，谁来替她报仇？"这首诗说出了当时人民内心的呐喊，很快，鲍狄埃的诗在群众中传播开来。

50 年代末，民族民主运动和工人运动逐渐高涨，欧洲局势发生重大变化。社会需要一个国际性质的组织，来带领各国工人开展革命活动。

1864 年 9 月，在马克思、恩格斯的领导下，国际工人协会在英国伦敦成立。这就是我们熟悉的第一国际。第一国际是"用真正的工人阶级的战斗组织来代替那些社会主义的或半社会主义的宗派"，"奠定了国际无产阶级争取社会主义斗争的基础"。第一国际努力将国际工人阶级团结在一起，同各种机会主义做斗争，并为马克思主义的广泛传播，做出了巨大的贡献。

第一国际也影响到了法国。鲍狄埃在战友的介绍下知道了第一国际。他认真阅读《成立宣言》和《共同章程》，无产阶级必须团结起来，用暴力革命推翻黑暗的统治，建立无产阶级专政。鲍狄埃对第一国际的主张深感认同，他似乎看到了工人阶级的希望。在鲍狄埃的努力下，巴黎五百多名工艺美术工人建立起了自己的工会组织，并加入了第一国际组织。

随着工人阶级的觉醒，法国人民看清了波拿巴政权的腐朽。工人罢工和反抗活动接连不断。波拿巴政权为了转移国内矛盾，发动了普法战争。法军在战争中节节败退，法国民众震怒。法国工人、市民、自卫军组织起来，推翻第二帝国，法国进入了第三共和国阶段。普法战争中法国的战败激起了普鲁士的进攻心。鲍狄埃加入了当时的国民自卫军。虽然是年过半百、病患缠身、右手瘫痪，但勇敢的鲍狄埃依然冲上了保卫祖国的第一线。巴黎人民为保卫巴黎英勇献身，却抵不过"国防政府"对祖国的背叛。1871 年《红色公告》的发布，号召人们起来，推翻投降的国防政府，建立公社。3 月 28 日，巴黎公社成立大会在市政厅广场隆重举行。鲍狄埃在一次补选后，投身于公社的事务中，成为人民的勤务员。贫苦出身的鲍狄埃，深深理解底层群众的苦难，他能够切实为底层群众考虑，维护他们的利益。鲍狄埃就是这样用自己大无畏的精神和博爱的精神打破旧的秩序，为新秩序的建立奠定基础。

起来，起来斗争！

公社诞生后，面临的形势十分严峻。一边是普鲁士军队的威胁，凡尔赛的反动军队也随时准备反攻，另一边是革命队伍中混进了反动分子，他们企图与凡尔赛军队勾结。人们生活在水深火热之中。历史上著名的公社保卫战就是在这种紧张的情况下爆发的。

列宁对这次大屠杀有过一个统计，他说这是"一次巴黎空前未有的大屠杀。约 3 万巴黎人被野兽般的士兵杀害，约 45000 人被捕，其中许多人后来被处死，被流放去做苦工和移民的数以千计。巴黎共损失约 10 万子弟，包括所有各行业的优秀工人"。历史不会忘记这些先烈们，"工人的巴黎及其公社将永远作为新社会的光辉先驱受人敬仰。它的先烈们已永远铭记在工人阶级的伟大心坎里。那些杀害它的刽子手们已经被历史永远钉在耻辱柱上，不论他们的教士们怎样祷告也不能把他们解脱"。古老的巴黎城横尸遍野，鲜血成河。幸运的是，鲍狄埃没有被敌人逮捕杀害。面对吃人的白色恐怖，鲍狄埃没有畏惧，而是相信耀眼的太阳一定会照遍全球！刽子手的冷漠、战友们的鲜血，让鲍狄埃清楚地看到工人们要紧密团结，工人们要起来斗争！在战争的熊熊烈火中，在凶残的暴行中，他看到了战友们不畏惧的勇气和坚决斗争到底的决心。经过这次保卫战的洗礼，鲍狄埃见到了前所未有的残酷和血腥，鲍狄埃奋笔疾书写下了脍炙人口的《国际歌》："起来！无产者的灵魂！工人们，我们要团结紧。起来！饥寒交迫的奴隶！

起来！全世界受苦的人！为了战胜那黑暗和贫困，奴隶们，起来，起来斗争！我们有正义，我们有群众！我们一无所有，要做天下的主人。"

《国际歌》是鲍狄埃一生诗歌创作中不朽的代表作，是一座"非人工建造的纪念碑"，是人类历史上最伟大的歌——全世界无产阶级的歌。《国际歌》用炽烈的语言表达了无产阶级只有通过暴力革命才能获得解放的真理，是鲍狄埃对惨痛经验教训的艺术总结。他向全世界宣告：公社的原则是永存的，共产主义一定会实现！这就是说，无产阶级必须采取暴力革命的手段，打碎资产阶级的国家机器才能赢得自身的解放，才能"做天下的主人"。

恩格斯在论述包括巴黎公社在内的 1789 年之后法国革命经验的时候指出：在每次革命中，工人们都往往拥有武装。因此，掌握国家大权的资产者的首要任务就是解除工人的武装。巴黎公社是无产阶级用革命暴力摧毁反革命暴力的英勇尝试，而巴黎公社所犯的致命错误也正是由于他们过分的"仁慈"，没有"趁热打铁"最后捣毁凡尔赛巢穴，使得梯也尔匪帮得到喘息之机，重新反扑过来。

《国际歌》融思想性、艺术性于一体，是马克思主义革命真理的艺术体现，是鲍狄埃对科学社会主义理解的提炼，闪烁着马克思主义思想的光辉。它站在马克思主义的基本立场，讲述了马克思主义的观点，体现了英雄的无产阶级和广大受压迫人民为推翻黑暗统治而做出的英勇战斗。《国际歌》口口相传，伟大的共产主义理想传遍世界，成为"全世界无产阶级的歌"。

鲍狄埃深刻揭露了资产阶级的压迫和暴行，他疾呼是劳动者创造了世界。劳动的人民才是世界的主人。但是在过去的社会，不劳而获的资产阶级压榨劳动人民，榨干了他们的血汗，榨干了他们的生命。鲍狄埃清楚不要怕暴力革命，不要怕反抗，劳动者要团结起来做自己的主人。全人类想要解放，就要推翻不劳而获的统治阶级，这样，共产主义才会有光明的未来。"把旧世界彻底埋葬！让面目全新的人类沐浴着正义的灿烂阳光，和黄金的麦穗一起成长！还有损害果木的蛀虫，也不用害怕和惊慌。劳动将在人类的家园里，使红色的硕果结满树上。"金灿灿的麦穗、耀眼的阳光，这是新世界的景象。埋葬旧世界，埋葬一切剥削人的制度，成为每一个无产阶级劳动大众的愿望。"这是最后的斗争，团结起来到明天，到明天，英特纳雄耐尔，就一定要实现。"人民的呐喊是由衷的，人民的呐喊是正义的。人民是历史的创造者，是实践的主体，这也是马克思主义最基本的观点之一。《国际歌》闪耀着马克思主义的革命真理。

《国际歌》是鲍狄埃这一生中最不朽的代表作，达到了"革命的政治内容和尽可能完美的艺术形式的统一"。鲍狄埃的名字也随着伟大的艺术作品，流芳永世。

生命不息，战斗不止

1871 年 6 月，刚写完《国际歌》不久的鲍狄埃，被迫离开祖国流亡海外。流亡生活虽然艰苦，但是他依然笔耕不辍，继续进行着革命活动。当时英国资产阶级政府对巴黎公社进行了污蔑，侨居在英国的雨果本来持人道主义精神，对资产阶级迫害巴黎公社的行为感到震惊，但是他当时道听途说了一些子虚乌有的事情，开始对公社的行为产生了怀疑。这个时候鲍狄埃写下了《难道你一点不知道》，来回应雨果的所作所为、所思所想。鲍狄埃心中蕴藏怒火，他控诉"死神曾使我们两次流血，一次是入侵，一次是内战"。他呐喊"愤怒的大自然，理应气得发颤。他要战斗，我渴望它迸发出猛烈的仇恨，来一次地覆天翻动乱"。

鲍狄埃是一名共产主义战士，他在为自己的国家奋斗的同时，也在为人类共同的解放事业做斗争。1873 年到 1880 年这几年间，鲍狄埃在美国参与工人运动事业。鲍狄埃移居美国后，参加美国工人运动，在美国工人中播撒革命的火种。在移居美国的日子里，鲍狄埃写下了众多革命诗歌，其中最著名的就是《巴黎公社》。鲍狄埃对巴黎公社的怀念和深刻的反思，美好的憧憬和展望未来，都在这篇诗歌里淋漓尽致地展现出来。1876 年 3 月 18 日，是巴黎公社革命五周年纪念日。当年公社的日子历历在目，冒死战斗的勇士，反抗黑暗统治的人民群众，枪林弹雨中不退缩的战友，想起这些，鲍狄埃的内心久久不能平静。我以我手写我心，鲍狄埃写下了气势磅礴的《巴黎公社》，纪念那段不平凡的历史。

"从东方到西方，啊，大地！你在震颤！又到了三月十八日，就是这一天。为了惩治那素有英雄传统的人民，过去的凡尔赛向未来的巴黎寻衅。"

"胜利了！人民大众欢声雷动，地平线上重新焕发出光明。拨开帝国的迷雾，耻辱的云翳，人们终于见到天日，扬眉吐气。"这首诗受到了旧金山的一个社会主义小组的重视，他们将这首史诗般的诗歌印成小册子，到处宣传。很快，这首诗在美国工人中间产生了巨大的影响。

列宁曾经指出："革命者不是那种在革命到来的时候才变得革命的人，而是那种在反动势力最猖獗、自由派和民主派最动摇的时候捍卫革命的原则和口号的人。"鲍狄埃就是这样一个坚定的革命者。他在"反动势力最猖獗、自由派和民主派最动摇的时候"捍卫革命的原则和口号。在资本主义迅速发展的时候，在工人阶级受到严重迫害的时候，在公社失败的时候，他都没有丝毫动摇过革命的决心。

在鲍狄埃写的诗歌中，对资本主义最彻底的批判是这首《美国工人致法国工人》。1876年是美利坚合众国独立一百周年。鲍狄埃当时在美国参加第一国际的代表大会，他看到了美国工业的繁荣和发展，众多的商品在博览会上展览。但鲍狄埃深入这些虚假繁荣的表象，看到了资产阶级对工人的剥削。资产阶级想利用这些繁荣的表象，来掩盖深刻的阶级矛盾，让劳动人民在眼花缭乱的商品中忘记了资产阶级的压榨。"好大的气派，不可一世的威风，这个博览会像魔术一样迷人，豪华的大厅，仙宫般的花园，陈列着工业界的多少战利品。""我们的血已经抽出，老板，喝吧！这绝不是夸张，这是现实，是历史，你不把它拿出来？"铿锵有力的问句表达了鲍狄埃对资产阶级吃人社会的控诉。列宁高度评价了《美国工人致法国工人》这首诗："在这首长诗中，他描绘了在资本主义压迫下的工人生活，描绘了他们的贫困，他们的苦役劳动，他们遭受的剥削，以及他们对于自己事业的未来的胜利所抱的坚强信念。"这首诗，从经济基础再到上层建筑，系统剖析了资本主义社会。结合美国工人奋斗的历程，他号召全体工人团结起来革命，弘扬巴黎公社精神，建立无产阶级专政。《美国工人致法国工人》证明了一个真正的无产阶级战士，他的思想可以穿越国界、影响深远。

1880年，资产阶级政府在法国人民的压力下，宣布大赦流亡者的法令，鲍狄埃这时才得以回到祖国。回到祖国的鲍狄埃失望地发现，这里并没有一点改变。大腹便便的资产阶级，面黄肌瘦的工人阶级，原来"一切都没有变！"回国后不久，鲍狄埃便将自己在国内看到的现状，写了下来，名字就叫《一切都没有变》，他大声疾呼"一切都没有变！"鲍狄埃虽然对毫无改观的法国有一些失望，但是他依然没有放弃祖国的革命事业。他用激情的语言和革命的斗志来鼓舞人民群众投身革命。鲍狄埃在法国更努力地为无产阶级的解放事业而奋斗。当时的法国，工人党内部有两种声音：一种是"可能派"，他们将希望寄托于资产阶级的议会选举，并且小心翼翼地限制工人阶级的活动于合法范围内，不敢去触动资本主义的根基，认为工人阶级的活动应该在资本主义制度可能办到的范围内。另一种声音是"盖德派"，他们认为应该用武装力量夺取政权，由社会集体占有生产资料。"盖德派"的主张更符合科学社会主义的原则，得到了马克思、恩格斯的支持。鲍狄埃坚决站在了"盖德派"一方。一方面是因为他对马克思主义思想理解透彻，另一方面是巴黎公社的失败，让他深刻意识到要从根基撼动资产阶级的统治基础，这样工人革命才有希望。"盖德派"因为路线正确，团结起来的工人越来越多。看着这乐观的形势，鲍狄埃给盖德写了一首《铁匠的梦》。"这个社会残害成年人和儿童，为什么不赶快把它彻底埋葬？我唯一的拯救者，就是我自己，我一定能战胜恶魔，叫它灭亡。"鲍狄埃鼓励人民群众要向资产阶级彻底划清界限，坚决决裂，绝不是像"可能派"那样妄想议会改革。"我再也不需要犹大充当我的代理人，我为议会耻辱付出的代价已经太多，我对资本说：我们必须把账算清！你既然是我所创造，就应当属于我。"鲍狄埃对未来充满希望，他呼唤只要无产阶级团结起来，那么全世界都会插满红旗，"劳动者，你要成为全人类！"

回顾鲍狄埃的一生，虽然病痛缠身，但从未放弃抗争。生命不息，战斗不止。这是鲍狄埃一生的写照。32 岁以后的鲍狄埃经常遭受疾病的困扰。但他从未因病痛放弃革命。生命历程中最后阶段的鲍狄埃，行动困难，瘫痪在床，疾病和衰老夺走了他大半的体力，只能由妻子和女儿照料他的生活起居。虽然被困在床，但他那颗火热的革命心早飘到了全世界。他不顾病痛，写下了一首首战斗的诗篇，以衰老和病痛的身躯谱写出一首首铿锵有力的战歌。不过，此时的鲍狄埃病痛缠身，诗篇只能由妻子来记录了。病床上的鲍狄埃时刻操心工人阶级的翻身解放运动。1887 年 11 月 6 日，他在贫困中与世长辞，巴黎的群众为他举行了隆重的葬礼。

鲍狄埃的一生共创作了 252 篇诗，其中有 73 首是他回国后创作的。

1884 年鲍狄埃出版了短诗集《谁是疯子》，1887 年出版了《革命诗歌集》。鲍狄埃的诗歌成为工人的精神食粮，不断鼓舞着工人运动，鲍狄埃的诗歌也克服种种困难在全世界流传。直到今天，每当我们唱起《国际歌》，一种庄严、肃穆、神圣的使命感便会油然袭上心头。鲍狄埃！无产阶级的伟大诗人！

参考文献：

[1] 徐浩然、王毅：《鲍狄埃》，中国工人出版社 2014 年版。

[2] 马启莱：《〈国际歌〉作者鲍狄埃和狄盖特》，商务印书馆 1971 年版。

[3] ［法］欧仁·鲍狄埃：《欧仁·鲍狄埃诗选》，刘凤云、沈大力译，商务印书馆 1979 年版。

[4] ［法］鲍狄埃：《鲍狄埃诗选》，徐德炎等译，人民文学出版社 1973 年版。

共产国际总书记季米特洛夫

格奥尔基·季米特洛夫生于 1882 年，逝世于 1949 年，他是保加利亚人民的伟大领袖。季米特洛夫早年便走上革命的道路，他才华横溢，举止高雅，受人尊敬。季米特洛夫参加革命是保加利亚无产阶级革命最重要的事件，也是保加利亚近代史上最辉煌的一页。他在 1930 年代的莱比锡审判中的英勇为他赢得了全世界无产阶级的钦佩。

从印刷厂走出的革命家

夜色笼罩着的索菲亚街头上，到处人头攒动，工人们满脸倦容，脚步匆匆。是啊，结束了一天劳累的工作，谁不想赶快回家躺一会呢？这时，城市郊区附近的一家小型印刷厂灯火通明。一个十二三岁的小男孩正在专心地工作，他面前的手稿字迹潦草，涂改痕迹严重，很难阅读。年轻人皱了皱眉，看上去很努力。由于作者的不断修改，手稿已被重新整理了几次。如果今晚不排好稿件，它就无法在明天的报纸上发表了。

"真是个诗人啊！"这个少年忍不住叹了口气，但是他的工作没有停止。一个瘦高的男人不知不觉走了过来。少年被吓了一跳，当他认出来访者时，发了一顿牢骚："瓦佐夫先生，你怎么搞的？由于如此多的修改，您的稿子将被延迟出版。"

高个子的男人就是诗人瓦佐夫。他总是完善自己的诗歌，每次都对其进行多次修改，这常常需要反复排版。今天也是这样。他所写的诗已经改变了好几次，但依然感觉有点不安，于是他亲自来到印刷厂了。

听到牢骚，诗人不好意思地笑了。他拍拍少年的肩膀说："格奥尔基，你知道那正是艺术，没有努力就没有艺术！"

这个男孩是格奥尔基·季米特洛夫。虽然只在印刷厂待了几个月，但已经熟练掌握了印刷排版技术。要知道，他是唯一能够辨认出瓦佐夫笔迹的排字工人。季米特洛夫是瓦佐夫诗歌的第一个阅读者，因为每当有诗歌新鲜出炉，瓦佐夫总是亲手交给季米特洛夫让他帮忙排版。但是就像今天一样，由于重复的排版，季米特洛夫不得不独自工作到很晚，但是他毫不抱怨并且把工作努力做好。当诗人离开后，他立即拿出了一张小纸条，一笔一画地写道："像瓦佐夫一样工作！"这种记录已经成为一种习惯。当他给别人的文章排版时，一旦想到一个主意，季米特洛夫立刻就将其写在纸片上，并在晚上的日记中写下来。虽然聪明好学，但生活的重担压在季米特洛夫的肩上，懂事的他只能辍学打工，自食其力。

季米特洛夫于 1882 年 6 月 18 日出生在拉多米尔县的科瓦切夫齐村。在分娩的前一刻，他的母亲仍然在麦田里弯腰拾穗。他的父亲是一个缝制皮草帽的工匠，起早贪黑地忙碌却收入微薄，一家人指望着父亲养家糊口。作为家中的长子，季米特洛夫体恤父母生活的艰辛，早早就担负起生活的重担。除了帮母亲照料家中的几个弟弟妹妹，还要帮着做农活。即便生活的重负已经压得他喘不过气来，季米特洛夫还是争分夺秒地看书学习，他也成为村子里学习最优秀的孩子。季米特洛夫家境贫寒，乡下的生活难以为继。季米特洛夫四岁的时候，全家只能搬到更远的郊区讨生活。在朋友的援助下，他们一家人在杂草丛生的贫民区搭了一个简陋的木屋暂时栖身。但天有不测风云，季米特洛夫十二岁时，他的父亲积劳成疾，一病不起，突如其来的灾难让这个举步维艰的家庭更加愁云密布。于是，季米特洛夫不得不停止学业，去附近的一家小印刷厂上班。

由于长期的营养不良，季米特洛夫身材矮小干瘪，印刷厂的老板并不愿意雇佣他。但耐不住季米特洛夫的苦苦哀求，老板最终还是留下了他，安排他到机房里打打下手。工作机会来之不易，这让季米特洛夫格外珍惜，毕竟这是全家生活的唯一来源。很快，季米特洛夫就凭着自身的勤快和努力赢得了工友们的认可和喜爱。工友们看到他渴望学习排字，于是就推荐他当学徒。季米特洛夫喜欢排版的工作，因为每天都可以学习到新的知识。在短短几个月内，他迅速掌握了排版的技巧，无论是多么复杂难搞定的手稿，经过他的巧手拨弄，都能够顺利排好。

困顿的生活让季米特洛夫重返校园读书的梦想始终难以实现。

也许阅读的机会越少，越会使人渴望学习，季米特洛夫决定自学。在印刷厂，他每天要工作 10 到 12 个小时，晚上已经精疲力尽。但是季米特洛夫强迫自己振奋精神，经常通宵达旦地读书。他如饥似渴地阅读各种各样的书籍，畅游在知识的海洋里。无论是地理自然还是人文历史，他都饶有兴趣广泛涉猎。做笔记和写日记，成为季米特洛夫一生的习惯。遇到好的文章，他总是飞快地记录下来。他还抓住了每个空闲的时间段，随时随地学习。每天晚上，他都会总结自己那天睡觉之前学到的东西。如果他什么都没学，他会觉得自己白白度过了一天。如果他学到了一些东西，他会觉得这一天没有浪费，他会在日记中写着，今天没有浪费时间。

季米特洛夫到印刷厂工作那年，中央印刷联盟在索非亚成立了。那时候，保加利亚工人运动逐渐兴起，工人阶级也渐渐登上历史舞台。印刷厂的工友们都纷纷加入工人运动的队伍里，这对年少的季米特洛夫产生了深远的影响。耳濡目染之下，季米特洛夫革命的意识渐渐觉醒。1894 年，索非亚爆发了声势浩大的印刷工人罢工运动，整个过程持续了整整十二天。最终，罢工运动圆满结束，资本家不得不满足工人提出的部分要求。第一次参加罢工运动的季米特洛夫被深深触动了，他感受到了来自工人阶级的强大爆发力。

新的工作环境使他第一次感受到在资本主义残酷剥削的世界中，还有一种为普通劳动者积极争取利益的力量。季米特洛夫于是开始读更多的有关保加利亚争取民族解放的书籍，这给了他深刻的教育。当他十四岁的时候，他读了车尔尼雪夫斯基的小说《怎么办?》，他被书中的人物深深迷住。这本书中的人物之一是拉赫麦托夫，他是反对沙皇专制主义的俄国革命知识分子。为了树立自己的意志和性格以承受最严峻的苦难和磨难，拉赫麦托夫每天进食和睡得都很少，并全身心投入体力劳动。但这对他来说还不够严酷，他认为自己没有足够的能力。于是他脱下衣服，躺在钉满钉子的木板上。尽管他浑身流血，但他没有动弹过! 拉赫麦托夫后来成为季米特洛夫心中的英雄。他一遍一遍阅读这本书，并下定决心要像拉赫麦托夫一样：顽强、果断、勇敢和具有牺牲自我的精神。他甚至模仿拉赫麦托夫，只差睡在钉子板上了!

季米特洛夫 16 岁时，索非亚的工人与警察发生冲突，警察来镇压这次游行。事发后，资产阶级政客瓦西尔·拉多斯沃夫编造了一篇文章，侮辱工人。文章发送到季米特洛夫工作的印刷厂，要求给它排版。事实上，印刷厂是由拉多斯沃夫所控制的一个政党经营的。季米特洛夫阅读了这篇文章，并冒着被解雇的危险，坚决拒绝排版。最后，拉多斯沃夫被迫删去诽谤性段落。十七年后，当拉多斯沃夫看到季米特洛夫在国民议会上发言时，他仍然感到愤怒。他大声嚷嚷：我知道你，你就是那个 16 岁就敢动我文章的小子！

此后，季米特洛夫变得更加活跃，他广泛地参与到工人运动中。由于他的知识和能力，他很快就成为工会的主要领导人之一。他一边参加激烈的革命斗争，一边坚持不懈地阅读学习。奋斗的经历告诉他，仅靠革命情绪是不够的，必须还要掌握深刻的革命理论。季米特洛夫对马克思主义著作的深入研究使他始终处在保加利亚革命斗争的最前沿，并在关键时刻将革命引向正确的方向。

同时，对知识的强烈渴望使季米特洛夫对各个领域的知识都产生了浓厚的兴趣。在他流亡国外的艰难时期和在希特勒的黑暗牢房中，书本都是他的不变伴侣。

有一段时间，季米特洛夫在国外流亡。他持有一个化名护照，通常把身份改成医生或作家。有一次，他以希腊作家的身份住在瑞士。他的房东经常向他的朋友，一位古希腊历史教授称赞他的房客。房东向教授描述，那是一位多么好、多么文明的希腊人。那位老教授感动了，并应邀前来。情况很危急，因为季米特洛夫面临着暴露的危险，但碰巧老教授不懂现代希腊语，因此季米特洛夫开始灵活应对。老教授问了一些希腊作家的近况，巧在季米特洛夫了解他们的全部情况。不得不说，正是广博的知识挽救了他的性命。

1933 年，季米特洛夫被德国法西斯主义者逮捕入狱。在牢房里，他必须整天戴着沉重的手铐，每动一下，手腕会流血。然而即便是在这种情况下，他还坚持阅读。他研究了德国文学和历史，甚至研究了德国语法，以便提高自己的语言水平，有利于在法庭上为自己申诉。季米特洛夫一生都在学习，到了晚年，他每天早晨还花两三个小时来学习、思考和写作。而且，晚上他在日记中一丝不苟地总结一天的得失。即便在 12 岁就辍学，但正是凭借着刻苦的学习，季米特洛夫最终成为保加利亚人民的伟大领袖。

革命成了唯一的生活

在 1905 年俄国革命的影响下，保加利亚工人运动如火如荼地展开了，各地都发生了罢工。当时，保加利亚的资本主义发展迅速，工业工人也在不断增长。但是，工人的处境极为困难：他们在恶劣的条件下工作，每天工作 10 至 12 个小时以上，报酬却少得可怜，而且经常面临罚款和解雇的威胁。

在工人运动的高峰时期，季米特洛夫在社会民主工党的指示下，深入工人中间进行宣传和组织，参加并领导了罢工斗争，表现出了非凡的才能。

1906 年 6 月，季米特洛夫领导了当时保加利亚最大的罢工，即佩尔尼克矿工罢工。佩尔尼克是保加利亚主要的煤炭生产地区，全国一半以上的矿工都集中在那里。由于采矿当局的专横，引发了矿工的愤怒和抵抗。罢工前季米特洛夫曾来到在这里，与矿工们一起为建立革命联盟做准备。6 月 18 日，罢工开始时，季米特洛夫立即来到矿山中心，领导罢工委员会。他果断而合理地采取了行动，大大鼓舞了矿工坚持自己的正当要求。然而季米特洛夫被军警逮捕，并被带回索菲亚。首都的工人进行了激烈的抗议，迫使政府第二天就释放他。

被释放后，季米特洛夫又返回佩尔尼克领导罢工。他率领矿工代表到工商和劳动部，在那里他们声明了罢工工人的要求，然后参加了索菲亚群众组织的示威游行，集中更多的力量来支持罢工。由于佩尔尼克矿工的罢工准备充分，组织严密，领导良好，得到其他工人的支持。最终，它持续了三十五天，并以工人的胜利而告终。

从那以后，季米特洛夫多次领导罢工。他善于理解工人的状况，可以根据他们的觉悟水平进行各种形式的斗争。他还写了许多小册子和文章，它们出现在党和工会的几乎所有的报纸上。在他雄辩的著作中，有关于工会运动发展的见解被大篇幅地展示出来。

季米特洛夫的革命活动和威望激起了敌人的仇恨。敌人曾多次试图暗杀他，但由于他的机智和镇定以及工人对他的保护，他总是能够不断脱险。有一次季米特洛夫正在与罢工工人开会，暗杀者隐秘地向他开枪，子弹飞过他的头，险些命中。但是，面对敌人的暗杀阴谋，狄米特洛夫毫不惧怕，并继续参加各种斗争。

由于采取了正确的政策，保加利亚社会民主工党扩大了影响力，并在 1913 年 11 月举行的国民议会选举中赢得了 17 个席位。季米特洛夫当选为议会议员，并担任该党议会小组书记。1914 年，他再次担任索菲亚的议员。季米特洛夫充分利用议会的讲台来揭露和谴责政府的反人民政策，维护劳动人民的利益。

1914 年夏天，第一次世界大战爆发，保加利亚政府希望通过战争扩大领土。季米特洛夫活跃于反战运动中。他在国民议会的讲话中阐述了社会民主工党对战争的态度。他的观点是党坚决反对军国主义和战争。如果威胁到我国的独立和领土完整，我们准备为我国的独立和自由做出一切牺牲。但是，我们不愿为不正义的战争花一分钱，流一滴血，我们不愿为当局者的私利而不是为保卫保加利亚的自由和独立而战斗，否则我们将会失去我们的自由和独立，并最终失去整个保加利亚。季米特洛夫的讲话引起了群众广泛的共鸣。

在帝国主义战争给交战国人民带来巨大苦难的时候，俄国十月的社会主义革命取得了胜利。消息传来后，季米特洛夫受到极大的鼓舞。他写文章并发表演讲，赞扬俄国无产阶级的胜利。他还向索菲亚市议会提交了一项特别提案，要求政府接受苏联关于缔结一项不让割土地或不赔款的和平条约的提案。此时，保加利亚政府开始更加严厉地打压反战运动，季米特洛夫受到了警方的严密监视。但是，他以"视察"的名义并利用自己的议员身份，巧妙地摆脱了间谍，并仍然在第一线进行秘密宣传。

1918 年 8 月，季米特洛夫再次被捕，罪名是煽动士兵叛乱，因为他在火车上为受伤的士兵辩护，最后他被判三年徒刑，关押在索菲亚中央监狱，在这里他被剥夺了一切议员的特权。后来，在前线士兵起义后，反动政府被迫退出战争并释放了季米特洛夫。获得行动自由后，季米特洛夫继续领导工人运动。这时他已经没有了议员特权，因此不得不将工作转入地下。季米特洛夫完全不顾个人安危，在日夜艰苦的斗争中指导了工人。

1923 年 9 月 23 日，保加利亚著名的九月起义正式开始。这是一场残酷的斗争，法西斯政权派出强大的部队攻打斐迪南，战斗非常激烈。季米特洛夫亲自领导并组织了反击战。然而斐迪南最终失守了，最主要的原因是法西斯政权的军队火力太强。最后一战后，起义军撤往南斯拉夫边境。季米特洛夫率领一千多名战士进入南斯拉夫，在那里得到当地革命者的帮助，不久他们便被保加利亚法西斯当局统统判处死刑。于是，季米特洛夫开始了十年的流亡生活。他住在国外，从事危险且艰苦的地下工作，为保加利亚革命和国际共产主义运动做出了不朽的贡献。

反法西斯斗士

1933 年 2 月 27 日晚 9 点，柏林以西的德国国会大厦起火。火焰从几扇窗户不断射出，照亮了寂静的夜空。国会大厦浓烟滚滚，大火不断蔓延，街道上到处都是旁观的人们。

希特勒一个月前在德国上台。法西斯褐色瘟疫在欧洲许多国家蔓延，政治局势变得越来越紧张。季米特洛夫按照该党的指示，计划将党在柏林的办事处尽快移至国外。

3 月 9 日，季米特洛夫与其他两名共产党员在伯扬霍夫饭店用餐。当他们吃完饭并要离开时，餐厅的低矮橡木门被咣当一声撞开，几名警察拿着枪闯进来，向这三个保加利亚人大喊："不许动！举起手来！"警察搜查了他们全身，虽然什么也没有找到，最后还是把他们押走了。

3 月 20 日，季米特洛夫给警察递交了一份声明。他在声明中写道："不言而喻，我同任何组织二月起义来用武力改变德国国家制度的计划毫无关系。我只是在审讯时才听说这种虚构的共产党的计划。共产党在那一时期的全部政策和活动都是在政治上动员群众反对法西斯，建立德国无产阶级的统一战线，为维护全体劳动者的切身利益和权利、为使工人阶级的大多数拥护共产主义而开展经济斗争和政治斗争……它（共产党）完全禁止任何恐怖行动和任何由共产党人搞冒险主义的起义计划。"并且他指出，焚毁德国国会大厦是一个疯狂的疯子，或者是共产主义的最大敌人，而当时他不在柏林。

法西斯当局无视季米特洛夫的辩解，于 3 月 28 日将他转移到莫阿比特监狱。带着枪支的哨兵在监狱灰色的墙壁外昼夜巡逻，不时还能听到狱卒沉重的靴子的声音。单调、沉闷以及不自由，使得人感到度日如年。季米特洛夫那时常常透过铁窗凝视着蓝天，他在沉思着目前的处境以及革命运动的开展情况。

被囚禁将近五个月后，季米特洛夫在 8 月 3 日收到了长达 235 页的起诉书。在研究材料之后，季米特洛夫在日记中写道："空前的鬼蜮伎俩！"

他拒绝接受官方辩护人，但法院禁止他再找一名辩护人。因此，他决定为自己辩护以揭露法西斯主义的阴谋。

经过六个多月的精心计划，希特勒政府宣布将国会大厦纵火案移交给帝国法院第四庭。9 月 21 日，现代历史上最大的政治审判在莱比锡开庭。

前两天法庭对卢贝——也就是被同时抓来的最大纵火嫌疑人，做了庭审。第三天，开始审讯季米特洛夫。作为自己的辩护人，季米特洛夫以震撼人心的语气向听众描述了他所领导过的革命，向人们展现了共产主义者不怕流血牺牲的精神，接着他表达了共产党人是不会干出卑鄙的纵火勾当的。季米特洛夫沉着、冷静，有理有据的演讲深深地打动了在场的听众。

审讯的第二天，已经成功进行了两天广播的电视台突然变得沉默了。季米特洛夫的第一场讲话打击了法西斯主义的嚣张气焰，并在法庭上获得了主动权。莱比锡的审判引起了全世界的关注，许多国家的工人和进步人士也纷纷支持无畏的无产阶级革命者。

在随后的庭审中，季米特洛夫很重视与纵火嫌疑人卢贝的沟通。他向卢贝连续提出好几个问题，以揭示卢贝在纵火案件中扮演的角色。季米特洛夫要求卢贝回答是否见过他、认识他。卢贝被震慑到了，他只能老实地回答说既没有见过季米特洛夫，也不认识季米特洛夫。季米特洛夫接着追问，为什么几天前卢贝连福利院的一间小木房都点不着，而几天后怎么就能够使得国会大厦燃起大火？卢贝无言以对。季米特洛夫大声说道："共产国际要求彻底弄清国会起火的问题。千百万人在等着回答！"

更多有利的情节被发现，案件的真相暴露无遗。为了挽回败局，法西斯头目戈林不得不亲自出庭作证。季米特洛夫还在法庭上与戈林展开了有理有据却又充满硝烟的对质。季米特洛夫的反诘都使得戈林如芒在背，直到戈林最后放弃进行阴险陷害。

冬天来临了，莱比锡审判进入到最后阶段。

在 12 月 6 日第 52 届会议上，庭长宣布法庭的调查结束。12 月 16 日，季米特洛夫利用了被告的决定权在法庭上发表了著名的反对法西斯主义的演讲。在这一天，法院旁听席上充满了沉默，所有人都在凝神屏息地倾听着。季米特洛夫在法庭上昂首挺胸地站了起来，将法庭变成了无情揭露法西斯暴行的演讲台。他震撼人心地说道："我在为自己，一个被控的共产党员辩护。我在为自己的共产主义革命荣誉辩护。我在为自己的理想、自己的共产主义信仰辩护。我在为我整个生命的意义和内容辩护！"季米特洛夫指出共产党人绝不像他的敌人那么短视，他强调："（共产党的策略是）群众工作，群众斗争，群众性抵抗，统一战线，不采取任何冒险行动！"

季米特洛夫最后说道："具有与老伽利略同样决心的我们共产党人今天

宣布：'地球仍然转动着！'历史的车轮在转动，向前转动……无产阶级所推动的这个车轮，无论是用恐怖手段，判处苦役或者死刑，都不能把它挡住。它现在和将来都在转动，一直转到共产主义的彻底胜利！"

12月23日，历时3个月的莱比锡审判终于结束了。法庭判处三名保加利亚人无罪，并于两个月后被释放。真理和正义终于战胜了邪恶。

1934年2月27日，季米特洛夫乘专机飞往苏联，开始了新的战斗历程。

平民英雄落叶归根

莱比锡审判后，季米特洛夫在国外又漂泊了11年。在此期间，他担任共产国际总书记，为建立反法西斯统一战线做出了不可磨灭的贡献。1945年6月27日，苏联以出色的成就为由向季米特洛夫授予了列宁勋章。激动的季米特洛夫更加想念他的国家和人民，他希望能够早日回国。

他期待的一天终于来了。1945年11月4日，季米特洛夫回到阔别二十二年的祖国。保加利亚人民摆脱了法西斯主义的残酷统治，以极大的热情欢迎他们的领导人回来。

季米特洛夫坐在车厢里，不停地往窗外看。战争留下的伤疤在祖国大地上随处可见。季米特洛夫陷入了沉思，他的内心感觉到了深深的忧虑。他暗下决心，将与人民一道，尽快治愈战争创伤，重建美好家园。

回来之前，季米特洛夫病了好几次。回家后，他仍然很虚弱。但他总说以后再考虑休养身体，现在最重要的是工作，也就是组织人民进行建设！

保加利亚在季米特洛夫的领导下渐渐恢复了生机。

季米特洛夫是一位经验丰富、卓尔不群的政治家，深受保加利亚人民的喜爱，但他从不为此而膨胀。只要时间合适，任何人都可以来看他，他从不拒绝。人们也可以给他写信，每天都有各种信件送到季米特洛夫的办公室。有人要求工作，有人要求房子住，有人抱怨说被不合理地解雇。一些发明家写信介绍他们的发明，寻求专利保护和资金支持。季米特洛夫严肃地提醒秘书们要重视每一封信，特别是来自人民的信。

季米特洛夫要求确保每封信都得到回复，至少要让写信人知道信被转发到了哪里，要尽量确保写信人反映的问题能够得到解决。季米特洛夫亲自回复了许多信，他常说人民的意志是最神圣的。

一次，季米特洛夫收到一封匿名信。在这封信中，笔者对党和政府领导人提出了尖锐的批评，并对国家的整体状况表示不满。季米特洛夫非常仔细地阅读了这封信，用红铅笔标出了信的主要内容，还在边上画上强调的竖线。然后他把信交给一些负责的同志看。几天后，季米特洛夫还就信中提出的问题与许多负责的同志进行了交谈，并向党和国家发表了重要讲话。

季米特洛夫为了了解民众，经常外出，他一个人自然而然地与人群混在一起。就像希腊神话中的渡手哈隆一样，他接触各行各业、各年龄段的人。遇到在地里干活的农民，即使很繁忙，他也会停下来和他们聊上几句。他会突然出现在建筑工地上，和工人们聊天，询问他们的生活、工作和情绪。他讨论重要的政治问题，听取人们的意见。人们常常一下子就认出他来，在无比的兴奋中，人们告诉他们的领导人有关自己的成功和快乐，也向他倾诉自己的苦难和烦恼。有时候，经过一次交谈，对方还是认不出他来。然后他会毫不犹豫地告知对方自己的身份。

经常的外出使得警卫人员很担心季米特洛夫的安全，他们向领导人诉苦说，万一您混入人群，又遭到危险人员的盯梢，万一您遭遇不测，我们如何能够确保您的安全？

季米特洛夫神秘地对警卫人员说，这是人民！还有比在人民中间更安全的吗？

季米特洛夫就是这样一个人，他心里永远装着人民。尽管作为最高领导人，但他从来不滥用特权，从来不使自己凌驾于人民之上。他认为，只有一个英明的领导人才能够坐着面对他的人民。总之，季米特洛夫是人民的领袖，同时也是一个平民英雄。

参考文献：

[1] 张万杰：《季米特洛夫》，中国工人出版社 2014 年版。

[2] [保] 季米特洛夫 ：《季米特洛夫日记选编》，马细谱译，广西师范大学出版社 2002 年版。

[3] [保] 维·哈吉尼科洛夫：《季米特洛夫传》，余志和、马细谱译，人民出版社 1982 年版。

[4] [保] 内·甘乔夫斯基：《季米特洛夫的晚年——秘书的观察和纪实》，吴锡俊译，人民出版社 1991 年版。

意大利共产党创始人葛兰西

安东尼奥·葛兰西（Antonio Gramsci，1891—1937），意大利共产党的创始人和领袖，无产阶级革命理论家，意大利马克思主义的重要代表人物。葛兰西围绕"国家"问题、"政党"问题和"法律"问题，创造性地提出了市民社会理论、文化领导权理论、有机知识分子等理论。这些理论无疑是对马克思主义思想的深刻发展，为意大利共产党的成立奠定了理论基础。葛兰西通过将马克思主义与意大利本土的政治文化的有效结合，形成的具有意大利特色的马克思主义建党思想，更是为意大利共产党的发展提供了坚实的精神保障。

葛兰西的思想深刻影响了国际共产主义运动发展进程，至今依然闪烁着耀眼的光芒。令人惋惜的是，葛兰西一生命运多舛，不幸英年早逝。在其短暂的生命历程中，病痛总是缠绕着他。其享誉马克思主义学界的《狱中札记》以及《狱中来信》都是在监狱中写作完成的，洋洋洒洒共计32卷，至今依然是马克思主义理论文库中的瑰宝。如今斯人远逝，我们不禁要追问，是怎样的一种信仰支撑着身体羸弱的葛兰西在狱中笔耕不辍？又是怎样的一种精神品质让他以近乎超人的意志，不惧生死，同法西斯主义抗争到底？

让我们走近葛兰西短暂的四十六载生命历程，或许你就可以找到心中的答案。

命运多舛的驼背少年

1891年，葛兰西出生在意大利的撒丁，这是一个非常贫困落后的地区。

葛兰西生于斯长于斯，直到去往都灵大学念书才得以离开。葛兰西的父亲是一个机关小职员，负责登记地产信息，葛兰西的母亲是撒丁本地人，出身于小官吏家庭。整体而言，葛兰西的家庭属于南方乡村的小资产阶级，这个阶级的命运和政治行动构成了葛兰西的人生写照。

在撒丁当地，葛兰西一家生活得安逸闲适。但天有不测风云，这样的平静被一个情窦初开的女佣打破了。在葛兰西4岁那年，家里的女佣芳心暗许一名乡村医生。有一天，女佣站在窗口远远地瞧见了回村的医生，她喜出望外抱起小尼诺（葛兰西的小名）三步并作两步冲下楼梯，一不留神就在楼梯口滑了一跤，可怜的小尼诺硬生生被摔下楼梯，发出了凄惨的哭声。女佣惊慌失措，因为担心受到主人的责骂，她竟然将这件事隐瞒了下来。小尼诺的后背越来越红肿，纸里包不住火了，葛兰西的父母才知道原委。但在撒丁那样落后的地区，根本就找不到一家设备先进的医院医治葛兰西。就这样，葛兰西因为贻误病情，落下了终身残疾，成了驼背，身高不足一米五。

但命运和葛兰西开的玩笑，似乎不止一件。在葛兰西7岁那年，他的家庭遭遇了灭顶之灾。葛兰西的父亲在机关里工作，他被指控私吞公款而锒铛入狱，被判了五年有期徒刑。当他期满出狱时，没有一个地方愿意雇佣他。就这样，原本安逸的家庭陷入了巨大的泥淖之中，葛兰西和他的兄弟姐妹就在极度拮据的环境下长大，常常吃不饱饭。

葛兰西念完小学后就辍学了，他在地产登记处打了3年零工。后来，他的父母又想方设法供他继续念中学。葛兰西因为学习成绩优秀，转学到撒丁首府卡利亚里的一所文科学校，正好葛兰西的哥哥在那里做工，虽然日子过得很清苦，但兄弟二人相互帮衬，共克时艰。

1911年，葛兰西凭借优异的学习成绩勇夺奖学金，这使得他有机会进入都灵大学继续深造。在都灵大学，葛兰西遇到了来自家乡的帕尔米罗·陶里亚蒂。他们一见如故，成了最亲密的政治盟友，书写了一段伟大的友谊之情。都灵是意大利的大城市，初来乍到的葛兰西被高昂的物价弄得捉襟见肘。他四处去找便宜的饭馆吃饭，但在都灵最廉价的饭菜一顿都不低于3里拉，这让葛兰西犯了难，去哪里张罗剩下的生活费呢？家里的生活已经举步维艰了，不能再雪上加霜了，他只能勒紧裤腰带，饥一顿饱一顿地勉强度日。大学生活紧张又忙碌，由于长时期营养不良，葛兰西本就瘦弱的身躯再添顽疾，在大学一年级的时候出现了周期性神经衰弱症，头疼病伴随了葛兰西的一生。

在都灵大学的校园里，葛兰西结识了安吉洛·塔斯卡，一位都灵在校大学生，主修文学和艺术。相同的志趣，让两个年轻人很快熟络起来并成了无话不说的好朋友。安吉洛·塔斯卡出身在工人家庭，在父亲的影响下，他几年前就参加了意大利都灵的工人运动。在安吉洛·塔斯卡的介绍下，葛兰西也加入了意大利社会党。说起葛兰西的入党动机，可谓是相当偶然。有一年暑假，葛兰西因为生病缺席了考试，回到撒丁岛休养身体。当时撒丁岛正在进行第一次普选，这激发了葛兰西的好奇心。当他深入了解后大为失望，他发现撒丁岛的那些财主们早就抛弃了撒丁民族主义立场，转而向大陆地区的统治阶级投怀送抱，为了维护本阶级的利益大行蝇营狗苟之事。葛兰西看到满目疮痍的南方政治现状，他想到可以通过加入党派来解决南方问题。他的想法得到同乡陶里亚蒂的支持，两个人一拍即合共同加入了社会党。

1914 年，国际风云诡谲多变，第一次世界大战爆发了。那一年，葛兰西刚满 23 岁，在都灵新闻界可谓是初出茅庐，心中仍抱有一丝浪漫主义的空想。当他读了墨索里尼的文章后，大受鼓舞，于 10 月 31 日在《人民呼声》中发表了《积极有作为的中立》一文。时隔一个月，墨索里尼被开除出社会党，葛兰西也因为之前的文章受到牵连，背上了"干涉主义者"的称号，这是葛兰西政治生涯中遭遇的第一个挫折。23 岁的葛兰西，还不是一个马克思主义者，他当然不懂得透过阶级分析的透视镜来审视历史与社会的发展过程。实践中"摔的跟头"，就需要科学的理论加以匡正。葛兰西在巴托利的引介下，认识了哲学教授阿尼巴列·帕斯托里。在教授的指导下，葛兰西一头扎进马克思的著作中汲取营养。

第一次世界大战终于结束了，葛兰西和朋友们陆续返回都灵。凭借着在《人民呼声》周刊和《前进报》出色的工作业绩，葛兰西在新闻界崭露头角，他的笔端常常流露出对于工人阶级的深厚情感，坚定地与工人阶级站在一起。这为他赢得了工人读者的信任和尊敬。

1919 年 4 月，在葛兰西的办公室里迎来了一群特殊的朋友，他们是职业记者陶里亚蒂、青年律师特拉契尼，还有工会活动家安吉洛·塔斯卡。他们在一起商量着要干一件"大事"，办一份新报纸——《新秩序》。《新秩序》周刊将作为《前进报》的辅助刊物出现，大家一拍即合，《新秩序》顺利刊印。办了几期之后，葛兰西与陶里亚蒂深入各个工厂进行实地调研，走访大量工厂领袖。他们发现，塔斯卡这种文化宣传已经不适应当前的工人运动了，工人运动及其历史发展呈现出新的状况，必须及时加以认真对待。6月21日，在掌握了大量一手资料后，葛兰西与陶里亚蒂共同执笔发表了《工人民主》一文，这是在《新秩序》周刊上发表的第一篇关于内部委员会的文章，吹响了"工厂委员会"的号角。

葛兰西认为，"工厂委员会"建立在基层组织的基础之上，它既能够培养工人的职业技能，使工人自觉承担生产责任，同时也能够统一和动员全体工人力量摧毁资本主义经济。实际上，工厂委员会是国家的雏形，其最终目的在于夺取国家政权。葛兰西高度认同列宁提出的革命斗争策略，并且接受了第三国际对意大利无产阶级革命的领导。在充分吸纳列宁提出的关于建立统一战线联盟主张和坚持党在联盟中的领导地位思想后，葛兰西进一步提出两点主张："第一，在发起推翻资产阶级秩序的冲锋之前，必须重新获得失去的阵地；第二，如果不同反法西斯力量乃至资产阶级力量结成广泛的联盟，就不可能重新获得丧失的阵地。"1919—1920年间，葛兰西领导了一场声势浩大的工厂委员会运动，最终以失败告终。这使得葛兰西清醒地认识到：必须坚持无产阶级政党对工人运动的领导权，"工厂委员会在经历实践自我教育的阶段后，最终还是要接受党的领导"。

艰苦跋涉的建党之路

意大利社会党成立于1892年，在意大利共产党成立之前，它是当时议会中最大的党派，成为意大利社会主义运动的主要组织力量。党内长期存在的左翼与右翼势力斗争，使其逐渐分裂为四个派系：其一是改良派，以屠拉第为代表，这一派坚决反对在意大利进行社会主义革命，主张走社会民主主义的道路；其二是弃权派，以波尔迪加为代表，这一派主张暴力革命，反对议会民主制度；其三是新秩序派，以葛兰西和陶里亚蒂为代表，这一派主张建立工农联盟，成立工厂委员会，强调文化和意识形态问题的重要性；其四是最高纲领派，以塞拉蒂为代表，他们一方面主张无产阶级革命，另一方面又企图与改良派结盟。

1920 年 5 月 8 日，以波尔迪加为首的弃权主义者在佛罗伦萨召开了一次代表大会，葛兰西应邀参加。大会上出现了明显的分歧，葛兰西批评"弃权派"不应当抵制群众选举，社会主义革命要依靠工厂委员会发挥效力。大会结束后，葛兰西回到都灵立即成立了"共产主义小组"。起初，葛兰西仍然寄希望于通过社会党的有机改革来领导群众革命，因而他反对建立一个新的党派，主张以温和的方法处理社会党内出现的问题。因此，葛兰西提出在工厂成立共产主义小组，为社会党注入新的活力。

在都灵支部的讨论会上，形成了三个明显的派别：一派是以陶里亚蒂、特拉契尼和塔斯卡为代表的"最高纲领主义的选举派"。他们主张选举，提议都灵支部参加即将来临的市政选举。他们坚决反对无政府主义和工团主义对工人运动施加影响。另一派则背道而驰，"共产主义弃权派"坚决反对选举，他们对于"选举派"在净化支部这个问题上能有多少效果持否定态度。最后一派是以葛兰西为代表的"共产主义教育小组"，这个派别反对党内存在的宗派分化，认为群众才是发动斗争的重要依靠力量。

1920 年 7 月 24 日，都灵支部改选结果出炉：以陶里亚蒂为首的"选举派"获得 466 票；"弃权派"获得 186 票；葛兰西拒绝参加投票，因为他不支持任何一派。陶里亚蒂高票当选为都灵支部书记，一直担任到 1921 年里窝那第 17 次社会党代表大会。10 月，都灵支部公开讨论成立共产党的问题。在讨论会上，葛兰西强烈谴责社会党领导集团的不作为，他建议改造社会党成为一个高度集中的全新党派——意大利共产党（共产国际支部），要求将改良主义者开除出党。葛兰西提出，意大利共产党的政策必须严格遵从共产国际的指示。

1921 年 1 月 21 日，意大利共产党举行成立大会，在共产国际代表卡巴契也夫和其他外国共产党人致贺词以及宣读贺电后，代表们讨论了党纲，决定了党的路线及各地的负责人。

意大利的建党之路充满艰难险阻。首先遭遇的第一个困难就是大选受挫。共产党在议会中只获得了 15 席，社会党 122 席，法西斯党 35 席。其次就是共产党在各地受到法西斯党徒的袭击。仅在 1921 年间，法西斯党摧毁"人民之家" 25 处，工会礼堂 59 所，合作社 86 个，农民组织 45 个。葛兰西敏锐地觉察到法西斯主义的恐怖威胁，他在 1921 年 2 月 19 日发表的《社会主义和法西斯主义》一文中，揭露了法西斯主义的丑恶嘴脸。

作为意大利共产党成立初期党的领导人，波尔迪加虽然明确放弃了原先的"弃权派"主张，并表示坚决拥护共产国际的二十一条，但实际上，他并没有完全摒弃原先的观点和态度。他对议会选举制度带有强烈的抵触情绪，忽视了党内存在的派系斗争。在第三次共产国际代表大会上，列宁斥责了这种带有机会主义倾向的进攻理论，认为如果任由这种错误理论蔓延发展，那么将会给共产国际代表大会带来巨大的灾难。在 1922 年召开的第二次代表大会上，波尔迪加提出了《罗马纲领》。陶里亚蒂批评这种机会主义的路线"背离了工人阶级的现实活动形式"，工人阶级仅仅作为了党的附庸。

1923 年 5 月，葛兰西在给陶里亚蒂的回信中表明，人民群众是无产阶级政党汲取生命力的重要源泉。人民群众若没有政党的领导，就很难形成一股革命的力量。同样，政党若失去人民群众这个坚实的基础，也很难长存下去。无产阶级政党与人民群众的实践活动始终保持着紧密的联系。葛兰西拒绝了波尔迪加提出的承认共产国际对社会党采取的行动已使意共不能胜利实现它自己的历史任务这一要求。

1923 年 11 月，葛兰西被共产国际派往维也纳，担任共产国际驻维也纳办事处的领导人一职。在这一时期，葛兰西与陶里亚蒂频繁书信往来，在信中他向陶里亚蒂袒露自己的担忧：意大利共产党处境恶化，受到墨索里尼政府的严重威胁。他谴责了波尔迪加否定世界党（共产国际）的错误态度，使党在全国范围开展工作受到阻碍，这样的人是无法胜任党内的领导工作的。在维也纳工作的半年时间里，葛兰西既要处理共产国际的大量工作，还要协调党内出现的各种矛盾纷争。1924 年 4 月 13 日，葛兰西当选为威尼托议员，他有了豁免权就能回国。5 月 1 日，他离开维也纳回到意大利。

1926 年，意大利共产党召开了第三次代表大会，会上通过了《里昂提纲》，正式取代了由波尔迪加提出的《罗马纲领》，标志着以葛兰西为代表的意大利共产党新一届领导者，在意大利开启了新的政治路线。《里昂提纲》坚持马克思主义的指导，着重分析了意大利社会的阶级矛盾，并对意大利共产党的性质、任务和路线做出了新的规定：其一，意大利共产党的建立是历史发展的必然选择，领导无产阶级推翻资本主义。其二，意大利共产党的任务是组织并团结工人、农民、知识分子发起革命，以争取革命的胜利。其三，意大利共产党在这一时期的首要任务是必须团结一切可以团结的力量反对法西斯主义。

20 世纪初期，世界局势开始发生巨大的动荡，意大利社会也陷入了危机。墨索里尼在意大利境内发动了法西斯运动，迫害进步民主人士，对人民群众实施高压政策，禁止一切社团和政党的社会活动，实行独裁统治。整个意大利都陷入了白色恐怖之中。在 1926—1927 年间，意大利共产党建立地下组织，展开轰轰烈烈的反法西斯宣传运动。《团结报》《先锋》《女同志》《红小鸡》，以及儿童报纸《无产阶级少年》等各类地下刊物纷纷发行。潮水般涌起的地下宣传活动，鼓舞了意大利人民的反法西斯斗争的决心，吸引了一大批知识分子的加入，令法西斯政府倍感惊恐。1927 年，流亡海外的意大利共产党将总部设立在巴黎，并创建《工人阶级》作为党的机关刊物，与法西斯主义作顽强斗争。

"托洛茨基事件"发生后，葛兰西对俄国共产主义事业发展充满担忧。在 1926 年 10 月 14 日寄往共产国际和苏联领导人的一封信中，葛兰西措辞严谨、口吻含蓄，他十分担忧俄国领导人之间的斗争会离析共产国际的力量，更会导致意大利共产党走向分裂。葛兰西希望联共的同志在斗争中可以以大局为重适可而止，不要采取极端措施。这封信成为葛兰西入狱前的最后一封"自由心声"。葛兰西委托陶里亚蒂将这封信转交给组织。陶里亚蒂看过信后，充满忧虑。他认为葛兰西并不了解俄国的政治现状，而且葛兰西的立场是与俄国多数派敌对的，他担心葛兰西会为此付出代价。

葛兰西收到了陶里亚蒂的回信，他措辞严厉地表明了自己的立场：不仅俄国党的统一问题，而且列宁主义核心的统一问题，在国际范围内是极为重要的问题。最终，陶里亚蒂没有将这封信转交给联共中央，而葛兰西与陶里亚蒂的联系也中断了。因为不久之后，葛兰西就被捕入狱了。

暗夜里的狱中星光

1926 年 11 月 8 日晚上，葛兰西在蒙特奇托里奥宫大厅见到了埃齐奥·里博迪，委托他在 11 月 9 日以议会党团的名义发表一项宣言，反对恢复极刑，反对撤亚文丁集团议员职务的动议。但令人惋惜的是，这份文件被警察查封了，未能如愿在议会上宣读。当晚，葛兰西刚刚结束一天的工作回到寓所准备休息的时候，警察就闯了进来。葛兰西向他们亮明自己的议员身份，享有豁免权。但警察全然不顾，态度强硬地铐走了葛兰西。那一年，葛兰西才刚满 35 岁，也许葛兰西做梦都没有想到，自己的余生将在监狱中度过。

葛兰西先是在罗马监狱里待了 16 天，而后被押解到西西里岛以北一个名叫乌斯蒂卡的小岛上。这座小岛面积狭小，只有 3 平方英里。岛上景色不错，是典型的阿拉伯式建筑风格的小镇。这里是意大利法西斯专门流放犯人的据点。从 11 月 24 日开始，葛兰西在这座小岛上待了 6 个星期。这也是他最后一次享受到有限的自由，他可以跟外界保持通信，也可以和一些狱友相互往来，不受限制。待了没几天，波尔迪加也被流放到这里，他们虽然政治观点针锋相对，但在监狱里成了好朋友，还一起创办了"监狱大学"。在这所特殊的大学里，参加学习的既有 60 名政治犯，还有当地的公职人员以及居民。课程分为 5 个部分，葛兰西负责讲授地理和历史，同时他还报名参加了德语班。与世隔绝的日子让葛兰西在这里尝到了失去自由的滋味，他比喻自己像一块"小石子掉入大海"，永远沉没在无声无息中。

好景不长，这样有限的自由也被剥夺了。1927 年 1 月 20 日，葛兰西被押往米兰。一路上颠沛流离，风餐露宿。夜晚寒风来袭，葛兰西只能蜷缩在破烂不堪的草垫子上，哆哆嗦嗦的身上盖着一床单薄的破被子。路途漫漫，整整走了 19 天，先后途经 6 个中继站。到达米兰监狱后，葛兰西被单独收监，与他一起被关押在这里的还有意共主要领导人莫罗·斯科奇马罗和乌姆贝尔托·特拉契尼。直到 1928 年 5 月 11 日，葛兰西才被法庭提审。

1928 年 5 月 11 日，葛兰西前往罗马接受审判。整个审判过程十分漫长，从 5 月 28 日持续到 6 月 4 日结束。葛兰西同其余 54 名共产党员被分别送往两个法庭进行审判。葛兰西被指控犯有煽动内战、包庇罪犯、挑动阶级仇恨等罪行。最终在一篇充满污蔑的宣判词中，法官大声说："我们必须使这个脑袋停止工作 20 年！"葛兰西被判处 20 年 4 个月零 5 天的刑期。1928 年 7 月 19 日，葛兰西被押往 30 公里外的图里监狱服刑。葛兰西在这里受到了非人的待遇，在一个肮脏逼仄的牢房里，关押着 6 个犯人。犯人们一个月只能被允许同外界保持 2 次通信。没过几天，葛兰西被安排到靠近卫兵执勤室的一间单独牢房。

1929 年 2 月，葛兰西获准在狱中写作。他兴奋得夜不能寐，仿佛要将自己所有的思考一股脑地倾泻出来。在一封写给塔齐娅娜的信中，葛兰西表明自己要写一部札记，围绕三个问题进行思考：第一，是关于 19 世纪意大利知识分子集团形成和发展的历史；第二，是关于编年史学和历史理论；第三，是关于美国福特制的问题。在搞到 6 个笔记本之后，葛兰西就一头扎进写作的世界里。

恶劣的环境以及思考而来的焦虑，折磨着葛兰西。这让他的身体状况危机频频。1931 年，葛兰西患有严重的胃病，伴随着神经性头痛，引发大量吐血。情况危急之时，葛兰西连握笔的力气都没有了。即便如此，他还是挣扎着要重新编写札记。1931—1932 年期间，葛兰西反思加入了对克罗齐哲学的研究成果。1932 年，他改写了《论马基雅维利》。葛兰西十分推崇马基雅维利在《君主论》中对领导权以及个体君主概念的论说，他将"个体君主"改为"现代君主"，认为现代君主是一个社会有机体，它的活动依赖于集体意志凝结而成的普遍同意。在现代社会中，政党就是社会有机体的代表。在此基础之上，葛兰西提出了文化领导权（Cultural Hegemony）问题，主张发挥党对于人民群众意识形态的改造功用，建立现代君主的国家政权。

厄运和死亡的身影浮现在葛兰西的生命之中。1933 年 3 月，长期的病痛最终击垮了葛兰西，他因脑出血而一头栽倒在地。差不多半年的时间，葛兰西卧病在床完全不能写作。翻看葛兰西《狱中札记》的手稿，1933 年之前的笔记文笔工整，而在此之后的笔记，字迹潦草无力。

《狱中札记》得以保存传世，归功于两个重要的人物：比埃罗·斯拉法和塔齐亚娜。比埃罗·斯拉法原先在卡里阿里大学任经济学教授，后供职于剑桥大学。他与葛兰西相识于都灵，那时候葛兰西担任《新秩序》周刊的主编。斯拉法给葛兰西提供了很多帮助，他的父亲是米兰一家大书店的老板，为了方便葛兰西在狱中读书写作，善良慷慨的斯拉法给葛兰西办了一张超级 VIP 卡，所有书籍全部免费供应。1937 年 3 月，斯拉法辗转来到意大利看望了在奎西萨纳诊疗所治病的葛兰西。久别重逢的朋友，有太多的话要说。这是葛兰西狱中生涯中难得的一丝欢愉，他们畅想了未来，也规划了未来。葛兰西出狱后，是先去撒丁岛老家休养，还是直接移民苏联，又或是同朱莉娅团聚？

塔齐亚娜是葛兰西的二姨子。在葛兰西入狱的十多年时间里，她想方设法地为葛兰西购置药品，还要节衣缩食挤出生活费给葛兰西购买营养品。每天早晚，她都要长途跋涉地从米兰到图里监狱去照顾病重的葛兰西。每次会面，她总是趁着看守不注意的间隙，将写好的《狱中札记》偷偷塞进提前准备的箱子里带出监狱。前前后后，塔齐娅娜总共带出 21 本札记。在葛兰西逝世后，为了躲避敌人的搜捕，塔齐娅娜秘密将《狱中札记》手稿存放到意大利商业银行的保险柜里，一年之后她又将手稿装箱运往莫斯科。通过意共驻莫斯科共产国际代表别安柯转交到陶里亚蒂的手上。最终在1947—1954 年期间，这部浸润着葛兰西心血的 6 卷本《狱中札记》由埃伊诺迪出版社出版得见天光。

1934 年 10 月，由于身体状况急剧恶化，葛兰西获假释出狱。1935 年 8 月 24 日，葛兰西再次转入罗马奎西萨纳诊疗所急救。经过诊断，专家们束手无策，宣告葛兰西的病情已经恶化。生命后期的葛兰西，疾病缠身，不能动弹。1937 年 4 月 25 日，葛兰西收到罗马法庭寄来的一份通知：法院撤销了对葛兰西的监视。傍晚时分，葛兰西因为脑出血跌倒在浴室，踉踉跄跄爬到门后呼救。4 月 26 日，脑出血再次发作，塔齐娅娜对他实施了急救措施，但已经回天乏术。就这样，葛兰西的生命定格在 1937 年 4 月 27 日凌晨 4 点 10 分，享年 46 岁。

无产阶级革命家葛兰西的一生是短暂的，令人惋惜的，但同时也是令人心生敬畏的。在二十世纪风云诡谲的时代，他始终严肃地思考着无产阶级的革命问题，思考着这个时代的症结所在。在监狱的牢笼里，他洋洋洒洒的《狱中札记》犹如一座座丰碑铭记着时代的命运与焦虑。这位伟大的思想家，因为一个偶然成了驼背，但他的精神永不屈服，犹如满天星辰闪烁在人类思想的星空之上。

参考文献：

[1] 倪力亚：《葛兰西》，中国工人出版社 2014 年版。

[2]［英］斯蒂夫·琼斯：《导读葛兰西》，相明译，重庆大学出版社 2014 年版。

[3]［意］朱塞佩·费奥里：《葛兰西传》，吴高译，人民出版社 1983 年版。

[4]［意］隆巴尔多－拉第斯、卡尔朋：《葛兰西的生平》，黄荫兴译，世界知识出版社 1957 年版。

第一个社会主义国家政权的创立者列宁

列宁（Vladimir Ilyich Lenin，1870—1924），原名弗拉基米尔·伊里奇·乌里扬诺夫，是世界上第一个社会主义国家苏联党和国家的主要缔造者、十月革命的主要领导人，著名的马克思主义理论家，全世界无产阶级和被压迫人民的领袖和导师，对世界历史和俄国历史产生了巨大而深远的影响。

伏尔加河畔

1870 年 4 月 22 日，阵阵婴儿的啼哭声从乌里扬诺夫家的小屋中传出，家中又添丁进口了。小孩大脑袋，高颧骨、蒙古型眼角、略为向上的眼睛和宽阔的前额，像极了父亲。父母给孩子起名为弗拉基米尔·伊里奇·乌里扬诺夫，乳名沃格佳，这就是后来成为全世界无产阶级伟大领袖和导师的列宁。

列宁共有 5 个兄弟姐妹，姐姐安娜·伊里尼奇娜·乌里尼奇娜·叶里札罗娃（生于 1864 年）、哥哥亚历山大·伊里奇·乌里扬诺夫（生于 1866 年）、妹妹奥丽加·伊里尼奇娜·乌里扬诺娃（生于 1871 年）、弟弟德米特里·伊里奇·乌里扬诺夫（生于 1874 年）、妹妹玛丽亚·伊里尼奇娜·乌里扬诺娃（生于 1878 年）。家中的保姆最喜欢列宁和妹妹奥丽加，经常把他们一边一个放在膝上，给他们讲故事。在兄弟姐妹中，列宁和奥丽加关系最好，小时候几乎形影不离。孩提时代的列宁聪明、活泼、好动、淘气。在父母的呵护下，过着天真烂漫的生活。

列宁没有上过小学，但他 5 岁左右就跟着母亲识字读书。乌里扬诺夫家保持着让孩子们自觉读书的习惯，父母给孩子们选择读物并给予指导。列宁也自幼养成了读书的习惯。童年列宁没有什么特别喜欢读的书，他较愿意读的是"儿童读物"之类的杂志。

1878 年，列宁可以去上学了，但还不算学校里正式的学生，而是预备班的学生。父亲主张早一点让列宁上学，这样可以让他早些学会劳动，增强自律性。但是在四年级上学的哥哥亚历山大·伊里奇·乌里扬诺夫反对过早把列宁送进学堂而套上学校的枷锁，毫无用处。列宁也不愿意上预备班，而愿意跟着老师业余学习。父母亲同意这样做了。列宁先是跟着一个男老师，后来是一个离家近的女老师给予指导。列宁每天去女老师那里一小时，偶尔两小时。父亲检查列宁的读、写、算的状况后，认为列宁即使在家留一年，也能成为正式学生。

1879 年 8 月，9 岁半的列宁被编入辛比尔斯克古典中学一年级。列宁的学校生活开始了。从入学第一天起，列宁就是班上的优秀生，每次升级都能得到一等奖品。同时，他也很愿意帮助同学，谁有疑问都愿意向他请教，而且有求必应。列宁的作文写得很出色，校长克伦斯基对列宁的作文十分满意，见到列宁父母时，总是赞不绝口，认为列宁的作文结构严谨、内容充实、文字简练。他给列宁打的分不是"五分"，而是"五加"，每次都会把列宁的作文作为范文念给学生们听。

在中学时代，列宁最大的生活乐趣就是读书。涉猎范围相当广泛，包括古典文学名著、诗歌、政论、生活和人物传记等。在这些不朽的作品中，引人入胜的故事情节，可爱可憎、个性鲜明的主人公，发人深省的哲理，使人振奋的名言警句，都引起列宁内心的共鸣。有一次，列宁写了一篇《人民生活富裕的原因》的作文，引起了一向喜欢他的校长的不满。原来他在作文中写到了国家君主专制和劳动人民群众受压迫的问题，表达了一些进步的观点。

1886 年 1 月 24 日，父亲因脑出血早逝，时年 55 岁。父亲的猝然长世，使全家倍感突然和哀伤。同时，家庭的社会地位一落千丈，而且断绝了唯一的生活来源。正当全家还没有从悲痛中解脱出来时，又一灾难降临在列宁家中。1887 年 3 月，列宁的哥哥又因参加谋刺沙皇三世被捕。正在念大学的姐姐安娜因与事件有牵连也同时被捕。原来，列宁的哥哥和姐姐在大学里秘密参加了反对沙皇专制统治的革命组织民意党。5 月 20 日凌晨，萨沙神态自若、正气凛然地走上绞刑台，死时年仅 21 岁。在全家陷入悲痛之际，列宁以顽强的毅力出色地通过了中学毕业考试。不久，到了喀山大学读书。1887 年 12 月初，莫斯科发生大规模学潮，要求取消反动的大学章程。会上列宁做了发言，博得大家赞同。会议委托列宁在发言稿的基础上写出《告喀山全体大学生书》。12 月 16 日，学生们在喀山大学礼堂举行集会，要求废除反动的学生章程。这次集会惊动了喀山地方当局，逮捕了列宁。在监狱中，列宁说："我的哥哥已经为我开辟了一条路，就是进行革命斗争。"

1887 年 12 月 17 日，列宁被喀山大学开除学籍。同时喀山省警察局接到命令，待把列宁流放到科库什基诺村后，要对他实行严格的秘密监视。在极其艰苦的环境中，列宁没有消沉和虚度光阴，更没有动摇自己的理想和信念，而是夜以继日地读书，不断用科学知识丰富自己的头脑，以图未来大展宏图。1888 年 10 月，姐姐安娜告诉列宁，凡是以前参加过闹学潮的人，如果城里有亲戚的话，可以获准进入有大学的城市。几天后，列宁和母亲、弟弟、妹妹一起回到了阔别已久的喀山。

从律师到革命家

经人介绍，1888 年列宁参加了尼·叶·费多谢也夫组织的马克思主义小组。在马克思主义小组中，列宁和其他成员对马克思主义文献进行了认真细致的研究。列宁把《资本论》的每一页都反复读上几遍，做了不少笔记。很快，在列宁周围团结了一批信仰马克思主义并具有革命觉悟的年轻人，组成了秘密活动小组。1890 年 5 月，国民教育司允许列宁以校外生资格参加大学毕业考试。1891 年，列宁在彼得堡以第一名的成绩顺利通过大学毕业考试。1892 年 2 月中旬，列宁在萨马拉地区注册为哈尔金律师助理，领取了律师执照，取得了承办诉讼案的资格。仅 1892—1893 年，列宁就出庭为人辩护 15 次，所辩护的被告者主要是穷苦的农民和手工业者。

通过姐夫叶利扎罗夫，1889 年 9 月列宁和在萨马拉城最活跃的带有民粹派倾向的革命小组——斯克利亚连柯小组建立了联系。列宁在小组中讲解马克思主义理论，批判民粹主义理论，调查了解俄国农村公社和资本主义的发展实际。很快，列宁成为小组的中心人物。1892 年，列宁组织了萨马拉第一个马克思主义小组。小组积极宣传马克思主义，当时凡是能找到的马克思主义的著作，小组都进行了研究和宣传，对伏尔加河流域的进步青年产生了很大的影响。

1894 年秋天，在革命马克思主义者和"合法马克思主义者"的代表的一次讨论上，列宁就司徒卢威的《俄国经济发展问题的论述》一书做了《马克思主义在资产阶级著作中的反映》的专题报告，指出他们虽然"同民粹派决裂"，但"意味着从小市民社会主义过渡到资产阶级自由主义"，而不是"过渡到无产阶级社会主义"。

1895 年 8 月 5 日，世界无产阶级革命导师恩格斯去世。列宁惊悉后，怀着十分崇敬的心情，为"劳动解放社"文集《工作者》写了一篇题为《弗里德里希·恩格斯》的悼念文章。标题下列宁引用了诗人涅克拉索夫的一句诗作为引子：一盏多么明亮的智慧之灯熄灭了，一颗多么伟大的心停止跳动了！列宁认为恩格斯是继马克思之后整个文明世界中最卓越的学者和现代无产阶级的导师。随着"斗争协会"的作用的增大，莫斯科、基辅、土拉等地也纷纷建立了类似的团体和组织。为加强各地马克思主义组织的协作和联系，列宁决定秘密出版《工人事业报》，作为"协会"刊物。

1895 年 12 月 8 日深夜，正当《工人事业报》创刊号付印的时候，当局侦察到了列宁等人的行踪，迅速出动，以列宁为首的"斗争协会"领导成员被捕，报纸原稿未来得及出版就被搜走。列宁从 1895 年 12 月 8 日被捕到 1897 年 2 月 13 日被判放逐西伯利亚东部，在彼得堡监狱里度过了 14 个月。1897 年 2 月 10 日列宁被判流放西伯利亚 3 年，受警察的公开监视。在西伯利亚，列宁和散落在北方和西伯利亚各个角落的被流放的革命者建立了广泛的联系。同志间难得的来往和交流令列宁十分高兴。在 3 年的流放生活中，列宁除发表 100 多万字的几十篇著作外，还为俄国社会民主工党写了大量的秘密文件、传单，翻译了韦伯夫妇的《英国工联主义的理论与实践》、卡尔·考茨基写的《伯恩施坦与社会民主党的纲领》等书。《经济评论集》是列宁的第一本论文集，也是一本系统地深入批判民粹主义的文集。

流放生活十分清苦，加上当局的刁难和迫害，使许多流放者难以忍受，心理失衡，流放者之间不断发生一些无谓的纠纷，很多人的身体一步步垮下来，甚至客死异乡。如喀山的第一批马克思主义小组的组织者费多谢也夫、玛·格·霍普芬豪斯自杀。亲密战友的不幸去世，不仅使列宁感到十分痛心和悲伤，也促使他经常运动，锻炼身体，保持精力充沛。在流放地，列宁学会了许多歌曲，如波兰革命歌曲《红旗歌》《华沙革命歌》等。

1898 年 5 月列宁流放期满一年之后，女友娜捷施达·康斯坦丁诺夫娜·克鲁普斯卡娅来到舒申斯克村。7 月 22 日，两个人正式结婚，成为革命伴侣。实际上，两个人经历了一个相识到相知相爱的过程。

克鲁普斯卡娅于 1869 年 2 月 26 日生于彼得堡的一个贵族世家。1890年，她先加入社会民主主义小组，秋天转到勃鲁斯涅夫小组成员领导的马克思主义小组。她精心学习马克思主义著作，成为马克思主义学说的坚定拥护者。在 1893 年秋，克鲁普斯卡娅就从同志们那里得知，有一位很有学问的马克思主义者乌里扬诺夫从伏尔加河流域来到彼得堡。列宁对自由民主民粹派和"合法马克思主义者"所做的批判，引起了她极大的兴趣。1894 年 2 月底，在一次彼得堡马克思主义者会议上，他们终于见面了。两人一见面便开始热烈地长谈起来。通过交谈，列宁觉得克鲁普斯卡娅不是那种艳丽妩媚的女子，但却有一种优雅贤淑、青春可爱的高贵气质。同时，列宁那极富魅力的音容笑貌和誓为人类幸福而奋斗终身的革命精神也给克鲁普斯卡娅留下了美好的印象。共同的事业使列宁和克鲁普斯卡娅很快接近起来。1898 年 7 月 22 日，列宁和克鲁普斯卡娅终于在教堂举行了结婚仪式。就这样，列宁和克鲁普斯卡娅在患难之中结为革命的终身伴侣。从此，列宁的生活翻开了新的一页。在以后长达 26 年的婚姻生活中，列宁不仅有了一位能干、贤惠、善良的妻子，而且身边多了一位与之风雨同舟、患难与共的助手、战友。

秘密建党

1898 年 3 月俄国社会民主工党一大召开，但不久中央委员会就因遭到警察残酷镇压而名存实亡。而且大会没有制定出明确的纲领和章程，大会实际上没有完成建党任务，各地的党组织仍处于思想混乱、组织涣散的状态。1899 年是列宁流放生活的最后一年，随着流放期的临近，他愈来愈专注于未来工作计划，常常夜不成寐，思考如何使俄国社会民主工党健康发展和不断壮大。1899 年列宁受托为《工人报》撰写了《我们的纲领》《我们的当前任务》《迫切的问题》等论文，论述了俄国马克思主义者对当时面临的主要问题的基本观点，如无产阶级政党的理论基础是马克思主义，必须创造性地对待马克思主义。

1900年2月，列宁的流放期限已满。按当局的规定，列宁的流放期限没有延长，但禁止在彼得堡和莫斯科等有大学的城市以及大的工业中心居住。经过考虑，列宁选择了与彼得堡联系最方便的地方——普斯科夫。

同妻子告别后，列宁秘密去了一趟莫斯科。途中经过彼多尔斯克，同被流放在这里的弟弟德·伊·乌里扬诺夫会合。然后两个人改乘火车一同前往莫斯科，去看望他们思念已久的老母亲。在莫斯科，列宁秘密会见了当地同他政治观点一致的人。直到3月10日，列宁才到达普斯科夫，住在阿坎杰斯街3号一位药剂师家中。为了以合法的形式掩护自己的革命活动，列宁以市统计局统计员身份活跃于整个普斯科夫。为筹备俄国社会民主工党二大的召开，列宁组织了社会民主党人会议。

1900年10月，"劳动解放"发表了列宁所写的《〈火星报〉编辑部声明》（以下简称《声明》），明确提出了该报的任务、方针和指导思想。《声明》指出，俄国社会民主党人应该团结起来，全力以赴地建立一个巩固的党，这个党要在革命的社会民主主义统一旗帜下进行斗争。关于办报的方针，不能把形形色色的观点简单堆砌在一块，而要科学地发展马克思主义，坚决反对伯恩施坦修正主义。

1900年12月，《火星报》第一号在莱比锡出版。这是第一张全俄马克思主义秘密报纸。刊头旁印有"行看星星之火，燃成熊熊烈焰"的名句，这是十二月党人赋诗致亚·谢·普希金的诗句。同时，还印有"全世界无产者，联合起来！"的著名口号。作为《火星报》的组织者和思想上的直接领导者，列宁全身心地扑在工作上。

1901年2月13日，列宁在给普列汉诺夫写信时突然使用"尼·列宁"这个笔名，在此之前他一般用彼得罗夫。从1901年12月起，他开始使用这个笔名在《曙光》杂志上发表文章，从此列宁这个名字就成为他作为一个伟大人物的代名词。

在创办《火星报》的过程中，列宁写的最重要的著作就是《怎么办（我们运动的迫切问题）》一书。该书写于1901年秋至1902年2月，是一本关于建立新型无产阶级政党的思想和计划以及批判俄国经济派的著作。《怎么办》一书从思想上彻底粉碎了经济主义，为建立新型无产阶级政党奠定了基础。

1901 年之后，俄国革命运动开始高涨起来，工人罢工持续不断，农民暴动接二连三。鉴于这种形势，俄国社会民主党人于 1902 年 3 月在别洛斯托克举行了代表会议，成立了第二次党代表大会的组织委员会。1903 年 5 月起，为二大的筹备工作，《火星报》编辑部的成员首先来到日内瓦，接着代表们也陆续到达日内瓦集中。日内瓦郊外的列宁的那座小房子里，挤满了来自俄国的客人。1903 年 5 月至 7 月，是列宁工作最繁忙的时候。他一方面要接待前来出席二大的代表，同他们就代表大会议程、党纲起草及其他问题展开讨论。另一方面，他还要负责起草大会文件。

1903 年 7 月 30 日，代表大会在比利时的布鲁塞尔召开。出于保密考虑，会场安置在一个仓库进行。列宁坐在讲坛的一边，显得很激动，一只胳膊肘支撑在桌子上，手掌捂着额角，另一只手捏着一支铅笔，低着头在琢磨发言提纲，有时又兴奋得坐不住，转过身去与个别同志点头示意。对于党的二大上出现的严重分歧、激烈辩论，一些代表向列宁诉苦说，会议气氛太沉重，斗争很残酷，互相反对是非同志态度等。列宁做了肯定的回答："我们的代表大会太好了！公开地、自由地斗争。各种意见都得到了发表。各种色彩都暴露出来。这一切都太好了。这才是生活。"

俄国社会民主工党二大在俄共历史上具有深远意义，为党制定了纲领和组织章程，通过了一系列关于策略的决议，确立了由经过斗争锻炼的职业革命家所组成的党的领导核心。俄国社会民主工党内布尔什维克派的出现，标志着布尔什维主义即列宁主义的诞生。正如列宁所说：布尔什维主义作为一种政治思潮，作为一个政党而存在，是从 1903 年开始的。列宁是布尔什维克派的首领。列宁从 19 世纪末参加工人运动以来就努力把马克思主义理论同俄国的革命实际相结合，进而把马克思主义同帝国主义时代的国际工人运动相结合。

1903 年 10 月 26 日至 30 日，俄国革命社会民主党人国外同盟代表大会在日内瓦召开了。列宁骑自行车去参加代表大会的途中，由于路上思考问题，撞到了电车上，眼眶被撞坏，还碰坏了手和腰。他勉强到医生那里治疗包扎一下，赶到会场。会议开得十分激烈。列宁的演说越深刻，越有说服力，孟什维克就越狂怒。马尔托夫暴跳如雷，而列宁泰然站着，理着缚在眼镜上的绷带。列宁三次发言反对同盟的章程，最后布尔什维克代表在大会闭幕的那天退出了大会。

大会闭幕后的两个晚上，列宁等 11 位布尔什维克同盟成员在一家咖啡馆开会，商讨下一步对付孟什维克破坏党的团结的行动。这时，普列汉诺夫的态度发生了变化。列宁对他这种以向机会主义者妥协让步求得党的团结与统一的做法，既惋惜又气愤。由于普列汉诺夫背叛了布尔什维克，列宁 11 月 1 日宣布退出《火星报》编辑部，并在《火星报》上发表了自己的声明。11 月 29 日，列宁根据中央委员会的推荐，代表中央委员会参加党总委员会。

二大后，党在危机中艰难曲折地发展着。为医治党内危机，列宁除撰写《进一步、退两步》外，还积极寻找谋求党内和平，使党健康发展的道路。1904 年 12 月，列宁起草了《关于成立组织委员会和召开俄国社会民主工党第三次定期代表大会的通知》，作为召开党的三大的预告。

面对不断高涨的革命浪潮，需要俄国社会民主工党立即制定出正确的策略。为此，列宁认为，必须召开党的三大。1905 年 2 月 11 日，列宁写信给彼得堡的布尔什维克常务局委员会波格丹诺夫和古谢夫，要求加快三大筹备的进程，立即同孟什维克断绝一切关系而进行公开和坚决的斗争。俄国社会民主工党布尔什维克代表大会于 1905 年 4 月 25 日至 5 月 10 日在伦敦举行。列宁在大会上就武装起义问题、社会民主工党参加临时革命政府问题、对农民运动的态度问题、工人和知识分子的关系问题、党章及其他一系列问题发表了演说。

1905 年 12 月 19 日晚，莫斯科工人代表苏维埃根据莫斯科布尔什维克委员的建议，发出了举行总罢工并转变为武装起义的号召。在起义的关键时刻，布尔什维克莫斯科委员会遭到破坏，起义的组织者和领导人被逮捕，使起义失去领导核心，加上彼得堡到莫斯科的铁路仍控制在沙皇政府手中，使沙皇政府能够从彼得堡调来大批军队镇压莫斯科的起义。莫斯科的 12 月武装起义是俄国 1905 年革命高潮的顶点。起义失败后，革命转入低潮。1905 年的革命虽然失败了，但它沉重打击了沙皇专制制度，锻炼和教育了俄国的劳动人民，这就为取得十月社会主义革命胜利创造了必要的条件。

十二月武装起义失败后，1905 年革命逐渐陷入低潮。经过努力，1906 年 4 月 23 日—5 月 8 日俄国社会民主工党第四次代表大会于瑞典的斯德哥尔摩召开。列宁在《告全党书》中指出：我们反对任何分裂行为，我们主张服从代表大会的决议。

1907 年年底，沙皇政府竭力想迫害列宁，并向芬兰提出了引渡列宁的要求。12 月 27 日列宁从纳古岛乘船到达斯德哥尔摩。1908 年 1 月 4 日，列宁和克鲁普斯卡娅启程前往日内瓦，途经柏林时，他们拜访了罗莎·卢森堡。1908 年 1 月 7 日，列宁他们到达日内瓦，开始了第二次流亡生活。

从革命沸腾的俄国来到平静的日内瓦，最初一段时间列宁很不习惯。当天晚上，列宁夫妇俩顶着凛冽的寒风，走在空荡的街道上，列宁感慨地说："我感觉到就像进了棺材似的。"在重新适应侨居生活的日子里，列宁尽管心情很沉重，但他没有消沉，而是积极地投入工作中，他很快与有关同志取得联系，会见流亡当地的革命者，在俄国侨民和波兰社会民主党人的集会上发表演说，积极开展革命活动。到达日内瓦的第三天，列宁就在给高尔基的信中表示："我坚信，党现在正需要一个正常出版并能坚持不懈地执行同颓废消沉做斗争的路线的政治性机关报——党的机关报。"

列宁为了批判马赫主义，揭露哲学修正主义对马克思主义的歪曲，从哲学上总结和概括 19 世纪末 20 世纪初的新成果，捍卫和发展马克思主义哲学，从 1908 年 2 月开始，他撰写了《唯物主义和经验批判主义》一书。几经周折，在列宁的姐姐和其他同志的努力下，《唯物主义和经验批判主义》于 1909 年 5 月在莫斯科出版了。出版社从当时他们所知道的列宁的化名中，选取伊林作为该书作者的署名。1909 年 5 月 4 日，列宁将该书寄给罗莎·卢森堡，请她在《新时代》杂志上刊登出版消息，该刊于 1909 年 10 月 8 日予以刊登。

1910 年俄国国内革命运动日益高涨，迫切需要党的有力领导，但由于党内斗争严重，党处于十分困难的境地。经过努力，1911 年 6 月 10—17 日俄国社会民主工党侨居国外的中央委员会议在巴黎召开。会议的目的是制定立即召开中央全会和全党代表会议的措施。会后，列宁一方面领导布尔什维克同取消派、前进派、呼声派进行斗争，一方面发表文章和做报告批判调和主义。在《俄国社会民主主义运动中的改良主义》一文中，列宁深入地批判了取消主义和调和主义。

1912 年 1 月 18—30 日，俄国社会民主工党第六次全国代表会议在布拉格举行。列宁直接领导了代表会议的全部工作。代表会议根据列宁的提议，专门通过决议宣布：代表会议"被确认为俄国社会民主工党的全党代表会议，是党的最高机关"，它的任务是建立全权的领导中心和恢复党。因此，布拉格代表会议实际上起到了党的代表大会的作用。

十月的决战

1912 年 6 月 22 日，列宁携家属踏上了克拉科夫的土地。列宁一家住在克拉科夫近郊的兹韦日涅茨街，那儿靠近树林和河流，有利于创作，房租也不贵。9 月初，列宁搬到离车站不远的卢博米尔谢戈街 47 号，从住房的窗口可以看到沿着国境线伸展的一片广阔的田野，触景生情，列宁的思绪时时飞越国境，希望早日回到祖国。在这儿，列宁一直住到 1913 年 5 月。

1913 年 1 月 8—14 日，俄国社会民主工党中央委员会扩大会议在克拉科夫列宁的住所举行。会议在列宁的领导下进行，通过了列宁起草的关于社会民主党杜马党团、关于保险运动等决议。1913 年春，克鲁普斯卡娅得了严重的眼球突出性甲状腺肿病。列宁对此十分焦急，采取一切措施进行治疗。医生建议她到山区住几个月。列宁在白杜纳茨村租了一个小屋。5 月初，列宁夫妇和克鲁普斯卡娅的母亲一起在这里度过了 1913 年和 1914 年的两个夏天。

1914 年 7 月 28 日，奥匈帝国在德国的支持下，以皇太子被刺杀事件为借口，对塞尔维亚宣战。3 天后，德国接连向俄国和法国宣战，战火迅速席卷了欧洲大地。列宁以异常焦急的心情关注着事态的发展及其有关方面的反应，尤其是交战国双方社会民主党对战争的态度。

1916 年 4 月，克鲁普斯卡娅患甲状腺病。根据大夫建议，列宁夫妇于 5 月底前往偏僻的山村泽伦堡休养。泽伦堡周围都是森林、高山，山顶上甚至还有积雪。偏僻安静的山村非常适于理论研究工作。从第一次世界大战爆发到 1917 年 2 月，列宁进行了一系列艰苦的革命宣传理论研究和实践活动，共写了几百篇文章，科学、系统、全面地论述了一系列重大的理论和实践问题，批判了当时的各种错误思潮和理论，有力指导了俄国社会民主工党和俄国国内革命运动。

1917 年春天，愈演愈烈的世界大战已进行了近 3 年时间，战争不但不是"一次温泉治疗"，反而是使帝国主义处于灾难的汪洋大海。1917 年 1 月 22 日，为纪念 1905 年"流血星期日"，彼得格勒、莫斯科、巴库等地的工人举行大规模的罢工和游行示威。3 月初彼得格勒工厂 3 万名工人开始大罢工，揭开了二月革命的序幕。3 月 15 日沙皇尼古拉二世宣布引退，让位弟弟米哈伊尔。米哈伊尔无力控制局面，第二天就宣布引退。这样延续了 300 年的罗曼诺夫王朝打上了句号。

3 月 15 日中午，列宁吃过午饭正准备到图书馆去，有人告诉他二月革命的消息。列宁高兴地把报纸上的电讯读了几遍，说自己要赶紧回国，并开始酝酿回国的计划。从消息传来的那刻起，列宁一直没有睡好觉，始终处于兴奋和渴望早日回国的状态。列宁从 3 月 19 日起为《真理报》写了一组文章，总标题是《远方来信》。分析了二月革命取得胜利的原因和二月革命后阶级斗争的趋势及阶级力量的对比。

1917 年 4 月 9 日，列宁一行 30 人在伯尔尼的民众文化馆前聚齐后，踏上了回俄国的征途。11 时 10 分，当列宁乘坐的列车驶进站台时，整个月台立刻沸腾起来。列宁返回祖国后，立即担任了布尔什维克党中央机关报《真理报》编辑。

1917 年 11 月 6 日，工人赤卫队和革命士兵夺回被士官生所占据的印刷厂，并在《工人之路》编辑部加强防御。列宁在秘密场所密切注视革命力量和反革命力量展开斗争的动向。靠近宽阔的涅瓦河畔，列宁终于来到了戒备森严的斯莫尔尼宫。这里现在是革命的指挥中心，全楼 100 多个房间，灯火通明，人声鼎沸，各个部门紧张而繁忙地运作着，几百名联络员进进出出。列宁的到来，使同志们既感到大吃一惊和意想不到，又十分高兴。列宁立即下达了正式举行武装起义的命令和进行起义的有关事项。

参加起义队伍的工人赤卫队、卫戍部队和波罗的海舰队的革命士兵共 20 万人投入战斗。革命形势呈排山倒海之势，势如破竹，所向披靡。经过激战，到 11 月 7 日凌晨，起义队伍已占领了各主要桥梁、火车站、发电站、银行等战略要点。下午 6 时，起义队伍已将政府盘踞的最后一个据点冬宫完全包围。深夜 2 点 15 分，队伍完全占领冬宫，政府的各部部长全被逮捕。至此，彼得格勒武装起义已取得全面胜利。

列宁没有出席苏维埃代表大会第一次会议时，他在军事革命委员会继续领导完成攻击冬宫的最后行动。列宁此时已两昼夜没有合眼，显得很疲惫，脸色苍白，双眼熬得通红，但一直两手交叉在背后，在房子里走来走去。休息几小时后，列宁立即起来投入了紧张的工作，组织彼得格勒的防卫工作；制定新政府的第一批法令——《土地法令》《和平法令》《关于成立工农政府的决定》等。

11 月 8 日，苏维埃代表大会举行第二次会议。决定成立苏维埃政府即人民委员会来管理国家，设立各种委员会主持国家生活各部门的工作。列宁被选为人民委员会主席。1917 年 11 月 9 日 6 时，全俄工兵代表苏维埃第二次代表大会在"革命万岁"、"社会主义万岁"和《国际歌》声中胜利闭幕。

治国安邦

1917 年 11 月 8 日，列宁在全俄苏维埃第二次代表大会上当选为人民委员会主席后，立即着手筹建管理国家的组织工作。11 月 12 日，列宁任命弗·德·邦奇·布鲁也维奇为人民委员会办公厅主任，负责与他保持直接的联系，负责建立下属办公机构。列宁的办公室设在斯莫尔尼宫大楼三层右侧拐角处的一个房间内，后来搬到左侧。办公室门口有警卫站岗，承担保卫任务的多是赤卫队员和水兵。

人民委员会每天都要开会，会议按规定的时间准时召开。会议经常开到深夜，有时开到第二天早上。列宁一般在开会前的十几分内赶到，他要求与会者一定要严格遵守纪律，迟到就是浪费时间。

1917 年 11 月 18 日，列宁在《告人民书》中呼吁：劳动者同志们！请记住，现在是你们自己管理国家。如果你们自己不团结起来，不把国家的一切事务掌握在自己手里，谁也帮助不了你们。你们的苏维埃今后就是国家行政机关，即拥有全权的决策机关。1917 年 12 月 1 日，列宁签署命令，由全俄批准成立了最高国民经济委员会，负责有计划地组织国民经济和国家财政。

在长期出生入死的革命生涯中，列宁多次化险为夷，其中比较典型的有三次。

第一次遇刺是有惊无恙。

1918 年 1 月 14 日，列宁在米哈伊洛夫马术学校发表演说后，返回斯莫尔尼宫的路上，突遭一伙匪徒的袭击，一梭子弹从后面朝车身射来。说时迟，那时快，坐在列宁身旁的普拉廷立即抱住列宁的头朝向一边，司机情急之下，顾不上周围白茫茫的浓雾，开足马力冲出伏击圈。列宁化险为夷。

第二次遇刺受重伤。

1918 年 8 月 30 日，莫斯科市委邀请列宁到巴斯曼区加夫里柯夫广场原粮食交易所大楼和河南岸区希波克街米赫里逊工厂作关于两种政权的演讲，时间定于晚上 6 点 30 分开始。列宁先是在巴斯曼区群众大会上作演讲，群众大会开得很顺利，后又驱车前往米赫里逊工厂作同样题目的演说。

右派社会党闻讯后，派社会革命党女党员、恐怖分子范妮·卡普兰前来行刺列宁。群众大会结束后，列宁在一群人的簇拥下走出会场。一个装成水兵的人伸开双臂，拦住了尾随列宁的人流，用下蹲的身子挡住了走过来的工人，这样列宁来到停车场时周围没有几个人。当列宁迈出几步准备上车时，窥伺了好久的卡普兰站在车前面，立即朝列宁连开了几枪，列宁应声倒下，人群顿时大乱。

经过全面诊断，查明：列宁身中两弹，一颗子弹打中肱骨，造成了骨折；另一颗子弹从背后肩胛骨方向射入体内，打穿肺叶，引起了大量出血，血液流入胸膜腔，离颈部致命的血管和保证心脏跳动的神经仅一两毫米，十分危险。医生每天早晚对列宁的病情会诊一次，两天后，脉搏跳动恢复正常。四五天以后，感染的危险基本上过去，病情趋于好转，在医护人员的精心治疗护理下，列宁病情逐渐好转。

第三次是遭土匪抢劫。

1919 年 1 月 19 日那天晚上，列宁和随行同志驱车参加一个活动。路边突然响起了吆喝声："停车！"列宁以为遇上了检查证件的民警，于是就叫司机把车停下了。结果那伙人竟把手枪对准列宁的太阳穴，跳进汽车，把手枪对准列宁他们，随即开足马力向索科里尼奇方向疾驰而去。随后，列宁一行留在大路上，走到索科里尼奇苏维埃所在地。列宁对事情的发生很不满，说这太不像话，竟然就在苏维埃的鼻子下拦路抢劫。后来这伙强盗最终被缉拿归案。列宁在《共产主义运动中的"左派"幼稚病》一书中对这次盗劫事件做了评论。他认为向强盗"妥协"是原则上不允许的，同德帝国主义的妥协，就是这样的妥协。

1919 年 3 月 2—6 日共产国际第一次代表大会在莫斯科举行。代表会议一项重要的议程就是审议共产国际的理论纲领——列宁做的关于资产阶级民主和无产阶级专政问题的报告。共产国际成立后，在列宁的领导下立即以战斗者的姿态投身方兴未艾的世界革命浪潮中，声援和捍卫俄国苏维埃社会主义政权，帮助各国无产阶级建立共产党，指导和帮助发动革命。

莫斯科市委会及其全体工作人员都很想庆祝列宁的 50 岁生日，他们决定于 1920 年 4 月 23 日在莫斯科市委会大厅举行纪念晚会，称为"共产主义晚会"。莫斯科市委书记亚·费·米雅斯尼柯夫是在晚会开始时才通知列宁的，列宁拒绝出席正式的庆祝会，直到会议结束前才来到会场。列宁两眼含着笑意，脸上焕发出他特有的风趣的神情。他在感谢的同时，谈了党的任务，还指出了骄傲自大的危险。

伟大的心脏停止跳动

在列宁几十年的革命生涯中，极端复杂而险恶的斗争环境，奔波、流亡的艰苦生活，长年累月的紧张和劳累，以及 1918 年遇刺留下的创伤，严重地损害了他的健康。还在侨居国外之时，列宁就开始患有高血压，并逐渐发展为动脉粥样硬化。从 1918 年开始，列宁的动脉硬化逐渐发展，某些微小的卒中悄然侵袭他的大脑。

1923 年 3 月 10 日，列宁第三次严重发病，无情的病魔使列宁右半身完全瘫痪并剥夺了他的说话能力和工作能力。列宁感到极度痛苦，竭力进行挣扎。至此，列宁的政治生命基本结束。一位看护他的教授记载道："情况是悲壮的。这个人，这个曾经用他的言语使群众激动兴奋，曾经在辩论中说服战士并使领袖坚强起来的人，使全世界都对他的话起了这样那样反应的这个人，现在却连最简单最原始的概念都表达不出来了。"

1924 年 1 月下半旬，列宁病情开始出现恶化的征兆，但列宁的精神状态仍不错。最终，广大人民群众希望列宁恢复健康的心愿未能实现。1924 年 1 月 21 日，列宁的病情急转直下，神志昏迷。一直守护在列宁身旁的医生全力紧张抢救，但回天乏术。18 时 50 分，列宁停止了呼吸，与世长辞，终年 54 岁。诊断书上写到，列宁的主要病状是过度的脑力劳动所引起的严重的动脉硬化。经常的极度紧张和不间断的工作，过早地夺去了列宁的生命。

列宁逝世的噩耗传开后，一片片的哭泣声和喧哗声打破了哥尔克宁静的夜空。

1 月 27 日上午 9 时 20 分，装有列宁遗体的灵柩从工会大厦抬到红场。人民群众排队川流不息地绕过安置在红场上的列宁灵柩的一旁。下午 4 时，全国所有企业停工 5 分钟，车船停止行驶 5 分钟，工厂汽笛长鸣告别，追悼礼炮轰鸣，在一片哀乐声中，列宁的灵柩被徐徐安放到莫斯科红场陵墓中。

列宁——俄罗斯人民伟大的儿子、全世界无产阶级的伟大领袖和导师，虽然长眠了，但他那经天纬地的不朽业绩、博大精深的光辉思想，成为全世界无产阶级和劳动人民追求正义、自由、平等、真理和解放的永不衰竭的源泉。

参考文献：

［1］季正矩：《列宁传》，天地出版社 2018 年版。

［2］［匈］格奥尔格·卢卡奇：《列宁》，张翼星译，远流出版事业股份有限公司 1991 年版。

［3］［苏］普·凯尔任采夫：《列宁传》，金铣译，生活·读书·新知三联书店 1975 年版。

"钢铁"巨人斯大林

在国际共产主义运动史上，斯大林是一位重要的甚至是绕不开的人物。他跟随列宁，与列宁一起创建了布尔什维克党并缔造了世界上第一个社会主义国家苏联。他自称是列宁的学生和列宁主义的继承者，在列宁去世之后，在极其复杂的国内外环境中，他以其特有的方式，带领苏联人民在极短的时间内实现了国家的工业化，建立起了强大的国防工业，并借此战胜了德国法西斯，推动了国际社会主义运动的蓬勃发展，让苏联在"二战"以后成为唯一一个可以与美国分庭抗礼的世界超级大国。但是，由于斯大林当政期间在国内政策上的一些错误做法，以及斯大林的个人性格问题，他在去世之后不久就遭到了来自苏联国内外的众多非议和批判，并由此成为一位极富争议的历史人物。

不屈服于命运的鞋匠之子

斯大林的原名是约瑟夫·维萨里昂诺维奇·朱加什维利。"斯大林"是其参加革命之后的一个化名。这个化名在俄语中是"钢铁"的意思。根据官方档案，斯大林的祖辈都是格鲁吉亚人。他于 1879 年 12 月 21 日出生在格鲁吉亚第比利斯省的哥里市。他的父母都是农奴出身。斯大林出生的时候，他的父亲是一位制鞋匠，母亲是一位虔诚的东正教教徒。斯大林的父亲酗酒非常厉害，每当醉酒之后，他就会对斯大林的母亲又打又骂，甚至对斯大林拳脚相加。这就是斯大林的父亲留给他的童年印象。

斯大林的父母都没有接受过教育。在他父亲的内心里，鞋匠的儿子理应成为一名鞋匠。因此，他拒绝让儿子到学校去读书。但是，斯大林的母亲并不认同。她希望儿子能够有机会接受教育，并通过接受教育来改变人生命运，不再重复父辈的生活道路。为此，斯大林的母亲想尽办法，将儿子送进哥里正教小学。她的理想是让儿子长大之后成为一名神父。母亲的这一做法引起了父亲的愤怒。他去到学校将斯大林拉回到工厂学做鞋匠。但是，经过母亲与父亲的反复较量，斯大林最终还是回到了学校。

斯大林1888年进入哥里正教小学，1894年从那里毕业。之后，经过校董会的推荐，他进入了梯弗里斯正教中学。在老师和同学们的印象中，童年的斯大林聪慧过人，他几乎在每一门课程上都取得了优异的成绩。但斯大林并非在每一个方面都出类拔萃，其中舞蹈和古希腊语就是他的弱项，而且他的性格有一点复杂古怪，让人捉摸不透。在读中学期间，斯大林知识兴趣广泛，并尤其喜好文学。他开始进行诗歌创作，并在一些诗刊上进行发表。这些诗作显示出斯大林在思想上有一种格鲁吉亚的民族主义倾向。但是，在这一时期，真正对斯大林的一生有决定性影响的，是他与神学理论的决裂以及对于马克思主义的接触。

顺从与叛逆

在朋友的引导下，中学时期的斯大林就已经接触到了马克思、普列汉诺夫和列宁等人著作。通过这些著作，他开始逐步地确立起马克思主义的信仰。中学毕业以后，斯大林曾经做过一段时间的家庭教师和气象观测员。与此同时，他在第比利斯参加了一些马克思主义的学习组织，进行马克思主义的宣传工作，组织工人运动，并成长为一名布尔什维克。1902年4月，由于组织和参加巴统地区的工人游行，斯大林被捕入狱。这是斯大林第一次因为参加革命活动而身陷囹圄。之后，他曾数次入狱并且被几度流放西伯利亚。

1905年12月，俄国社会民主工党（布）第一次代表大会在芬兰举行，再次获得自由的斯大林由于在高加索地区的出色工作被选举为参会代表。在这次会议上，斯大林第一次见到了列宁，并成为列宁的忠实追随者。在之后的十余年里，一直到十月革命胜利之前，虽然在一些具体的问题上，斯大林与列宁产生过一些意见分歧，但是他在总体上遵循了列宁主义的革命路线，并成为列宁革命事业的得力助手。其间，在列宁的启发下，斯大林认真地研究了俄国的民族问题，并写作了其最重要的理论著作之一——

《马克思主义与民族问题》。这本书创造性地继承和发挥了列宁的民族思想，而且为斯大林在布尔什维克党的崛起以及在十月革命胜利后解决苏联的民族问题提供了重要的理论支撑。

1917 年，在列宁的支持下，斯大林进入党的中央委员会，而且成为排名第三的核心领导。在二月革命之后，十月革命前夕，斯大林支持了列宁有关迅速举行武装起义的意见，并在之后的十月革命中发挥了重要作用。十月革命胜利以后，苏维埃政权颁布法令，任命斯大林为民族事务人民委员，负责苏维埃控制区域内的民族事务。这项工作对于巩固苏维埃政权具有至关重要的作用。1918 年，斯大林支持了列宁有关签订《布列斯特和约》的主张，并奉命到南俄征集粮食，以缓解长期战争带来的粮食危机。在执行这项任务的过程中，斯大林很快就展现出了其雷厉风行的风格。他给列宁写信，要求获得所到区域的军事全权，组织了余粮征集队，出色地完成了这一任务。

不管是在与孟什维克的政治斗争中，还是在与敌对势力的军事斗争中，斯大林都显示了出色的工作能力，并表现出战略眼光。1918 年到 1919 年间，他参与了一系列重要的军事活动和外交决策。他参与了苏联《宪法》的制定，并在 1919 年之后进入了布尔什维克党的中央政治局和组织局，担任新成立的工农检察院的人民委员。之后，在列宁与托洛茨基有关工会问题的争论中，斯大林坚定地站在列宁一边，保证了苏维埃工会政策的正确性。

自上而下的革命

1922 年，在苏共十一大的一中全会上，斯大林当选为党的总书记，政治地位进一步提高。但是，随着政治地位的不断提高，斯大林的一些性格缺陷和独断专行的工作作风也开始逐渐地显现出来。在列宁自 1922 年健康状况恶化之后，斯大林更是在一些问题上公然违背列宁的意志，表现出与同志们的不能团结，甚至于粗暴地训斥列宁的妻子。斯大林的这种作风引起了列宁的不满。列宁开始对于斯大林能不能始终谨慎地使用自己手中的权力感到担忧。为此，病重的列宁在遗嘱中特别地提议中央委员将斯大林从总书记的位置上撤换下来，以便让一位更有耐心、较为谦恭、更加能够关心同志的人来担任这一职务。

1924 年 1 月 21 日，列宁病逝。列宁逝世以后，斯大林作为党的领导人主持了列宁的葬礼，并与其他几名政治局成员一起为列宁扶柩。这进一步凸显和加强了斯大林的政治地位。在此之后，领导层中虽然有一些人试图利用列宁遗嘱对斯大林的权力进行限制，但是斯大林最后经受住了这种挑战，并逐渐强化了他的权力，保持住了他在党内的主导地位。1928 年以后，斯大林逐步地放弃了列宁时期的新经济政策，并大力推进农业的集体化和国家的工业化。1929 年，苏联开始施行第一个五年计划，并于四年后提前完成。在此期间，苏联的工农业生产总值都得到了显著提升，整个国民经济实现了快速发展。但是，在实现这些发展目标的过程中，斯大林采取的一些强制和粗暴的做法带来了很多负面的影响。比如对富农的打击过于残酷，在一些地方造成了饥荒等。

早在去世之前，列宁就开始对可能出现的党内分裂感到担忧。他深明斯大林和托洛茨基等人的才干，但也明了他们各自明显的缺点。因此，列宁写下了一系列的遗嘱，希望对其过世之后的权力平衡和政治稳定做出一些安排。但是，从后来的历史发展来看，列宁的这一愿望最终没有能够实现。在列宁去世之后，原来尚可勉强维持的党内政治平衡，被一点点地打破了。在这个过程中，托洛茨基、季诺维耶夫、加米涅夫和布哈林等苏共领导人先后被开除出党，甚至于被迫流亡国外或被杀。斯大林由此登上了苏共和苏联的权力顶峰，成为苏联党和国家的最高领袖。

斯大林当政之后，无论是在苏联党内部、苏联红军内部，还是在经济领域，抑或是在文化教育方面，都进行了大刀阔斧的改革。在斯大林主政的几年之内，苏共的党员数量就从一百万出头增长到了一百三十多万。在红军内部，跟随着苏联工业化的全面推进，军队的机械化和现代化水平也不断提高。在经济领域，农业集体化和国家的工业化取得了长足的成效。在文化教育领域，苏联建设了一大批的学校和科研机构，社会主义的文学艺术蓬勃发展，全民的识字率和文化水平大大提高。苏联社会从整体上实现了从落后的农业社会向现代的工业社会的转变。这些都是斯大林当政早期取得的一些重要成就。但是，在取得这些成就的同时，斯大林在 30 年代开展的"大肃反运动"也造成了非常严重的后果。肃反运动的扩大化一方面使得许多党员和公民蒙受不白之冤，甚至于付出了生命的代价，另一方面也使得整个社会的各个领域遭到了严重的破坏和损失。

在震撼世界的年代

在关注国内事务的同时，斯大林也没有放松对国际局势的观察和思考。在打退了国外干涉势力对俄国的武装干涉并初步稳定了苏维埃政权之后，斯大林一方面着手建立和发展与其他发达资本主义国家的外交关系和经贸关系，另一方面也通过第三国际积极发展国际进步力量，帮助各个国家建立马克思主义政党，以便为苏联政权的巩固和发展创造有利的国际环境。斯大林深知：如果没有国际进步力量的支持以及在一定时期内的和平环境，苏联政权能否生存下来就会成为一个大问题。进一步，由于帝国主义发展的不平衡性，以及帝国主义与苏联社会主义在本质上的敌对性，苏联与帝国主义国家之间的战争将只是一个时间问题。正是基于这样的形势判断，正是从这种紧迫感出发，斯大林才不遗余力地集中全部精力强力地推进苏联国家的工业化和苏联红军的现代化，以便为即将爆发的战争做好准备。

1933 年，希特勒和纳粹党在德国取得政权，并表现出咄咄逼人的态势。1938 年，为了暂时稳住极富侵略性的纳粹德国，斯大林策略性地与希特勒签订了《苏德互不侵犯条约》。但是，一纸条约阻挡不了纳粹的侵略野心，在侵占了奥地利、捷克斯洛伐克，并打败了波兰和法国之后，希特拉悍然将侵略矛头指向苏联，并且于 1941 年 6 月 22 日对苏联发动了大规模的突然袭击。斯大林预料到与纳粹爆发战争的不可避免，但是始终认为希特勒在彻底打败英国并完全控制西欧之前绝不会贸然进攻苏联，以至于陷于两面作战。因此，纳粹德国的突然袭击大大超出了斯大林的预料，并且让苏联在战争的第一阶段丧失了大片领土，伤亡了大量的军民。在这一阶段，苏联军队节节败退，德国军队迅速向前推进，这极大地助长了纳粹的侵略野心。但是，在经过了一个阶段的溃败之后，苏联红军开始逐步地稳住了阵脚并组织起有效的抵抗。

1941 年 10 月，纳粹国防军已经推进到莫斯科城下。面对极其危急的形势，有人曾建议斯大林撤离莫斯科，到更为安全的地方去。但是，斯大林断然拒绝了这一建议并决定留在莫斯科。在战争的紧要关头，斯大林表现出了惊人的气魄与强大的意志。1941 年 11 月 7 日，在漫天的暴风雪中，斯大林毅然出现在了莫斯科红场，他检阅了红军部队并发表了著名的红场演说。在演说中，斯大林号召全体军民迅速地武装起来，誓死保卫莫斯科、保卫苏联，将纳粹侵略军驱逐出去。演说极大地鼓舞了苏联军民的士气。受阅部队在走过红场之后即直接开赴前线。经过四个多月的浴血奋战，在付出了极大的伤亡之后，苏联军民最终于 1942 年 1 月打败了纳粹军队，取得了莫斯科保卫战的胜利。

在战争期间，斯大林将自己的大儿子雅科夫派往前线同德军作战。在 1941 年进行的斯摩棱斯克战役中，雅科夫被德军俘获。在得知雅科夫的真实身份之后，德国方面曾提议进行战俘交换，用雅科夫换回一名被俘的德国元帅，但是这一提议遭到了斯大林的断然拒绝，斯大林拒绝的理由是：他不会用一名元帅去换回一名士兵。最后，雅科夫在 1943 年死于德国监狱。在这件事情上，斯大林再次显示了其钢铁般强硬的性格。斯大林在这一事情上的做法被许多人解读为斯大林的铁石心肠和冷酷无情，但是更为可能的是：斯大林不愿意因为在这件事情上搞特权而消解掉苏联军民誓死保卫祖国的决心。

1942 年 7 月至 1943 年 2 月，苏军与德军进行了一场长达半年之久的斯大林格勒战役。在双方都付出了惨重的代价之后，苏军取得了战役的最后胜利。这场战役成为二战中苏德战场上的转折点。自这场战役之后，苏军开始转守为攻，直到 1945 年攻占柏林。苏联之所以能够取得这场战争的胜利，离不开苏联军民的浴血奋战，离不开苏联在二战之前的迅猛发展和战争准备，自然也离不开斯大林的坚强领导。在战争中，斯大林的形象变得愈发高大，开始真正地成为全民崇敬的伟大领袖。在战争的后期，斯大林与英国首相丘吉尔、美国总统罗斯福一起成为三大世界领袖，并被合称为"三巨头"。在 1945 年 2 月举行的雅尔塔会议上，"三巨头"一起谋划了二战后的世界格局，构建了迄今都还在主导着世界秩序的雅尔塔体系。

战后生涯

在苏德战争的后期，苏军将东欧的广大区域从纳粹德国的统治之下解放出来，并且在这些区域里帮助建立了一批社会主义国家，实现了社会主义从一国向多国的发展，极大地推动了国际共产主义事业的发展。与此同时，斯大林也开始将目光从欧洲转向东方，转向中国。其实，早在苏德战争爆发之前，日本就试图从远东地区进攻苏联，结果遭到了苏军的挫败。因此，在二战结束之后，为了实现苏联对反法西斯同盟的承诺，同时也是为了保障苏联在远东的战略利益，苏军在1945年8月出兵中国东北，对日本关东军进行了毁灭性的打击。之后，在中国解放战争期间，斯大林也在军事上给予了中国共产党和中国人民解放军一定的援助和支持。

新中国成立之后，在外交上采取了"一边倒"的政策，与苏联建立了盟国关系，社会主义阵营开始全面形成。1949年，世界各国的共产党领袖齐聚莫斯科，为斯大林庆祝七十大寿，斯大林成为公认的共产主义世界的领袖。但是，在社会主义阵营不断壮大的过程中，斯大林的大国沙文主义倾向也开始日益显露出来。在二战结束以后，斯大林策动了外蒙古的独立，并且长期控制着中国东北的中长铁路和旅顺军港。与此同时，苏联共产党在与各国共产党的交往中，也总是习惯于以老子党自居，并试图将自己的意志强加到其他社会主义国家。在其中，斯大林发挥着决定性的作用。斯大林和苏共的这种作风引起了各国共产党的不满，也引起了中国共产党的不满，这实际上为之后社会主义阵营的分裂埋下了隐患。

二战结束以后，世界逐渐分裂为社会主义和资本主义两大阵营。在两大阵营相互角力的背景下，以美国为首的"联合国军"于1950年6月悍然入侵朝鲜，引发了朝鲜战争。在朝鲜战争爆发以后，既是为了履行中国的国际义务，也是为了保卫新中国的主权独立，中国政府组织了中国人民志愿军参与到了抗美援朝的伟大斗争中去。抗美援朝是中国、苏联和朝鲜协商一致的结果。在抗美援朝的过程中，中国人民志愿军再一次得到了斯大林领导下的苏联的援助。这场战争打击了美帝国主义的侵略气焰，捍卫了朝鲜人民和中国人民的利益，同时也保卫了社会主义阵营，加强了社会主义阵营的团结。但是，就在朝鲜战争即将进入决战期的时候，一个惊人的消息从苏联传向世界：苏共中央总书记斯大林于1953年3月5日逝世了。

斯大林的逝世非常突然。斯大林的死因也扑朔迷离。有人认为是自然死亡，有人认为是死于谋害。这一点直到今天都是说法不一，没有定论。他的突然去世在苏联国内和国际上都引起了很大的震动。在斯大林去世之后，苏联的党和国家为斯大林举行了隆重的葬礼，并且将遗体放置在列宁墓里，将"列宁墓"改名为"列宁－斯大林墓"。由于斯大林的长期专权，苏联党和国家的政治生态遭到了严重的破坏。由于斯大林并未对身后之事做出安排，因此，在斯大林逝世以后引发了一定的政治动荡。最后，在经过了一番角逐与较量之后，赫鲁晓夫成为苏共总书记，成为苏联党和国家的最高领导人。斯大林时代成为过去。

荣耀的背后

斯大林是一个强有力的人。他在许多方面都实现了自己的目标。他缔造了一个强大的苏联，打败了法西斯的侵略，让苏联在二战后成为世界性的超级大国，并推动构建了一个社会主义阵营。但是，在实现这些目标的时候，他也让他的国家和人民，甚至于他自己都付出了惨重的代价。在他执政苏联的三十年里，有为数众多的人死于饥荒，死于战争或死于政治迫害，而他自己也时常生活在孤独当中——他终其一生都没有得到过家庭的幸福。

斯大林的父亲在一次醉酒打斗中被刺身亡。斯大林在 1906 年 7 月与自己的第一任妻子叶卡捷琳娜·斯瓦尼泽结婚，可是次年 11 月他的妻子就因罹患肺结核而病逝。妻子为他留下了一个儿子——雅科夫。雅科夫在亲戚的身边长大，1929 年自杀未遂，1943 年在纳粹德国的监狱自杀身亡。1919 年 4 月，斯大林与比他小 23 岁的妻子阿利娜娃结婚。起初他们非常恩爱，但是几年后就感情破裂了。1932 年 11 月 8 日，阿利卢耶娃选择用手枪结束了自己的生命。时年 31 岁。阿利卢耶娃为斯大林生育了一儿一女。儿子瓦西里在二战中曾担任过航空兵团长，并击落过敌机，立下过战功，战后因飞行事故被斯大林解职。女儿斯维特拉娜有过几次婚姻，但都不幸福。起初，斯大林非常地疼爱她，但是最后父女感情还是不可挽回地破裂了。因此，总体来看，斯大林的家庭生活是不幸福的。

为了信仰与事业，斯大林牺牲了家庭。在成为国家领袖之后，他依然没日没夜地工作。但是，在无限的荣耀和伟大的形象背后，他其实也有普通人的一面。他希望自己的妻子成为一名家庭主妇，安心地照顾家庭，让他有一个温暖的家，但是他最终没有能够实现这个心愿。他曾经非常疼爱自己的女儿，但是她总是违背他的意志，让他忍不住大发雷霆。在晚年的时候，他会把自己的工资寄给生活困难的童年时期的朋友，还邀请过格鲁吉亚的老同学一起到莫斯科同他叙旧。但是，他毕竟不是一位普通人，在内心的深处他始终难掩寂寞。

斯大林的一生波澜壮阔。斯大林的形象也复杂多面。他创造了非凡的业绩，也犯下过严重的错误。在斯大林去世之后，丘吉尔曾经说道："当他（斯大林）接手俄国的时候，俄国还是一个手扶木犁的国家；当他撒手人寰的时候，俄国已经拥有了原子弹。"丘吉尔用这样一句简单的话高度凝练地总结了斯大林的功绩。但是，在得到对手的赞颂的同时，他也得到了自己同志的无情的批判。在斯大林去世之后的 1956 年，作为他的继任者的赫鲁晓夫在苏共二十大的会后，做了一个针对斯大林的秘密报告。在这个报告里，赫鲁晓夫历数斯大林的种种罪状，对斯大林大搞个人崇拜和大搞政治迫害进行了严厉的批判。之后，苏联政府将斯大林的遗体移出了列宁墓。但是，对于斯大林的更为中肯的评价，可能还是毛泽东有关"三七分开"的评价吧。承认他是一位马克思主义者，承认他做出的巨大贡献，也承认他犯下的巨大错误。

参考文献：

[1] 韩冰：《斯大林》，中国工人出版社 2014 年版。

[2] ［俄］沃尔科戈诺夫：《斯大林》，张慕良译，国际文化出版公司 2003 年版。

[3] ［俄］叶梅利亚诺夫：《斯大林：未经修改的档案——在权力的顶峰》，石国雄、袁玉德译，译林出版社 2006 年版。

革命之鹰卢森堡

罗莎·卢森堡（Rosa Luxemburg，1871—1919）国际共产主义运动史上杰出的马克思主义思想家、理论家、革命家，被列宁誉为"革命之鹰"。这位女革命家的名字就如同丰碑一般，伫立在二十世纪的革命洪流之中。德国至今保留着以她命名的左翼政党奖学金。

诗歌与童年

1871 年 3 月 5 日，罗莎·卢森堡出生在波兰东部卢布林省的小城扎莫什奇。卢森堡是家里最小的孩子，她上面有三个哥哥和一个姐姐。少年时期的卢森堡，人们习惯称她为"小罗莎"。

小罗莎长得俊俏、清秀，头发厚实浓密，双眼闪烁着深邃而又明朗的目光，笑起来很甜，有一个浅浅的酒窝，交谈时总带着令人鼓舞的可爱神情。童年时代的卢森堡享受着家庭带给她的幸福生活：宽容和谐的生活氛围，相亲相爱的兄弟姐妹，疼爱自己的父母。她的父亲艾里阿什·卢森堡是一名犹太裔木材商人，但他与当时小城中的大多数保守的犹太人不同，他反对宗教问题上的闭关自守，主张开明自由。因而，在卢森堡的家里，每一个人都有波兰人的名字，而且在家里也不讲在当时东欧犹太人中都非常流行的"犹太话"，而讲波兰话。卢森堡的母亲丽娜·卢森堡极具文学素养，待人接物彬彬有礼高贵优雅。她非常崇拜德国诗人席勒和波兰大诗人密茨凯维兹。文学像是一朵纯净的鲜花，蕴藏着明亮之光。浪漫的高雅与平静岁月的芬芳滋养着小罗莎年幼的心灵，也为其日后领悟革命的魅力带来无限生机，"让她终生都同形形色色的族群意识、等级特殊主义和民族主义保持适当的距离"。

　　1873 年，小罗莎刚满两岁时，全家迁居到波兰王国的政治和文化中心华沙。由于出生时髋骨关节脱位，再加上不成功的医学治疗，小罗莎走路时腿脚有些跛，落下了终身残疾。她不能像其他小朋友那样享受自由奔跑的快感，有的时候还要遭受其他人对她的嘲笑和冷落。上帝关上了一扇门，却打开了一扇窗。生理缺陷并不能阻碍她对世界万物的强烈兴趣和求知欲，相反，却使她养成了一种爱好钻研的顽强品质和坚定地追求目标的意志。在给卡尔·考茨基的一封信中，卢森堡谈到自己的童年生活，她表示"真正的生活，在高高的屋顶之外，我一直追随着它"。

　　也许是天赋异禀，小罗莎五岁起就能读书写字，并展露出不凡的诗歌才华。那些文学作品宛若灿烂星辰，闪耀着智慧的光芒，照亮了小罗莎的成长道路。特别是密茨凯维兹的著名诗篇《青春颂》，成为她一生的挚爱。她还常常自己写诗，给亲友们写信也大多乐用诗歌的形式。诗歌对罗莎·卢森堡的影响非常大，在日后的革命岁月中，她的笔触常常围绕着诗一般的语言，将自己对于革命的理解与感情诠释得淋漓尽致。成年后许多著作中，经常引用一些著名诗人的诗句，或者借用这些作品中的人物形象，有时甚至完全采用诗歌的形式写作。

　　1880 年 6 月，罗莎·卢森堡开始进入华沙第二女子中学读书。虽然是年纪最小的学生，但她却是最耀眼的一个。天资聪颖再加上勤奋刻苦，让她时常获得学校的特别奖励——那些和她的年龄并不匹配的深奥书籍。徜徉在知识的海洋里，小罗莎的精神羽翼崭露头角。在她 16 岁的时候，就加入了"无产阶级"小组。不久，这个小组与校方发生了一次冲突，或许正是从那一刻起，这个英勇无比的女革命家开始了她一生的不朽与崇高。"小罗莎"蜕变成了"卢森堡"。

　　这场冲突有着深层的历史原因。自 18 世纪开始，波兰就被笼罩在俄国沙皇政权统治之下，丧失了其独立自主性。到了 19 世纪 80 年代，资本主义在波兰王国迅速发展起来，如同波涛汹涌的河流唤醒着波兰人民的民族自觉性。俄国沙皇政府惊恐万分，为了有效维护自身的统治秩序，极力在波兰推行与本国一致的行政体制，取消波兰本土的一切自治权，采取了毁灭波兰文化和民族传统的政策，他们规定，在行政、诉讼、教育和商业等系统严禁使用波兰语。自 1885 年开始，包括波兰本国语文在内，在中学里，全部课程均不得使用波兰语，校方甚至严禁学生用波兰语交谈。

这些禁令激起了波兰知识分子的激烈反抗，中学生们也开始了维护民族独立的游行活动。强烈的民族情感占据了卢森堡的内心，她义无反顾地冲进了这场运动之中，并担任了主要角色。当她年仅 14 岁的时候，就写了一首题为《欢迎德皇威廉一世驾临》的讽刺性打油诗。诗中非但没有半点奴颜婢膝，而且谴责了德国的侵略政策。其中一句是："您的宫殿，我不去瞻仰；您的赏光，我视若草芥。"卢森堡那青春的面庞上洋溢着革命的激情。在抗议活动中，卢森堡表现得十分勇敢活跃，她也因为思想解放和反抗校长政策而久负盛名了。也正因为如此，虽然她毕业成绩优异，却与金质奖章擦肩而过。

自 19 世纪 70 年代开始，波兰境内就出现了"社会主义小组"，在此基础之上成立了"无产阶级政党"。但由于缺乏斗争经验，"无产阶级政党"很快就被波兰当局镇压下去，党内的一些著名活动家遭遇不测，仅有少数党内成员得以幸存。1887 年，第二批社会主义小组悄然成立，并联合无产阶级政党幸存者组建了"第二无产阶级党"。此时的卢森堡刚从中学毕业，怀揣着满腔的革命热情很快就与第二无产阶级党取得了联系。在组织的帮助下，她如饥似渴地阅读了马克思主义的相关著作，通过党的秘密出版物，她对于工人问题和社会问题开始有了清晰的认识，也开始在工人当中从事秘密宣传工作。1888 年秋天，第二无产阶级党的领导人被逮捕了，局势越来越紧张，危险如同不速之客向卢森堡蜂拥而来。没有办法，只能逃跑了。1889 年冬的一个傍晚，在波兰工人革命家卡斯波夏克的帮助下，卢森堡藏身于一辆农民马车上的谷草队里，偷越过境，经奥地利抵达瑞士的苏黎世。

为革命牺牲爱情

苏黎世汇集了大量的波兰流亡者，那里成了波兰无产阶级政党积极分子的基地和庇护所，踊跃着众多社会党人从事国际性的活动。1890 年，卢森堡从父母那里得到一笔学费，并在流亡者的帮助下进入苏黎世大学读书。起初，卢森堡选择自然科学和数学作为自己的专业，但随着局势的日益紧张，她越来越厌倦那些与革命并不直接相关的专业，转而将目光投向了社会科学，投入了哲学与政治经济学的怀抱。正是在苏黎世大学哲学系求学期间，卢森堡系统学习了马克思主义经典著作，并为之深深吸引。激情盎然的卢森堡凭借自身出众的才华很快就在同学当中脱颖而出，大家钦佩她出类拔萃的辩论才能，她不仅知识丰富，才思敏捷，更展现出令人惊叹的语言天赋，可以在波兰语、俄语、德语与法语中自由转换。布尔什维克党活动家拉科夫斯基回忆道："困难的社会学、政治经济学问题在罗莎所做的报告里，讲得简洁明了。"即便是学识非凡的"狂热的资产阶级经济学家"沃尔弗教授也时常被卢森堡怼得哑口无言。在人才济济的苏黎世大学，她被誉为"最有才华的学生"，蜚声校内外。

苏黎世汇聚了众多革命家，卢森堡也结识了很多人，如俄国的普列汉诺夫、德国的卡尔·吕贝克和波兰的尤利安·马尔赫列夫斯基。对卢森堡一生影响最大的是列夫·约吉希斯。约吉希斯出身于波兰富商之家，生活优渥，但他很早就与家庭关系破裂，小学没读完就跑去钳工坊做工。1888年因在工人中进行反政府宣传被捕，被判监禁四个月，并受警察局公开监视一年。1890 年 5 月逃亡到瑞士，也进入苏黎世大学读书。约吉希斯比卢森堡大四岁，博学多识，政治经验比较丰富，1885 年起就参加了工人运动，为人性情沉稳。异国他乡的日子，让两颗热忱的心灵碰撞出爱情的火花，卢森堡与约吉希斯有着共同的革命追求与生活志趣。阿尔卑斯山峦与日内瓦湖畔都曾留下他们牵手漫步的身影。约吉希斯是卢森堡生活的依靠，精神的伴侣。苏黎世求学的岁月，物质生活是艰辛的，卢森堡有时一天只吃得起一小块干面包。晚上饥肠辘辘难以入眠之际，卢森堡就用冷水洗澡。买不起一本书，宿舍里一件像样的家具都没有。生活难以为继的时候，约吉希斯就挤出一点生活费支援卢森堡。在辩论会上，卢森堡反应敏捷，发言铿锵有力。这个时候的约吉希斯多半是坐在一旁倾听和思考，当卢森堡的发言陷入困境时，约吉希斯总是第一时间给出有力的论据，帮助她在论战中取胜。他们配合得默契，羡煞旁人。很快，他们就结合为夫妻，但并未对外公布。

正如茨威格所说，一个人生命中最大的幸运，莫过于在他的人生旅途中，在他极富创造力的壮年时期发现自己的人生使命。一种无法抗拒的力量沸腾着卢森堡的革命斗志。自 1890 年开始，卢森堡就以"克鲁辛斯卡"为笔名应第二无产阶级政党之约，撰写了《迎接五月一日》革命宣传手册，号召波兰无产阶级联合起来共同反抗沙皇的统治。这是卢森堡人生中的第一部政论著作，并为她赢得了广泛声誉。为了广泛宣传社会主义思想，1893年7月，卢森堡与约吉希斯、马尔赫列夫斯基等创办了《工人事业》杂志，该刊由约吉希斯筹资在巴黎出版，从1893年7月到1896年7月共出版25期。卢森堡身兼重任，不仅要负责刊物的资料搜集与整理工作，还要撰写文章并安排出版。刊物印出来后，卢森堡还要设法将刊物安全运送到波兰境内，整个过程紧张刺激。《工人事业》运营时期，差不多有50篇文章出自卢森堡之手，宣传科学社会主义，向波兰工人阶级宣传俄国工人运动情况，并积极引导波兰工人阶级与俄国革命力量结盟是这一时期卢森堡的主要任务，卢森堡表明自己是一个彻底的国际主义者。

1894年3月，卢森堡和约吉希斯等人创立了波兰第一个革命的无产阶级政党——波兰王国社会民主党。由于彼时的卢森堡上了沙俄政府的"黑名单"，所以她未能回到华沙参加波兰王国社会民主党的第一次代表大会。但她亲自制定了该党的纲领和政治路线，并借助《工人事业》的力量，宣传党的思想，领导波兰的工人运动。1896年7月，卢森堡等人作为该党的代表，出席了在伦敦举行的第二国际代表大会。马尔赫列夫斯基高度赞扬了卢森堡的建党功绩："创建波兰的马克思主义和社会民主运动的任务落到了卢森堡的身上，需要付出巨大的劳动。卢森堡表现出卓越的政论天才和理论才华。我们心悦诚服地承认她是我们的理论领袖。"1899年，波兰王国社会民主党与立陶宛社会民主党合并，改称为波兰王国和立陶宛社会民主党。

1897年5月，罗莎·卢森堡在尤利斯·沃尔弗的指导下，以《波兰工业的发展》一文获得苏黎世大学的博士学位。毕业之后何去何从，成为一个进退两难的问题。卢森堡的内心是渴望回到祖国的怀抱的，但警察厅早在1890年的时候就将她立案侦查了。卢森堡在瑞士的这段时间，警察也在不断搜集她和流亡"可疑分子"的情报，虽然没有摸清卢森堡的长相，但逮捕她的资料却已经足够多了，就等她自投罗网了。沙皇政府的围追堵截让这条归乡路成为不可能。留在瑞士的意义也不大了，1896年7月《工人事业》停刊了，波兰王国社会民主党也遭到了疯狂的破坏。反复衡量后，卢森堡决定前往德国继续施展自己的革命抱负。德国拥有当时的欧洲第一大党——德国社会民主党。该党组织有序，群众基础深厚，还有马克思、恩格斯亲自培养起来的一大批优秀的领袖和思想家。

卢森堡去德国，对她和约吉希斯的个人爱情来说是一个很大的牺牲。约吉希斯因为论文原因，暂留瑞士。但要想在德国公开活动，卢森堡必须首先取得德国国籍，怎么办呢？她只能采取假结婚的方式。

1898 年 4 月 19 日，卢森堡和卡尔·吕贝克的三儿子古斯塔夫登记结婚，这段婚约一直存续到 1903 年。顺利取得德国国籍后，卢森堡于同年 5 月前往柏林生活。卢森堡和约吉希斯没办法公开约会，只能在假日偷偷见面。在两地分居的日子里，他们以书信互诉衷肠，倾诉自己初到柏林的陌生与孤独，"柏林给我留下了令人望而生畏的印象，寒冷、乏味"；也会兴高采烈地表达自己对于革命未来的信心，如"我充溢着最美好的希望"。在残酷的革命现实面前，卢森堡牺牲了自己的爱情，全身心投入革命洪流之中。

勇敢的罗莎

卢森堡在德国找到了施展革命理想抱负的广阔天地。1898 年 7 月，卢森堡前往西里西亚为德国社会民主党进行宣传，并一举成名。她在西里西亚夜以继日宣传工人运动，启迪工人群众的觉悟。最终，西里西亚的议会选举松动了长期盘踞在此的封建统治秩序。卢森堡赢得了当地工人群众的支持，并写出《上西里西亚的选举》一文，获得了代表委托书，使她有资格出席 1898 年 10 月在斯图加特举办的德国社会民主党代表大会。

卢森堡是代表大会中最年轻的女性，那时她才 27 岁。第一天的发言，她就震撼了全场的 200 多名代表。在大会上，卢森堡严肃批评了伯恩施坦的言论，要知道那个时候的伯恩施坦可是鼎鼎有名的理论权威，那是被西方社会民主党奉为"教父"的人物。敢公开批判这位权威，需要的不仅仅是勇气，更要有站得住脚的理论说服。卢森堡认为伯恩施坦的折中主义是一种天真的幻想，这无异于在苦海里加几滴柠檬汁就企图变成甜蜜的海洋，这与马克思主义的辩证法是背道而驰的。此言一出，人们纷纷猜测，眼前这位不讲情面侃侃而谈的妙龄女代表是何许人也？卢森堡在这次大会上初露锋芒，她写信给约吉希斯讲述自己的感受："我步上讲台时是如此沉着，仿佛我至少已经有 20 年的演讲史了，我没有一丝怯意。"1898—1899 年期间，卢森堡在《萨克森工人报》和《莱比锡工人报》发表了一系列文章，抨击了欧洲左翼政党中出现的犹疑情绪，主张政治权力斗争。1899 年，卢森堡出版了自己的另一部重要著作《社会改良还是革命?》，系统批判了伯恩施坦提出的纲领，认为伯恩施坦主义的实质是以改良主义和阶级合作来取消社会主义斗争道路。

此后，卢森堡经常到各地参加集会，发表演说。虽然机会主义者和修正主义者千方百计让她闭嘴，甚至剥夺她发言的权利。但她还是以渊博的知识以及坚忍的精神，对党的策略问题建言献策。奔走于西里西亚和波兹南地区，协助当地开展工人运动，创办《人民报》宣传革命思想。1903 年，卢森堡发表了著名的《纪念"无产阶级"》长文，系统总结了波兰工人运动的历史经验及其对现实斗争的教益。很快在党内获得很高的荣誉，成为党内出色的理论家和演说家，德国许多地区的群众对她有了深刻的了解。1904 年 8 月，卢森堡因言语侮辱皇帝威廉二世而被投入监狱，被判了三个月的监禁。两个月后，因奥古斯特国王登基大赦，被提前释放。卢森堡立刻投入新的革命活动中去。

心系波兰工人运动，是卢森堡一生不变的风致。1905 年 1 月，彼得堡爆发了以无产阶级为主力军的反对沙皇统治的革命斗争，如星火燎原之势迅速蔓延到整个俄罗斯帝国，席卷了整个波兰地区。华沙和罗兹市的工人首先扛起声援大旗，进行大规模的罢工运动。革命的沸腾掀起了卢森堡内心的狂热，她的笔尖如同闪电一般挥舞着。仅 1905 年，卢森堡就总共写出宣传鼓动性的纲领性小册子等 60 多件，阐述和分析革命事件，详细说明波兰王国社会民主党的纲领和策略，并在德国工人中间广泛宣传俄罗斯帝国无产阶级的经验。卢森堡还领导着波兰王国与立陶宛社会民主党的大部分出版工作，掌管着拨给国外出版工作的经费。她还在国际范围内不断募捐，努力使这笔经费得到补充。她还亲自安排人力，设计交通路线，把许多革命书籍送往波兰。

1905 年 12 月，卢森堡登上了一列军用列车，旅途艰辛又危险。几经辗转她终于回到了阔别多年的家乡——华沙。在这里她与先期已经抵达华沙的约吉希斯一起改版波兰社会民主党的机关报《红旗稿》为日报。此时的华沙危机四伏，形势对卢森堡非常不利。《红旗稿》只出版了 5 天，就被查封了。卢森堡活跃在工人运动之中，引起当局强烈不满。党组织为了保护她的安全，对她进行了"秘密监视"，禁止她演讲，只允许她参加中央委员会和中央机关报编辑部的一些会议，没有特殊理由不得离开住宅。这次华沙之行，卢森堡获得了"革命之鹰"的称号。

1906 年 3 月，警察在对瓦列夫斯卡伯爵夫人房子的搜查中逮捕了德国新闻工作者奥托·恩格曼，卢森堡也被牵涉其中。在一份密报中，卢森堡被指控来俄国是图谋暴力颠覆国家制度，煽动群众革命，组织土地风潮。卢森堡是个十足的"暴力分子"和"恐怖分子"。一些资产阶级的报纸也歪曲事实肆意污蔑卢森堡，德国的《邮报》登载了她波兰之行的活动和被捕的材料，称卢森堡是"嗜血成性的罗莎丽亚"。

面对残酷的镇压，卢森堡表现得大义凛然。在一封致友人的信中，她还安慰朋友，"不要把这件事过分放在心上。革命万岁！"卢森堡被押往华沙监狱，这里的恐怖令人发指。在华沙监狱，卢森堡受到了严重的迫害，她不惜以绝食来反抗。阴森恐怖的环境，空气里弥漫着死亡的气息。卢森堡疾病缠身，危在旦夕，但仍然笔耕不辍思考着革命的前途问题。经过党组织的积极营救，卢森堡在交付了 3000 卢布后于 1906 年 7 月 8 日保释出狱，结束了 4 个多月的牢狱之灾。出狱后的卢森堡依然遭受着当局的威胁。1906 年 8 月，卢森堡换了个身份，在组织的帮助下秘密离开华沙，此生再没有机会回到故土。

反对军国主义和帝国主义战争，是卢森堡一生的主要活动之一。1900 年，在第二国际巴黎代表大会上，卢森堡做了《人类和平、军国主义和常备军的报告》。她指出，军国主义是资本主义的具体表现，反对资本主义就要强有力反对军国主义，否则反对资本主义国家的斗争就会沦为空谈。号召各国无产阶级联合摧毁资本主义，消灭战争的根源。1907 年 8 月，在第二国际斯图加特代表大会上，卢森堡与列宁一道，对倍倍尔提出的提案进行修改。号召对青年进行国际主义和社会主义的教育，以一切最坚决的手段，反对帝国主义战争，同时利用战争引起的政治经济危机发动革命，大会通过这一决议。1913 年，卢森堡的另一部重要著作《资本积累论》出版，指出现代帝国主义的剥削本质。

1914 年 7 月下旬，第一次世界大战全面爆发。卢森堡在集会上发表演讲，谴责了国会党团的行为，反对军事拨款，反对战争。1914 年 9 月，她与李卜克内西在德国西部和南部许多城市的保和平抗议大会上进行演讲。并联合蔡特金、李卜克内西、梅林在声明上签字以此声明他们在战争、战争的起因、性质及社会民主党人的作用等问题上采取与其他德国的社会民主党人不同的立场。卢森堡提议退党，但李卜克内西拒绝了这一要求。

1914 年 12 月，李卜克内西在国会上投票反对战争拨款后，社会民主党内纷纷指责他破坏党纪，卢森堡义愤填膺撰文证明，破坏党纪的不是李卜克内西，而是社会民主党国会党团。这段时间，卢森堡既要应对法兰克福法庭对她的宣判，又要奔走于党内各种会议，撰写文章，还要筹建新组织，创办新杂志。德国社会民主党的一些人对卢森堡相当排斥，政府和警察局也嗅到了危险的气息。繁重的工作摧毁着卢森堡的身体健康，卢森堡不得不接受治疗。1915 年 1 月，柏林警察局逮捕卢森堡，送入妇女监狱服刑。在狱中，卢森堡利用一切可能的机会，以"尤尼乌斯"为笔名写文章反对战争，这一举动受到列宁和德国社会民主党左派的高度评价。

狱中札记书写革命心灵

罗莎·卢森堡一生曾六次被捕，有两次因群众抗议和营救，实际上没有服刑，其余四次都亲尝了铁窗之苦。1904 年 1 月，卢森堡因为侮辱皇帝罪，被判处三个月的监禁，后因新国王登基被提前释放。

1906 年 3 月 4 日，卢森堡在华沙被捕入狱，就是在这一次被捕后，被《邮报》称为"嗜血的罗莎丽亚"。4 月 11 日，卢森堡被作为重要的政治犯，关到以警戒森严、阴冷潮湿闻名的"华沙要塞监狱第十号室"。后来经过多方营救获假释，但同年 11 月，沙皇的华沙军事法庭又缺席控告卢森堡犯了"叛国罪"。12 月，德国魏玛地方控告卢森堡"煽动暴动"，判刑两个月。因各地群众抗议，才未受拘捕。

1914 年 2 月，卢森堡在法兰克福发表演讲，以"反战鼓吹"罪被判一年徒刑，但由于各地声势浩大的抗议和示威，当局未强制卢森堡服刑。

1915 年 1 月，卢森堡被柏林警察当局逮捕，罪名是"严重叛国罪"，被判处一年徒刑，关押进巴尔尼姆大街妇女监狱。在狱中，卢森堡经常受到虐待，有时一天两次被勒令脱去外衣，由狱警对她进行仔细搜身。1916 年 2 月，卢森堡服刑期满，出狱那天，有一千多人聚集到监狱接她。人群高呼"罗莎万岁"。

悲惨的狱中生活没有压垮卢森堡鹰一般的意志，每一秒光阴都被她牢牢抓住，在秘密状态下写成了著名的《社会民主党的危机》。这是一部优秀的马克思主义著作，书中尖锐剖析了第一次世界大战的帝国主义本质。列宁对此书给出高度评价，尽管书中某些观点是有错误的。

1916年6月中旬，卢森堡再次入狱。罪名是书写"煽动性传单"被短期拘留。7月初，柏林军事当局下令对她进行搜查，判处长达两年四个月的"预防性监禁"。在亚历山大校场的警察总局，卢森堡的牢房肮脏不堪，床铺挤在马桶和铁窗中间，地上爬满了臭虫。屋子里没有灯，卢森堡只能将书举过头顶，借着微弱的光线读书。10月底，卢森堡才被转押到波兹南省偏远地区的伏龙克监狱。这里虽然地势偏僻，但卢森堡却获得了有限的自由：她可以读书，也可以与外界通信。1917年春，俄国二月革命胜利的消息从铁窗飘了进来，卢森堡激动万分，她从仅有的几份报纸上贪婪地收集着片段的、零散的消息，并从铁窗里向德国工人发出号召，告诉他们，俄国发生的革命也是德国无产阶级自己的事业，它必定而且也将会拯救整个世界。

在服刑期间，卢森堡用学生练习本写了108页手稿，内容是关于俄国革命、民族问题和战争问题的札记。

1918年11月，德国爆发了十一月革命，卢森堡被释放出狱。

惨遭迫害却将浩气传千古

1918年11月9日，卢森堡出狱当天，就投入布勒斯劳街头的革命行动，直到次日凌晨3点。当天上午，几万名柏林工人在武装士兵的支持下，走上街头推翻帝制，推选社会民主党右派领导人艾伯特上台执政。11月10日，卢森堡抵达柏林后就立刻投入工作。她先是到《柏林地方公报》编辑部，说服印刷工人冲破资产阶级施加的压力，使得《红旗报》第二期如约出版。

11月11日，她同"斯巴达克"派领导人召开会议，决定将"斯巴达克"派改组"斯巴达克同盟"。众望所归，卢森堡被推举为中央领导成员。随着这一同盟的成立，卢森堡在柏林的活动更加紧张了，而且她还肩负着出版《红旗报》的重任。为了使新闻尽快见报，卢森堡常常加班到深夜。死亡的威胁就在她身边，卢森堡要经常更换住所。

与"斯巴达克同盟"提出的"全部政权归苏维埃"的口号相反，资产阶级政府和社会民主党提出"国民议会决定一切"，并开始对工人武装进行镇压。12 月上旬，政府的近卫军部队拥立艾伯特为总统，并捣毁了《红旗报》编辑部，还企图逮捕卢森堡等"同盟"领导人。12 月 14 日，卢森堡发表《斯巴达克同盟想要什么？》的宣言，提出了实现社会主义制度的任务和实现社会主义改造的方法，反对利用恐怖手段和政治暗杀手段。她还在许多集会上做报告，阐述这些观点。

1919 年 1 月初，政府开始了全面镇压，夺取了铁路总局和安哈尔特火车站。1 月 11 日，政府军开始攻击《前进报》编辑部，被围攻者派出的代表都被枪毙了。社会民主党人诺斯克就任国防部长，他声称："反正总要有一个人来充当嗜血狗的，我不怕担这个责任！"他调集大批军队镇压了柏林的工人起义，占领柏林之后宣称"秩序统治着柏林！"卢森堡以悲恸的心情写下了一篇题为《秩序统治着柏林》的文章，谴责政府对工人的残酷屠杀，同时满怀信心地指出："你们的秩序只是建筑在浮冰上的宫殿"，"革命是永存的！"这篇文章发表在 1 月 14 日的《红旗报》上，成了卢森堡的最后手笔。

1919 年 1 月 15 日晚，卢森堡和李卜克内西在曼海姆路 43 号的一所宅院里不幸被捕。敌人先是将他们押送到柏林西区的艾登饭店，这是诺斯克近卫师司令部所在地。敌人们早有预谋要处死卢森堡和李卜克内西。他们先是在饭店简单审讯了李卜克内西，几分钟后李卜克内西就被敌人带走了。刚走到门口，站岗的士兵伦格就用枪柄狠狠地砸向李卜克内西的头，接着又将他塞进汽车里，只开了几分钟，又强令他下车步行，然后从后面开枪打死了李卜克内西。敌人指着李卜克内西的尸体，捏造他只是一个妄图逃走的犯人，草草了事。

而卢森堡的结局更加惨不忍睹。她先是被敌人折磨得筋疲力尽，头部遭到重创几近昏迷，随后又被塞进汽车里，车子还没有发动，就被伏盖尔中尉枪毙了。敌人用铁丝捆绑住卢森堡的尸体，扔进了兰德维尔运河。

为了掩盖残忍杀害卢森堡和李卜克内西的事实，政府谎称李卜克内西是在企图逃跑时被击毙的，而卢森堡则是被愤怒的人群杀害的，而且连尸体都找不到，同时，称这两个人都是对德国人民犯下滔天罪孽的人，不可饶恕。德国工人遂掀起一次大规模的抗议活动以此谴责政府犯下的罪行。

卢森堡昔日的恋人约吉希斯成功逃脱了敌人的追捕，他将卢森堡和李卜克内西被害真相公布在《红旗报》上。不幸的是，1919 年 3 月，他被捕牺牲了。

1919 年 5 月 31 日，卢森堡的尸体浮出水面。她生前的一位女友根据衣服的残片和鞋子认出了她。6 月 13 日，浩浩荡荡的示威队伍前往弗里德里希基地，为卢森堡送葬，人们把她安葬在李卜克内西的墓旁。

卢森堡去世了，还不满四十八岁。

许多年过去了。

人们还记得罗莎·卢森堡——为自由而战的鹰。

参考文献：

［1］［苏］罗·叶夫泽罗夫等：《罗莎·卢森堡传》，汪秋珊译，人民出版社 1983 年版。

［2］［德］赛德曼：《罗莎·卢森堡与列奥·约吉谢斯》，曹伯岩译，春风文艺出版社 2000 年版。

［3］［德］迪特马尔·达特：《永远的鹰：罗莎·卢森堡的生平、著作和影响》，金建译，人民出版社 2016 年版。

［4］孙兰芝：《卢森堡》，中国工人出版社 2014 年版。

［5］程人乾：《罗莎·卢森堡：生平和思想》，人民出版社 1994 年版。

西班牙共产党中央主席伊巴露丽

多洛雷斯·伊巴露丽（Dolores Ibárruri，1895—1989）出身于西班牙北部的矿工家庭，她的父亲、丈夫都是矿工，她说自己是"矿工的女儿，矿工的妻子，矿工的朋友"。她参与创立西班牙党，以"热情之花"作为笔名宣传革命思想。西班牙内战时期，伊巴露丽积极参与了领导西班牙人民反对法西斯的斗争。内战失败后，她开始了长达三十八年的苏联流亡生活，于 1989 年因病去世。她不屈不挠的革命热情鼓舞着国际共产主义事业，她是西班牙工人阶级领袖，是国际共产主义运动著名活动家。

黑暗中的热情之花

1895 年 12 月 9 日伊巴露丽出生在西班牙巴斯克地区一个叫加利亚尔塔的小镇。与西班牙城市相比，这里虽没有繁华的商业街和宏伟的建筑，但蕴含丰富的矿产资源和悠久的历史文化。

这个小镇矿产资源十分丰富，欧洲大陆完成工业革命之后，巴斯克地区的铁矿资源吸引了来自英国、法国、比利时等外国资本的涌入。宁静的乡村生活被轰隆隆的机器声打破。当地的人民大多都在铁矿工作，伊巴露丽家也不例外，她的祖父、父亲以及家里的其他亲属都在煤矿工作。她的爷爷在一场矿难中不幸遇难，她的父亲安东尼奥从 18 岁就开始在矿井当"炮手"，直到 67 岁去世，一直都是铁矿上一名敬业的工人。她的母亲在结婚成为家庭主妇之前，也是铁矿上的一名工人。伊巴露丽有姐妹十一人，前后都在铁矿工作，长大后的伊巴露丽又和一名矿工结婚。伊巴露丽在自己的回忆录中称自己是"矿工的女儿、矿工的妻子、矿工的朋友"。伊巴露丽出生在铁矿小镇，自己的亲戚朋友都是矿工，似乎接下来的生活会这样周而复始、日复一日，然而伊巴露丽 20 岁那年，生活出现了重大改变。

20 岁的伊巴露丽与矿工胡里安·路易斯结婚。胡里安·路易斯具有极大的政治热情，他热衷于学习马克思主义思想，参加工人运动。胡里安·路易斯的革命热情影响了伊巴露丽，结婚之后，两人一起加入了索莫罗斯特罗市的社会主义组织。在丈夫的影响下，伊巴露丽也开始热衷于工人运动。1917 年 8 月，她积极参加了当地工人举行的大罢工。1918 年伊巴露丽开始以"热情之花"的笔名在《比斯开矿工报》《阶级斗争报》上发表文章，以犀利的文风揭露当时社会的黑暗，宣传马克思主义思想。她的文章受到了广大矿工的欢迎。

为了更好地动员、领导工人阶级和劳动人民把封建专制统治下的西班牙改造成一个民主、进步的社会，1920 年 4 月 15 日，社会主义青年联盟在马德里人民之家召开会议，讨论决定改组青年联盟为共产党，青联的报纸《复兴报》改成《共产党人报》，成为党的第一份机关报。同年 7 月，西班牙共产党加入共产国际。1921 年 11 月，西班牙共产党接受共产国际的建议，与从西班牙工人社会党中分离出来的西班牙工人党合并，组建了统一的西班牙共产党。思想先进的伊巴露丽参与了党的创建工作，同索莫罗斯特罗的"社会主义小组"一起加入了新成立的党。

1921 年 3 月，伊巴露丽出席了西班牙共产党第一次代表大会。她激情洋溢的演讲能力，热情活力的性格，精力旺盛的工作状态，很快被大家关注。伊巴露丽的名字也在刚刚成立的西班牙共产党内传播开来。1930 年西班牙共产党召开第一次全国大会，会上伊巴露丽被选为党中央委员。西班牙当时左翼势力蓬勃发展，党派众多。在众多的左翼党派中，西班牙共产党在当时是能算一个小党派。此时的西班牙共产党只有 1000 多人，而同时期的西班牙工人社会党有 2.3 万人，劳动者总同盟会更是高达 27.7 万人。工人运动如火如荼进行着，西班牙共产党的知名度和影响力也渐渐增强。到 1934 年时，西班牙共产党党员人数已经达到了 2.5 万人，西班牙共产党的群众基础不断扩大。

作为西班牙共产党的领导，伊巴露丽不畏惧艰难险阻，也不怕入狱的迫害，全身心投入工人运动中。但作为一名女性和母亲，伊巴露丽有太多说不出的痛苦和无奈。作为一名女性，在本就残酷的革命斗争中承担着更多更大的生活压力。伊巴露丽是六个孩子的母亲，但种种原因活下来的只有两个：儿子鲁斌和女儿阿玛娅。接连丧子的痛苦让伊巴露丽更加珍惜活下来的两个孩子。她对鲁斌和阿玛娅倾注了全部的母爱。然而，革命不是普通的工作，伊巴露丽总是出现在危险的地方，繁忙又危险的工作让伊巴露丽总是没有机会给孩子们正常的母爱，不能时时刻刻守在孩子们的身边。后来，在危险的革命活动中伊巴露丽多次入狱，鲁斌和阿玛娅兄妹常常无人照料，流落街头。小鲁斌和阿玛娅太久不见母亲，想念的时候只能去监狱才能见上一面。伊巴露丽对两个孩子愧疚不已。面对敌人从不低头的伊巴露丽在孩子面前却掩面哭泣。

伊巴露丽是革命的战士，是坚强的母亲。她为了西班牙革命事业奉献了自己的全部，甚至包括自己唯一的儿子。伊巴露丽的奉献精神感动着整个西班牙人民。她在西班牙黑暗的时候点燃了希望，她在自己困难的时候还依然照亮了他人。伊巴露丽是西班牙黑暗中的一朵热情之花，受到了西班牙人民的尊重和热爱。

勇敢的反法西斯战士

西班牙共产党诞生以来，很长一段时间都处在发展壮大的过程中。西共的任务目标是团结工人阶级和劳动大众，为了争取民主自由权利和社会主义而斗争。西班牙共产党长期处于地下状态，从事工人运动的秘密活动。1923 年 12 月，里维拉领导军事政变，在毕尔巴鄂的西班牙共产党动员工人阶级大罢工。里维拉政府暴力压制，逮捕了西班牙共产党中央委员会成员和青年组织领导人。

这个时期，西班牙各阶层人民同君主专制政权的矛盾日益尖锐，阶级矛盾激化。1931 年 4 月，宣布退位的阿方索十三世出走意大利，西班牙建立第二共和国。西班牙的高空冉冉升起共和国旗帜，这也意味着西班牙共产党终于结束了 11 年的地下状态。热情洋溢的伊巴露丽开始担任《工人世界报》的编辑，她也从索莫罗斯特罗市搬到首都马德里，在这里更好地开展工作。

1932 年，伊巴露丽开始担任党内职位，开始为工人运动和反法西斯战争做出更大的努力。这年西班牙共产党出现了"伟大转折"。3 月 17 日，西共的第四次代表大会在红色的塞维利亚举行，大会纠正了自建党以来党内存在的宗派主义错误。伊巴露丽参加了这次大会，并参与主持了会议，会议选举何塞·迪亚斯为党的总书记。通过这次大会，伊巴露丽被选为西共政治局委员和书记处主管妇女工作的书记，伊巴露丽的形象第一次为全国所知。伊巴露丽也开始有更多机会为国际共产主义事业做贡献。同年，她出席了在莫斯科召开的共产国际执委会第十三次扩大会议，并做大会发言。

1932 年 6 月，西班牙共产党召开了一次工会团结大会。在这次工人团结大会上，118 名各界代表出席了这次会议。他们分别代表了背后的 153 个地方工会和 13 万会员。从这次的工人团结大会上不难看出，西班牙共产党在工人阶级的影响力越来越大。1935 年 7 月，共产国际第七次代表大会召开，在这次大会上，何塞·迪亚斯当选为执行委员，伊巴露丽当选为候补执行委员。

1935 年年底，伊巴露丽被组织委以重任，到保加利亚去参加一个宣传统一阵线政策的大会。在这次大会上，伊巴露丽向工人、农民、妇女宣讲政策，呼吁所有工人和人民大众团结起来，形成统一的反法西斯战线。她在群众中大声呼喊"工人阶级大团结万岁！"在西班牙共产党的不懈努力下，西班牙左派走向了大联合。在西班牙共产党的号召下，1936 年，国内各左派力量签订了人民阵线公约，明确了反法西斯民主革命的纲领。2 月议会选举，这是左右翼力量的直接抗衡。在这次左右翼力量的直接抗衡中，人民战线初获胜利。41 岁的伊巴露丽选举成为唯一的女性议员。这次人民阵线的胜利极大鼓舞了工人阶级和农民的革命热情。

右翼势力不甘心失败，决心通过暴力推翻共和政府。1936 年 7 月 13 日，君主主义者领导人何塞·卡尔沃·索特洛被杀，成为西班牙内战的导火索。

西班牙内战是 20 世纪 30 年代欧洲乃至世界范围的重大事件，此时希特勒已经建立起了柏林—罗马轴心，意大利占领了埃塞俄比亚；同时，法国人民阵线在法国大选中获胜。西班牙的走向，将在很大程度上决定世界反法西斯阵营与法西斯力量的对比，因此被视为第二次世界大战的前奏。

马德里保卫战艰难地进行着，尤其是到后期，共和派内部的投降主义情绪严重。西班牙共产党坚决反对任何形式的投降主义，伊巴露丽利用各种机会演讲坚定革命人民的斗志。她在电台豪迈地讲道："不让法西斯通过！"这句话成为当时革命人士互相鼓舞、不断激励的口号，直到今天，当我们说到反法西斯革命的时候都会与这句话联系起来。伊巴露丽积极投身于马德里保卫战，成为西班牙共和国领导的反法西斯战争中的灵魂人物。

伊巴露丽在反法西斯战争中表现出了异常的勇敢。她撰写文章鼓舞人民的斗志，发表演讲坚定人民的信心，她甚至会经常亲自来到前线，拿起武器。

苏联作家米·科利佐夫以《真理报》记者的身份参加了西班牙人民的反法西斯战争，他为我们记录了西班牙人民保卫马德里的英勇事迹。米·科利佐夫在《西班牙日记》中生动描绘了伊巴露丽深入前线慰问战士并且和战士们一起战斗的故事。

伊巴露丽深入前线，她会倾听每个士兵、每个军官的心声，倾听他们的困难。听说部队已经两天没有菜吃了，伊巴露丽很是重视，她立刻通过野战军用电话联系相关的部门，给战士们弄到一卡车甜瓜和西红柿。战士们都很喜欢伊巴露丽，他们把一束从悬崖上摘下来的山地之花送给伊巴露丽。科里佐夫这样生动地描述伊巴露丽在前线的样子："伊巴露丽喝干了战士们递过来的酒，收藏好战士的家信，抚摸战士的伤口，佩戴上战士们送来的围巾，照了照镜子，然后，把花白的头俯在机枪上，连发了一梭子弹。"

西班牙共和国危在旦夕，法国、英国和美国等西方大国对西班牙内战袖手旁观，1936 年 7 月，伊巴露丽在国家电台发表演说，呼吁国际社会对西班牙民主自由事业伸出援助之手。在最困难的时刻，苏联政府和苏联人民积极援助西班牙的自由事业。1936 年 10 月，斯大林明确表示："苏联人民将尽最大可能帮助西班牙人民的革命事业，也是世界进步人士的事业。"

与此同时，共产国际决定组建国际纵队，号召全世界无产阶级和热爱自由的人们加入西班牙反法西斯力量。随后，各国掀起来援助西班牙人民的群众运动。纵观整个内战时期，全世界有 50 多个国家的志愿者参加到西班牙反法西斯战争，4 万多名志愿者跋山涉水来到西班牙，甚至要冒着被本国反动政府追捕的危险。在组成的国际纵队中甚至有 1 万多名法国人，约 1600 名加拿大人和数千名美国公民和百名英国人。虽然政府是中立态度，但是人民的意愿是强烈的。他们为世界反法西斯战争的胜利贡献了力量。

西班牙内战艰难进行着。反动势力强大，革命人民处境艰难，悲观情绪和投降倾向加强。政府军司令卡萨多将军消极地认为这场内战一开始就是个错误，他希望伊巴露丽能够劝说共产党人放弃马德里。伊巴露丽制止了卡萨多将军的这种想法，她说："三年的内战已经证明您关于放弃抵抗的说法是错误的……如果只考虑军事力量的对比，可能您的结论是对的，但有一个因素您没有考虑，那就是人民的意愿。是西班牙人民不能接受向法西斯投降，是西班牙人民组织了民兵来抵抗叛军，是西班牙人民在保卫马德里……卡萨多将军，您错了。"伊巴露丽意识到问题的严重，不能让失败主义、投降主义倾向蔓延。她呼吁前线部队的领导们要坚守岗位，相信正义。她还领导了反对投降主义者的示威游行，提出"马德里将是法西斯主义的坟墓""不准他们（法西斯）通过"的口号。形势越来越严峻。苏联出于自身利益的考虑，也放弃了对西班牙共和国的支持。

1938 年 10 月，西班牙共和国政府为了能换取英、美、法等国取消对西班牙禁售武器的协议，决定单方面撤出所有反法西斯的国际纵队。在热烈的欢迎仪式中，西班牙人民同国际战士挥泪告别。

1939 年 3 月，佛朗哥占领马德里，4 月佛朗哥宣布西班牙内战结束。共和国政府沦陷，共和国战士们不得不潜入山区继续从事反法西斯斗争。虽然共和国政府沦陷了，但是马德里军民为了保卫共和国、反对法西斯战争一往无前、无所畏惧的精神，激励着欧洲各国的反法西斯斗争。

刚刚成立起来的佛朗哥政权，开始对革命力量进行清算。大量战士被逮捕、被杀害。为避免法西斯的无情迫害，让经验丰富的伊巴露丽继续为西班牙的民主自由独立事业继续斗争，按照西班牙共产党与共产国际的安排，包括伊巴露丽在内的西共领导撤离西班牙。伊巴露丽也不得不开始她的流亡海外的生活。

直到 1977 年，伊巴露丽一直流亡国外。身在国外的伊巴露丽继续领导着西班牙反佛朗哥独裁统治的斗争。1939 年，第二次世界大战爆发了。为阻止西班牙与德国法西斯的联盟，阻止西班牙参战，伊巴露丽号召西班牙人民群众团结起来，把西班牙人民组成一个统一的反法西斯国内阵线。

作为女性的伊巴露丽在西班牙反法西斯斗争中占有重要的位置。她认为，西班牙妇女的解放事业与西班牙人民追求民主自由的事业分不开。她认识到西班牙妇女的悲惨命运，不仅仅是与男权主义传统有关，也与这不平等的社会制度有关系。妇女的解放，不仅仅需要推翻男权主义的压迫，也需要推翻不平等的社会制度。她领导妇女参与反法西斯斗争。

伊巴露丽积极学习社会主义思潮和马克思主义思想，她开始利用马克思主义的阶级理论思考西班牙妇女的解放问题。她意识到，性别压迫本质上是阶级压迫的一种，在阶级压迫依然严重的西班牙，无产阶级妇女的解放事业，有必要与整个工人阶级的解放事业结合在一起。

在伊巴露丽的宣传与号召下，西班牙人民的反法西斯战争得到了越来越多的世界妇女的关注和支持。这也包括中国妇女界。1939 年 3 月 8 日，纪念国际妇女节大会在延安召开，会上通过了致西班牙妇女的电文："当国际妇女轮到检阅战斗行列的今天，谨向我们西班牙的英勇反抗国内外法西斯恶魔的女战士们致以崇高的敬礼。"

作为一名矿工的女儿、妻子和姐妹，作为一名坚定的马克思主义者，伊巴露丽以女性的身份成为西班牙共产党的领导层，成为国际共产主义运动史上的领袖，为妇女解放事业、反法西斯事业做出了巨大贡献。

流亡海外情系祖国独立民主

伊巴露丽同其他共产国际代表一起，在法国同志的帮助下来到了法国巴黎。西班牙共产党领导机构的其他同志早就在巴黎等候伊巴露丽了。经过长途跋涉，他们终于会合了。1939 年 3 月 31 日，流亡在法国的西班牙共和国领导人召开了一次议会常设委员会会议，会议现场十分激烈。对于加泰罗尼亚的失陷和内战失败，大家相互指责和埋怨。伊巴露丽以副议长的身份参加了这次会议，看到大家情绪激动，互相抱怨，伊巴露丽十分失望。

西班牙共产党总书记何塞·迪亚斯当时在莫斯科，伊巴露丽也想去莫斯科与他会面，商讨把滞留在国内的同志营救出来，转移到更加安全的苏联、智利等国家，给他们提供一个避难的场所。

有了想法以后就想办法行动，在法国同志的帮助下，伊巴露丽乔装打扮，搭乘一艘苏联船只，顺利达到了莫斯科。伊巴露丽本来是打算与何塞·迪亚斯商讨完问题后就即刻返回巴黎，但是没想到第二次世界大战爆发了。计划不如变化，伊巴露丽不得不重新安排生活和工作。从那时起，她留在莫斯科，一直到 1945 年法国解放后，她才又有机会重新回到巴黎。伊巴露丽一直流亡海外，她深深想念自己的祖国，想念自己的故乡，但是直到 1977 年，她才有机会回到自己的祖国西班牙。在长达 38 年的流亡生活里，伊巴露丽的足迹遍布了苏联、法国、捷克斯洛伐克、德国、瑞士、意大利的大江南北。

第二次世界大战结束的消息终于传来了，法国解放了。在法国和意大利，共产党人进入了联合政府，这些好消息让伊巴露丽高兴不已。她决定离开莫斯科。回到巴黎，因为这里离她的祖国母亲更近一点。

1945 年 2 月 23 日，伊巴露丽等一行人乘坐一架苏联的军用飞机离开了莫斯科，开始回到巴黎。回到巴黎的路上有太多的曲折，此时的莫斯科和巴黎之间还没有直达的路线，他们只能辗转经过伊朗、伊拉克、埃及等国，于 5 月 1 日终于到达了巴黎。

二战后的初期，巴黎是反法西斯力量的中心，这里聚集着大量的西班牙革命人士，各式各样的反法西斯民主大会在这里召开。在诸多的群众会议中，伊巴露丽印象最为深刻的是 1945 年年底在巴黎冬季自行车赛场举行的那次群众大会。这次大会是由法国 – 西班牙协会举办，是作为世界工会代表大会的后续会议的群众集会。这里的一切是那么熟悉。1936 年西班牙爆发内战时，伊巴露丽来到这里，在同样的讲台上呼吁法国人对西班牙共和国伸出援助之手，支持全世界人民的民主、自由事业。也是在这里，伊巴露丽喊出来那句闻名于世的口号："宁可站着死，绝不跪着生。"九年后，伊巴露丽再次出现在这里。面对同样的讲台，面对着万千的与会者，伊巴露丽再次呼吁法国人民、呼吁世界人民、呼吁国际力量帮助西班牙人民推翻佛朗哥的黑暗统治，支持全世界的民主、自由事业，把西班牙建设成为一个民主、自由的国家。

国际局势再度发生变化，冷战的出现和北大西洋公约组织的出现，西方忽然刮起了反共逆流的风。当时的法国查封、迫害了西班牙共和国在法国的机构，并对西班牙共产党实行驱逐政策。在这种情况下，伊巴露丽不得不与卡里略等其他西班牙共产党领导人一起移居他国。在 1948—1949 年间他们移居到布拉格，不时还会到莫斯科居住。

革命事业困难重重，但是也从来没让伊巴露丽打退堂鼓。她独立自主、不畏强权的作风给西班牙共产党奠定了良好的文化传统。伊巴露丽的接班人卡里略正继承了这种不畏强权的作风，在发展社会主义的过程中，没有照搬照抄苏联的发展模式，而是根据西班牙自己的国情和文化传统发展自己国家的社会主义模式。

西欧国家经历了经济的高速增长和科技的蓬勃发展，社会结构和阶级关系也相应发生了改变。希腊、葡萄牙、西班牙等国独裁政权在 70 年代相继垮台。社会形势和国际关系发生了巨大变化。这就要求西欧国家的共产党要结合社会现实重新审视面临的基本问题。在伊巴露丽的支持下，卡里略提出欧洲共产主义理论，他反对在国际共产主义运动中有"领导中心""领导党"，他认为应该坚持各党独立自主，权利平等，互不干涉内部事务，尊重各党自主选择的道路。事实证明伊巴露丽的选择是正确的，卡里略是一位勇敢的革命战士、足智多谋的政治家。在他的带领下，西班牙共产党宣布与苏联模式和暴力革命划清界限，积极推动西班牙的民主政治进程。

1977 年 2 月 27 日，首相苏亚雷斯和共产党总书记卡里略举行了秘密会谈。经过了长达八个小时的谈话，会谈成功结束。共产党宣布承认西班牙君主，采纳王室的红黄红旗帜，放弃暴力革命，遵从法律和民主政治的游戏规则。在共产党改变了自己在民众中的形象以后，苏亚雷斯将宣布共产党合法化。1977 年 4 月 9 日，西班牙共产党取得了合法地位。

追溯到 20 世纪 50 年代时，伊巴露丽就开始尝试领导西班牙共和国的民族和解政策，卡里略接任西班牙共产党总书记后，继承了伊巴露丽时期确立的路线，积极争取西班牙共产党的合法化。在政治民主化的时代潮流下，以合作的反对党身份，配合和推动了国家的民主化进程。

在经历了残酷的西班牙内战和佛朗哥四十多年的黑暗统治之后，20 世纪 70 年代的西班牙顺利实现了向现代民主政治的转型。西班牙的政治改革无疑是非常成功的，被认为是 20 世纪最成功的政治转型。西班牙能够实现政治民主化的转型，一方面离不开当时首相苏亚雷斯的政治智慧，另一方面也离不开伊巴露丽和卡里略等西班牙共产党领导人的自我转型和更新。

热情之花在凋谢中永生

1989 年 11 月 12 日，伊巴露丽在马德里一所医院病逝，享年 93 岁。11 月 16 日，伊巴露丽的葬礼在马德里隆重举行。西班牙各界群众十万人以及约 80 个国家的共产党代表团参加了这场葬礼，其中有中国驻西班牙大使。

热情之花虽然凋谢，但是在西班牙国家历史上和国际共产主义运动历史上，伊巴露丽的英名永存。伊巴露丽的一生是传奇的一生。跟随伊巴露丽五十多年的秘书伊雷尔·法尔孔曾这样说过："她高大的形象是从来没有屈膝过的西班牙劳动人民的真正代表。她的性格是穿着丧服的母亲同杰出的演说家融为一体，是具有出众的政治智慧的领袖和作为矿工女儿和妻子的女革命家融为一体。她的口才和勇气使她成为传奇式的妇女。"伊巴露丽是一位传奇的女性。

首先，伊巴露丽生活在保守的天主教国家，那里的女性地位十分低下，她以女性的身份走上了西班牙共产党的高层领导地位，是西班牙妇女的极大进步。西班牙共产党作为革命政党，党内高级职务历来都是由男性担任的，即使有女性能够在党内获得领导地位，大多也是依靠其丈夫的影响力。但是伊巴露丽没有依靠谁，她以一个单身母亲的身份走上了西班牙共产党的高级领导地位，在西班牙的政治舞台及国际共产主义运动的舞台上闪耀光芒，伊巴露丽也成为世界各国共产党中走上领袖地位的唯一女性。

其次，伊巴露丽在西班牙和国际政治舞台上长期有一个良好的形象和很高的声望。近代以来，西班牙国内局势动荡，各派政治人物来来走走，不乏政治明星，但是不少人甚至晚节不保。即使是为西班牙共产党转型和国家民主政治做出巨大贡献的卡里略，也最终没逃过被西班牙共产党开除党籍的下场。在如此复杂的西班牙国内政治环境中，身为西班牙共产党领袖的伊巴露丽却能够被西班牙各派政治力量接纳，最终一以贯之地保持着高大的形象和深厚的政治影响力，这在西班牙历史上甚至在国际共产主义运动历史上都是难得的。

回顾伊巴露丽的一生，是传奇的一生。我们可以从以下几个方面来分析伊巴露丽传奇的原因。

第一，女性身份和包容的性格对她的形象和政治地位的确立有不可忽视的作用。伊巴露丽有女性的包容、同理心和对社会弱势群体的同情心，也有作为一个革命者应该有的勇敢和激情。她能徒步翻越山脉，也敢独立下到矿井深处，甚至还敢深入前线，投身战争。心地善良的女性形象和勇敢的革命者的形象叠加，使伊巴露丽身上充满了独特的个人魅力。

第二，多年流亡海外，让她有机会远离西班牙国内复杂的政治斗争，在相对安全的地方得以保全完美的政治形象，保持党内的声望。

第三，伊巴露丽有较高的政治敏锐性。这让她能够洞察到政治斗争的症结，在斗争中左右逢源。有较高的政治远见，能够在关键的历史转折点顺应历史潮流，明智地进行选择。虽然伊巴露丽也犯过一些错误，但是她为西班牙甚至是整个国际共产主义运动留下了宝贵的精神财富，那就是对底层的关心和同情，对不公社会的反抗，对革命理想的坚持。伊巴露丽作为一名女性、一位母亲能够不屈不挠地冲破传统文化对妇女的束缚，为西班牙妇女赢得了尊重，也成为世界妇女追求解放运动的典范。

伊巴露丽虽然已经离开，但是她的精神财富永存。热情之花将永远绽放在西班牙甚至是国际共产主义运动的历史上。就像西班牙共产党在她的葬礼上所说的那样：伊巴露丽，你仍活在千千万万爱戴你的人的心中。

参考文献：

[1] 王涛：《伊巴露丽》，中国工人出版社 2014 年版。

[2] ［西］多·伊巴露丽：《热情之花回忆录：1939—1977》，钟溪译，人民出版社 1985 年版。

"最可贵的理论家" 布哈林

尼古拉·伊万诺维奇·布哈林（Николай Иванович Бухарин，1888—1938），苏联共产党和共产国际的杰出领导人，卓越的马克思主义理论家。他毕生精力都用于从事理论研究和著书立说，作为一位公认的理论家赢得了巨大的声誉。同时，在历史的长河里，他的一生充满了悲剧色彩。他待人真诚、平易近人，幽默活泼，他"像水银一样活泼好动"，赢得了人们的喜爱，连列宁也称他是"全党喜欢的人物"。

革命救赎生存的苦难

布哈林是俄罗斯人，出生在莫斯科。布哈林的父母都曾在学校当老师，他们非常注重孩子的教育问题。在父母的精心教育下，小布哈林养成了良好的阅读习惯，尤其热爱文学名著。布哈林的母亲对宗教非常虔诚，从小便带着小布哈林去教堂。教堂里沉默的神圣氛围，让小布哈林感到压抑。他开始产生了逆反心理。一次偶然的机会，他阅读到了《关于反基督教者的讲座》等著作，读后大受启发，最后他与宗教彻底分道扬镳。1896 年对布哈林来说是不寻常的一年，这一年发生了两件对他影响深远的事。一个是在新沙皇加冕典礼所举行的盛大集会上发生的踩死踩伤几万人事件。这件事让布哈林对沙皇从崇敬变为憎恨。第二个是菲律宾反西班牙殖民统治的全国性大起义。他非常关注这起国际事件。从此，他对世界事物充满了极大的兴趣。

从小布哈林就显示出了自己的组织领导能力。在中学毕业之前，布哈林已经是莫斯科市布尔什维克的学生团体的组织者了。1905 年发生了俄国第一次资产阶级民主革命，他目睹并投入了这场革命运动之中，这也成为布哈林政治生活的转折点。布哈林曾宣言："我坚定地认为一个勤于思索的、有文化教养的人不可能站在政治之外。"1905年的这场革命运动，让他有机会实现了自己的诺言。他身体力行，站在这次反对沙皇制度的伟大革命运动的最前线。在后来的革命岁月里，他继续践行着自己的诺言。1905年的革命运动，让布哈林有机会将自己接触到的革命理论实践到革命运动之中，将理论与实践相结合。在实践中，布哈林确立了共产主义世界观。

12月武装起义失败以后，莫斯科的革命转入低潮。革命者的队伍悄然有了分化。经历了战斗考验的布哈林，在白色恐怖下毫不畏惧。他不怕艰难险阻，坚定革命必然胜利的信心。1906年下半年，布哈林正式加入俄国社会民主工党，开始从事党的地下工作，那年他还不满18岁。1907年秋季，布哈林进入莫斯科大学读书。他在学校积极组织学生工作，很快，他就成为大学里布尔什维克学生组织的知名组织者。1908年，还是学生的布哈林当选布尔什维克莫斯科委员会委员。1909年他顺利连任。20岁的布哈林已经是俄国最大城市莫斯科布尔什维克党组织的重要领导人之一了。

布哈林对革命事业满腔热血，频繁的动作受到了沙皇反动当局的注意。1909年春天，布尔什维克莫斯科委员会的第一次大会召开，他在大会上遭到逮捕，同年秋天再度被捕。1910年年底，莫斯科党组织遭受破坏，布哈林第三次被捕。这次逮捕后沙皇政府把他监禁了几个月，之后决定对他判处苦役，流放到遥远的阿尔汉格尔斯省白海边的奥涅加地区。没想到，在押送的路上，机智的布哈林想办法逃跑了。他离开了祖国，开始了长达七年的流亡生活。流亡的生活总是那么不平凡，布哈林在《自传》中，总结了这几年侨居国外收获到的思想，总共有三点：第一，珍惜一切可以学习的机会，汲取有用的知识。充分利用西方国家文明条件和文化环境，利用好国外图书馆。"如果说我在俄国获得了一般知识和关于土地问题相当专门的知识，那么毫无疑问国外图书馆给我提供了固定资本。"第二，同列宁相识和交往，给了他以"巨大的影响"。第三，"掌握了几种语言，并获得了欧洲工人运动的实践知识"。这使他从事理论研究和参加各国工人运动更加得心应手。

归国革命与政治反思

1917 年 5 月初，布哈林回到祖国，在莫斯科定居。当时俄国正处于二月革命后出现的两个政权同时并存的特殊政治局面：一个是拥有武装的工农兵代表苏维埃；另一个是在小资产阶级妥协党孟什维克和社会革命党人支持成立的资产阶级临时政府，它们控制了全国政权机构。两个政权同时并存，意味着俄国革命正处在一个不稳定的过渡阶段，资产阶级政权随时企图消灭苏维埃，以便独掌政权。摆在无产阶级面前的任务，是结束两个政权并存的状态，力争全部政权归苏维埃。列宁根据二月革命后国内阶级力量对比和政治形势的特点，发表了著名的《四月提纲》，明确提出由民主革命转变到社会主义革命的方针和政策。

布哈林认同列宁的主张，积极支持列宁向社会主义转变的方针。其实，早在 1915—1916 年，布哈林就意识到了俄国实现社会主义革命是不可避免的。他在 1917 年 7 月召开的党的第六次代表大会上正式提出了"俄国革命已经成为全世界革命的发源地"的观点，他阐释了俄国进行社会主义革命的必要性。他乐观地认为俄国革命将会扩展到整个欧洲资本主义国家，欧洲一定会获得无产阶级革命的胜利。但是布哈林对俄国农民的革命性没有清晰的认识，在他看来农民是落后的，无产阶级革命获得胜利不能依靠农民。他以为俄国农民已经和资产阶级和小资产阶级政党结成了联盟，离开了土地的农民就会离开无产阶级的领导，投向资产阶级的怀抱。所以俄国社会主义革命不能期待农民的支持，要依靠欧洲无产阶级革命的支持。事实证明，他过于乐观地估计了俄国革命和世界无产阶级革命的关系，在后来的革命实践中，他抛弃了这种错误的认知，重新认识到农民的力量，认识到俄国革命一定是要依靠本国的力量，一定是要依靠工农联盟才能取得胜利。

1917 年 5 月，俄国社会民主工党（布）第七次全国代表大会召开。会议明确了全党所面临的中心任务是由民主革命向社会主义革命转变。会后，布哈林当选为莫斯科苏维埃执行委员会委员和布尔什维克莫斯科委员会委员。在俄国社会民主工党第六次代表大会上，他第一次当选为中央委员会委员。布哈林被党委以重任，负责编辑《社会民主党人报》和理论刊物

《斯巴达克》，他兢兢业业地宣传党的理论和思想，为党的中心任务的建设做出了重要贡献。

1917 年 7 月初，血腥的"七月事件"在彼得格勒爆发。几十万工人、士兵汇聚起来，进行大规模的和平示威。他们对临时政府的战争政策感到不满，大规模的和平示威遭到了资产阶级政府的血腥镇压。

不久，临时政府推行了白色恐怖政策。革命群众被无情镇压，进步报刊也被查封，就连布尔什维克机关报——《真理报》编辑部也被临时政府捣毁，恐怖的氛围笼罩在俄国上空。布尔什维克紧急召开了第六次代表大会，大会制定了实行武装起义、夺取社会主义革命胜利的总方针。方针一出来，全党立刻行动了起来。布哈林也开始了马不停蹄的行动。他出现在苏维埃、工厂、工会、学校和街头，他笔锋犀利地写下了很多揭露资产阶级临时政府的黑暗罪行，他跟广大群众一遍又一遍地宣传社会主义革命的必要性。在全体党员的努力下，布尔什维克领导革命人民粉碎了科尔尼洛夫反革命叛乱。

俄历一九一七年十月二十五日彼得格勒武装起义取得胜利。之后，布哈林同莫斯科军事领导机关一起，越战越勇，经过艰苦战斗夺取了莫斯科武装起义的胜利。胜利后，布哈林立即起草并公布了《莫斯科苏维埃军事委员会第一号法令》。布哈林为彼得格勒和莫斯科武装起义的胜利做出了重要的努力。彼得格勒和莫斯科武装起义的胜利，为俄国社会主义革命的胜利奠定了基础，极大地鼓舞和推动了革命向全国范围的扩展。革命胜利后，布哈林被任命中央机关报——《真理报》主编，同时也是最高国民经济委员会的最高领导人之一。

从"左"倾错误到理论、政治上的成熟

布哈林对革命事业的忠诚是不容怀疑的，但是在复杂多变的政治环境中，没有认清革命现实，犯了一些"左"倾错误。布哈林在俄国党的历史上犯过严重的"左"倾错误主要是集中在十月革命胜利后的最初几年。在列宁同志的帮助下，他汲取革命现实的教训，认清了自己所犯的"左"倾错误。他曾多次在公开场合承认自己的"左"倾错误。1921 年以后，随着布哈林政治上的成熟、理论知识上的丰富，他逐渐摆脱了幼稚的"左"倾

错误，摆脱了原来对复杂的实际斗争某种简单化的态度和偏激的情绪。

俄国十月革命胜利了，但是第二次世界大战仍然在继续。当时"协约国"与"同盟国"对立，处于交战状态。沙皇俄国是"协约国"成员国，战争让俄国社会发展受阻。苏维埃政权成立以后，想要结束战争，颁发了《和平法令》，向各交战国提出和平谈判、缔结和约的建议。但和平建议遭到了拒绝，新生的苏维埃政权面临危机，德国企图扼杀新生的苏维埃政权。在这种紧迫的情况下，苏维埃政府决定与德国进行谈判。1917 年 12 月 3 日双方在布列斯特——利托夫斯克一个小城镇——进行了谈判。显然这是一场不平等谈判。德国向俄国提出过分的条约，德方要求俄方放弃所占领的德国领土，而德方之前占领的土地全部要划到德国。德方还要求俄方交付战争赔款 30 亿卢布。这不平等条约在俄共（布）中央发生了激烈的争论，产生了严重的分歧，最终导致重要领导的分裂。

以列宁为代表的妥协派和以布哈林为代表的反对派形成了两种对抗的声音。以列宁为代表的一方认为，俄国当时面临的国内国际困难十分严重，如果能采取革命的妥协政策，签订和约换来和平的喘息之机，这对巩固刚刚成立的苏维埃政权，医治战争带来的创伤有十分重要的作用。

而以布哈林为代表的反对派则强烈反对列宁的主张。他们认为这是右倾投降主义，背叛无产阶级国际主义原则。以布哈林为首的一些中央委员认为要同德国帝国主义继续开战，他们不顾俄国的实际困难，声称为了国际无产阶级革命的利益，即使丧失了苏维埃政权也在所不惜。

这两种声音僵持不下。俄共（布）中央多次召开会议，反复讨论，在列宁的坚持下，1918 年 3 月 13 日，苏俄政府同德国终于签订了和约。布哈林等人对此非常不满。他们坚决反对签订和约，不肯执行中央的决定，甚至进行一些违反党的组织纪律的活动。1818 年 3 月全俄苏维埃第四次非常代表大会召开，布哈林等人在会上公开发表声明，辞去党中央和政府的职务，以此来抗议中央正式批准和约的决定。布哈林等人的这种行为一意孤行，不仅不能解决国际国内的问题，而且还会使党内斗争尖锐，会让党陷入分裂的危险。布哈林的"左"倾错误同"左"倾社会革命党人企图推翻列宁为首的政权的行径在性质上是完全不同的。布哈林对革命事业是忠诚的，他只是在政治观点上犯了"左"倾错误，小资产阶级妥协党左派社会革命党人曾趁机拉拢布哈林成立新的人民政府，被布哈林严厉拒绝了。

布列斯特和约签订以后，布哈林认为无产阶级取得政权以后不是着急恢复生产、发展经济，而是要在国内进行阶级斗争，他提出"完全打倒资产阶级"、"对资产阶级的一针一线都要剥夺"和"彻底地社会化"等口号。以布哈林为首的"左派共产主义者"集团提出了一整套极"左"的政策，他们把这些极"左"政策发表到《目前形势的提纲》。列宁对这种极"左"思想提出了猛烈的批评，他认为苏维埃当前的主要任务是发展国民经济。

实践证明布哈林"左"倾错误主张给党的事业带来了巨大的损失。事实的教训也让布哈林明白，"左"倾错误主张是行不通的。在列宁的严肃批评和热情帮助下，布哈林逐渐意识到了自己的错误。1918 年 5 月布哈林又重新回到了中央和《真理报》编辑部工作。认识到错误的布哈林曾在《真理报》上公开做了深刻的检讨，并宣布解散"左派共产主义者"组织，停止派别间的互动。后来，布哈林还一度深刻反思过这一时期自己的错误。他深刻分析了原因，在苏维埃俄国建立初期自己没有很好地了解俄国社会的历史，对俄国社会的现状也缺乏调查研究，没有把马克思主义理论与俄国的具体实践相结合。在这种状况下，"左"倾主张就是空中楼阁，是小资产阶级幼稚病的表现。

布哈林虽然在十月革命胜利后到 20 年代初期这段时期犯过一些"左"倾错误，但这不意味着他一无是处。布哈林在宣传马克思列宁主义思想及苏俄社会主义革命上做了卓有成效的工作。他的著作《共产主义 ABC》，是马克思主义基本知识的基础读本，成为当时苏共党校必读的教科书，被翻译成多种文字在世界广为传播。20 年代后期，还流传到我国，成为宣传马克思主义思想的重要读本。列宁对布哈林的评价也是非常中肯的，他没有否定布哈林的全部，而是看到了他为革命事业做出的积极贡献。1918 年春天，即便列宁那个时候批评布哈林的"左"倾错误思想时，还不忘称布哈林是"一位学识卓越的马克思主义的经济学家"。1920 年年底至 1921 年年初，工会问题产生了激烈的争论，在这种情况下，列宁批评布哈林的对待工会问题的折中主义错误，但还是不忘看到布哈林的优点："其中之一，就是他有理论修养，他对任何问题都要探索理论根源。"

虽然列宁和布哈林对革命问题的观点不尽相同，但是他们之间的友情不因为观点相悖而受阻。1912 年列宁和布哈林相识，布哈林比列宁小 18岁。在这个年轻的小伙子身上，列宁看到了革命理想主义，看到了一团烈火，从此他们便结下了良好的友谊，许多年间也从未断过。布哈林是一个有才华的小伙子，他的理论成果总是能吸引列宁的目光。列宁每次都能认真地阅读布哈林的思想理论，年长的列宁总能恳切地分析其中的优缺点，并将一些观点补充到自己的观点里。年轻的布哈林好胜心强，每次遇到理论问题的分歧，总是想着用自己的观点去说服列宁，有时甚至会有激烈的争吵。但布哈林的内心深处又一直将列宁视为自己最敬重的长者，称他为"伟大的导师"并对他倍加爱戴。

布哈林在犯一些错误时，列宁总是能从内心深处想要去帮助他，一方面出于对革命事业负责的态度，另一方面是出于对布哈林的真挚友情。在革命现实和列宁的谆谆教导下，布哈林逐渐摆脱了激进主义和脱离实际的"左"倾错误主张，慢慢开始了独立的思考和勇敢的创新。1921 年以后，他认真听取实践的声音，将理论研究与革命实际相结合，逐渐成长为一个成熟的革命理论家。

"党最可贵和最伟大的理论家"

布哈林最辉煌的理论创新期是 1921—1929 年间。这时期布哈林思想成熟、理论见解到位，这个时期的理论创作也奠定了他伟大理论家的称号。他深入研究列宁同志的思想成果，坚持和发展了列宁的新经济政策和列宁晚年关于社会主义建设的思想。他是列宁的忠实拥护者，同各种各样列宁的反对者做斗争。布哈林成熟的理论以及对俄国社会现状的深刻理解，让他成为这个时期党和国家重要方针政策的主要制定者之一。他作为理论家从思想高度大力支持斯大林，反对各种党内的反对派论战。他吸取之前自己没有关注俄国具体实际的教训，在社会主义建设的实践中，能够着重从俄国的具体实践出发，善于思考，一路探索出一条俄国社会主义的道路，提出了自己的见解和方法，发展了马克思列宁主义。布哈林对俄国所作的贡献让列宁也称他为"学识渊博的经济学家"，"党的最可贵的和最大的理论家"。1921 年是布哈林思想从幼稚走向成熟的关键转折期。1921 年 3 月，俄共（布）召开第十次全国代表大会，大会通过了一个重要决定。大会决定用粮食税代替余粮收集制，这意味着从战时共产主义到新经济政策的过渡。布哈林在这次新经济政策的发布过程中起到了很重要的作用。布哈林正确分析了当时俄国国内外面临的环境，他认识到了从战时共产主义向新经济政策转变是十分有必要的。他热烈地拥护新经济政策，并且在对其宣传和阐释的工作中呕心沥血。

从战时共产主义到新经济政策的转变，布哈林遇到了很多人的不解和反对。他在多个场合一遍又一遍地解释、宣传其必要性。1921 年 7 月 8 日，布哈林在共产国际第三次代表大会的第一次会议上发表了题为《苏维埃俄国的新经济政策》的演讲，他在会上强调现阶段实施新经济政策是十分有必要的。紧接着，8 月 6 日，他发表了《经济政策的新方针》，在这篇文章中他严厉批评了反对新经济政策的言论，详细阐述了实施新经济政策的必要性和重要性，实施新经济政策的基本任务和意义。

从战时共产主义向新经济政策的转变，是俄国历史上一个巨大而深刻的转变。这个巨大的转变很多人一时不能理解，布哈林发挥他理论思想的优势，给大家从理论的高度论述新经济政策的必要性。在 1922 年 11 月的共产国际第四次代表大会上布哈林做了关于纲领问题的报告，他又一次从理论的高度论述新经济政策深远的意义。他说："我认为，一方面，新经济政策的确是一种独特的、俄国的现象，但另一方面它又是一种普遍的现象。"实行新经济政策不是退步，而是开辟了一条适应当时社会发展的新路。它解决了如何组织社会，如何让国家更好运转，如何安排不同生产部门之间的比例关系的大问题。

列宁去世以后，布哈林从理论战线上坚决捍卫新经济政策。1923 年，列宁病重不能主持工作。这个时候俄共（布）中央政治局委员托洛茨基及其同伙趁机猛烈攻击党和国家的政策。激烈的言论引起了全党的争论，他们企图损害农民的利益来实现国家工业化。布哈林严厉批驳了这种做法，他在俄共（布）第十三次代表大会上公开提出反对意见，坚决反对托洛茨基一伙的"右倾"机会主义言论。接着他写了《对反对派经济纲领的批判》的文章及《到社会主义之路和工农联盟》一书，坚决批判这种"右倾"错误。

当时，悲观的论调在俄国盛极一时。俄国的孟什维克及联共（布）党内列宁主义反对派攻击苏维埃政权是"早产儿"，"通常是活不成的"，他们对在全国范围内建设社会主义没有信心。布哈林批驳了这种悲观的论调。他认为，俄国经济落后是事实，不能逃避这个事实谈发展。俄国落后的经济也给俄国的社会主义建设带来困难这也是事实。重要的是如何面对俄国社会现状发展经济、改变经济社会落后的面貌，而不是因为落后的经济社会现状就否认俄国进行社会主义革命和建设的可能性。在俄国，社会主义及建设一定是一个长期的、缓慢的过程，要结合俄国的特点来进行社会主义建设，不能脱离社会现实谈发展。布哈林认为在社会主义建设的过程中要注意的是审慎地处理工农之间的关系，制定切实有效的经济政策。社会主义建设要想成功一定是要依靠本国的力量，依靠工农联盟。

布哈林特别重视工农联盟的力量，根据他的"落后的社会主义形式"这一理论，工人阶级同农民阶级紧密结合，结成巩固的同盟关系是俄国革命的前途和命运的"基本问题"。他极为重视农民在社会生活中的地位和作用，1925 年 4 月，他在一次党的积极分子会议上做了《论新经济政策和我们的任务》的报告。他说："应当对全体农民，对农民的所有阶层说：发财吧，积累吧，发展自己的经济吧！"他主张让农民富裕起来，他号召农民要改变贫穷落后的面貌，要积累财富、寻求发展，以走上富裕的道路。布哈林之所以提出让农民富裕的主张不是空穴来风的，是和他引导农民走向社会主义的康庄大道联系在一起的。

在经济建设上，布哈林形成了一套自己的理论，被称为国民经济发展"平衡论"。早在 20 年代初，布哈林就用"平衡论"来阐述俄国社会历史的发展和他的经济理论。到了 1921 年以后，苏联实行新经济政策，"平衡论"成了布哈林解释论证新经济政策的重要理论工具。布哈林不仅在经济建设方面有了重要建树，在文化建设方面也提出了重要的主张。他意识到俄国落后的科学文化给俄国社会主义建设带来了很大困难，要想顺利进行俄国社会主义建设，就一定要发展社会主义文化。他呼吁要加强文化建设，把文化建设看成整个社会主义建设的重要一环。布哈林善于总结和思考，他注意到苏维埃政权同社会主义经济建设的关系，敏锐地觉察到无产阶级国家机关暴露出来的一些问题，适时地提出了一些防止社会主义国家蜕变的若干设想和措施，为国家建设提出了很多见解。布哈林未雨绸缪，忧虑苏维埃国家的前途问题，他提出必须注意和防止无产阶级专政蜕变为"官僚集权"的危险。他建议发动群众，同官僚主义作斗争。他建议实行"群众参与"国家的管理工作，充分发挥全国地方组织的主动性。布哈林还在很多著作中阐述过无产阶级专政的政治和经济职能，以及对不同阶级应该采取不同的政策。

布哈林是一位马克思主义理论家，他以极高的热情参与到革命事业中。布哈林也被列宁高度认可，认可他高度的革命热情和革命忠诚。列宁病重期间没有精力将自己最后的思想记录下来，他委托布哈林将其"最后的思想"整理成文字。布哈林不负众望，于1925年发表了《到社会主义之路和工农联盟》，1929年发表了《列宁的政治遗嘱》两部代表作，概括地表达了列宁逝世前同他谈话的主要内容，让列宁"最后的思想"得以传承。

生命篇章的最后一页

布哈林的晚年以悲惨落幕。1929年11月17日布哈林被指控为"右倾反对派"的首脑，被解除政治局委员职务（仍保留中央委员）以后，他离开了党和国家的最高政治领导岗位，开始走向了他政治生涯中悲惨的最后阶段。

布哈林的职位一降再降，一次又一次的批判让他开始承认自己的"错误"。他站在党的立场上，为了顾全大局不得不承认自己错了。他在检讨中承认自己错了，但是在检讨中他没有具体谈到之前同斯大林在国家建设观点上的分歧和争论。他虽然多次检讨，但是依然面临被批判的处境。他还想继续为党的事业和国家的发展献上自己微小的力量，但苏维埃国家已经不给他机会了。布哈林是全国上下公认的理论权威，他的拥护者也有很多。批判布哈林就是要彻底肃清布哈林的拥护者。为了彻底批判布哈林，组织上从中央到地方不断排斥、更换布哈林的拥护者。甚至对当时党中央现行政策表示异议的人士无一不被打倒，有的被定为"两面派""右倾机会主义者"而开除出党。

批判布哈林变成了全国上下的一场运动。斯大林主持成立了专门批判布哈林思想的"理论工作队"，全国再次掀起了批判布哈林为首的"右倾机会主义"的运动。"打倒布哈林！批臭布哈林！"的标语贴满街道。对布哈林的批判变成了排除异己的政治斗争。

这场政治斗争愈演愈烈。1936年对加米涅夫和季诺维也夫案件重新开庭审讯。他们交代了与"右倾反对派"布哈林、李可夫、托姆斯基之间发生过"罪恶"的联系。不久，加米涅夫和季诺维也夫被当局处决。得到消息的布哈林惊恐不已。年底，克里姆林宫里开始了布哈林与押犯之间的对质。这些在押犯异口同声说自己与布哈林有过"罪恶"的联系，还编造布哈林是地下反革命恐怖组织的首领。这让布哈林极度恐惧、沮丧、绝望。1937 年 1 月中旬，苏共（布）中央正式宣布解除布哈林和李可夫的职务，布哈林也不再担任《消息报》的主编。1937 年 2 月 27 日，布哈林和李可夫在去参加中央全会的路上被捕。3 月，布哈林的党籍被开除。1938 年 3 月，布哈林被扣上间谍罪、组织对苏联领导人的恐怖活动等罪名。3 月 15 日夜，这位伟大的马克思主义理论家、党的宠儿被处决了，那时还不满 50 岁。

历史是公正的。随着时间的流逝，翻开那段尘封的历史，人们不会忘记布哈林是苏维埃国家的开国元勋之一，人们不会忘记伟大的马克思主义理论家，人们不会忘记国际共产主义运动的著名领导人之一。斯大林逝世以后，布哈林的声誉不断恢复。1988 年 2 月 4 日，苏联最高法院决定撤销 1938 年 3 月最高法院军事委员会对布哈林一案的判决，为布哈林及受此牵连的另外 10 人恢复名誉。1988 年，恢复布哈林科学院院士的荣誉称号。

布哈林终于可以安息了。

参考文献：

［1］［美］斯蒂芬·F. 科恩：《布哈林政治传记：布哈林与布尔什维克革命》，徐葵等
　　译，东方出版社 2005 年版。

［2］［苏］安·米·拉林娜：《血泪难忘：布哈林夫人回忆录》，舒仲译，社会科学文献
　　出版社 1989 年版。

［3］［苏］罗伊·麦德维杰夫：《布哈林的最后岁月》，段稚荃、张敦厚译，世界知识
　　出版社 1988 年版。

［4］范玉传：《布哈林传》，华夏出版社 1987 年版。

如钢似铁不怕压的铁托

约瑟普·布罗兹·铁托（Josip Broz Tito，1892—1980），南斯拉夫共产主义者联盟主席（1969—1980），南斯拉夫社会主义联邦共和国总统（1953—1980），不结盟运动创始人之一。他在领导南斯拉夫各族人民进行反法西斯斗争、维护国家的独立、团结和统一以及发展各国间的友好合作关系等方面，都做出了重要贡献，赢得了南斯拉夫各族人民的爱戴和世界各国人民的尊敬。

铁托是一位长相英俊、身材魁梧、充满活力的人。因为从小干农活，皮肤晒得黝黑，举止刚劲有力。铁托有着谋略家的智慧，军人出身的他作风明快，办事情绝不拖泥带水。对待朋友，他真诚爽朗，富有幽默感，玩笑开成功的时候，他常常会笑得流出眼泪，喊道："见鬼去吧！"周围的人都被他逗得前仰后合。对待敌人，他横眉冷对，绝不手下留情。希特勒这样的人，都被他气得叫嚷道："活捉铁托，我倒要看看他是什么样子！"铁托就是这样一位富有魅力、作风明快、亲切随和的人。他以善于战斗、坚强不屈而被世人铭记。

铁托的一生充满传奇色彩。

爱憎分明的壮小伙儿

1892 年 5 月 7 日，约瑟普·布罗兹·铁托出身于克罗地亚扎戈尔耶区库姆罗韦茨村的一个贫农家庭。他的父母一共生了 15 个孩子，但有 8 个孩子幼小时就夭折了，铁托是第 7 个。他很小的时候就患了白喉病，本来没有生还的希望，却又奇迹般活了下来。克罗地亚地区由于受到奥匈帝国的残酷镇压，那里的人们生活大都穷困潦倒，不堪重负。铁托他们家世代都是农民，父母亲辛勤耕作着仅有的 15 英亩田地，起早贪黑地劳作着却仍然食不果腹，生活难以为继。面对生活的重压，铁托的父亲只能酗酒消愁，担子压在了铁托的母亲肩上。铁托的母亲是斯洛文尼亚族人，性格温柔，善良能干。

少年时代的铁托，每天要琢磨的就是吃饱肚子的问题。遇到收成不好的时候，全家只能挤在狭小逼仄的屋子里忍饥挨饿，生活十分贫穷潦倒。有一件事，让铁托印象深刻。克罗地亚地区一直受到奥匈帝国的统治。1903年，克罗地亚人民发起暴动反抗奥匈帝国的统治，他们提出反对匈牙利人对克罗地亚土地税收制度、铁路修建的垄断。当时铁托所在的库姆罗韦茨村的农民也都积极参加了这次暴动，可惜最终遭到了匈牙利的残酷镇压。为了惩罚这次暴动，匈牙利当局让克罗地亚地区的农民供养军队。有四名匈牙利士兵被分配到铁托家里，这让本就举步维艰的家庭顿时雪上加霜，这四名士兵整整在铁托家里白吃白喝一个月。铁托年纪虽小，却将憎恨的种子埋在心底。克罗地亚人民在暴动中表现出的伟大的民族感情深深打动了铁托，他常常缠着大人们给他多讲讲农民起义和农民领袖英勇顽强的斗争故事。这对铁托产生了强烈的震撼和深远的影响。

虽然日子过得清苦，但铁托的父母还是咬紧牙关供铁托上学。铁托一边上学，一边在家里干农活。他格外珍惜来之不易的读书机会，常常利用干活的间隙读书识字写作业。聪明的铁托，总是能够得到老师的夸奖。1904年，铁托小学毕业了。虽然他的各科成绩都十分优秀，但家里再也供不起他念书了。12 岁的铁托，开始了谋生。他先是跑到舅舅家当放牛娃，但吝啬的舅舅连一口饱饭都舍不得给铁托吃。铁托在舅舅家待了 3 年，最终离开了。

离开舅舅家，铁托先是跑到西沙克市一家亲戚开的餐馆里当服务员。15岁的铁托已是一位体魄健壮、身材匀称的农家少年。西沙克市交通便利，商业发达，这一切都是崭新而又陌生的。起初的日子过得很愉快，铁托每天都可以到餐馆附近的球场散散步，听听音乐。但不久，铁托就对这份工作厌倦了，白天要在餐馆伺候客人，晚上还要劈柴打水，繁忙的工作却只换来微薄的工资。在这里，铁托学不到任何有价值的东西。

1907 年，在伙伴的介绍下，他离开餐馆拜捷克人卡拉斯为师，学习锁匠的手艺。铁托在卡拉斯工厂待了三年的时间，这对年少的铁托产生了翻天覆地的影响。铁托白天在工厂里学艺，晚上到夜校学习文化课。夜校的学习激发了铁托读书的浓厚兴趣，他几乎什么书都读，包括古典和近代小说、旅行游记、历史等。铁托嗜书如命，只要一发工钱，他就省下来买书。用他自己的话说：见书就读。

读书开阔了铁托的视野，两位工匠师傅的启蒙则让他开始受到社会民主运动的影响。卡拉斯工厂先后来了两位工匠师傅：一位是施密特，另一位是格列派列奇。有一年劳动节前夕，施密特告诉学徒们，这是工人们的节日，要好好庆祝一番。在施密特的帮助下，学徒们找来鲜花装扮了整个工厂。这是铁托平生第一次知道工人有自己的节日。施密特走后，又来了另一位师傅格列派列奇。格列派列奇体魄强壮，擅长摔跤格斗。相比于施密特，他更富有强烈的斗争精神。在一家名为"猎人之号角"的啤酒屋里，格列派列奇隔三差五就要约上工人们在这里讨论工会的事情。铁托也总是趁着帮老板买酒的空隙，听他们激烈的讨论。铁托从格列派列奇那里得到一本工人运动的小册子，并开始阅读社会主义报纸《自由言论》，且为报纸募捐。

1910 年，18 岁的铁托学徒期满，成为一名手艺精湛的锁匠。他来到工人运动中心萨格勒布市的哈里曼纳工厂工作，并加入了工会组织。在组织的帮助下，铁托加入了克罗地亚社会民主党。铁托的政治生涯也是从这里拉开帷幕的。铁托和工友们集合起来，参加了反对尼古拉·托马舍维奇亲匈牙利政策的示威游行，高喊着维护工人权利、要求发放失业救济金的口号。

1911 年劳动节前夕，铁托和工会干部到各工厂进行动员和组织罢工工作。5 月 1 日，铁托参加了萨格勒布 2000 工人的"五一"节游行，5 月 2 日至 5 日，铁托又参加了萨格勒布机器工人的罢工。1912 年，铁托先后辗转来到奥地利、德国和捷克斯洛伐克等地，当过锚工、桥梁工人等，他不仅学会了德语和捷克语，还学会了击剑以及浪漫的华尔兹舞步。每经过一处，铁托都会联系当地工人组织发动罢工运动。海外求生的经历以及风起云涌的工人运动磨砺了铁托的革命意志。

从战俘到职业革命家

1913 年，铁托回国服兵役，在克罗地亚应征入伍。在服役期间，铁托成绩优异被送往士官学校学习，并成为第二十五莫多兰团中最年轻的士官。这个时候的铁托，已经成为一名合格的军人。

1914 年 8 月，第一次世界大战爆发了。铁托所在的团部奉命开往前线准备与俄军作战。在喀尔巴阡山地区，两方僵持不下。由于铁托所在的团队装备很差，很多士兵都冻死了。铁托骁勇善战，率兵成功偷袭俄军，抓获了一众俘虏。

1915 年 3 月 25 日，俄军在布鲁西洛夫将军的带领下在奥克诺附近发起进攻，铁托所在克罗地亚兵团防线被打开一个缺口。在战争中，铁托被一支长矛枪猛刺进左肋，险些丧命。被俘后，铁托被押送到伏尔加河畔的一个郊外小镇养伤，因为伤势过重，护士在他的头上绑了一根红绳以示命不久矣。但奇迹再一次降临，铁托经过一段时间的治疗康复了。在医院休养期间，铁托结识了很多俄国朋友，并且学会了俄语，这为他以后参加共产国际的工作奠定了基础。

1916 年，痊愈后的铁托被遣送到乌拉尔地区的战俘营，并担任领班人一职。铁托和战俘们被送到西伯利亚修铁路。西伯利亚的寒流裹挟着暴风雪向铁托他们袭来，战俘们忍受着饥寒交迫的折磨，高强度的工作使得很多战俘都命丧于此。铁托凭借顽强的意志和身体素质挺了过来。可恶的俄国工头贪污了国际红十字会捐给战俘们的衣服和食物，铁托把这件事报告给国际红十字会，工头受到了处分因而怀恨在心，并伺机报复。终于机会来了！有一回，几名战俘的靴子坏了，铁托担心他们光着脚劳动会被冻坏，就让他们先去修好靴子，并提前给他们记上考勤。这件事被工头知道了，把铁托关进监狱好一顿毒鞭伺候。

1917 年俄国爆发了"二月革命"，沙皇被推翻了。铁托参加了当地的工人示威游行，并决定逃离战俘营。趁着修铁路的机会，铁托跳上一辆从西伯利亚开往彼得堡的火车。到达彼得堡后，工人群众正在大街上游行，铁托挤进游行的队伍里，亲眼见证了资产阶级临时政府血腥镇压了这场"七月大示威"，广场周围的高楼上架起了机关枪向游行的工人群众疯狂扫射，鲜血流满了街道。

铁托无处可去，准备逃往芬兰，结果又遇到了警察，被关进了彼得堡监狱。在被遣返回乌拉尔战俘营的火车上，铁托成功逃脱警察的追捕。在一辆火车上，铁托听到了十月革命爆发的消息。战俘营已经同布尔什维克站在了一起，组成了红色国际纵队。充满斗志的铁托高兴地回到战俘营，并加入了红色国际纵队。正是在这里，铁托学习到了列宁的讲话和文章。1918 年，铁托申请加入了俄国共产党（布尔什维克）。1919 年，铁托成为俄国共产党（布尔什维克）南斯拉夫支部的成员。同年 9 月，铁托与俄国姑娘佩拉吉娅·别洛乌索娃结婚。

1920 年 9 月，铁托终于回到了阔别五年的家乡——克罗地亚，并在一家机械厂里工作，不久加入了南斯拉夫共产党。在工厂里，铁托向工人们宣传马克思列宁主义的思想。在一次工会集会上，铁托头顶着从俄国捎回来的红五星俄式皮帽子，向工人们发出呐喊：只有武装起来才能取得胜利！

南斯拉夫共产党的力量不断壮大，这令南斯拉夫王国统治者惊慌失措，不断采取高压政策，并勒令解散工人组织。1920 年 12 月，南斯拉夫王国宣布共产党为非法组织，很多党员被捕入狱。共产党的工作只能转入地下开展。1924 年，铁托被选入共产党克里泽齐地方委员会。对革命忠贞的信仰和顽强的斗争精神，使得铁托赢得了同志们的信任，被推选为地方工会委员会的委员。

1925 年春，铁托离开大特罗伊斯特沃到亚里亚海岸的克拉列维察的一家造船厂工作。一进厂，铁托就有条不紊地开展工会工作，向工人们宣传革命思想，为工人们购置书籍，组织文体活动。与此同时，铁托也在紧锣密鼓地重新建立起被解散的党组织。在一篇题为《克拉列维察造船厂通讯》的文章中，铁托痛斥了资本家对于工人的无情剥削，并号召工人们斗争起来。

1927 年，铁托被党组织任命为全克罗地亚五金工人工会书记。但没过几个星期，铁托就被逮捕了，罪名是参与共产党推翻政府的反动活动。后因证据不足，铁托被关押了几天之后就被释放了。1928 年，铁托担任南斯拉夫共产党克罗地亚省委书记一职，他也因此上了当局政府的黑名单。在一次组织工人游行示威之后，铁托再次被捕入狱，走上了职业革命家的道路。

艰难中展现英雄本色

1928 年 11 月 6 日，萨格勒布市地方法院开庭审判铁托等 6 名"犯人"，罪名是宣传共产主义，散发有共产主义内容的报刊和书籍，私藏武器和炸弹。前来旁听的工人和学生把狭小的法庭挤得水泄不通。面对法官的刁难，铁托镇定自若，毫无畏惧之色，发言铿锵有力，每一句回答都像是政治宣言。当被问服不服罪时，铁托说："我不认为自己有罪，因为我不承认这个资产阶级法庭的权力。我认为我只对自己的党负责。"与正义并肩而行的铁托全然不顾自己的生命安危，他精妙绝伦的发言令法官张口结舌、面露难色。最终，这个"不正义"的法庭判决铁托入狱五年。铁托在离开法庭时，高喊着："南斯拉夫共产党万岁！"

地下党虽然想方设法营救铁托，但都以失败告终。就这样，铁托开始了自己五年的狱中生活。1929 年 1 月—1931 年 6 月，铁托先是在故乡边境的莱波格拉瓦监狱服刑，而后被转往斯洛文尼亚的马里博尔监狱。监狱里有很多年轻的共产党员，铁托入狱后迅速和他们建立联系，组建了秘密党支部。因为懂得机械技术，铁托被派去维护监狱的电机房。这为他秘密串联其他狱友创造了条件。经过一系列斗争，铁托为自己和狱友争取到阅读书籍的权利。他们不敢明目张胆地阅读马克思的书，只能在狱警的眼皮子底下"偷梁换柱"，把马克思、列宁的书换上《天方夜谭》的封面。就是在这样一种环境下，铁托组织狱中的党员同志一起学习共产主义的理论，并翻译了《资本论》第一卷、第二卷和第三卷。也正是在这里，铁托和党内杰出知识分子莫沙·皮雅杰建立了深厚的关系。

1934 年 3 月 12 日，铁托出狱了，狱中的斗争活动让他更成熟了，为共产主义事业献身的决心更坚定了。警察秘密监视着铁托的一举一动，他只能被迫转入"地下"活动，启用"铁托"这个名字，以前称约瑟普·布罗兹。到达萨格勒布市后，铁托被选为党的省委委员。当时南斯拉夫共产党党中央委员会设在维也纳，与国内的交流困难重重。于是，克罗地亚党组织派铁托去维也纳同党中央建立可靠的联系。铁托伪装成登山运动员越境到维也纳，向党中央详细汇报了国内党组织的情况，并带着中央的指示回国。1934 年 9 月，铁托先后秘密召集克罗地亚和斯洛文尼亚两个地区的党代表大会，他号召工人阶级团结起来，组织群众，反对独裁，争取民主和民族权利的斗争。12 月，在卢布尔雅那召开的南斯拉夫共产党第四次大会上，铁托被选为党中央政治局委员。在这个时期，铁托出色地完成了党组织交派的各种复杂重要的任务，显示了非凡的领导才能。

1935 年 1 月，铁托受南斯拉夫共产党中央指派到莫斯科工作，担任南斯拉夫驻莫斯科的工会国际代表，之后又被派驻在共产国际工作，主要负责巴尔干书记处事务，办公地点设立在红场附近的共产国际办公大楼里。铁托的工作紧张而又忙碌，在这里他结识了众多杰出无产阶级革命家，如季米特洛夫、陶里亚蒂等人。同年 7 月，铁托参加了在莫斯科举办的共产国际第七次代表大会，铁托当选为共产国际执行委员会委员。在大会上，他第一次见到斯大林。在共产国际工作期间，铁托有了新的化名：瓦尔特，这个名字在共产国际和莫斯科人人皆知。

1936 年，南斯拉夫共产党内部派系斗争严重，共产国际下令解散了南斯拉夫共产党中央委员会，指定戈尔基奇为总书记，铁托为组织书记。一年后，戈尔基奇突然被共产国际撤销职务并被捕入狱，铁托被任命为南斯拉夫共产党中央临时书记。在莫斯科，铁托访问了当时共产国际的总书记季米特洛夫，受命改组南斯拉夫共产党中央领导机构。铁托认为，南斯拉夫共产党的基层组织是健康有序的，问题出现在上层，表示"我们将清洗污秽"。成为党的主要领导人以后，铁托希望"党的领导是强大的、坚定的、革命的。他认为，这样的领导不是一个而是整个集体"。他于 1938 年年初从莫斯科回国，领导全党工作。

不屈不挠的负伤总司令

1938 年 3 月，希特勒领导的德国军队越境维也纳，直逼南斯拉夫边境，以铁托为首的南斯拉夫共产党中央发表宣言，指出希特勒是"南斯拉夫人民的自由与独立的敌人"，号召人民做好反侵略战争的准备。10 月，德军侵占捷克斯洛，南斯拉夫共产党中央发表新的宣言，提出党的基本任务是："动员和组织南斯拉夫人民，争取保卫自己的祖国免遭侵略，保卫自己的独立。"宣言呼吁人民推翻与法西斯勾结的南斯拉夫王国政府。

法西斯的矛头直指南斯拉夫，形势瞬息万变。铁托要求中央委员会必须深入群众当中，并在全国建立强有力的党组织，形成织网密布状。在铁托的领导下，特别军事委员会应运而生，党组组织中心设立在萨格勒布。1939 年 9 月，德国突袭波兰，第二次世界大战正式爆发。1940 年 4 月，德军占领挪威；5 月，攻克荷兰、比利时；法国于 6 月陷落。民族存亡的关键时刻，1940 年 10 月 17 日至 19 日，南斯拉夫共产党召开了第五次全国代表会议。铁托在报告中提出了抗击外敌的方针政策，包括建立强有力的中央司令部，选拔靠得住的区域领导人，建立在军警和其他形式的监视下仍难畅通的强大的交通网。铁托强劲的领导犹如暗夜的星光指明了南斯拉夫人民抗击外敌的前进道路。最后，铁托以必胜的信念致辞："同志们，我们正面临着决定命运的时日，前进！这是最后的斗争。我们的下一次大会必须在一个既没有外国人又没有资本家的国度里召开。"

1941 年 2 月，德军侵略的步伐逼近南斯拉夫，周边的罗马尼亚、保加利亚纷纷沦陷。迫在眉睫的关头，南斯拉夫政府倒向法西斯，在加入轴心国的三国联盟公约上签字。消息一出，贝尔格莱德爆发了示威游行。人群高呼："宁要战争，不要条约。"3 月 27 日，希特勒下令进攻南斯拉夫。南斯拉夫人民抗击侵略的战争由此开始。

1941 年 4 月 6 日，德国对南斯拉夫不宣而战，轰炸机几乎炸毁了贝尔格莱德的大部分，死了大约一万人。毫无抵抗力的南斯拉夫军队在这场战斗中落荒而逃，溃不成军。4 月 15 日，南斯拉夫国王及其政府逃离本国，并同德国签署了无条件投降书，南斯拉夫全部领土惨遭瓜分。挽救民族危机的使命落在了南斯拉夫共产党的肩上。

南斯拉夫共产党发动人民在敌人占领区掀起武装起义活动。铁托代表南斯拉夫共产党中央的名义向南斯拉夫人民发起号召，指出南斯拉夫人民的斗争"一定会以胜利而结束"，号召人民不要沮丧，团结起来。铁托和南斯拉夫共产党中央从萨格勒布迁往贝尔格莱德。6 月 27 日南斯拉夫共产党中央成立了南斯拉夫人民游击司令部，铁托任总司令。7 月 4 日，南斯拉夫共产党中央号召举行全国武装起义。

1941 年 7 月，铁托在贝尔格莱德市主持召开南斯拉夫共产党中央政治局会议，总结了之前的武装斗争成果和经验，并提出开展游击战的完整思想，在会后以"TT"署名发表了题为《人民解放游击队的任务》的文章，指出了人民解放游击队成立的宗旨、目标和任务。南斯拉夫共产党决定在塞尔维亚西部山区以乌日策为中心，建立第一个解放区。随着战事飞快发展，为了躲避敌人的追捕，紧密同地方游击队的联系，9月初，以铁托为首的南斯拉夫共产党中央和人民游击司令部转移到这里，建立了党领导下的各级人民政权——解放委员会，出版了南斯拉夫共产党中央机关报——《战斗报》。乌日策作为第一块解放的土地，被称为"乌日策共和国"。1941年12月21日，南斯拉夫共产党创建了第一支正规军——第一无产阶级旅。南斯拉夫共产党在铁托的英明领导下，团结一致、士气高涨，战事捷报频传。到年底，由正规军和游击队组成的南斯拉夫人民解放军已跃然8万余人，共有92支游击分遣队。作为游击司令，铁托强调国内各民族团结斗争，得到广泛响应。

在战火纷飞的年代，铁托作为南斯拉夫最高统帅始终抗战在革命的最前线，率领部队辗转各个解放区，前后共计指挥了7次大的战役。1941年底，在战事愈加严峻的情况下，铁托率领第一无产阶级旅爬雪山、过深谷，谱写了"长征"史诗。一路艰难险阻不计其数，不少战士冻坏了双脚而不得不截肢，而且截肢手术是在没有麻药的情况下做的。在物资紧缺、自然条件极其恶劣的条件下，南斯拉夫共产党领导的游击队两次印刷介绍中国红军长征的书籍，大大鼓舞了士气。在烽火线上的铁托冒着生命的危险英勇抗敌。在1943年6月8日苏捷斯卡战役中，铁托左肩负伤。南斯拉夫人民自豪地说，铁托是第二次世界大战中唯一在战场负过伤的总司令。

铁托领导下的南斯拉夫人民解放军在民族解放战争中迅速发展壮大，1944年已发展到80万人。1944年10月20日，经过6天激战，南斯拉夫人民解放军与苏联红军相配合，解放了贝尔格莱德。铁托获"人民英雄"称号，他检阅了凯旋部队。这场阅兵式地点设立在被德军杀害3万多名南斯拉夫人的集中营附近。铁托在这场催人泪下的阅兵式上发表了一段感人肺腑的讲话："塞尔维亚最优秀的儿女们把自己的忠骨留在了黑山，化作了各民族的兄弟情谊和团结。贝尔格莱德的街头洒满了我国各民族人民儿女的鲜血，也洒满了英勇的红军——苏联的儿女们的鲜血。在战斗最困难的时刻，我常常暗自思忖，我们在贝尔格莱德发动起义，我们将在贝尔格莱德胜利地结束这一战斗！这个伟大的日子现在已经来临。"1945年5月15日，南斯拉夫人民在铁托领导下解放了全境。至此，反法西斯战争取得了最后的胜利。

突破重重困阻建设南斯拉夫

1945 年 11 月 29 日，南斯拉夫联邦共和国宣告成立，铁托任联邦政府主席、国防部长和武装部队最高统帅。经过战争洗礼的南斯拉夫百废待兴。在铁托的领导下，南斯拉夫建立了社会主义的政治体制。经济体制改革主要包括：改革全部工商业为国有制，只保留部分手工业者；土地收归国有，允许私人占有土地不超过 60 英亩。将收归国有的土地或通敌分子和被剥削财产的德裔居民没收所得的土地，全部分配给曾经支持过游击队的无地农民；房产只限于自住房屋，其余一律征用。在政治方面的改革主要包括：充分保障人民的出版、结社、集会自由，召开群众大会和发表言论的自由，人身不受侵犯，在共产党的领导下实行人民代表大会制度等。

建国初期，铁托日夜操劳国事，一方面他要抓紧制定各项大政方针政策，尽快恢复南斯拉夫的国民经济发展；另一方面，他还要积极斡旋建立外交。在参加国内各地举办的纪念集会上，总是能够看到铁托身着元帅服，胸前佩戴战争勋章和金色穗带，灿烂夺目。在大会上，铁托用他充满激情的讲演给人民鼓干劲，向他们保证情况会好转的。

铁托推崇民主，虽然身处最高统帅的位置，但他和领导班子紧密团结在一起，遇到任何问题总是大家在一起集中讨论，从不擅作主张。铁托鼓励同志们畅所欲言，在讨论有关政府和编制计划的方法的时候，同志们各抒己见，场面相当热烈。但是决定一经做出，所有争执必须全部放弃，遵从统一的意志。铁托作为首脑享有特殊的地位和特殊的权威。

1948 年苏联对南斯拉夫实行全面围堵，这使得刚刚复苏的南斯拉夫经济再度陷入僵局。拥有钢铁一般意志的铁托和其所领导的南斯拉夫，又怎会被这样的"重拳"击倒在地。以铁托为首的南斯拉夫共产党团结一致，经受住了这场考验。南斯拉夫自 1950 年推行自治制度以后，经济不但站稳了脚跟，而且开始了小幅增长。1948 年至 1952 年，南斯拉夫社会总产值年平均增长率为 2.4%，从 1953 年到 1963 年，南斯拉夫经济增速惊人，人民生活改善显著，其工业生产增长率达到世界最高水平，仅次于日本。

1952 年 11 月，铁托主持召开了南斯拉夫共产党第六次代表大会，会上通过了对经济体制实行改革的"工人自治"的决议。会议决定把南斯拉夫共产党改称"南斯拉夫共产主义者联盟"（以下简称"南共联盟"），铁托当选总书记。1953 年，铁托当选为南斯拉夫联邦人民共和国总统。他领导南斯拉夫在社会主义建设中取得巨大成就，从 1947 年到 1978 年，工业的年平均增长速度为 9%，工业产量增长了 14 倍。南斯拉夫成为战后时期经济发展最快的国家之一。

1963 年 4 月 7 日，南斯拉夫联邦国民议会通过"南斯拉夫社会主义联邦共和国宪法"，规定铁托为"终身总统"。1969 年 3 月，南斯拉夫共产党联盟召开第九次代表大会，铁托当选为南斯拉夫共产党联盟主席。鉴于铁托的特殊历史地位，1974 年南斯拉夫共产党联盟确定他为终身主席。

世人的怀念

纵观铁托传奇的一生，他不仅是一位挽救南斯拉夫存亡危机的民族英雄，更是驰骋国际政坛的闪耀之星，是共产主义事业中当之无愧的伟大人物。

无论是战火硝烟的革命岁月还是绚烂之后归于平静的老年时光，铁托的信仰从未改变，始终拥护共产主义的伟大事业。步入老年的铁托，更加老练、温和。在政治态度上，他变得更加从容大度，曾经的浪漫与天真早已为时间所打磨。

身为南斯拉夫总统，铁托严于律己，从不搞特权。他始终恪尽职守，以辛勤工作和认真负责的态度履行自己的职责。他的品德中最突出的一方面，就是他从未陶醉于权力；他虽然欣赏权力，但未被它腐蚀。身为南斯拉夫的最高统帅，他既不妄自尊大，也不盛气凌人。对待自己的同志，他总是平易近人，喜欢开玩笑。对待敌人，他总是如秋风扫落叶一般绝不心慈手软。铁托善于倾听意见，他喜欢与那些独立思考、敢讲真话的人交朋友、讨论问题。

铁托将自己的一生奉献给共产主义事业，他始终认为自己是个实心实意的共产主义者，铁托在 70 多岁时说："即使在今天，我依然是个守纪律的共产党员。"这位坚定的马克思主义者，把自己毕生的精力奉献给了南斯拉夫和世界人民。当被问及如果能再获得一次生命，他是否还会做出同样的选择时，铁托坚定地回答："我将走同样的路。也许我会把一些事情做得更好些。我只能说，我遗憾未能取得更多的成就。"

1980 年 5 月 4 日，铁托在卢布尔雅那市因病逝世，享年 88 岁。在参加葬礼的中国代表团的悼词中写道："铁托的一生是无限光荣的、战斗的一生。他具有无产阶级革命家的远见卓识，英明果断的卓越才干和一切从实际出发的求实精神。"

南斯拉夫和世界人民都会永远怀念他！

参考文献：

[1] [南] 佩·达姆扬诺维奇等：《铁托自述》，新华出版社 1984 年版。

[2] 沈志华：《斯大林与铁托：苏南冲突的起因及其结果》，广西师范大学出版社 2002 年版。

[3] 冉昊：《铁托》，中国工人出版社 2014 年版。

[4] 杨元恪：《铁托传奇》，当代世界出版社 2013 年版。

[5] [德] 卡尔·古斯塔夫·施特勒姆：《铁托与南斯拉夫》，林荣远译，商务印书馆 1979 年版。

古巴革命象征的卡斯特罗

20 世纪，国际政治局势波诡云谲，政治家风云际会。许多杰出的政治家改变着世界的格局，卡斯特罗就是其中极具代表性的一位。菲德尔·亚历杭德罗·卡斯特罗·鲁斯（Fidel Alejandro Castro Ruz，1926—2016）是坚定的马列主义者与民族主义者，领导古巴进行了半个世纪的革命与发展，是古巴共和国、古巴共产党和古巴革命武装力量的主要缔造者，成为古巴革命的象征。卡斯特罗曾担任古巴共产党中央委员会第一书记（1961—2011 年）、古巴共和国的总理（1959—1976 年）、古巴部长会议主席（1976—2008 年）。卡斯特罗领导时期，推翻了巴蒂斯塔政权，古巴成为一个由共产党领导的社会主义国家。

在马蒂主义、马克思列宁主义等思想的影响下，卡斯特罗带领古巴人民走上了社会主义道路。在国内，他推行中央经济计划，并得到大部分民众支持。在国外，卡斯特罗对反帝国主义革命团体给予支持，支持在智利、尼加拉瓜和格林纳达建立马克思主义政府，并派遣部队援助盟军参与安哥拉内战。执政初期，卡斯特罗领导了不结盟运动，向国际派遣古巴医疗救援队。这些行动使得古巴的国际地位不断提高。自 1991 年苏联解体后，古巴进入"和平时期和特别阶段"。古巴采取了环保主义和反全球化思想，在 21 世纪初，卡斯特罗积极促成美洲玻利瓦尔联盟的成立。为了防止自己逝世后古巴出现群龙无首的状况，于 2006 年，他将自己的职责转交给自己的弟弟劳尔·卡斯特罗。

"作为西半球唯一的社会主义国家，古共如何更好地适应当前国内外形势，走稳和走好符合本国国情的社会主义道路备受各界关注。"领导古巴进行了长达半个世纪的革命的卡斯特罗同样受到了世界舆论的高度关注，来自世界的两种声音一直伴随着他。支持者认为在他的带领下，古巴的经济得到发展，社会正义得到维护，而且古巴得以独立于美国帝国主义的统治。但是反对者认为他是一个独裁者，人权在其行政机关的统治下遭到践踏，而且许多古巴人流亡在外，国家经济陷入贫困。

卡斯特罗是一位穿越了 20 世纪世界历史的风云人物，他从一个敢作敢为的叛逆少年成长为一代枭雄，成就了传奇的一生。

叛逆青年的敢作敢为

卡斯特罗 1926 年 8 月 13 日出身在古巴奥连特省马亚里市一个富有的庄园主家庭。父亲安赫尔－卡斯特罗原是一名西班牙军人，到古巴定居后，以种植甘蔗起家，成为当地有名的种植园主。母亲年轻时曾在父亲的庄园里做工，后来成父亲的第二任妻子。同胞兄弟、姊妹四人，比他小五岁的劳尔是他数十年生死与共的革命战友。

卡斯特罗从小志向远大，富有反抗精神，少年时代就对劳苦农民怀有深切的同情。他反对父亲虐待雇农，为此多次与父亲争吵，13 岁时曾组织蔗糖工人进行反抗自己父亲的罢工。青少年时代的卡斯特罗阅读了大量英雄人物传记和著作，古巴民族独立先驱者何塞·马蒂、拉丁美洲的解放者玻利瓦尔和圣马丁，都是他心目中最崇拜并引以为榜样的英雄人物。

1945 年，卡斯特罗进入哈瓦那大学学习法律。在大一时，他被选为哈瓦那大学法律系的班代表。他对自己的职业规划并不清楚，不了解法律专业对以后事业发展的影响。可是他善于与别人辩论，因此他认为自己可以胜任律师这一职业。

卡斯特罗热衷于参加学校举办的各项政治、社会活动。大二崭露头角，因其出色的组织能力成为学校的学生领袖之一。他结识了一批同样热衷于政治活动的青年。这批青年中有社会科学系学生会主席阿尔弗雷多·格瓦拉，哲学和文学学生会主席莱昂纳尔·索托。当时正值拉美运动风起云涌之时，哈瓦那成了古巴政治运动的核心，这批青年积极投身于政治活动中。当时的革命团体"革命起义同盟"吸引了卡斯特罗，他逐渐成为该革命团体的核心成员，也成为哈瓦那大学的风云人物。

之后，卡斯特罗的政治活动开始深入展开。1947 年，卡斯特罗加入了古巴人民党（Partido Ortodoxo）（古巴早在 20 年代就有了共产党，叫古巴人民党），该党的创始人是政治家爱德华多·奇巴斯（Eduardo Chibás）。奇巴斯倡导社会正义、政治自由，反对腐败，要求改革。尽管奇巴斯在 1948 年的大选中只位列第三，但卡斯特罗仍然追随奇巴斯。

1947 年 6 月，卡斯特罗成为多米尼加共和国大学民主委员会主席。这期间，卡斯特罗参加了多米尼加共和国试图推翻美国盟友拉斐尔·特鲁希略右翼政府的行动。可是多米尼加共和国政府迫于美国施压，制止了该行动。卡斯特罗因此遭到古巴当局的追捕。

这一遭遇并没有阻挡住卡斯特罗参加政治活动的决心。1948 年 2 月 12 日，为了维护大学自主权，卡斯特罗带领一批学生同警察发生冲突。同年 4 月，卡斯特罗以学生代表的身份奔赴哥伦比亚的波哥大参加反帝反殖民学生大会并参加波哥大大学反对寡头的暴动。他回忆说："那天，我亲眼看到了哥伦比亚人民的勇敢和英雄主义，这给我留下深刻印象，尽管这种强烈的英雄主义伴随着缺乏组织，缺乏政治觉悟。"在此期间，他从派出所窃取枪支加入了自由党。

在坎坷崎岖的政治活动道路中，卡斯特罗邂逅了自己的爱情。他与一位来自富裕家庭的学生米尔塔·迪亚斯·巴拉特（Mirta Díaz Balart）结婚。1949 年 9 月，米尔塔生下了儿子菲德里托，因此卡斯特罗夫妇搬到了哈瓦那一个更大的公寓。

婚姻家庭并没有使卡斯特罗停下冒险的脚步。他继续积极参与哈瓦那的政治活动，并加入了 9 月 30 日的运动，目的是反对暴力团伙在大学内的影响。11 月 13 日，卡斯特罗向运动者发表演讲，揭露了政府与暴力团伙的秘密交易，掀起了国内新闻界关注的热潮。与此同时，演讲激怒了暴力团伙，卡斯特罗先逃到农村，而后藏身于美国。几个星期后，他回到哈瓦那，低调行事，专注于学业，于 1950 年 9 月获得法学博士学位。

星火燎原夺政权

毕业后，卡斯特罗继续践行着他的政治理想。他先是与朋友合伙共同创立了一个法律合作社，主要是为贫苦的古巴人充当辩护人。正是受到马蒂、马克思和列宁思想的启示，卡斯特罗有了在古巴进行革命，帮助劳苦大众的观念，这些思想是进行革命的最根本的基础。但是迫于经济困境，卡斯特罗无力支付账单，因此家具被收回，电力被切断，最后不得而终。

此后，卡斯特罗开始步入正式的政治轨道。一开始他依然寄希望于古巴人民党和奇巴斯。可是不幸的是，奇巴斯自杀了。卡斯特罗希望在 1952 年 6 月的选举中竞选担任国会议员，但人民党拒绝提名他。相反，哈瓦那最贫穷地区的党员提名他为众议院候选人，并获得竞选机会。

卡斯特罗在竞选活动中会见了弗兰根乔·巴蒂斯塔将军。巴蒂斯塔希望卡斯特罗加入他的统一行动党，给予政治支持。但 1952 年 3 月 10 日，巴蒂斯塔在军事政变中夺取权力，宣布自己成为总统，取消了计划的总统选举。卡斯特罗认为他是一个独裁统治者。巴蒂斯塔逐渐切断了与苏联的外交关系，抑制工会并迫害古巴社会主义社团。这使得卡斯特罗最终走到巴蒂斯塔的对立面。

为了推翻巴蒂斯塔政权，卡斯特罗集结了"革命起义同盟"和"革命社会主义运动"的成员，准备武装起义。在舆论方面，出版了地下报纸《埃尔阿库萨多尔》(*The Accuser*)。为了补充兵员，从 1952 年 7 月起，进行了招聘活动，一年获得约 1200 名成员，其中大多数来自哈瓦那较贫穷的地区。

为了获取武器弹药，卡斯特罗计划对古巴圣地亚哥的蒙卡兵营发起攻击。由于敌强我弱，这次攻击卡斯特罗部队损失惨重。在下达撤退令之后，卡斯特罗在 19 名同志陪同下撤退到马埃斯特拉山大峡谷。吸取了这次战争的教训后，卡斯特罗建立了一支游击队。这是卡斯特罗通过武装反抗的第一次战役，由此他积累了武装革命的经验，为以后的斗争打下了基础。

巴蒂斯塔政府采取了严格的行动来处理这次袭击。舆论上采取高压手段，通过暴力镇压异议，对媒体进行严格的审查。巴蒂斯塔政府声称叛军是共产主义者。可是军方采取酷刑和处决人犯的消息和照片很快就蔓延开来，引起公众广泛的不满，给巴蒂斯塔政府带来不小的舆论压力。

后来，卡斯特罗武装被巴蒂斯塔政府所包围，有的人被逮捕并遭处决，有的人则在圣地亚哥北部的监狱等待接受审判。当局认为卡斯特罗不可能单独规划袭击事件，政府指责人民党的政治家也参与了该次事件。卡斯特罗作为自己的辩护律师，说服 3 名法官驳斥了军队将所有被告铐在法庭上的决定，并争辩说对其指控——"组织武装人员反对国家宪法权力的起义"

是不正确的，因为巴蒂斯塔以违反宪法的方式夺取政权在先。审判于 10 月 5 日结束，最后判决结果是大多数被告无罪；55 人被判入狱 7 个月至 13 年。卡斯特罗被判处 15 年监禁。在狱中卡斯特罗阅读了大量文学和哲学书籍，撰写了《历史将宣判我无罪》。卡斯特罗武装夺政权的起步遭遇了重创，但是并没有被打垮，反而增加了经验和勇气。

1954 年，巴蒂斯塔竞选总统，然而这显然是一个被操控的骗局，因为卡斯特罗等被关押，以至于没有政治家来反对他的竞选。迫于舆论压力，巴蒂斯塔在竞选成功后将卡斯特罗在内的蒙卡达事件的领导者全部赦免。卡斯特罗得以返回到哈瓦那，但是受到巴蒂斯塔政府的密切关注和监视。

1955 年，巴蒂斯塔对反动派进行了镇压，因此卡斯特罗和劳尔逃离古巴，前往墨西哥。在前往墨西哥之前，卡斯特罗组建了一个革命团体"7·26 运动"（缩写为 M–26–7）。同年 8 月，卡斯特罗在哈瓦那传播革命报纸《一号宣言》，吸引了古巴各个革命势力来执行"7·26 运动"的每一条指令。而且在墨西哥南部山区，卡斯特罗组建了一支武装力量。同年 11 月 30 日，"7·26 运动"占领了圣地亚哥市中心。12 月 2 日，卡斯特罗军队与政府军交战，因寡不敌众而退却至马埃斯特拉山区，建立了革命根据地，开始进行游击战，并连续几次摆脱了政府军的围剿。

卡斯特罗的游击队逐渐形成星火燎原之势。随着游击队规模的不断扩大，政府被迫退出马埃斯特拉地区。1958 年，由于反巴蒂斯塔的情绪日渐高涨，美国便停止对他提供武器。最后巴蒂斯塔的许多士兵纷纷倒戈。截至同年 11 月，卡斯特罗控制了古巴东部大部分地区以及拉斯比利亚斯地区。

美国担心巴蒂斯塔会转变为社会主义者，于是命令坎蒂略推翻巴蒂斯塔。于是坎蒂略与卡斯特罗达成停火协议，并将巴蒂斯塔视为战犯。巴蒂斯塔被迫携 3 亿多美元逃离古巴。随后，坎蒂略进入哈瓦那总统府，宣布最高法院法官卡洛斯·皮德拉为总统，并组建新政府。

卡斯特罗的追随者西恩富戈斯和格瓦拉于 1959 年 1 月 2 日进入哈瓦那，卡斯特罗进入圣地亚哥。一方面，卡斯特罗实际主导了乌鲁蒂亚政权，推行削减贪污和扫除文盲的政策；另一方面，卡斯特罗秘密会见人民社会党的议员，讨论建立社会主义国家的相关事宜。

1959 年 2 月 16 日，卡斯特罗就职古巴总理。此后卡斯特罗进行了一系列促进古巴发展的活动。首先卡斯特罗进行了外交活动，同年 4 月访问了美国、加拿大、特立尼达、巴西、乌拉圭和阿根廷，并出席了在布宜诺斯艾利斯举行的一次经济会议。随后，卡斯特罗进行了古巴土地改革，5 月签署了土地改革法，禁止外国人获得古巴土地的所有权，大约 20 万古巴农民因此获得了土地。卡斯特罗采取的一系列政策获得了工人阶级的拥护。而且卡斯特罗发挥人道主义精神，宣称古巴没有种族歧视，鼓励非裔美国游客前来古巴旅游。为了维护广大民众的利益，古巴政府从黑手党领袖征收数百万现金。

此时的卡斯特罗一方面拒绝承认自己的政权是社会主义，否认自己是共产党人，另一方面卡斯特罗却在国内积极促进马克思主义的发展。比如任命马克思主义者担任高级政府和军事职位，其中最值得注意的是，切·格瓦拉成为中央银行行长，后成为工业部长。再比如，因为乌鲁蒂亚总统对马克思主义影响力日益发展表示担忧，卡斯特罗对其进行了强烈谴责并要其辞去总统职位。众多的卡斯特罗支持者强烈逼迫乌鲁蒂亚辞职。愤怒的卡斯特罗也于 7 月 18 日宣布辞去总理职务。但到了几天后的 7 月 23 日，局势稳定下来，卡斯特罗继续担任总理，马克思主义者奥斯瓦尔多·迪托罗斯被选为总统。

卡斯特罗政府采取的一系列措施是为了改善古巴人民群众的生活。他的政权受到了占人口多数的工人、农民和学生的欢迎。但是这一政权却侵犯了中产阶级的利益，成千上万的医生，工程师和其他专业人员移民到美国佛罗里达州，导致人才流失，许多人因此而反对卡斯特罗政权。

社会主义古巴

进入冷战时期，卡斯特罗旗帜鲜明地站在社会主义阵营，一方面表达对美国的不满，另一方面积极与其他社会主义国家建立外交关系。美国为了报复古巴，禁止进口古巴的糖。古巴与美国之间的紧张关系在 1960 年 3 月哈瓦那港口的法国船只爆炸事件后进一步加深。美国总统艾森豪威尔授权中情局推翻卡斯特罗政府。他为中情局提供了 1300 万美元的预算，并允许他们与黑社会结盟。1960 年 10 月 13 日，美国禁止对古巴的大部分出口，实行经济禁运。

与此同时，卡斯特罗在制度上远离西方的自由民主，宣布新政府是直接民主，古巴人可以在示威游行中组织起来，表达民主意志。因此，他拒绝选举的必要性，声称代议制的民主制度符合社会经济精英的利益，而无法保障广大人民群众的利益。

由于古巴与美国的紧张关系，美国政府决定于 1961 年 4 月入侵古巴。美国中情局组织协助逃亡美国的古巴人对卡斯特罗政府发动进攻。古巴军民经过 72 小时的浴血奋战，击败了美国雇佣军，其中 114 名雇佣军被击毙，其余 1113 人被俘获。

面对着美国的步步紧逼，卡斯特罗从否认自己的政权是社会主义转变为摆明其社会主义的立场。1961 年 12 月，卡斯特罗承认他多年来一直是马克思列宁主义者，他在"哈瓦那第二次宣言"中呼吁拉丁美洲革命。1962 年，为巩固"社会主义古巴"，卡斯特罗将"7·26 运动"、人民社会党等团体按照列宁主义的民主集中制原则合并为执政党：古巴统一革命组织（PURSC）。1965 年 10 月，联合革命党正式更名为古巴共产党。

在苏联与美国对抗的过程中，出于战略需要，赫鲁晓夫希望在古巴安装苏联 R-12 型核导弹以牵制美国。这一举措得到了卡斯特罗的支持，认为这将保证古巴的安全和增进社会主义事业发展。该计划秘密进行，但不幸被美国侦察到。这一事件就是震惊世界的古巴导弹危机。处于博弈两端的美国和古巴具有各自考虑：美国看到导弹主要针对美国；卡斯特罗坚持认为他们只是为了防御。卡斯特罗敦促赫鲁晓夫在古巴遭到袭击时威胁对美国进行核打击，但赫鲁晓夫最后为了避免核战争同意撤离导弹，以换取美国不侵略古巴的承诺。

古巴导弹危机之后，卡斯特罗与苏联继续保持紧密联系。1963 年 5 月，卡斯特罗受到赫鲁晓夫个人名义的邀请，踏上了苏联的土地，对苏联进行访问。访问期间，他访问了 14 个城市，参加了红场集会，并被授予列宁先生和莫斯科国立大学荣誉博士学位。经过这次访问，卡斯特罗深受启发，借鉴苏联报纸《真理报》的经验，他办起了新报纸。1964 年 1 月，卡斯特罗来到莫斯科，正式签署了一项新的五年糖业贸易协定，同时也讨论了暗杀约翰·肯尼迪的后果。在"不扩散核武器条约"上，古巴与苏联产生了分歧。卡斯特罗拒绝签署"不扩散核武器条约"，声称这一条约是美苏试图统治第三世界的手段。但是，鉴于古巴对苏联的经济依赖，卡斯特罗对勃列日涅夫政府示好，并于 1968 年 8 月谴责布拉格之春的领导人，并支持苏联入侵捷克斯洛伐克的行为。

除了致力于本国的发展，卡斯特罗同样呼吁全球革命，资助好战的左派和为民族解放而斗争的人士。例如他支持"安第斯项目"，在高原开展游击运动并允许来自世界各地的革命团体在古巴训练。1966 年，卡斯特罗在哈瓦那举行了非洲、亚洲和拉丁美洲三国大会，进一步提高了自己在国际舞台的地位。

经济停滞与第三世界政治

卡斯特罗迎来了古巴发展的危机——经济停滞。1969 年，受飓风的影响，古巴的作物遭到严重破坏，以致当年的生产计划未达成，因此卡斯特罗提出辞职，但是民众坚持要其继续担任总理。虽然经济停滞，但是在社会领域的改革却深受古巴民众的拥护，民众肯定教育、医疗、住房、道路等方面的建设成就。为了应对古巴的经济困境，从 1970 年到 1972 年，苏联的经济学家重组古巴的经济，建立了古巴 – 苏维埃经济、科学和技术合作委员会，而苏联的总理阿列克谢·科希金在 1971 年访问古巴。1972 年 7 月，古巴加入了经济互助委员会（Comecon）。

在解决本国经济停滞问题的同时，卡斯特罗致力于第三世界的政治发展。1971 年，卡斯特罗访问了智利，会见了左翼联盟的领导人、马克思主义者的萨尔瓦多·阿连德，对阿连德的社会主义改革表明支持态度。1973 年，卡斯特罗前往几内亚会见了社会主义总理塞库·图埃，称赞他为非洲最伟大的领袖。随后，卡斯特罗对左派盟友进行了为期四周的访问，访问的左派盟友包括阿尔及利亚、保加利亚、匈牙利、波兰、东德、捷克斯洛伐克和苏联。1973 年 9 月，他返回阿尔及尔参加不结盟运动第四次首脑会议。在会议上，他公开表示断绝与以色列的关系。卡斯特罗因而在整个阿拉伯世界受到尊重，特别是来自利比亚的领导人卡扎菲（Muammar Gaddafi）。

卡斯特罗的政治目光同样投向了非洲，卡斯特罗认为，非洲是"帝国主义链中最薄弱环节"。1975 年 11 月，应安哥拉总统阿诺斯蒂诺·内托的要求，卡斯特罗向南非地区派遣了 230 名军事顾问，以帮助内托的马克思主义势力在安哥拉内战中站稳脚跟。当美国和南非加紧支持反对派的维和行动时，卡斯特罗又向安哥拉派遣了 18000 人部队，强迫南非和安盟撤退。卡斯特罗在安哥拉与内托、塞库图尔和几内亚比绍总统卢布斯·卡布拉尔举行庆祝活动，他们同意在莫桑比克内战中支持莫桑比克的马克思列宁主义政权。1979 年，不结盟运动会议在哈瓦那举行，卡斯特罗被选为不结盟运动总统。他以不结盟运动和古巴国家元首的身份，就世界贫富悬殊问题在联合国大会上发表讲话。

在应对国内经济困境和发展第三世界的政治关系的同时，卡斯特罗还要面临美国政府的打压。1981 年，罗纳德·里根当选美国总统。里根政府对卡斯特罗采取了强硬的态度，希望推翻卡斯特罗政权。1981 年年底，卡斯特罗公开指责美国通过散布登革热疫情对古巴进行生物战争。卡斯特罗将美国等同于纳粹德国。1983 年 7 月的古巴革命三十周年纪念演讲中，卡斯特罗谴责里根政府是"反动的，极端主义的集团"，他们正在进行"公然的强硬和法西斯外交政策"。

卡斯特罗与冷战后的古巴

苏联解体之后，卡斯特罗公开宣布古巴进入"特殊时期"。到 1992 年，古巴的经济在两年内下降了 40% 以上，粮食出现严重短缺，民众的基本物资需求得不到满足。在和平与发展成为时代主题的背景下，卡斯特罗尝试改善与资本主义国家的关系。他欢迎西方政客和投资者前往古巴，并对英国撒切尔夫人的政策特别感兴趣，认为古巴的社会主义可以强调低税收和刺激个人生产的积极性。与此同时，卡斯特罗面临新的发展机遇与挑战。1991 年，哈瓦那成功举办了泛美运动会。1994 年 8 月，哈瓦那却上演了古巴历史上最大的反卡斯特罗示威游行。

1991 年 10 月，古巴共产党第四次全国代表大会在圣地亚哥举行。此次会议通过了许多重要决定。比如自由农民市场和小型民营企业合法化，美元合法化，以及全国人民政权代表大会的成员由原先的通过市、省议会选举改为由人民选举，进一步实现民主化。此次会议还使得移民的某些限制得到缓解，让更多不满的古巴公民搬到美国。

卡斯特罗积极建立外交关系。1999 年，卡斯特罗与委内瑞拉总统胡戈·查韦斯一起建立了一个在整个拉丁美洲有影响的联盟。20 世纪 90 年代后期，卡斯特罗还呼吁加勒比地区一体化。在他看来，只有加强加勒比国家之间的合作才能阻止发达国家在经济全球化中的统治。古巴在加勒比共同体内开设了四个大使馆。

2001 年 9 月 11 日，美国发生了震惊全球的"9·11"恐怖袭击事件。虽然卡斯特罗对美国一直持有仇视的态度，但在"9·11"事件后，他表示声援美国，谴责"基地"组织，并将古巴机场提供给美国使用。这体现了卡斯特罗在对外的交往中积极推动国际人道主义，"他反对美国政府但不仇视美国人民"。

一代枭雄的豪情晚照

2006 年 7 月 31 日，卡斯特罗因肠道出血而接受手术，并将权力暂时移交给指定接班人——其弟弟劳尔·卡斯特罗。支持他的人，视其为全世界社会主义革命的最后一面旗帜，担心他倒下将意味着一个时代的结束；反对他的人，视其为洪水猛兽，只能寄希望于生老病死的自然规律来"消灭"这个被 9 任美国总统视作心头大患、经历 638 次暗杀依然不倒的传奇人物。

退休后，80 多岁的卡斯特罗并没有安享晚年，而是继续与古巴人民和爱好和平的世界人民并肩作战。他在《格拉玛报》出版了一个总司令的思考专栏，甚至偶尔公开演讲。2010 年 8 月 7 日，卡斯特罗四年来首次向全国人民政权代表大会发表演讲，敦促美国不要对其他国家采取军事行动，警告核灾难。2011 年 3 月，卡斯特罗谴责北约领导对利比亚的军事干预。在 2013 年朝鲜危机期间，他呼吁朝鲜和美国政府保持克制。他用余生最后的一束光照亮这个世界。

2016 年 11 月 25 日晚，卡斯特罗与世长辞，享年 90 岁。习近平总书记在唁电中指出，菲德尔·卡斯特罗同志是古巴共产党和古巴社会主义事业的缔造者，是古巴人民的伟大领袖，他把毕生精力献给了古巴人民争取民族解放、维护国家主权和建设社会主义的壮丽事业，建立了不朽的历史功勋，也为世界社会主义发展建立了不朽的历史功勋。菲德尔·卡斯特罗同志是我们这个时代的伟大人物，历史和人民将记住他。

一代枭雄卡斯特罗停止了战斗，离开了这个被拥护过也被暗杀过的世界，告别了他曾为之付出毕生精力的古巴人民，留下了一段"我终将离去，但理想不朽"的时代绝响。

参考文献：

[1]［美］迈克尔·多布斯：《午夜将至：核战边缘的肯尼迪、赫鲁晓夫与卡斯特罗》，陶泽慧、赵进生译，社会科学文献出版社 2015 年版。

[2]［巴］克劳迪娅·福丽娅蒂：《卡斯特罗传》，翁怡兰、李淑廉译，世界知识出版社 2003 年版。

[3]［古］菲德尔·卡斯特罗、［法］伊格纳西奥·拉莫内：《卡斯特罗访谈传记：我的一生》，中国社会科学院出版社 2008 年版。

[4]［英］莱斯特·科尔特曼：《真实的卡斯特罗》，尹泰鸿、任丽萍译，江苏人民出版社 2017 年版。

[5] 杨明辉、周永瑞：《解码卡斯特罗》，中国工人出版社 2010 年版。

"红色罗宾汉" 格瓦拉

20 世纪是一个风云激荡和波澜壮阔的世纪。革命、战争和持续不断的社会变革构成了这个世纪最基本的色调。在这个世纪里，相比于其他众多的年份，1928 年似乎是一个平淡无奇的年份。这一年，第一次世界大战已经过去十年，第二次世界大战要在十年之后才会全面爆发。因此，在动荡不安的 20 世纪中，1928 年看起来似乎是相当的平静。然而，就是在这个看似平静、实则是暗潮汹涌的年份，一个婴孩悄然诞生在南美大陆上。这个婴孩在出生之后被父母赐予了一个响彻世界的名字。他就是如今闻名世界的切·格瓦拉。

病痛缠身下初露自由精神

切·格瓦拉的全名是埃内斯托·切·格瓦拉。他于 1928 年 5 月 14 日出生在阿根廷的一个小镇——罗萨里奥。他是家里的第一个孩子。他的母亲塞莉亚·德·拉·塞尔纳，是一位阿根廷贵族后裔，拥有纯粹的西班牙血统，而且从家族里继承了一笔价值可观的遗产。他的父亲埃内斯托·格瓦拉·林奇，虽然也是阿根廷的名门之后，而且拥有贵族血统，但那时候早已经是家道中落了。可即便如此，他仍然属于阿根廷的上流社会。而这样的家庭出身无疑对切·格瓦拉性格的养成有着重要的影响。

当格瓦拉出生的时候，他的父母正利用从祖上继承而来的财产，在米西奥内斯省经营着一个马黛茶种植园，并满怀期待地希望能够再一次恢复家族的兴旺。然而，不幸的是，在出生之后不久，格瓦拉就得上了支气管肺炎。更糟糕的是，由于母亲的粗心大意，竟然在冬天临近的时候，带着刚刚两岁的格瓦拉到俱乐部游泳，这使得格瓦拉的支气管肺炎最终转变为慢性哮喘，并由此影响了格瓦拉的一生。

慢性哮喘的不时发作，折磨着年幼的格瓦拉，也困扰着整个家庭。为了稳定和改善格瓦拉的病情，林奇夫妇决定接受医生的建议，去往阿尔塔格拉西亚——一个小型的山区度假地。来到阿尔塔格拉西亚之后，格瓦拉的病情确实得到了改善，这一点让全家人都非常高兴。在这个地方，林奇夫妇很快就迎来了他们的第四个孩子。但是，由于在20世纪30年代，马黛茶的价格暴跌，再加上林奇夫妇没有办法找到合适的工作，因此格瓦拉一家的生活开始变得日益拮据。最后，不得不依靠格瓦拉母亲从家里继承来的财产维持生活。

在结婚几年之后，林奇夫妇的性格差异开始显现出来。在两个人中间，塞莉亚为人冷淡，不合群，好像对什么都无所畏惧，而林奇则是个需要感情慰藉，喜欢跟众人待在一起，总是倾向于将危险放大并为此而忧心忡忡的人。另外，在知识兴趣方面，林奇喜欢的是政治、历史和探险类的书籍，而塞莉亚则热衷于小说、哲学和诗歌。这种性格和兴趣方面的差异，引发了两个人的不和并最终造成了他们在十余年后的婚姻破裂。

一般而言，孩子的性格往往都是父母性格的一个综合。一个孩子可能在某些方面神似他（她）的父亲，在另一方面又神似他（她）的母亲。在这一点上，格瓦拉似乎也不例外。他成年后对于政治的兴趣显然受到父亲的影响，而他那无所畏惧的性格显然又具有母亲的影子。只不过，在父亲与母亲之间，格瓦拉显然与他的母亲更加地相似。比如，他的桀骜不驯，他的喜好冒险，他的坚定果敢，他的固执己见，以及他那对于哲学和诗歌的热爱等。这些特质在成年之后的格瓦拉身上日益明显地表现出来。

由于身患哮喘的原因，格瓦拉直到9岁才开始进入小学。但是，由于母亲的辅导，他早在入学之前就已经会读会写，因此，在进入圣马丁小学之后，格瓦拉直接跳过了一年级，进入了二年级。在上小学期间，格瓦拉的成绩整体上令人满意，但实际上并不很突出。在同学们和老师的记忆中，小学时期的格瓦拉经常会做一些出格和淘气的事情，并且在许多场合中表现出了领导才能。

游历拉美中点燃革命火种

1942 年，格瓦拉小学毕业，开始转到科尔多瓦读中学。第二年夏天，格瓦拉一家又一次从阿尔塔格拉西亚搬家到科尔多瓦。在科尔多瓦，林奇与人合伙开办了一家建筑公司，终于使整个家庭的经济状况得以改善。那一年，林奇夫妇生下了他们的第五个孩子，也是最后一个孩子，而格瓦拉也开始表现出青春期的特征。他开始对事情形成自己的看法，并质疑父母教给他的观念。

中学时期的格瓦拉，有一个"暴脾气"的绰号。但是，这个被叫作"暴脾气"的中学生同时也是一个喜好读书的人。早在十四五岁的时候，他就开始阅读弗洛伊德的心理学著作和波德莱尔的诗作，以及大仲马、左拉和一些美国作家的文学作品。他的阅读兴趣非常广泛，甚至一度阅读过马克思《资本论》的缩略本，并且对哲学表现出浓厚的兴趣。在那个时期，第二次世界大战已经进入了关键阶段，阿根廷国内的政治局势也出现了动荡。但是，这个时期的格瓦拉对政治并没有什么兴趣，他只是偶尔地谈论政治，既没有参与过任何实际的政治活动，也没有什么明确的政治理想。

1946 年的夏天，格瓦拉度过了他的 18 岁生日。在中学即将毕业的时候，他开始了自己的第一份工作——在科尔多瓦道路管理局的实验室担任检验员。第二年春天，他们全家一起搬回了老家布宜诺斯艾利斯。那一年，格瓦拉的父母决定分手，他父亲的建筑公司也破产倒闭，整个家庭再一次面临经济危机。在这个艰难的年份，格瓦拉的祖母也突然中风病倒并在半个月后离世。格瓦拉陪伴祖母度过了生命中的最后时刻，并为此伤心不已。

祖母去世之后，格瓦拉决心放弃工程，改学医学。不久之后，他就开始了在布宜诺斯艾利斯大学医学系的学习。随着年龄的增长，又加上一系列的家庭变故，格瓦拉开始变得成熟起来。在大学期间，他阅读了大量的历史和哲学方面的书籍，写下了许多哲学笔记，并开始逐渐地形成自己的世界观。在这个过程中，他的思想受到印度解放运动领导人尼赫鲁和阿根廷当时的统治者贝隆的深刻影响。他同意他们的民族主义和反对帝国主义立场，认同第三世界的国家通过民族解放运动，摆脱帝国主义的统治。

1950 年 1 月，格瓦拉结束了他在医学系的第三个学年。为了进一步扩大视野，他买来一辆装有引擎的脚踏车，开始了一次深入阿根廷内陆的旅行。在这次旅行中，他第一次看到了掩盖在那个华丽外表之下的真实的阿根廷，一个徒有其表的现代国家。通过这次旅行，他开始热爱上了旅行，并养成了记日记的习惯。次年的2月，他又一次乘坐邮轮，前往巴西，开始了为期6周的海上旅行。在海上，他阅读了很多书，思考了很多，并且写下了不少的文字。在回到学校的几个月之后，在1952年的1月，格瓦拉又一次出发了。只不过，这一次他不是一个人，而是与中学时期的好友埃尔伯托一起，而且他们这一次的目标是要穿越整个南美大陆。

格瓦拉与埃尔伯托出发了。他们的旅行工具是一辆被叫作"威猛二号"的摩托车。在正式地开始他们的旅行之前，他们一起开车去往一个叫作米拉马尔的地方。在这个地方，格瓦拉要向他爱慕已久的女孩齐齐娜进行表白和告别。但是，结果令人伤心——齐齐娜拒绝了格瓦拉的告白。因此，在米拉马尔滞留了八天之后，格瓦拉不得不带着失恋后的悲痛，伤心地踏上穿越南美的旅程。

真正的旅行开始了。两个流浪者冲出阿根廷的边境，穿越辽阔的南美大草原，来到安第斯山脚下风景如画的大湖区。他们穿越智利，来到秘鲁。然后又穿越秘鲁，来到哥伦比亚。最后，在委内瑞拉结束这次旅行。在这次长达半年的旅行中，格瓦拉饱览了南美大陆上的自然风光，也亲眼见证了充斥着整个大陆的贫困、疾病、混乱和社会不公。他看到几百年以来白人对于土著的掠夺和奴役，也看到了美帝国主义对于南美各国的剥削和奴役。他的内心受到了极大的震撼，并开始逐渐地形成一种新的世界观。回到阿根廷之后不久，他就开始根据旅行日记，撰写《旅行笔记》。他在这部笔记中写道："一踏上阿根廷的土地，写下这些文字的那个人就死了，他编辑和打磨这些文字，'我'不是我了；至少，我不是从前的那个我了。"

古巴革命和建设中的进与退

1953年6月，格瓦拉取得了医学博士学位，并度过了25岁生日。之后不久，他就开始和朋友卡利萨开始了在美洲大陆上的第二次穿越。他们来到玻利维亚。在这里目睹了玻利维亚民族主义革命组织夺取政权的起义，以及在取得政权之后同美帝国主义之间进行的斗争。然后又来到危地马拉，目睹了危地马拉左派革命的失败。在这个过程中，他深切地感受到资本主义跨国公司带来的种种罪恶，并最终决心成为一个真正的革命者。在危地马拉，格瓦拉结识了许多政治流亡者，并遇到了他的第一个妻子——伊尔达。伊尔达阅读广泛、精通政治并且人脉广泛，是美洲革命联盟的一名党员。在与伊尔达以及这些革命者的接触中，格瓦拉第一次了解到毛泽东和菲德尔·卡斯特罗，并加深了对于萨特、弗洛伊德和荣格等哲学家的认识。

在危地马拉期间，格瓦拉试图开展一项将医学与政治融为一体的工作，他希望写作一本题为《医生在拉丁美洲的作用》的书。在写作这本书的过程中，格瓦拉对于马克思主义有了更为深入的了解。他深入阅读了马克思、恩格斯和列宁的书，并第一次了解到毛泽东的著作。通过阅读毛泽东的著作，他对中国革命和中国正在发生的一切产生了浓厚的兴趣，并且将中国列为未来将要访问的国家之一。在危地马拉革命失败以后，在1954年的9月，格瓦拉开始离开危地马拉，前往墨西哥城。

在墨西哥城，格瓦拉成了一名真正的共产主义者，并且实现了与卡斯特罗兄弟的会面。这是他生命中的一个重要时刻。那时候，为了推翻巴蒂斯塔在古巴的反动统治，为了让古巴摆脱美帝国主义的控制，卡斯特罗兄弟正在墨西哥秘密组织一个游击组织。在格瓦拉与卡斯特罗初次会面的交谈中，菲德尔·卡斯特罗邀请格瓦拉加入这一组织，格瓦拉当即表示同意。由此，两个人的生命开始紧密地联系在一起，他们逐渐地成了最亲密的战友，并一起为古巴和拉美的解放事业并肩战斗。

格瓦拉与菲德尔·卡斯特罗具有十分相似的一面，他们"都拥有钢铁般的意志和超越生命的使命感"。但是，在这种相似性的背后，两个人的性格差异也十分明显。这种差异表现为：菲德尔·卡斯特罗似乎是一个天然的政治家，他具有优秀政治家的那种超常的自信和灵活的手腕，而且在几乎任何的场合都可以很好地控制局面；而切·格瓦拉则更加地具有思想家的气质，他喜欢躲在不被人注意的地方，默默地观察和倾听。这种性格上的特质将他们紧密地连在一起，然后又分配在各自不同的位置上。

加入卡斯特罗的游击组织之后，格瓦拉开始与卡斯特罗兄弟一起在墨西哥开展游击队员的训练工作。在训练的过程中，切·格瓦拉最终凭借其顽强的品质和出色的表现，赢得了同伴们的尊重和卡斯特罗的赏识。在经过了将近一年的集中训练之后，卡斯特罗开始组织这支游击队伍秘密乘船偷渡返回古巴。但是，队伍一经出发，就开始祸事连连，甚至于弄错了登陆地点。因此，格瓦拉和卡斯特罗一登陆，就遭到了政府军的围剿。虽然他们都幸运地活了下来，但是整个队伍损失严重，而整个武装进攻的计划也只能宣告失败。

初战失败之后，他们被迫进入马埃斯特拉山区进行长期的游击战争。在战争的初期，由于战斗中的失误，格瓦拉曾一度遭到卡斯特罗的训斥。但是，在经过长期的考验之后，格瓦拉最终凭借自己的出色表现得到了卡斯特罗的肯定。他被卡斯特罗晋升为纵队司令官。这是只有卡斯特罗才具有的最高军衔。在马埃斯特拉山区，格瓦拉与卡斯特罗兄弟并肩战斗，一点点地粉碎了政府军的围剿，并一步步地反败为胜。1957 年年底，卡斯特罗决定把战争带出山区，推向平原。在将战争推向平原之后，通过联合其他各个党派的反政府军事组织，又经过大约一年的战斗，在 1959 年年初，由美国支持的反动政权被最终推翻，古巴革命取得了初步胜利。

卡斯特罗是一位具有极其灵活的政治手腕的革命家。在从事推翻巴蒂斯塔反动统治的斗争中，为了团结尽可能多的反政府力量，并尽可能地减少国外反动势力的干预，卡斯特罗始终拒绝承认其革命行动的共产主义性质，而且通过各种巧妙的手段扩大他领导的"7·26 运动组织"的实力和影响力，并由此赢得了对古巴革命的主导权和对革命后古巴政权的控制权。在革命取得初步胜利之后，卡斯特罗开始逐步地对其他党派势力进行改造和整合，并最终将古巴引上社会主义道路。

在革命胜利之后，格瓦拉曾先后担任古巴政府的最高检察官、革命军队培训部部长、国家银行行长和工业部部长等重要职务。在最初的几年里，他从事过对反革命叛徒的镇压，从事过土地改革运动，并且致力于探索古巴的城市化和工业化道路。他希望创造出一个新的古巴——一个摆脱了帝国主义控制的自由古巴，一个不再遭受资本主义奴役的社会主义的古巴。为了捍卫这个自由的古巴，格瓦拉将自己的游击战经验整理为《游击战》一书。这是一本受到了毛泽东游击战思想影响的著作。他希望通过这部著作，将游击战的经验推广到拉丁美洲的其他国家，促成社会主义革命在这些国家的胜利，并以此创造稳固古巴政权的国际环境。

1959 年 6 月，为了巩固新生的古巴政权，格瓦拉接受卡斯特罗的委托，率团出访埃及、印度、印度尼西亚、南斯拉夫、锡兰和日本等国。古巴希望和这些国家建立外交关系并发展贸易关系。三个月之后，格瓦拉回到了古巴。在这三个月里，古巴社会已经发生了深刻的变化。这个时候，卡斯特罗正在着手建立古巴与苏联之间的紧密关系。格瓦拉参与了这一行动，并且在与苏联代表的会谈中提到，古巴革命成果的巩固，有赖于全球革命运动的支持，尤其是社会主义阵营和苏联的支持。

随着古巴和美国之间关系的日益紧张，古巴开始迅速地向苏联和社会主义阵营靠拢。为此，格瓦拉在 1960 年再一次离开古巴，对社会主义阵营进行了为期两个月的访问。在这两个月里，格瓦拉穿行在柏林、布拉格、莫斯科、北京、上海和平壤之间，并且于 11 月 7 日光荣地站在苏共总书记赫鲁晓夫的身边，参加了庆祝十月革命的红场阅兵活动。在这次访问中，格瓦拉见到了社会主义世界的国家领袖，巩固了古巴与这些国家的外交关系，并且为古巴争取到了大量的外贸订单和贷款。

在积极向社会主义阵营靠拢的同时，古巴国内的社会主义改造也在如火如荼地进行。卡斯特罗宣布 1960 年为古巴的土地改革年，开始对古巴的土地制度进行全面改造。政府开始全面接管媒体，并对赌场、妓院和奢华的游艇俱乐部予以取缔。3 月份，格瓦拉发表了题为《政治主权和经济独立》的电视演讲，号召古巴人民为实现古巴的经济独立而斗争。4 月份，军事培训部开始出版格瓦拉的著作——《游击战》。卡斯特罗开始警告美国：如果美国人胆敢对古巴实施制裁，古巴将考虑全面没收美国在古巴的产业。与此同时，赫鲁晓夫公开表达苏联对古巴的支持。

投身拉美革命

拉美是美国的后院。古巴成了美国与苏联的角力场。为了将古巴从美国的控制下解放出来，卡斯特罗和格瓦拉开始寻求苏联的全面支持。为了防范随时都可能出现的美国对古巴的武装干涉，古巴开始从苏联引进大量的武器装备，甚至于让苏联在古巴建设潜艇基地和导弹基地。正是在这种情况下，发生了历史上著名的古巴导弹危机。在古巴导弹危机中，为了缓和与美国的紧张关系，赫鲁晓夫公然拿古巴的利益与美国做交易，这一做法激起了卡斯特罗和格瓦拉的极大愤怒。

在导弹危机过后，随着古巴社会主义建设实践的不断推进，通过与苏联的交往和对苏联的了解，格瓦拉逐渐地丧失了对苏联和苏联模式的崇拜。格瓦拉认为苏联的社会主义模式缺乏真正的社会主义精神，而且存在着各种各样的问题。对于赫鲁晓夫提出的和平竞赛理论，切·格瓦拉更是不以为意。在这种情况下，他开始逐步地坚信：古巴的独立在根本上不能依靠苏联的援助，而是要依靠拉美革命的胜利。为此，他开始更多地关注拉美的革命形势，并通过古巴的国家力量予以援助。

1964 年 11 月，格瓦拉最后一次访问了苏联。这个时候，赫鲁晓夫已经被赶下台，勃列日涅夫成了苏联的最高领导人。在勃列日涅夫的领导下，苏联依然信奉赫鲁晓夫时期的和平共处政策，并且对古巴的拉美革命计划表示反对。格瓦拉带着失望的情绪离开了莫斯科，之后在圣地亚哥对拉美共产党拒绝武装斗争的做法进行了严厉的批评。在返回古巴后不久，格瓦拉再一次离开哈瓦那，去往纽约。这一次他是作为古巴的官方代表到联合国大会上去发言。在这次大会上，格瓦拉表达了古巴的反帝政策，并主张将中华人民共和国纳入联合国，将蒋介石领导下的中华民国驱逐出去。

离开纽约之后，格瓦拉没有返回古巴，而是飞往了阿尔及尔。在之后的三个月里，他走遍了非洲，并访问了中国。在非洲期间的一次演讲中，他对苏联进行了批评，称苏联为"帝国主义的帮凶"，并且号召美洲人民和非洲人民团结起来，共同进行反殖、反帝的斗争。格瓦拉的言论激起了苏联人的不满，同时也宣告了格瓦拉与苏联立场的决裂。在这种情况下，为了缓和与苏联之间的关系，卡斯特罗"建议"格瓦拉离开古巴，返回非洲，参与到非洲的解放斗争中去。在那个时候，格瓦拉更加希望的是留在美洲战斗，但是由于当时拉美的革命时机尚未成熟，因此，他最终同意卡斯特罗的建议，去往非洲。

格瓦拉又一次出发了。在经过乔装之后，他告别了亲人，隐姓埋名地去了非洲。但是，这是一次令人伤感的战斗。在非洲的土地上，他没有能够延续他在古巴创造的那种游击战争的辉煌。由于反动势力的联合绞杀，由于革命队伍的涣散和缺乏牺牲精神，以及古巴人对非洲环境的无法适应，刚果的革命斗争最终走向失败。格瓦拉黯然离开了战场，离开了非洲，并筹划着走向拉丁美洲的另一个战场。

巨星陨落

在参加了卡斯特罗的游击组织后不久，格瓦拉就与第一任妻子伊尔达举办了婚礼。很快，他们就拥有了他们的第一个也是唯一的一个孩子。在从事古巴解放战争期间，格瓦拉与伊尔达逐渐疏远并分隔两地，之后他遇见了自己的第二任妻子阿莱伊达。然后，他们一起战斗，一起生活，直到古巴革命的胜利。

革命胜利了。格瓦拉的父母和伊尔达从阿根廷赶来与格瓦拉团聚。但是，这样的一种团聚最终演化为一场别离。在这次团聚中，格瓦拉与伊尔达正式分手。与此同时，格瓦拉的父母虽然对自己的儿子感到无比的骄傲，但是他们终究发现如今的格瓦拉已经不是多年前的那个孩子了。如今，他成了一个革命领袖，成了一个强硬的人，一个"不近人情"的人——当他的父亲试图让格瓦拉利用公车给他们安排一次旅行的时候，格瓦拉断然地表示了拒绝。

格瓦拉希望创造出一个新的社会、一种新人和一种新的精神。在这个新的社会里，没有剥削和压迫，没有特权和自私自利，没有各种各样的社会不公。正是为了实现这样的一个理想，格瓦拉才一方面废寝忘食地为新古巴而工作，另一方面甘愿冒着失去生命的危险前往非洲参加战斗。

在非洲的斗争失败以后，格瓦拉开始再一次将注意力转移到拉美革命上面。在格瓦拉的内心，他一直希望到自己的第一祖国阿根廷去开展革命。但是由于当时阿根廷的革命时机并未成熟，因此，他最后在卡斯特罗的支持下，决定先到玻利维亚开展游击战争，等到阿根廷的革命组织建立起来之后，再前往阿根廷。

格瓦拉希望在玻利维亚开展游击战。但是，当时的玻共领导人蒙赫并不支持他的计划。为了寻求玻共的支持，格瓦拉一到玻利维亚，就安排了一次与蒙赫的会面。在会面中，两人在领导权的问题上发生了意见分歧，但是最后达成了一种妥协。然而，令人遗憾的是，表里不一的蒙赫虽然在表面上与格瓦拉达成了一致，但实际上并不支持格瓦拉的计划。

由于玻利维亚共产党的拒绝支持甚至于蓄意破坏，游击组织内部古巴人与玻利维亚人在领导权问题上出现的不和，以及美国中央情报局和玻利维亚政府军的联合围剿等原因，格瓦拉的游击战实施得并不顺利，甚至于逐渐地陷入了困境。1967 年 10 月 8 日，由于当地农民的告密，受伤的格瓦拉被政府军抓获。次日下午，玻利维亚政府军的指挥部和美国中情局下令将格瓦拉处决。

1967 年 10 月 9 日，切·格瓦拉离开了这个世界，时年 39 岁。据说，在切·格瓦拉死亡之后，他的遗体看起来很像是耶稣·基督。这可能是一个传说，但也可能是一个事实，但这似乎首先是一个隐喻，它隐喻格瓦拉短暂而又灿烂的一生：他像流星一样从历史的天空中划过，但是他的精神将永不泯灭。

参考文献：

［1］［美］乔恩·李·安德森：《切·格瓦拉传》，马昕译，长江文艺出版社 2009 年版。

［2］［法］让·科尔米耶：《切·格瓦拉》，郭斯嘉译，上海人民出版社 2007 年版。

［3］［阿］加布里埃尔·格拉斯曼：《革命：切·格瓦拉》，张敦译，北京理工大学出版社 2010 年版。

［4］王松霞：《马里亚特吉、格瓦拉》，中国工人出版社 2014 年版。

越南共产党创始人胡志明

胡志明（1890—1969），原名阮必成，越南义安省南坛县人，越南民主共和国的开国元勋，越南劳动党（今越南共产党）的首位主席，越南劳动党中央委员会主席。胡志明是越南共产党的卓越领袖，在他和越南共产党的带领下，经过与国内外多方势力的周旋，越南人民赶走了法国殖民者，获得了独立自主。此外，胡志明一直与中国领导人和中国人民保持友好的关系，为中越友谊做出了不可磨灭的贡献。

救国梦萦绕少年郎

1890年5月19日，胡志明出生于越南义安省南坛县黄稠村，他在金莲村长大。义安省这个地方气候恶劣、土地贫瘠，但是名人辈出。胡志明的家庭是一个再普通不过的农民家庭，他的父亲阮生色早年生活贫困，是个孤儿，只能靠给别人放牛维持生计。阮生色聪明好学，成绩优异，最终通过考试谋求了官职。但他的为官之路却并不顺畅。官职由礼部承办降职为平溪知县，后又因帮助穷人而入狱。此后，他不再做官，而是改行做了教师和大夫。胡志明的母亲黄氏鸾是个勤劳善良的传统女性，33岁时就因劳累过度和长期缺乏营养去世了。胡志明乳名阮生宫，是家里的第三个孩子。胡志明年幼时，一家曾经移居顺化市，胡志明曾在顺化市上学。

年少的胡志明受到了很好的家庭教育，而且聪颖好学。阮生色辞官返乡后，留在家乡教书。他强调读书不只是为了考取官职，因而读书要广泛，更要有爱国主义的理想抱负，他教授胡志明文化知识，还带胡志明参观名胜、拜访名家。胡志明从小就表现出了对书籍的渴求，他能熟读《三字经》《千字文》，也喜欢阅读《三国演义》《西游记》等文学作品。同时，他也产生了强烈的爱国主义情绪，立志长大后报效祖国，对殖民统治者的残暴产生了反抗情绪。

当时的越南被法国殖民者占领。殖民者对当地起义者的镇压和杀害给年少的胡志明带来很深的感触和莫大影响，使他产生了强烈的反抗情绪和爱国情怀，这成了他成长路上的一种动力，激励他一生不断奋斗。当他进入学校开始学习文化知识的时候，他接触到了卢梭、伏尔泰、孟德斯鸠等人的学说，也接触到了自由、平等、博爱的思想。他还到了专门培养技术工人的学校学习机械和厨艺。一边学习，一边四处走访，他亲眼见证了劳动人民的苦难和受到的屈辱。

胡志明的父亲阮生色同情穷苦的劳动者，他将家中本就不多的田产全部卖掉用来接济那些修筑铁路的同胞们，但远远不能解救苦难的人民。阮生色的朋友潘佩珠是维新党领导人物，他的救国方案是将越南少年派往日本学习，希望依靠日本人赶走法国殖民者，从而获得国家独立。青年胡志明虽然崇敬潘佩珠，但他对救国有着自己的想法，于是婉拒了潘佩珠将其派往日本的请求，并未前往日本。胡志明不同意潘佩珠等人的救国方案，在他看来，日本人和法国殖民者并没有本质上的区别，请求日本人的帮助是无济于事的。

在胡志明青少年时期，越南爆发了一系列反对法国殖民者的示威游行活动。胡志明也参与其中，在他17岁那一年，顺化市群众因为反对徭役和税费进行了一场游行，他们希望政府能够减税。胡志明和他的同学们参与其中，一同游行、编口号。但不久就遭到法国军队的暴力镇压，大量普通民众被逮捕，甚至一些无辜平民被杀。亲身经历这次运动，感受到穷苦大众困难的胡志明更加坚定了自己要救国、要让越南独立的理想。

游行被镇压后，胡志明到了一所私立学校教书。但教书不是他的主要任务，他还在不断试图寻找以往运动失败的原因以及救亡图存的办法。最终他下定决心去世界各国，尤其是先进的国家看一看。

周游各国明志向

胡志明前往法国的途中在船上做厨师助手，有时候需要连续工作将近20个小时，常常感到筋疲力尽。一个多月后，胡志明最终抵达了法国的一个城市，马赛。他才发现原来法国除了富人，除了那些殖民者，居然也有像越南一样穷苦、贫困的人，在这里他也见证了更多法国殖民者对殖民地黄种人和黑种人的暴行。随后，为考察法国在非洲的殖民地，胡志明开始了他的环非洲旅行。途经各个港口，每到一个港口，他总找各种借口下船看一看，收集各地明信片和资料。后来，胡志明又到了美洲的一些国家，到过纽约，到过波士顿。20世纪60年代末，胡志明接待美国学者的时候就他当时的这些经历提出了这样的疑惑："我年轻时去过美国，在纽约哈莱姆区住过，还会讲几句黑人的俚语呢。我上过自由女神像，读过你们国家的《独立宣言》，我了解美国；但我不明白，热爱自由的美国人民何以能容忍自己的政府，远隔万里重洋去侵略一个小国越南？"这些经历使得胡志明开阔了眼界，进一步深入体会到了作为底层劳动人民的艰辛，也明白这些国家所谓自由、民主背后隐藏着的剥削和不平等。

不久后一战爆发了，胡志明志愿参军，但因身体原因未能如愿，他于是留在了法国。一战结束后，召开了巴黎和会，美国总统威尔逊作为战胜国的代表在会议上提出给被压迫民族自决权利。听到这一消息的胡志明看到了民族和国家的希望。他立刻召集了留居法国的越南人，递交了一份请愿书，提出八点关于越南民族自治、自由、平等权利、免税等方面的要求。胡志明将请愿书送到了凡尔赛会议、法国进步团体、《民众报》，并将请愿书印成传单，在各种集会上散发，也将一部分寄回国内，虽然在人民中间引起了巨大反响，但遭到了殖民者的无视。他终于醒悟过来，要想获得民族解放，依赖于巴黎会议，依赖威尔逊主义和虚伪的大国是不可能的，这些只不过是他们欺骗人的闹剧，要想救国，唯有靠自己。

在此期间胡志明还游历了欧洲许多国家。随着所到之处增多，见识也增多，他也越发感慨：什么样的国家都是既有好人又有坏人的。在各种集会和游行中，胡志明结识了亚非等许多国家的民族主义者，共同成立了"殖民地联合会"，还组织各种座谈会，创办报刊，尝试找到同情殖民地处境的人民群众。

1917年，俄国十月革命震撼了世界。共产国际鼓舞了广大工人阶级和劳动人民。这吸引了胡志明的极大关注，坚定了他的马克思列宁主义理想信念，并成了法国共产党创始人之一，也是第一个加入共产党的越南人。在他看来，法国共产党是唯一一个为越南这样的被殖民地区辩护的法国团体。尽管胡志明对社会主义和共产主义诸多问题还没有深入的了解，但他积极参与党内的各项活动，贡献了自己的力量。

法国当局忌惮并恼火胡志明的行为。他们试图将其驱逐出境或逮捕入狱，只是暂时没有罪名。胡志明察觉到法国警察正在严密地监视他的行动，他自知处境危险，于是离开法国，来到了他所向往的苏联。

在香港领导建立越南共产党

在苏联，胡志明真切体会到了社会主义制度的优越性。这里的人们有着相同的共产主义理想，每个人都像同志、朋友一样相处，弱势群体也不受到歧视和压迫。这些令从小遭遇不平等待遇的胡志明感触良多。胡志明在苏联进入东方大学学习，东方大学是苏联专门培养争取殖民地解放干部的学校。在这里，胡志明碰到了原先在巴黎结识的中国同志。他们有着共同的理想，一起分析民族解放运动当前的形势，一起学习一起生活，成了终身的好友。

1924 年年底，胡志明听闻在中国广州聚集着一大批越南爱国者，于是独自前往广州。当时孙中山就在广州，广州的革命气息非常浓厚。孙中山在苏联和中国共产党的帮助下，积极推行革命。胡志明利用其精通多种语言的优势，担任苏联总顾问鲍罗廷的翻译。

胡志明同当时在广州的潘佩珠取得联系，并准备说服潘佩珠改组国民党。但由于潘佩珠被押解回越南，胡志明的这一计划未能成功。胡志明只好另想办法，他很快和心心社联系上了。心心社也是一个越南革命政党，但这个政党救国采取的是通过暗杀殖民者的领导人的方法。在胡志明的指导下，心心社接受了他的革命方式和他的领导。1925 年 6 月，心心社改名为越南青年革命同志会，他们致力于宣传工作，所创办的《青年》周刊用越文印刷，被送往越南以达到宣传的目的。

胡志明还开办了政治训练班以教授革命方法，培育革命力量。胡志明"向学员们提出这样的道德观：革命者必须勤俭、大公无私、以人民的利益为重，坚决纠正缺点和错误，不为名、不为利。不居功骄傲，不贪图物质享受，为了国家与民族勇于牺牲"。该活动得到了中国共产党的大力支持。借助周恩来在黄埔军校任政治部主任的契机，一大批优秀的越南青年进入军校学习，后来他们成了越南革命的中坚力量。

1927 年，蒋介石发动了"四一二"政变，胡志明和鲍罗廷因为忌惮不得不离开中国，回到莫斯科。

1928 年秋，胡志明到泰国向泰国当地的爱国越侨宣传马克思列宁主义先进思想，希望通过他的宣传感染当地越侨，进而影响革命。然而很快这一行为被法国殖民者和特务发现了，幸运的是胡志明并未被逮捕。而此时，越南青年革命同志会也发生了变化，"四一二"后，同志会总部转移到了香港。在1929年，在香港的越南共产党的情况也有了新变化，出现了三个相互独立的共产主义组织，它们之间互不承认，形成了竞争关系。胡志明知道此事后，迅速从泰国赶到香港，会见并游说了这几个组织的领导人，最终成功将这三个组织合并，成了统一的越南共产党。

越南共产党在香港成立后，胡志明便留在了当地。1930年，在胡志明的帮助下成立了暹罗共产党和马来西亚共产党。1931年6月6日，英帝国主义和法帝国主义相互勾结，逮捕了胡志明，将胡志明监禁起来。在狱中，胡志明饱受肉体和精神上的双重折磨，但他不会因此就放弃，他思考的仍然是革命运动以及国家和人民的未来。

与此同时，法国当局忌惮胡志明，试图将他引渡回越南并直接处死。但红色国际救援会对胡志明展开救援。他们聘请了正义之士，英国进步律师罗士比。罗士比的辩护有理有据、掷地有声，法官最终决定取消对胡志明的控告，但规定胡志明必须乘法国轮船离开香港。胡志明一方不能接受这一判决，于是决定继续上诉。克利普斯律师事务接手了这个案子，经伦敦最高法院判决，胡志明为苏联特务并蓄意破坏香港的罪名证据不足，最终没有判决胡志明。

这时候法帝国主义方面还在继续监视胡志明的一举一动。胡志明假扮成富商的样子离开香港来到上海打算与中共取得联系。但中途遭到了叛徒出卖，经过几番波折，最终胡志明在宋庆龄等中国友人和法国共产党负责人古里的帮助下，回到苏联。

回归越南祖国

1938年，抗日战争爆发后，胡志明希望与国内革命党以及越南同胞重新取得联系，于是从苏联前往延安。年底，胡志明随同叶剑英来到桂林八路军办事处。在这里，胡志明的身份是一名八路军，他主要负责医疗卫生和宣传工作。他一边工作还一边学习，时刻不忘自己救国的使命。

不久之后，胡志明跟随叶剑英到了衡阳，在这里参加干部培训班。后又动身前往广西，但始终没有同越南共产党和越南同胞联系上。于是他继续以八路军军人的身份留在中共八路军队伍中，和中共一起进行一些革命活动，学习经验，为以后的越南革命打下了坚实的基础。1940 年 2 月在昆明，胡志明与越南革命同胞联系上了。此时胡志明了解了一些云南越侨的情况，开始指导海外部的工作。

1940 年 6 月 20 日，法西斯德军占领巴黎，法国宣布投降，此时的法国已经自顾不暇。胡志明看出这对于越南来说是一次重大机遇，于是提议要以中越边境作为作战的中心。为牵制中国国民党越籍军官张佩公，胡志明决定从广西桂林出发，经水路转陆路，几经周折到达靖西，最终成功与越南共产党领导会和。从此，胡志明驻扎在中越边境，领导国内越南革命。后来，胡志明和张佩公合作，共同成立了"越南共产党民族解放委员会"。

1941 年 2 月 8 日，胡志明终于从中越边境回到他心心念念的祖国越南，在高平省北坡指导革命。

到达北坡后，胡志明立即展开行动：其一是培训党员干部，将党组织壮大起来。其二是建立游击队，训练游击队。1941 年 5 月 10 日，越南共产党在北坡举行了党中央第八次会议。会议决定建立和发展游击根据地，准备进行武装起义，成立越南独立同盟战线。胡志明被推举为越南共产党总书记，但胡志明坚决推辞。胡志明在会议上谈道："在这个时候，局部的利益、阶级利益必须置于民族利益之下。如果不能为整个民族争取独立、自由，那么不久整个民族将会永远过着牛马的生活，而且连局部的、阶级的利益在万年后也不能够得到。"

1942 年 8 月下旬，胡志明离开北坡，准备经由广西去重庆会见以周恩来同志为代表的中共代表团。

牢狱之灾中共设法营救

胡志明到达广西德保县足荣乡时，遭到国民党地方警察的盘查。地方警察发现胡志明是外来人员，身份不明，形迹可疑，随身携带的证件已经失效，便怀疑胡志明是间谍，把他押送到县政府。县政府将胡志明关进监狱，随后又将他送到广西最高军事机关。

在押送过程中胡志明吃了不少苦头，押送他的共有 6 名士兵，将他的双手用绳子绑着背在身后，脖子上也挂上了沉重的锁链，一步一步走到桂林，一路上受到了非人的待遇。到达桂林后，他又被押送到柳州，被折磨得几乎丧了命。

在获知胡志明被捕后，越南共产党中央千方百计进行营救。他们给国民党发电报，发动侨民写请愿书，要求尽快释放胡志明。在重庆的中国组织获悉后，也立即采取行动，同国民党方面交涉。周恩来找到爱国将领冯玉祥，冯玉祥又找到国民党广西省主席李宗仁。他们共同要求，尽快释放胡志明。在多方努力下，胡志明终于于被关押一年多后重获自由。

八月革命和抗法斗争

1944 年 9 月间，胡志明重新回到了北坡指导越南革命。此时越南革命主要采用游击战的方式，进行得很顺利，越南共产党的影响力很大，全国人民都对越南共产党抱有很大的期望。同时，日军战胜了驻越法军，并带领法军一道对越南北坡进行扫荡。由于敌不过日军和法军猛烈的攻势，越南共产党中央只好撤退。胡志明被转移到中国领土内，继续指导越南革命。

不久后，胡志明从云南经广西边境回到了越南继续领导革命斗争。胡志明回国后，国际形势发生了巨大变化。1945 年 3 月 9 日，日军向法军发起全面进攻，很快法军就战败了。虽然日军取得了战斗的胜利，但是针对当前的局势，越南共产党中央一致认为法西斯德军在欧洲节节败退，日军的胜利也不会长久，日军也会和德军有着一样的结局。越南共产党可以趁此机遇加速武装斗争进程。

在越南共产党的带领下，越南共产党解放军抓住这次时机，从森林向越南南部进军，解放了很多地方。解放军所到之处，受到了百姓的热烈欢迎，青壮年纷纷加入了革命队伍，军队壮大的速度非常之快，革命随之到达了一个高潮。

长期的疲劳、繁重的工作和巨大的心理压力使得胡志明病倒了，但他仍然带病坚持写作、坚持工作。由于缺少药物，胡志明的病情加重，他时常陷入昏迷，情况非常糟糕。幸运的是，当地有一位老郎中，用在山里采的草药治好了胡志明。但这之后的很长一段时间，胡志明身体仍然很虚弱，只好躺在床上指挥党中央的扩大会议。

1945 年 8 月 16 日和 17 日，胡志明的病情有所好转，他参加并主持了国民代表大会，并被选为主席团成员。会议最终决定举行武装总起义并选举了民族解放委员会，胡志明担任委员会主席。

8 月 19 日，越南首都河内通过武装起义获得了解放，史称"八月革命"。此后，在以胡志明为首的越南共产党领导下，全国各地相继取得了武装起义的胜利。这不仅是越南共产党的胜利，也是越南人民的胜利。

1945 年 9 月 2 日，在巴亭广场举办了越南独立庆典，被法国殖民者统治和压迫了 80 年的越南在这一天终于独立了。胡志明代表临时政府发表了《独立宣言》，宣告了越南民主共和国的诞生。"《独立宣言》最后说：越南有权享有自由和独立，事实上已经成为一个自由、独立的国家。越南全民族决心凭借所有的精神和力量、生命和财产来捍卫这一自由、独立的权力。"

虽然越南独立了，越南民主共和国成立了，但越南国内外还存在着许多问题。国内经济落后，饥荒和自然灾害频发。国外，日本投降后不久，在英军的支持下，法国攻占了西贡，并企图借此占领整个越南。为此，胡志明于 1946 年 9 月远赴法国进行谈判。谈判的结果是越南方面做了一定的妥协，双方签订了临时协定，但问题依然存在。法国人并不守信用，他们随意破坏协定，向越南北部的一些沿海城市发起了进攻，并于 12 月 19 日向河内发动总攻。越南展开了全面的抗法斗争。

全面的抗法战争爆发后，胡志明号召全国人民参与其中。越南工人和其他各阶级的人民在战斗中都毫不畏惧、勇敢抵抗，显示了他们顽强不屈的精神。但无奈双方实力差距太大，在胡志明的带领下，越南军民只能撤出了河内，转移到森林地带。

1949 年，中华人民共和国成立后，胡志明来到中国北京请求中共的援助，毛泽东接待了他并做出决定支援越南。要想支援越南最主要的是要打通中越两国边境由法军控制的交通要道以及消灭占据交通要道的法军。此后，有了中方的帮助，越南共产党和越南人民的抗法斗争有了新的面貌。

1950 年 7 月，中国共产党派去支援的陈赓到达越南，制订了作战方案。9 月 16 日，越南人民军向法军发动进攻，经过激战，最终取得了胜利。"边界战役是越南人民军首次大规模的运动战，也是一次大规模的进攻战和歼灭战，打通了越南同中国以及社会主义国家的通道，标志着战争的转折点，具有重大的战略意义。"

此后，在中国共产党的支援下，越南人民军又组织了几次战役，削弱和消灭了法军诸多力量，逐渐掌握了战场主动权。

1954 年 5 月 7 日，法军全部被歼灭，战争结束，越南获得了最终的胜利。在 1954 年 7 月 21 号的日内瓦会议上两国达成和平协定，法国被迫承认越南的独立自主。由此，法军最终从越南撤军，放弃了对越南的侵略，反法战争取得胜利，越南人民真正成了国家的主人。

中越友谊奠基者

在革命期间，胡志明与中国政府和中国人民结下了深厚友谊。战争期间，胡志明十分信赖中国共产党、依靠中国共产党。越南独立后，胡志明也一直致力于继续维护中越两国友谊。胡志明在 1951 年印支共二大做的报告中这样说道："中国革命对越南革命具有巨大的影响。越南革命必须学习而且已经学习到了中国革命的经验。依据中国革命的经验，依据毛泽东思想，我们增加了对马克思、恩格斯、列宁、斯大林主义的理解。据此，我们取得了许多胜利。"

1955 年 6 月 23 日，胡志明作为越南民主共和国的主席，首次来到中国进行正式访问。许多当时的党和国家领导人亲自到机场迎接。在北京期间，他参观了幼儿园和小学。1956 年 11 月 18 日，周恩来到河内回访，同样受到胡志明和越南人民的热烈欢迎。

1960 年、1961 年和 1962 年，胡志明都选择在中国庆生，一方面是长期以来对中国的感情，另一方面也是担心越南人民为自己过生日过于铺张浪费。每次来到中国，胡志明总是喜欢和革命元勋或者和在革命中结识的普通群众一起回忆以往艰苦的战争岁月。

1966 年以后，胡志明的健康状况开始出现问题，而且越来越糟糕。周恩来得知胡志明生病后十分焦急，请胡志明来中国疗养，为他安排医生，还亲自探视。

1969 年 8 月，胡志明病情再次恶化，中越两国医生尽力为其诊治，但已是无力回天。1969 年 9 月 3 日，越南官方宣称胡志明因病辞世。胡志明逝世后，无论是越南人民还是中国人民都无比悲痛，周恩来亲自前往越南进行吊唁。胡志明为越南奉献了自己一生，当之无愧是越南社会主义革命的伟大导师，值得人民永远怀念他。

参考文献：

[1] 张训常：《胡志明》，中国工人出版社 2014 年版。
[2] 黄铮：《胡志明与中国》，解放军出版社 1987 年版。
[3] 李家忠：《越南国父胡志明》，世界知识出版社 2003 年版。

黑白两色墓碑安葬的赫鲁晓夫

尼基塔·谢尔盖耶维奇·赫鲁晓夫（Nikita Sergeyevich Khrushchev，1894—1971），苏联重要领导人之一。1918年入党，毕业于莫斯科工业学院，主要工作经历包括任莫斯科区委书记、市委书记、苏共中央第一书记、苏联部长会议主席等。在赫鲁晓夫的领导下，苏联的科学技术不断发展壮大，发射了世界上第一颗人造卫星，这在当时是了不起的成就。赫鲁晓夫多次出国访问，致力于推行和平的外交政策，并且坚持与法国、美国等大国进行友好合作，防止了核战争带来的毁灭性打击。在赫鲁晓夫当政期间，苏联的经济、政治等各个方面都有了明显的发展。

赫鲁晓夫的性格特点决定了他的治国方针和外交政策。他本人做人做事非常谨慎、小心，但同时也非常勇敢、坚毅、有活力、有干劲儿、充满力量。他骨子里透着农民和工人热爱生活的美好品质。比起阅读公文和听别人说，赫鲁晓夫更像是一个实干派，他凡事都喜欢亲力亲为，自己用眼睛看一看，动手摸一摸，亲身试一试。他不仅到全国各地去，也到全世界各地去走访、调查。不仅如此，赫鲁晓夫还杀伐果断，对于他认定的事情，坚决不会罢休。但这是好的一面，也可能带来不好的结果。比如在他执掌政权的最后几个年头里，他常常固执己见，一意孤行地决定一些问题，听不进别人的意见，脾气古怪、行为粗暴，不能进行自我反思和自我批评，一错再错，还不思悔改，做出一些让人无法理解的事情。

艰辛岁月铸品格

1894年4月17日，赫鲁晓夫出生于俄罗斯南部一个名叫卡利诺夫卡的小村庄。他的祖辈和父母一直以来都是贫苦的农民，在他出生前两年，家里诞生了一个女孩——赫鲁晓夫的姐姐伊琳娜。1908 年，由于家庭的重负，他的父亲离开故乡到顿巴斯寻找工作机会，做起了铁路工人、矿工等职业，挣了一些能够养家糊口的钱后便返回家中。赫鲁晓夫在他的家乡读过四年书，他聪明好学。他的老师丽迪娅·舍甫琴科对他产生了相当大的影响，他在这一时期读到了一些沙俄时代违禁书籍，老师希望年少的赫鲁晓夫可以继续读书，完成学业。但是他的家庭条件越来越糟糕，父母无力供他继续学习，赫鲁晓夫只得辍学参加工作，15 岁的赫鲁晓夫在附近的工厂找到了一份做钳工的工作。

早期政治活动的匍匐前进

1912 年 5 月，当地发生了勒拿河大屠杀，起因是金矿工人大罢工，当地警察杀害了罢工者，而赫鲁晓夫帮助被害者家属筹集募捐。这一举动引起了警局的不满，他们立即通知赫鲁晓夫工作的工厂，赫鲁晓夫为此失去了工作。于是，他重新找了一份工作，这次是在法国人开办一个工厂做矿井工作。工作期间，他参与了社会民主工党的宣传活动。

1914 年 7 月 28 日，一战爆发了。当时的很多矿工都被免除服兵役，赫鲁晓夫也因其优秀的技术工人身份，免召入伍。在此期间，他积极参与并领导当地的工人罢工和反战示威活动。同年，赫鲁晓夫与耶弗罗西尼娅·皮萨雷娃结婚。1915 年，他们的女儿尤莉娅·赫鲁晓夫降生，一年后儿子列昂尼德·赫鲁晓夫降生。

1917 年 3 月，"二月革命"开始了，沙皇尼古拉二世宣布退位，俄罗斯帝国灭亡。5 月 29 日，经选举，赫鲁晓夫被任命为鲁钦科夫苏维埃主席。当时的乌克兰政治形势复杂，政治势力众多，赫鲁晓夫自称在这一时期他自己的政治立场还不是十分明确，他自己还搞不清楚未来的政治道路。此时的赫鲁晓夫还不是党员。直到 1918 年赫鲁晓夫才选择加入共产党，成为一名党员。

1918 年 3 月，德国军队入侵乌克兰，矿军联合部队组织起来进行抵抗，但是无奈他们的力量不够，无法扭转局面。赫鲁晓夫逃回老家卡利诺夫卡。

1918 年年底，他加入红军，由于他出众的办事能力和领导能力，赫鲁晓夫很快就当上了政治委员。俄国内战时期，全国很多地方发生了饥荒，不容乐观，人民生活更加困苦。赫鲁晓夫的第一任妻子耶弗罗西尼娅·皮萨雷娃于 1919 年死于斑疹伤寒，此时的赫鲁晓夫正值从军期间。内战结束后，赫鲁晓夫独自带着两个年幼的孩子重返顿巴斯鲁钦科夫做煤矿工作。

1921 年，在列宁的领导下，国家开始实行新经济政策，全国鼓励恢复经济和发展经济，特别是工业和农业这两个方面。赫鲁晓夫作为副主任管理的鲁钦科夫是整个顿巴斯产量最高的地区，恢复生产恢复得最好的地方。赫鲁晓夫总是精力充沛，甚至还亲自下井去挖煤，不久后，他就被升职为帕斯图赫夫区的煤矿主管。然而对这一职位调动，赫鲁晓夫并没有欣然接受，他有他自己的考虑。他申请去刚刚开办的工人培训班学习技术，进一步提升自己。

1922 年赫鲁晓夫与马鲁西娅结婚，但两人的婚姻并不长久。不久后他与乌克兰裔共产党人尼娜·彼得罗夫娜·库卡尔晓克结婚，生育了三个孩子——两个女儿和一个儿子，但是两人始终未有过正式的结婚登记。

1923 年 12 月，赫鲁晓夫参加并加入了尤索夫卡地区共产党委员会的会议，开始了他的政府官员之路。一开始他曾短暂地支持过列夫·托洛茨基的反对派，反对斯大林的政治路线，然而日后谈及这件事的时候，赫鲁晓夫本人从未承认过。

1925 年 7 月，赫鲁晓夫成了彼得罗夫 - 马林斯基区的党委书记。同年的 12 月，赫鲁晓夫作为斯大林诺的代表之一，第一次去往莫斯科，出席了在莫斯科举行的第十四届联盟共产党代表大会，但当时他还没有投票权。1927 年，赫鲁晓夫作为正式代表参加了共产党代表大会，拥有了投票权。

1929 年，赫鲁晓夫开始进入莫斯科工业学院学习。莫斯科工业学院是培养国家储备干部的学校，其目标是培养出能够从事国民经济工作的党的高级干部。

1931 年，通过卡冈诺维奇的推荐，赫鲁晓夫当选鲍曼区委第一书记，不久后调任普列尼亚区，同样是担任区委第一书记。次年，赫鲁晓夫当选莫斯科市委第二书记，不久后便提升为莫斯科市委第一书记。

崎岖中看阳光

1934 年，斯大林开始了对党内的第一次大规模政治清洗，赫鲁晓夫也是赞同并支持斯大林路线的政府官员之一，这很可能和斯大林对赫鲁晓夫的庇护和欣赏有关。在这次大规模政治清洗期间，赫鲁晓夫不仅要求处死加米涅夫，还协助上级逮捕他的许多交情不错的同事和朋友。"内务人民委员部组织发动了一场清除彼得格勒和莫斯科'不良分子'的运动。成千上万富农、工厂主以及其他被说成'不良分子'的人被流放到各州，赫鲁晓夫认为这一步骤是完全适当的。"次年又进行了党内的第二次大规模政治清洗，许多反对斯大林政策的中层领导纷纷下台，这和赫鲁晓夫脱不了干系。这次大清洗的规模非常大，逮捕的官员非常多。据赫鲁晓夫本人回忆，几乎所有和他共事的官员都未能幸免于难。在莫斯科地区的其他城市，一共有 136 人遭到逮捕，而这些城市党委书记的总数也只有 146 人，高级官员中有 35 人遭到逮捕，而总数也只有 38 人，也就是说，只有 3 人幸免。

虽然赫鲁晓夫后来回忆起这一段历史，推脱责任称他在大清洗中所作所为是一种集体判决，"当调查结束而斯大林认为有必要让除去他本人以外的其他人在调查报告上签字时，他总是在当时当地的会议上签字，而后就把调查报告传给我们其余的人，而我们就签字了……可以说，我们是根据斯大林给我们的通报，在调查报告上签字的，以作为罪证。因此，这是一种集体判决"。然而这种推脱责任的说辞并不能使他免责，他对这次大清洗依然是难辞其咎。

1937 年 6 月 27 日，政治局在莫斯科抓捕多达 3.5 万名所谓的"敌人"，约有 5000 人被执行枪决。赫鲁晓夫则提议调查和处理富农。7 月 10 日，他向斯大林报告，莫斯科已经逮捕了共计 4 万多名"罪犯与富农分子"。赫鲁晓夫亲自圈定了 8500 人，认为他们应该被执行死刑。但很快麻烦也找到了赫鲁晓夫，他向卡冈诺维奇和斯大林主动坦白了他在 1923 年与托洛茨基主义的关系。斯大林得知后，让赫鲁晓夫在大会上对自己的犯罪行为做汇报。结果他在大会上获得了大家的原谅，并立即被重新选入党委。

1937 年年底，赫鲁晓夫被斯大林任命为乌克兰第一书记。

1938 年 1 月，赫鲁晓夫被派往乌克兰首府基辅。在他领导下的乌克兰明显加快了政治清洗的步伐。仅仅一年的时间，就有多达 10 万余人被逮捕。到 1940 年，这个人数更是上升到了 165565 人。在乌克兰共产党政治局与书记处里，几乎所有官员都未能幸免，几乎整个政府机构都被更换了。赫鲁晓夫自己也意识到这些被逮捕的人中有相当一部分是无辜的。

西方作家爱德华·克朗肖指出，赫鲁晓夫在年到中年的时候，为斯大林所重用，这是因为赫鲁晓夫比同时期的其他官员都更加了解底层人民的生活状况，斯大林常常夸奖赫鲁晓夫是"民粹主义者"。然而从客观角度看，赫鲁晓夫在文化水平和理论修养等各个方面，都是差强人意的，远远不是最优秀的。

不可否认的是，斯大林执政期间，他周围的人必须绝对服从和听命于斯大林，赫鲁晓夫也是如此。但是，在乌克兰境内，赫鲁晓夫掌握着绝对的独立自主的权力。深处这样的环境中，赫鲁晓夫一方面能够充分发挥他的智慧和才能，独立完成工作，但另一方面也形成了他刚愎自用、偏执、粗暴等极端性格。赫鲁晓夫在远离莫斯科的地方共掌权了 12 年，其中的 8 年左右都在乌克兰。他在这些地方可以尽量远离斯大林的控制，远离每日每时官场上的尔虞我诈和阿谀奉承，从而使他有很大的空间充分施展自己的才能和远大的理想。

1938 年，赫鲁晓夫被任命为乌克兰党中央第一书记，次年成为联共（布）中央政治局委员。

1939 年 8 月，苏联和纳粹德国签署了《苏德互不侵犯条约》。9 月 1 日，纳粹军队进攻波兰。9 月 17 日，赫鲁晓夫同苏联红军支援波兰东部。由于这一地区乌克兰族裔长期受到波兰的压迫，所以他们十分欢迎和支持苏联军队的进入，希望苏联能够帮助他们获得解放和独立。同年 11 月 1 日，西乌克兰加入了苏联的乌克兰苏维埃社会主义共和国。然而赫鲁晓夫在西乌克兰所推行的农业集体化等政策，不符合当地的实际情况和当地人民的意愿，于是当地人民逐渐拒绝接受苏联的统治。

1941 年 6 月 22 日，纳粹德国突然发动"巴巴罗萨计划"，他们不守信用，入侵苏联。此时的赫鲁晓夫正在乌克兰基辅任职。斯大林任命他为政治委员，作为军区司令的副手，负责政治工作。斯大林下令红军西南方面军要守住基辅，但基辅红军敌不过纳粹德军，赫鲁晓夫等将领战败后突围逃离。

1942 年 5 月 12 日，赫鲁晓夫率领的 64 万人的军队和德军进行了一场大规模战斗。苏联军队取得了胜利，然而到了 5 天后，纳粹德军从侧翼发起进攻，逐渐获得了优势，苏军由此节节败退。在斯大林的指示下，苏军没有撤退，导致苏军最终损失相当惨重，共计大约 26.7 万人死亡或者被俘虏。战后，铁木辛哥因指挥失败被停职，而赫鲁晓夫却得到了和铁木辛哥截然不同的待遇，他被召回莫斯科，没有遭到惩处，反而再次被派往一线指挥作战。

1942 年 8 月，斯大林格勒战役打响。赫鲁晓夫又被派往斯大林格勒前线指挥作战。赫鲁晓夫和安德烈·叶廖缅科准备了一份作战计划，可总参谋部最终选择接受了朱可夫提出的天王星作战计划。最终，苏军方面取得了战争的胜利，成功守住了斯大林格勒，然而这一战伤亡惨重，使得苏联军队元气大伤。

1943 年 6 月，赫鲁晓夫随军参与了库尔斯克战役。同年 11 月，他又参加了在基辅的作战，与苏军一道打败了基辅的敌军。不久后，赫鲁晓夫被任命为乌克兰人民委员会主席，兼任党的中央委员会第一书记。战争给乌克兰带来了巨大的损失：大量人口流亡，数以万计的工业企业和农庄被尽数摧毁。赫鲁晓夫重返乌克兰之后面临十分艰巨的任务，他重新加强党的控制，重建国民经济，并且打击西乌克兰地区的民族主义游击分子，恢复秩序。1944 年 4 月，50 岁的赫鲁晓夫获得了他人生中的第二枚列宁勋章。

1945 年，乌克兰突发大规模旱灾。而此时苏联政府却提高了粮食的上缴数额，这无疑对乌克兰地区的饥荒更加雪上加霜，当地的百姓苦不堪言，经常饿肚子，甚至还出现了人吃人的惨象。

1946 年 10 月至 12 月，赫鲁晓夫请求斯大林降低粮食上缴的配额，并向斯大林建议发放粮食供应卡，使农村人民有最低的食物保障，却因此受到了斯大林的严厉批评，一度丧失了斯大林的信任。后来，赫鲁晓夫亲自来到莫斯科劝说斯大林，斯大林虽然最终妥协，但将卡冈诺维奇派往乌克兰协助赫鲁晓夫工作，显示了对赫鲁晓夫的不信任。乌克兰中央议会推举卡冈诺维奇为第一党委书记，代替赫鲁晓夫的职务。一年以后，食品供应情况有所好转。1947 年 10 月，卡冈诺维奇和赫鲁晓夫共同向斯大林汇报了全乌克兰灾情有所好转，并已经提前完成粮食收购计划的消息。

1947 年年末，卡冈诺维奇从乌克兰重新回到莫斯科，赫鲁晓夫继续担任乌克兰第一党委书记的职务。在乌克兰做第一党委书记的最后两年时间，乌克兰发展得尤其顺利，粮食产量完成并超过了计划目标，1949 年中期，集体化也已经初见成效。赫鲁晓夫给了乌克兰人民很高的评价，将乌克兰发展的功劳归结于勤劳勇敢的乌克兰人民。

1949 年，赫鲁晓夫任中央书记兼莫斯科市委第一书记。这一年，全国上上下下都在筹备斯大林七十寿辰的各种庆祝活动。在大剧院举行的庆祝斯大林七十寿辰的大会上，赫鲁晓夫和毛泽东分别就座于斯大林左右，可见在斯大林心中，赫鲁晓夫的地位是非常之高的，斯大林对赫鲁晓夫的器重是与众不同的。

斯大林逝世前的最后几年里，他尽可能减少了会议次数，将公务改在私下的宴会上处理。赫鲁晓夫就是斯大林最常招待的宾客之一。斯大林喜欢将他信任的部下们召集到克里姆林宫，一起看电影、吃饭、喝酒。他们经常喝醉，很多时候斯大林会让赫鲁晓夫表演乌克兰的传统舞蹈。

在担任莫斯科党委书记期间，赫鲁晓夫面临着一系列复杂的政治和经济问题。首先是住宅问题，莫斯科的住宅很少，人们不得不挤在拥挤的住宅中，有的甚至是几家人共用一套住宅或者住在临时的工棚中。赫鲁晓夫增加住宅数量并采用加强型水泥对当地住房进行了改造，使得住房危机得以解决。这种实用而简约的住房后来被称为"赫鲁晓夫楼"。其次是农业问题，他看到之前农业政策的不公正，于是将莫斯科附近的集体农场合并为更大的农业城市，从而大大提高了农业生产效率。此外，还有包括畜牧业、土地、领导干部管理等大大小小多个问题。在赫鲁晓夫任莫斯科党委书记期间这些问题都在一定程度上得到了缓解和解决，取得了成效，这些功绩是不可否认的。

1953 年 3 月 1 日，斯大林患上了严重的中风，医生确诊其为脑出血、身体部分瘫痪和失语。仅仅 4 天后，1953 年 3 月 5 日，斯大林离开了人世。斯大林去世之前，一些国家高级领导人之间关系本身就比较紧张，斯大林还试图激化矛盾。赫鲁晓夫担心政权会落入他人手中，尤其是贝利亚之手。于是斯大林临终前，赫鲁晓夫就私下与布尔加宁两人讨论决定阻止贝利亚掌管国家安全部。斯大林去世后，赫鲁晓夫担任苏共中央书记一职。实际上，赫鲁晓夫已经领导了整个苏共中央工作。此时的赫鲁晓夫是唯一进入苏共中央主席团的书记处成员，并担任斯大林治丧委员会的主任。此后，赫鲁晓夫策划实施了军事政变，清除了以贝利亚为首的政治集团。1953 年 9

月 3 日，赫鲁晓夫当选为苏共中央第一书记。

权力的巅峰与瓦解

1956 年 2 月 16 日，在赫鲁晓夫主持下，苏共二十大正式开幕。虽然二十大同十九大相比仅仅过去了 4 年的时间，但是这次参会的代表几乎全部换成了新人，党和国家各级领导人都进行了更替。在大会开幕式上，赫鲁晓夫提议代表们起立同时为斯大林、哥特瓦尔德、德田球一这三位共产主义运动活动家默哀。但是在大会上的总结报告和发言中，赫鲁晓夫却没有任何称赞斯大林的言辞。大会开幕几天以后，赫鲁晓夫又召集党和国家的主要领导人，说了大致如下一番话："代表大会开幕以后，领导机关就失去效力。只有代表大会本身才拥有解决一切主要问题的权利。我在代表苏共中央所做的总结报告中，对斯大林的个人崇拜及其后果做了报告。但是谁也不能禁止我就这个问题以普通代表的身份在一次会议上发言。"这可以说是最后通牒，反对者们也明白他们只能服从赫鲁晓夫。经谈判后最终决定，以中央委员会的名义发布关于个人崇拜的报告。

苏共二十大以后，党和国家领导层内部对赫鲁晓夫反对的意见越来越大。1956 年 4 月和 5 月间，对斯大林的个人崇拜的批判活动被叫停。《真理报》转载了中国《人民日报》的一篇文章，文章对斯大林做出了一些评价，表示斯大林功大于过，而在他的过错中，还有一些是有益的，这些过错能够丰富无产阶级专政经验。代表大会指示中央委员会"要坚持不懈地采取措施，来彻底克服与马克思列宁主义格格不入的个人崇拜，并肃清其在党和国家以及意识形态领域的一切流毒……"

1956 年 4 月，布尔加宁和赫鲁晓夫对英国进行了国事访问。在欢迎苏联领导人宴会上，赫鲁晓夫与不久之前辞去英国首相职位的丘吉尔相邻而坐，两人交谈了将近两个小时，相谈甚欢，随后还一道访问了著名学府牛津大学。1956 年 5 月，法国代表团访问了莫斯科。然而这几次国家间的会晤并未能从根本上缓和苏联的外交关系。1956 年春天，领导人在莫斯科接待了朝鲜领导人金日成、伊朗国王巴列维和联合国秘书长马舍尔德等。1956 年夏天，苏伊士运河被埃及收回，使该地区的紧张形势加剧。

1957 年 6 月 18 日，苏联举行中央主席团会议，会议提出对赫鲁晓夫的一系列指控，并商议解除赫鲁晓夫在党内的职务。但是赫鲁晓夫在百姓中呼声极高，而且在多数苏共中央党员中也享有很好的声誉。赫鲁晓夫凭借经济上的政绩和外交方面的成就驳回了所有的指控。

1958 年 3 月，第五届最高苏维埃第一次会议上，伏洛希洛夫提议任命赫鲁晓夫为下一届苏联部长会议主席，这一建议被通过了。因此赫鲁晓夫在继续担任苏共中央第一主席的同时还担任政府首脑的职务，并且还兼任苏联国防委员会主席。赫鲁晓夫此时拥有巨大的权力，他把持着苏联的军事权力、经济权力以及外交活动的权力。

1961 年，苏共第二十二次代表大会召开。大会上，赫鲁晓夫大力推行全民国家、全民党等制度，并提出 "1980 年基本建成共产主义" 的目标。

1964 年 10 月 14 日。在苏共中央全会上，赫鲁晓夫被解除了苏共中央第一书记职务，次日又被解除其苏联部长会议主席职务。赫鲁晓夫受到了十五个方面的指控，这些指控包含方方面面，有些是确有其事，有些也有夸大的成分在里面。赫鲁晓夫面对控告则是保持沉默。这次政变被称为 "赫鲁晓夫政变"。

1971 年 9 月 11 日，赫鲁晓夫病逝于莫斯科，享年 77 岁。直至两天后，苏联人民才得知这一消息。赫鲁晓夫病逝后，官方没有发布讣告，没有公布葬礼的时间和地点。谁也未曾想到，赫鲁晓夫的一生竟是以这样的方式结束的！

参考文献：

［1］［美］威廉·陶伯曼：《赫鲁晓夫全传》，王跃进译，中国社会科学出版社 2009年版。

［2］［美］格雷弗·弗：《苏共二十大："秘密报告"与赫鲁晓夫的谎言》，马维先译，社会科学文献出版社 2015 年版。

［3］徐隆彬：《赫鲁晓夫传》，山东大学出版社 2005 年版。

解散苏共的总书记戈尔巴乔夫

米哈伊尔·谢尔盖耶维奇·戈尔巴乔夫（Mihail Sergeyevich Gorbachev，1931—2022），生于普里沃尔诺耶，毕业于莫斯科大学法律系。他曾担任苏联中央总书记、苏联最高苏维埃主席团主席，是苏联最后一任国家领导人。戈尔巴乔夫也被认为是 20 世纪下半叶最重要的人物之一。他曾获诺贝尔和平奖、美国自由勋章、圣安德烈勋章等荣誉。在他执政期间推行了"戈尔巴乔夫改革"。

戈尔巴乔夫从小就对世界充满好奇，对知识的渴望超过了同龄人。在20 多岁时，他的眼界就十分开阔。在性格上，他更像开明的西方富商，而不像迂腐的知识分子。他善于学习，并且一直进行自我训练。他对权力难以抗拒。不过，他的信念和想法不完全来源于他读过的书，更多是来源于他的童年经历和所接受的教育。

戈尔巴乔夫出身于俄罗斯南部边疆区的一个普通的农民家庭。他的父亲谢尔盖·戈尔巴乔夫是一位勤劳的农民。谢尔盖聪明、坚强、吃苦耐劳，有好奇心，有仁爱之心，是戈尔巴乔夫的慈父，也是他信赖的朋友和他学习的榜样。20 世纪 30—40 年代，童年时期的戈尔巴乔夫经历了一系列变故，农村生活的固定模式土崩瓦解，大饥荒、外祖父入狱、战争等。此时，斯大林号召农民离开私有土地，加入集体农庄，向国家交纳粮食。由于这种不合理的政策，农民们为了生活不得不进行抵制，一些地区甚至发生了叛乱。很多抵制者、叛乱者被运到"古拉格"（也就是劳改营）。戈尔巴乔夫的外祖父捷列伊被指控为托派分子，受到了一年多的调查，在此过程中饱受折磨，甚至一度被下令处死，好在最后经检察院核实，认定捷列伊无罪。这些经历对少年时代的戈尔巴乔夫产生了重大影响，戈尔巴乔夫称，

"斯大林政府把农民当作农奴来对待。因此，农村人比城市人更加怀疑现存秩序的公正性，这就不是巧合。与我的城市同学不同，诸如'集体化'和'集体农庄制度'概念对我来说不仅仅是理论，而且是现实。我通过亲身经历认识到集体化和集体农庄有多么不公正"。

在戈尔巴乔夫 10 岁那年，战争打破了他和家人的宁静生活——德国入侵苏联。戈尔巴乔夫的家庭也受到了影响，他的父亲和哥哥都参军入伍。两年后，戈尔巴乔夫的哥哥库尔斯克在战争中牺牲，父亲也负伤了，戈尔巴乔夫本人则是在战争中中断了学业。战争期间，年幼的戈尔巴乔夫、他的母亲以及留在村中的村民被迫承受身体和心理上的双重压力。他们忍饥挨饿，食不果腹、衣不遮体。周围不断有邻居收到家中男人在战争中牺牲的通知书，他们在这场战争中失去了丈夫、儿子或者恋人。与此同时，他们还必须在集体农庄拼命干活，打理家中的事务。他们担心食物、担心战争、担心亲人……总之，什么都需要担心。

在战争期间，戈尔巴乔夫由他的祖父安德烈代为抚养。祖父祖母十分疼爱这个聪明好学的孙子，不仅在生活上无微不至地照顾他，还常常给他讲有意思的小故事。年少的戈尔巴乔夫深受影响，在以后的学习中对语言产生了浓厚的兴趣。在后来担任苏联领导人期间，戈尔巴乔夫喜欢借用民间故事来表达观点。可见，少年时代祖父母的教育带给他的影响是正面且积极的。

战争结束后，中断了两年学业的戈尔巴乔夫终于返回了学校。母亲对他的期望很高：为支持他读书学习，母亲变卖了家中值钱的东西为戈尔巴乔夫买了许多书籍。戈尔巴乔夫读到了托马斯·里德、维萨里昂·别林斯基、亚历山大·普希金、尼古拉·果戈理和米哈伊尔·莱蒙托夫等人的著作，这些著作不仅激发了他学习的兴趣，在各个科目取得优异成绩，也陶冶了他的文学情操。

战争结束后，戈尔巴乔夫的父亲因伤复员回到家中，在当地的农机站当联合收割机操作员。而戈尔巴乔夫则在农忙时期成为父亲的助手。此时，戈尔巴乔夫已经加入苏联政治青年组织共青团，成为当地团体的领导人。因工作认真踏实，效率高，戈尔巴乔夫得到了象征荣誉的劳动红旗勋章。对于少年戈尔巴乔夫来说，这份工作虽然辛苦，但是十分有意义，也很快乐，他在工作中学会了忍耐和与逆境做斗争，并与所有工友都建立起了长期的朋友关系。

1950 年秋，戈尔巴乔夫考入了梦寐以求的莫斯科大学法律系。在这里他还遇到了自己的终身伴侣——赖莎·戈尔巴乔娃。最终戈尔巴乔夫以《群众参与管理国家问题：基于地方苏维埃的考察》为毕业论文，顺利毕业。

在这里，老师和同学们给了他很高的评价。大学时期，他开始对政治抱有浓厚兴趣。在大学期间，戈尔巴乔夫担任法学院的团委书记，加入了苏联共产党，成为正式的苏联共产党员。这是戈尔巴乔夫政治生涯的起点。

革命的启航

据戈尔巴乔夫自己回忆，早在他 17 岁时，他的革命事业就已经启航了。"近年来我在向大批公众发表演讲时，经常说我的社会和政治生涯实际上可以追溯到 1948 年。当时，我在克拉斯诺格瓦德斯基地区的几个不同村庄完成八年级学业后，与其他同学一起去边疆区中心上中学。共青团组织的第一次活动是选举共青团书记。每个团小组推选自己的候选人，普利沃诺耶村团小组提出的候选人就是我。"

从莫斯科大学法律系毕业后，戈尔巴乔夫决定和妻子一起回到家乡。在这里，戈尔巴乔夫曾任边疆区检察院成员，斯塔夫罗波尔市团委第一书记，苏联共产主义青年团边疆区委宣传部副部长，边疆区团委第一、第二书记。

为了提升自己的工作能力，戈尔巴乔夫不断进取，在斯塔夫罗波尔农业学院上夜校，学习农学，并于 1966 年获得了农业经济学的学位。

在任苏共斯塔夫罗波尔市委第一书记期间（1966—1968），戈尔巴乔夫努力解决当地的种种问题，非常敬业、高效和务实。此时恰逢苏共二十三大提出要大力发展中小城市。戈尔巴乔夫在当地所做的工作主要包括两点：第一，他推进住宅建设工业化和社会化。第二，建立职业培训学校，为企业培训工人。此时戈尔巴乔夫的家庭生活也发生了巨大变化。搬进了宽敞的公寓，购置了一些生活电器，女儿伊琳娜也渐渐长大，她热爱读书，成绩优异，非常可爱。

戈尔巴乔夫的仕途一帆风顺。1968 年，他被任命为苏共斯塔夫罗波尔边疆区团委第二书记，两年后又被提拔为边疆区团委第一书记，此时他年仅39岁。这一方面是因为中央委员会的支持，希望领导班子中既有经验的干部，又有年轻力量。另一方面也是因为戈尔巴乔夫是边疆区当地人，了解当地的实际情况。任职期间，戈尔巴乔夫制定了农业发展规划，通过技术手段提高生产产地专业化和集中化，确保稳定的收成，改善农民生活。

随着事业的不断推进，戈尔巴乔夫在苏联政治舞台中的角色愈发凸显。1971年，戈尔巴乔夫当选为苏共中央委员；三年后，他又当选为苏联最高苏维埃代表。戈尔巴乔夫深受苏共信任，因此作为苏联代表团代表造访西欧。1970年至1977年间，他曾造访意大利、比利时、荷兰、法国等国。在此机缘下，戈尔巴乔夫接触到安东尼奥·葛兰西、路易斯·阿拉贡、罗杰·加劳迪和朱塞佩·博法等西方马克思主义作家的著作，拓宽了自己的理论视野。

大胆的开端

1978年，戈尔巴乔夫遇到了仕途上的重要时刻。他的上司库拉科夫突然因心脏病去世。戈尔巴乔夫顺理成章成了库拉科夫的继任者、进入了莫斯科的领导班子，担任中央书记处书记，并当选为主管苏联农业部的书记。当时戈尔巴乔夫只有47岁，远比其他领导人年轻。但戈尔巴乔夫没有自傲，而是尽量保持着低姿态，谨言慎行。戈尔巴乔夫"早期工作的重点是掌握农业方面的情况，以评估解决现存问题的机会并且从总体上制定农业政策规划"。他的政绩也相当不错，以粮食生产为例，1978年的粮食产量大约为2.37亿吨，可以说是苏联历史上的最好成绩。

戈尔巴乔夫一直在为《食品纲要》做准备。1981至1982年，冬夏食品严重匮乏，为了不使人民挨饿，政府必须想办法采取行动。同年5月，政府出台了粮食计划，戈尔巴乔夫却认为这个计划缺乏经验，不切实际，于是并不接受这个粮食计划。

从实际工作中总结的经验让戈尔巴乔夫心中燃起某种改革的思绪。然而勃列日涅夫执政晚期的政局让他失望。在他看来，许多社会改革本应该启动，许多负面进程本应该停止，但都被搁置了。他自己说道："评价勃列日涅夫时代的关键之处是其无法应对时代的挑战。紧抓着旧的教条和思想不放，否认科学技术已经开始发生深刻变化，生活条件已经开始发生深刻变化……这为我国的变革制造了巨大的障碍，已经走入死胡同，注定会处于落后状态并陷入深刻的社会危机。"

直到 1982 年 5 月安德罗波夫上台后，戈尔巴乔夫才有了施展拳脚的机会。安德罗波夫出席活动的时候总要带着戈尔巴乔夫并和他站在一起。安德罗波夫鼓励戈尔巴乔夫将事业扩展到农业以外的领域，为他未来担任更高职位做好准备。戈尔巴乔夫开始负责外交工作，在 1983 年访问了加拿大。然而戈尔巴乔夫希望安德罗波夫推行自由化改革，但后者只进行了人事调整，没有实质性的改革。

1983 年夏天，安德罗波夫身体出现了严重问题。他自己也非常清楚自己时日无多，所以有意将戈尔巴乔夫推到台前并且提议由戈尔巴乔夫主持书记处工作。戈尔巴乔夫在安德罗波夫的助力下升任为政治局的核心成员管理国家的农业、经济、教育和外交事务等，对国家存在的问题提出了明确的想法和解决措施。

安德罗波夫去世前希望戈尔巴乔夫继任。但政治局普遍认为戈尔巴乔夫太年轻，难以委以重任。于是由契尔年科担任苏共总书记把持大局，当契尔年科不在的时候，由戈尔巴乔夫主持政治局例会。然而此时苏共内部的分歧明显，激进改革派和强硬保守派斗争激烈。戈尔巴乔夫在一次关于苏联意识形态的会议上发表了以社会民主化为主题的会议报告，暗示国家需要改革，激怒了苏共党内强硬的保守派。于是，戈尔巴乔夫转任虚职，担任苏联立法机关外交事务委员会主席。在此期间，戈尔巴乔夫率苏维埃代表团访问英国，撒切尔首相对戈尔巴乔夫这个年轻的领导人有着相当高的评价，称他为"我可以与之打交道的人"。这正是戈尔巴乔夫给当时的西方世界留下的印象。在西方人眼里，戈尔巴乔夫对待问题相当认真，态度沉着而自信，而且气场十足。

1985 年 3 月 10 日，契尔年科病逝。戈尔巴乔夫当选苏共中央书记和苏联国防会议主席，成为苏联第八任领导人。由此正式成为苏联权力舞台的核心。

动乱中的重重阻力

戈尔巴乔夫有着远大的抱负，一直想要改革经济和管理体制，加强法治建设，维持和平的外交。而当选国家领导人，使得他终于可以放开手脚，亲自推动改革。但改革遇到的阻力也不可小觑。

戈尔巴乔夫将自己的改革称作"perestroika"，旨在重组社会和经济。具体来说，戈尔巴乔夫将改革的第一阶段（1985—1986）称为"加速（uskorenie)"和"开放（glasnost)"。戈尔巴乔夫上任不久就改组政治局，撤换一部分干部，提拔了一批受过良好教育的官员，以保证后续改革政策顺利推行。他发现干部和管理体系中存在严重问题，"除非放弃从现有官僚中任用干部的机制和政策（关键职务的安排局限于从党内行政精英中选拔任用），坚持对党和社会民主化的道路，否则国家的人事状况不可能发生改变"。

戈尔巴乔夫将改革的初步目标定位"支撑中央计划经济"，试图通过增加劳动力参与工业生产来摆脱对经济的技术官僚管理。而且他强调公开是确保改革的必要措施，进而提升言论和新闻自由水平。在外交政策上，戈尔巴乔夫将退出战争视为首要任务，并且缓和与美国、中国、印度的外交关系。但戈尔巴乔夫的改革政策遭到各方面反对。党内一些激进者认为戈尔巴乔夫的改革力度还不够。党内保守派又强调苏联的意识形态问题，将斯大林及其罪行被又一次提上政治局讨论议程。

戈尔巴乔夫改革的第二阶段（1987—1989）坚持经济深化改革和社会舆论管控的持续开放。在此基础上，戈尔巴乔夫试图进行政治民主化改革。在1988年6月召开的苏共第十九次全国代表会议上，戈尔巴乔夫提出了政治体制改革方案，将权力从政治局转移到苏维埃手中。戈尔巴乔夫提议成立一个新的机构，即人民代表大会，其成员基本上是通过自由投票选举产生的。这次代表大会选出一个苏联最高苏维埃，负责大部分立法工作。

这一时期戈尔巴乔夫还集中精力重新设计和精简党的机构，妥善处理苏联的"国籍问题"，在外交上改善与英国、法国和西德的关系，推动苏中关系进一步发展，公开推动核裁军。

然而戈尔巴乔夫的改革没有阻止苏联解体的脚步。1990年年初，在戈尔巴乔夫推动下，苏联《宪法》废除关于保障苏共垄断政权的条款，决定允许各党派之间相互竞争，实行自由选举。随即在苏联第三次人民代表大会上，戈尔巴乔夫被推选为苏联首任总统，成为历史上第一位，也是唯一一位苏联总统。

但苏联总统戈尔巴乔夫此时还没有注意到东欧政局巨变，也没有注意到国内局势的微妙。1989 年以来中东欧大多数马列主义国家举行多党选举，导致政权更迭；东西德统一，苏联对德国的影响力减弱。而在国内，戈尔巴乔夫受强硬的保守派和激进的自由派的双重抵抗。前者指责他使国家陷入"无政府状态"，牺牲了苏联和马克思列宁主义事业；后者则主张，需要迅速过渡到市场经济，并以"民主俄罗斯"的自由派联盟，挑战戈尔巴乔夫领导的苏共政权。

1991 年 8 月 19 日，戈尔巴乔夫在福罗斯度假时遭到软禁，切断了和外界的一切联系。苏联副总统亚纳耶夫宣称戈尔巴乔夫因身患重病已不能履行总统职务。8 月 21 日，戈尔巴乔夫称自己身体没有问题，将继续担任总统。8 月 24 日，国家紧急状态委员会的预谋失败，戈尔巴乔夫也辞去苏共中央总书记的职务，解散了中央委员会并解散了政府中的所有党单位。这场动乱导致莫斯科政府失去了大部分影响力，许多共和国在接下来的几天和几个月内宣布独立，脱离苏联。而到 9 月底，戈尔巴乔夫不再有能力影响莫斯科以外地区。叶利钦已经开始接管苏联政府。随着苏联的解体，戈尔巴乔夫也在 1991 年 12 月 25 日晚的全国电视讲话中，辞去苏联总统职务。

豪情依旧在　功过任评说

离任后的戈尔巴乔夫没有放弃政治野望。他开始筹建"戈尔巴乔夫国际社会经济理论研究基金会"，分析和出版有关改革历史的材料，监督和批评后苏联时期的俄罗斯。

他先是参加了 1996 年的俄罗斯总统选举，但支持率非常低。四年后戈尔巴乔夫帮助组建了俄罗斯联合社会民主党。随后不久戈尔巴乔夫的政党与社会民主党合并，成立了俄罗斯社会民主党，发起社会民主党联盟运动，但未能在俄罗斯政局中取得一席之地。由此，戈尔巴乔夫以在野政治家的身份针砭时弊，参与到俄罗斯的国家政治和国家形象建设等事务。

在这一时期，戈尔巴乔夫毁誉参半。

俄罗斯当局仍给予其足够的尊重。2006年3月2日，普京在祝贺戈尔巴乔夫75岁生日时称他是影响当代世界历史进程的国务活动家之一，是国际关系领域开始向开放政策过渡的重要人物。梅德韦杰夫也很尊敬戈尔巴乔夫，授予其俄罗斯最高荣誉勋章——圣安德鲁勋章。梅德韦杰夫承认戈尔巴乔夫是在特别复杂、特别艰难的时刻领导了国家，为国家做出了难以估量的贡献。俄罗斯的一些政客给予他很高评价。人民自由党认为戈尔巴乔夫是20世纪最伟大的政治家之一，他主要的功绩在于结束了冷战的局面，让俄罗斯获得了成为现代化的、开放的和自由国家的历史性机会。康斯坦丁·季托夫认为戈尔巴乔夫是一位重量级人物，为国家做出了巨大而有益的贡献。正是戈尔巴乔夫的改革使得国家转向了民主，从而才会有了当代的俄罗斯。

批评戈尔巴乔夫的人仍有很多。俄国共产党将戈尔巴乔夫视作社会主义事业的背叛者。俄自由民主党坚称戈尔巴乔夫是苏联文明的摧毁者，将苏联这样强大的国家在没有战争的情况下内部瓦解。俄罗斯国家杜马统一俄罗斯党党团第一副主席弗拉基米尔·佩赫京严厉批判戈尔巴乔夫是国家的叛徒，称他在任期间所做出的一切改革不过是出于自己的野心，对国家没有益处，反而使国家走向毁灭。更重要的是，他被俄罗斯自由民主党等政治势力追责。俄罗斯部分议员致函总检察长柴卡，要求重新调查苏联解体事件的始末。一旦俄总检察院认定苏联解体非法，那么年逾古稀的戈尔巴乔夫将遭到严峻的刑事指控。而戈尔巴乔夫认为俄罗斯自由民主党对他的指控是在恶意制造紧张的氛围。戈尔巴乔夫将苏联解体的主要责任归结为俄罗斯联邦的第一任总统叶利钦，因为叶利钦所主张的改革方针是非常不负责任的。不过他也坦言苏联解体的确有他不可推脱的一部分责任，他对自己没能控制住国内国外的局面感到非常后悔。

2022年8月30日，戈尔巴乔夫在莫斯科逝世，享年91岁。

十月革命一声炮响为中国送来了马列主义。从此开始，苏联的革命经验就对中国革命事业产生极大的推动作用和借鉴意义。戈尔巴乔夫的改革及其对苏联解体的责任无疑能够引发当下的反思。

戈尔巴乔夫出身于普通的农民家庭，他靠着自己的努力和坚持，将自己的一生奉献给苏联，试图改革苏联固有的模式，使国家摆脱困境，真正走上富强的道路。戈尔巴乔夫既有拥趸，也有反对者。前者希望他能始终担任国家领导人，担心他下台后苏联很可能会出现经济下滑和信仰缺失等问题；后者认为戈尔巴乔夫是危险人物，虽然他务实，但他的一些决定粉碎了人们的共产主义理想信念。

戈尔巴乔夫的政治生涯波澜起伏，甚至可以说是一场赌局。在苏联解体前的人民眼里，戈尔巴乔夫更像是个反面角色，而其对手叶利钦是正面角色。叶利钦的作风大胆、灵活，敢于挑战当时僵化的党政机构，为当时僵死的机构和局势注入了新鲜的活力。而戈尔巴乔夫曾经当面表达过对叶利钦不满，他批评叶利钦"工作有两个特点：依赖行政手段，而全然不顾改革的民主性质；再就是民粹主义"，并先后免除了叶利钦莫斯科党委第一书记、中央政治局候补委员职务和部长级职务。至此，叶利钦被彻底从政坛除名。然而 1989 年 3 月，叶利钦以 89.4% 的高得票率当选苏联国会议员，得以重返政坛。1990 年 5 月俄罗斯联邦举行第一次人民代表大会，他成为俄联邦最高苏维埃主席，两个月后，在苏共二十八大上，以叶利钦为代表的"民主反对势力"对改造苏联社会提出了方案，但大会没有接纳这一提议，会议结束后他随即宣布退出苏联共产党，主动结束了坎坷的党内政治生涯。

戈尔巴乔夫的改革及其失败最终给我们带来如下启示。

一是要坚持党的领导。戈尔巴乔夫为了改革顺利推动而调整组织结构和人事关系，这一点无可厚非。但应考虑到历史的发展进程，不可操之过急。更为重要的是，戈尔巴乔夫不能主动放弃党对国家工作的领导地位。这种"主动放弃"不仅丧失党的合法性，而且使得苏联解体前"政出多门"，加剧了政局动荡。

二是要巩固共产主义信仰。在戈尔巴乔夫领导苏联的时间里，共产主义的信仰实际上已经被抛弃了。苏联人民缺乏意识形态引导，产生了信仰危机，带来了很多本来可以避免的社会问题。苏联完全可以充分利用自己国家工业基础强、人才多等优势不断发展，同时应尽量避免同欧美大国进行军备竞赛所造成的资源浪费。而信仰的缺失最终使得戈尔巴乔夫的诸多软弱做法使得苏联内部凝聚力大为削弱，导致对东欧剧变和苏联解体束手无策。

三是要加强意识形态建设。戈尔巴乔夫在改革过程中强调"开放"，主动放松党对报刊、电视媒体、学术研究等意识形态领域的管控，鼓励知识分子议政，最终使得苏共的权威和合法性丧失殆尽。各加盟国本以坚固的意识形态维系苏维埃联盟，而意识形态主导权的丧失致使加盟国纷纷独立，最终使苏联政权分崩离析。

参考文献：

［1］［俄］米·谢·戈尔巴乔夫：《"真相"与自白：戈尔巴乔夫回忆录》，述弢等译，社会科学文献出版社 2002 年版。

［2］薛小荣、王萍：《来自上面的革命：戈尔巴乔夫时期的政治体制改革》，天津人民出版社 2017 年版。

［3］［俄］博尔金：《戈尔巴乔夫沉浮录》，李永全等译，中央编译出版社 1996 年版。

美共总书记白劳德

美国共产党总书记厄尔·白劳德（1891—1973）是一位颇具争议的共运领袖。他是美国共产党曾经的总书记，也是国际知名的共运领袖。一方面，他捍卫民主与和平，尝试带领美共走出一条适合美国的社会主义道路。但另一方面，他又因为"白劳德主义"以及"解散"美国共产党的行为，长期被批判为"修正主义者"，最终还被开除出党。

他始终反对将马克思主义教条化，坚持结合美国实际开展社会主义运动。他的错误也与共产国际的路线和决议有着莫大的关系。他的路线之所以遭到全盘否定，也在一定程度上受到了党内"左"倾和教条主义的影响。可以说，白劳德一生都在艰难地探索美国道路，其中不乏适应美国国情的合理之处，但也犯了一些错误。总而言之，厄尔·白劳德是美国共运史乃至国际共运史都难以绕开的一个重要人物。

早年革命路崎岖

1891年5月20日，厄尔·白劳德出身在美国堪萨斯州威奇塔市一个教师家庭。他早在少年时代就加入了反对资本主义制度和帝国主义战争的斗争，为此甚至两度入狱。早年崎岖的革命道路成为他一生跌宕起伏的共运事业的开端。

白劳德的祖先来自英国，两百多年前移居美国。他的父亲是威尔士裔，母亲一系是苏格兰血统。白劳德的祖父还曾经参加过1812年的第二次美英战争。厄尔·白劳德是家中第八个孩子。他的父亲威廉·白劳德是一位小学教师，也是一名牧师。威廉·白劳德充满政治热情，关心时局。他支持平民党和社会主义。他的教导给厄尔·白劳德很大影响，他们家中经常会有很多社会主义倾向的报刊。母亲玛莎·汉金斯有着很高的文学素养，经常为孩子们讲述进步书籍。在父母的教导与启蒙下，白劳德一家人里共有四个兄弟先后投身于美国共产主义运动。

这个教师家庭的生活并不富足，白劳德深切地体验过做童工的贫苦生活。在他 9 岁时，父亲因病失去工作能力，仅仅上了三年学的厄尔·白劳德为了维持家中生计，不得不辍学打工。他做过百货商店的使童、"西部联盟"的信使、办公室勤杂员、药材公司会计等工作。

这些童年经历使得白劳德很早地接触了社会主义思想，也使他对劳动人民的穷困生活有了直观的体会。阶级意识也正在这段时间里萌发，不断激发他参与工人运动的热情。就在 1907 年，白劳德随父亲参加了美国社会党。那一年，他十六岁。

从社会党到工团组织

加入美国社会党是白劳德近四十年政治生涯的开端。1911 年，他移居密苏里州的堪萨斯市，这个时期一边做职员工作，一边积极从事革命活动。

1912 年 5 月，社会党发生分裂，党的路线转向了改良主义。在社会党通过了反对暴力革命的政策并且罢免了支持工人罢工的全国执行委员海伍德之后，白劳德等左翼分子纷纷离开了社会党。1913 年退出社会党的白劳德加入了"工人教育同盟"，还协助同盟的地方报刊《劳工》的编辑工作。参与工团主义活动使他与威廉·福斯特和詹姆斯·坎农等后来的美共领导人有了接触。与福斯特观点相近，他也反对工会运动中的"双重工会主义"，主张参与到美国劳工联合会中开展工作。这段时间白劳德的生活十分充实，他一面从事职员工作，一面参与工会活动，同时还完成了林肯－杰斐逊大学法学院函授课程的学业，取得了法学学士学位。

两度入狱转变思想

第一次世界大战爆发后，白劳德公开谴责它是一场帝国主义的冲突。1916 年年底，白劳德参加了由十五名知识分子组成的"民主监督同盟"，在堪萨斯和密苏里等地活动。1917 年 4 月 6 日，美国威尔逊政府宣布参加第一次世界大战后，国会发布《兵役法》，开始大规模征兵。战争政策引发了大规模的群众性的反战抗议。"同盟"通过发表演说、散发传单，号召群众抵制《兵役法》。1917 年 5 月，白劳德等人被逮捕，11 月白劳德因拒绝兵役登记被判一年徒刑。服刑期间，他听到了十月革命胜利的消息，备受鼓舞。出狱后，他重回社会党，与坎农等左翼分子一道，争取堪萨斯支部的领导权。1919 年春，白劳德成为社会党左翼新办刊物《工人世界》的第一编辑。该刊物拥护共产主义，白劳德也撰写了大量拥护无产阶级专政的文章和评论。

1919 年 7 月，白劳德被指控"从事阴谋活动"，被判处两年徒刑。白劳德再度入狱。在狱中，他学习了宗教和经济学知识，同时对马克思和恩格斯的著作有了深入的了解，也读了一些列宁的作品。这使白劳德的思想发生彻底转变。在 1920 年年末提前出狱后，他前往纽约，在一位狱友的介绍下与当时的"统一共产党"（UCP）取得联系。在 1921 年 1 月加入美国共产党。虽然他因服刑未能参与党的成立大会，但因其创办了《工人世界》并支持过十月革命，所以被承认为美共的名誉创始人。

经历早年革命道路的艰难探索，白劳德积累了丰富的经验与学识，为他后来逐步进入美共的核心领导层打下了坚实基础。

几经辗转赢政权

正是因为白劳德早年在美国劳工联合会等工会组织的丰富经历，他有机会远赴莫斯科参加红色工会国际第一次代表大会。白劳德也由此开始展现出自己的工作能力。此后还担任过许多重要职务，最终成为美国共产党的总书记。

1921 年 7 月，白劳德因工会活动经验丰富被坎农和片山潜选定为美国工人代表团团长，化名为约瑟夫·迪克逊，与六名代表参加了莫斯科的红色工会国际第一次代表大会。会上，他被选为执行委员会。也正是在这次会议上，他见到了列宁同志。

当时的美共还处于地下状态，为了开展公开活动而成立了美国劳工联盟，并为组织一个新的革命政党做准备。回国后的白劳德加入福斯特领导的工会教育同盟，并参与美国工人党的创建工作。1921 年 12 月，美国工人党在纽约成立，白劳德成为中央执行委员会候补委员。不久后，他前往美国工人运动中心芝加哥，在工会教育同盟总部编辑《劳工先驱》。他与福斯特密切合作，争取芝加哥劳工联合会的支持，扩大党的影响力。这一时期，他专注研究经济学，他的多篇文章预测到了美国即将爆发经济萧条。

1926 年，白劳德前往莫斯科工作。同年 12 月，受红色工会国际派遣，与另两名代表组成国际劳工代表团，前往中国传达国际工人阶级对中国革命的支持，同时考察帝国主义对华剥削情况。1927 年 2 月，三人代表团抵达广州，受到热烈欢迎。随后，他们在谭平山的陪同下，前后考察了广东、江西、湖北、湖南多个省份。"四一二"反革命政变后，白劳德等人向共产国际汇报了蒋介石政府暴力镇压工人运动的情况，他还写下了《民族主义中国的内战》一书，支持中国工人阶级领导与农民和小资产阶级结盟的革命运动。5 月 20 日至 26 日，红色工会国际第二次泛太平洋劳动会议在汉口召开，会议决定由白劳德担任新成立的泛太平洋产业工会书记处书记，及机关刊物《泛太平洋工人报》主编。书记处是大会的常设机构，在上海办公，因此白劳德大部分时间都留在中国工作，直至 1928 年年底返回美国。

在华期间，白劳德不仅收集了大量调查资料、撰写报道和评论文章，还为中国革命的具体工作提供很大帮助，包括用美国公民身份掩护地下党成员以及传递秘密情报等。白劳德等人还曾帮助刘少奇摆脱日本人的纠缠。他还与宋庆龄、何香凝、周恩来、朱德等国民党左翼和中共领导人有过密切接触。后来，白劳德曾表示，在华工作的经历和交往使他在二战期间成为中国共产党与罗斯福之间最初联系的渠道。在中国工作的两年，他在国际工人运动中的声望迅速提升，同时，也由于他严格执行共产国际的政策，从而颇受莫斯科的信任。

自美国工人党创建以来，白劳德作为创始人始终处在领导层。1922 年的第二次代表大会，他从执委会候补委员升为正式委员。在党的三大到六大会议上他始终连任中执委委员，五大时又当选政治委员会候补委员。1929 年 3 月，美国工人党六大上，工人党正式更名为美国共产党，白劳德仍连任中执委委员，10 月又被增补进入美共书记处，负责鼓动和宣传工作。1930 年的美共七大上，他当选书记处行政书记。书记处共有三位书记负责领导工作，但白劳德担任行政书记期间，书记处工会书记福斯特因心脏病无法正常工作，组织书记威廉·W. 威斯顿在莫斯科和底特律工作，大部分时间不在总部纽约，因而白劳德在 1930 年到 1933 年成为党的实际领导人。从这时起，白劳德走进了美共的领导核心。直至 1934 年 4 月的美共八大，他正式当选为美共总书记。

白劳德成为美国共产党实际领导人的时期，正值全球经济大萧条由美国开始爆发、共产国际六大提出"第三时期"理论，白劳德领导下的美共执行了共产国际的指示，组织失业工人游行示威，以期将群众不满情绪转化为推翻资本主义制度的阶级斗争。

白劳德在"第三时期"遵循共产国际六大精神，特别注重黑人问题，将以往被忽视的种族压迫问题摆到重要位置，极大地调动了黑人参加共产党、参与工人运动的积极性。1934 年的美共八大上，白劳德提出一个著名的口号："共产主义是 20 世纪的美国主义。"这个口号有力地回应了反共分子从民族、国家角度对共产党的批评，体现了白劳德对共产主义本土化、共产主义与美国民主传统相结合的积极探索。遗憾的是，同许多领导人一样，白劳德也对革命形势做出了过于乐观的估计。

几经辗转，白劳德凭借自身丰富的履历以及对共产国际政策的忠实执行，最终赢得了美国共产党的最高领导地位。他的观点也开始得以深刻影响党的政策和路线，因此与福斯特等其他领导人发生冲突。由此引出了一段备受争议的历史。

造假风波再入狱

自罗斯福上台以来，美共与美国当局之间的关系前后发生多次变化。这与国际局势以及美苏关系有着直接关联。白劳德对罗斯福和罗斯福政府态度的先后变化尤为明显。在与罗斯福政府合作时，他提出"跟着罗斯福走"的口号，而与资产阶级国家决裂时，他又因护照造假的罪名被关进了监狱。

在罗斯福执政初期，白劳德和美共基本上对"罗斯福新政"持有片面的否定态度，将其指责为资本家的阴谋和法西斯主义政策。共产国际七大上，季米特洛夫批判了这种片面观点，认为真正的法西斯势力恰恰是反对新政的金融资本集团。大会还确立了反法西斯统一战线的方针。率领代表团参会的白劳德在会上当即表示拥护这一策略转变。此后，白劳德开始将斗争对象转向法西斯主义，将罗斯福看作民主的捍卫者。美共在共产国际授意下，开始支持罗斯福政策，并将罗斯福的纲领作为建立人民阵线的基本纲领。

建立人民阵线，团结一切反法西斯力量符合当时美国的国情。在工人阶级的斗争下，罗斯福政府已经做出了让步，很多政策是对劳动人民有益的，美共自然应当给予肯定。不过，白劳德此时提出的"跟着罗斯福走，一切服从罗斯福的政策"这类口号掩盖了对资产阶级民主的批判，引发了福斯特等领导人的不满。

1939 年《苏德互不侵犯条约》的签订使美共和白劳德对罗斯福政府的态度变得更加复杂。起初，在没有接到共产国际指示的情况下，白劳德等领导人只是痛斥英法资产阶级政府，但对罗斯福仍表示友好。但到了 10 月，随着莫斯科的指示越来越明确，美共正式放弃反法西斯的"人民阵线"策略，转向组织工人阶级反对帝国主义战争，同罗斯福政府决裂。白劳德表示，"并不是我们变了，而是罗斯福政府变了"。于是，美共开始谴责总统、反对有利于英法国家的"租借法"，组织反战罢工。这引来了当局对美共及其领导人的敌视。

1940 年 1 月 17 日，法院以持有假护照的罪名对白劳德等几位美共领袖进行审判。陪审团对白劳德一案的审议持续了不到一个小时，便判处四年有期徒刑和 2000 美元罚款。这个结果虽低于最高刑罚，但超过了其他同类情况的处罚。参加 1940 年总统大选的白劳德还被禁止到各地演说。1941 年 3 月 25 日，他被送往亚特兰大联邦监狱。不难看出，这次造假风波其实与美国当局与美共的紧张关系有着密切关联。不仅如此，美国国会还先后通过《史密斯法》和《伍里斯法》等反共法案，逮捕美共党员或限制其活动。

后来，为了促进美苏结盟，罗斯福特赦了白劳德。他于 1942 年 5 月 16 日被提前释放。随着国际局势的再度变迁，出狱后的白劳德将再次面对美共政策的大调整。

释放归来成焦点

在白劳德服刑期间，战争局势突变。苏德战争爆发、日军偷袭珍珠港及美国宣布参战，导致了美苏关系的重大转变并直接影响了美共的政策。被总统特赦的白劳德，再次转向支持罗斯福政府。德黑兰会议后，他更是提出了战后美苏和平共处的道路设想，这也成为党内争议的焦点。

随着美苏结盟共同对抗法西斯主义，美共不再将罗斯福政府视为反动的资产阶级政府，而是将其看作需要团结和支持的反法西斯的民主力量。美共支持对纳粹德国宣战。被罗斯福特赦出狱的白劳德与总统频繁联系。1942 年至 1945 年间，他们的中间联络人曾受到总统约 40 次秘密接见，向总统传递白劳德的政治观点。

美国共产党积极重建反法西斯阵线，赢得了美国人民的支持，也壮大了国际反法西斯力量。美共组织的支持苏联、反对法西斯的群众示威运动也影响罗斯福政府的政策，一些政要也被派遣到会以表达政府的支持态度。

1943 年 11 月末，苏、美、英三国元首在德黑兰会议达成一致，决议开辟欧洲第二战场。这场重要的国际会议不仅巩固了三国的战时同盟关系，还为战后苏联与资本主义民主国家之间和平相处提供了良好的前景。德黑兰会议召开后，白劳德对其持续关注，不仅发表了大量的评论和演说，还在 1944 年出版了著名的《德黑兰：我们在战争与和平中的道路》。这本书中表达出来的观点成为白劳德和福斯特等人观点和路线冲突的关键。

白劳德十分重视德黑兰会议带来的团结，他认为德黑兰道路是取得战争胜利以及战后世界和平的伟大道路。他主张，为了战胜共同的敌人——法西斯主义，苏、美、英等大国应当做出妥协，以赢得相互信任；同时也要反对殖民主义，将亚、非、拉民族解放力量团结起来；美国人民也应当支持正义战争，放弃党派斗争和罢工，支持罗斯福总统连任。更重要的是他关于战后国际秩序以及美国共产主义的道路的设想。他主张美苏之间放下意识形态对立，使资本主义和社会主义实现长久和平共存。而美国的马克思主义者和社会主义者未来的工作方向则是"正视战后世界复兴时期的一个资本主义美国的前景及一切后果"，以团结最民主和最进步的多数的方式实现德黑兰政策。为了实现和平合作，美国政府要废除种族压迫制度，取消反共法案。而共产党也将为了实现团结，改变自身的组织形式和名称。在 1944 年 5 月的美共第十次大会上，白劳德提议解散美国共产党，改建为一个非党派的政治组织——共产主义政治协会。

尽管白劳德称自己的计划是以马克思主义为指导的，但在美共另一位领导人威廉·福斯特看来，白劳德的主张和行动无疑是在向资本主义制度投降。

路线之争与失势

白劳德的主张遭到了美共的党主席福斯特等人的严厉批判，引发了党内又一次尖锐的路线之争。随着莫斯科的干预，支持福斯特的少数派慢慢变为多数派，白劳德最后被开除出党。

白劳德提出的路线与主张，很大程度是符合当时的国际局势和美国实际情况的，也被大部分领导人和党员接受。但美共前任领袖、时任党主席的威廉·福斯特却与其意见相左，并对其提出了严厉批判。福斯特和白劳德在路线上的分歧早在30年代组织"人民阵线"时期就开始了。党内无法调和二人的分歧，1938年他们更是前往莫斯科进行辩论，请求共产国际调停。结果只是派遣另一位领导人尤金·丹尼斯回国，以平衡二人间的对立。当白劳德进一步提出"德黑兰道路"后，二人的路线冲突更加尖锐。尤其是1944年1月的全国委员会上，白劳德做了关于战后形势及美共未来策略的报告之后，福斯特再次对白劳德提出了全面的批判。二人的分歧在于，福斯特坚决反对白劳德的阶级合作策略以及战后资本主义与社会主义和平共处的推断。

不到一个月，福斯特在全国委员会扩大会议再次提出批评。但多数人仍然支持白劳德。于是，福斯特提出寻求莫斯科仲裁，结果依然是白劳德得到支持。福斯特只得作罢。5月，白劳德在大多数代表的支持下解散美国共产党，成立共产主义政治协会，自己当选会长，而福斯特失去了党主席的职位，成为协会的副会长。

在这场党内路线之争中，福斯特等少数派认为白劳德和他的"白劳德主义"是"右倾"、修正主义，而白劳德则坚持认为自己是在反对教条主义。直到1945年5月，"胜利的天平"倒向了福斯特一方。法国共产党总书记雅克·杜克洛发表的《论解散美国共产党》一文发挥了关键作用。这篇长文严厉地批评了白劳德的"右倾错误"。在共产主义政治协会全国委员会上，福斯特借此重新展开了对白劳德的批判。这次多数人支持了福斯特，否决了白劳德的观点。随后的几次会议，都围绕杜克洛的文章展开讨论，文章的意见被广泛接受。

但这篇署名杜克洛的文章却颇具争议。有观点明确指出，杜克洛本人的立场与白劳德相当接近，不会批判白劳德，此文实为苏联领导人所作，假借杜克洛之名发表。这意味着，这个事件背后是苏联领导人对自身利益及其欧洲战略的考量。不管怎样，这篇文章无疑给了白劳德致命一击。

此后，共产主义政治协会几次召开会议，对白劳德主义进行批判，要求白劳德放弃自己的主张，但白劳德坚持自己的立场。于是，在 6 月，白劳德被撤销一切领导权力，仅保留会长的职位。7 月末，福斯特等人重新恢复了美国共产党。

失去领导权力的白劳德继续坚持自己的主张，并在 1946 年创办了周刊《销售业指南——经济分析》。因对美共领导人多有攻击，白劳德最终在 1946 年 2 月 5 日被开除出党。至此，美共曾经的领袖结束了他的政治生涯。1948 年，白劳德为了防止敌人利用自己被开除一事大做文章，申请恢复党籍和名誉，但遭到一致否决。

苏联 "出版代理人"

被开除出党的白劳德，始终渴望重新回到政治舞台，他决定去莫斯科看看，希望自己还能够在美苏关系中发挥作用，可惜他未能如愿。

1946 年 5 月，在被开除出党的三个月后，白劳德才拿到签证，得以前往苏联。后来他回顾这次莫斯科之行时说道："我没有请帖，没有与任何人约见，也没有什么目的，我只感到再多一次莫斯科之行，以便为我一生的那 25 年画个句号。"尽管他如此表述自己当时的想法，可他多多少少想要找机会试探苏联的态度。这位不请自来的客人依旧颇具影响力，他刚抵达莫斯科就受到了苏联政要的接见。邀请他的人是政府情报局的罗佐夫斯基，此人曾是红色工会国际的总书记，在汉口时曾与白劳德一同工作。这位老朋友与白劳德攀谈良久。白劳德还略带讽刺地对新领导下的美共的前途表示失望。在交谈中，白劳德还是希望苏联能够认真地考察自己对美苏关系的看法。在后来几天的许多会议上，他还详细地发表了关于美苏和平共处的分析。白劳德表述的内容被整理成备忘录，呈交给了苏联外交部长莫洛托夫。

为了等待莫洛托夫接见，白劳德继续留在莫斯科。5 月 20 日是白劳德的 55 岁生日，几位好友在一个豪华饭店为他举办了这场寿宴。他们在美食和闲谈中度过了四个小时，当白劳德回到旅馆时，发现莫洛托夫的信使早已在那焦急地等待着他。晚上十点，莫洛托夫在外交部会见了白劳德，并在礼貌的寒暄过后，对他进行了两个小时的提问。提问的最后，莫洛托夫询问白劳德未来的打算。白劳德表示自己想利用过去的影响力，促进美苏之间的和平与妥协。莫洛托夫随即表示，希望白劳德担任苏联出版社在美国的代理人，并征求白劳德的意见。白劳德认为，"若拒绝这一工作，那将意味着我对自己提倡的美苏合作没有信心；若接受这一工作，那将给我提供一个机会，在美苏合作方面做一些实际事情"。于是，他欣然应允。莫洛托夫友好地对他的到访表示感谢，结束了这次谈话。这是他最后一次访问莫斯科。

白劳德回国后，依法在美国司法部注册为外国出版社代理人。他充当着苏联政府的出版代理这样一种角色，负责接收书籍和文章的英文翻译，并尝试争取苏联书刊在美国出版界的地位。但白劳德的工作并不如意，仅有小部分科技方面的书籍销路尚佳。1949 年 6 月，他向莫洛托夫辞去了这份工作。

神秘的间谍活动

到了 50 年代，臭名昭著的麦卡锡主义兴起，很多美共领导人遭到了指控。1950 年 4 月，已被开除出党的白劳德被要求在参议院调查共产主义活动的委员会前作证。这场反共狂潮的始作俑者——约瑟夫·麦卡锡议员对他进行了质询。白劳德公开批评了美国共产党，但拒绝回答那些可能牵连其他美共成员的问题并拒绝指控他们是苏联间谍。可见，白劳德虽然与美国共产党分道扬镳，但他绝没有借助敌人之手迫害曾经的同志。他还宣称，他本人也从未参与过间谍活动。结果，白劳德被指控藐视国会，但法官认为委员会的做法并不合法，因而宣判白劳德无罪。

事实上，白劳德的家人与苏联情报机构的确有着密切关系。他的妹妹玛格丽特·白劳德曾在欧洲为苏联内务部工作。他还曾在 1938 年给季米特洛夫写信，请求为妹妹更换工作并将她调回美国，因为她的苏联情报人员身份将影响白劳德在美国的政治活动。此外，有一些说法称，根据所谓维诺那解密档案的情报，白劳德参与了招募苏联间谍的工作，甚至参与了刺杀托洛茨基的行动。这些英美情报机构在苏联解体后提供的材料给本就颇具争议的白劳德又增添了一个神秘的间谍身份。

离开了政治舞台的白劳德仍然坚持自己的观点。他写过许多文章和著作来为自己辩护，也对美共和斯大林的教条主义进行了批判。他曾担任过《共产主义研究》杂志的顾问，而这个刊物被认为是"反共的"。1957年，在拉特格斯大学演讲中，他批评马克思的贫困理论，并出版了《马克思与美国：贫困理论研究》一书。在苏共二十大风波之后，他表示赫鲁晓夫的和平共处政策就是自己观点的翻版。

1955年妻子去世后，白劳德同在新泽西州普林斯顿大学任教的儿子威廉·白劳德居住在一起。直到1973年6月17日，白劳德在普林斯顿去世，葬礼在普利斯顿大学的礼堂举办。然而，这位昔日共运领袖逝世的消息并没有出现在美共和各国共产党刊物上。

回顾厄尔·白劳德一生，他的很多主张是积极的、有益的，赢得了美国人民的支持。当美国共产党改组为共产主义政治协会后，人数还增加了两万余人。但遗憾的是，福斯特等人在批判白劳德时，带有"左"倾和教条主义色彩以及对社会主义前景的盲目乐观，脱离了美国实际。这使得白劳德在探索适合美国的社会主义道路过程中犯下的错误没有以正确的方式得到纠正，反而导致有益的尝试也被彻底否定了。可以说，白劳德充满争议的一生折射出美国共产主义运动曲折前进的一段历史。他留下的遗产便是一条追求世界和平、民主权利以及切实改善人民生活水平的道路，其中的是非功过仍然有待后人反思与评说。

参考文献：

[1]［美］福斯特等：《白劳德修正主义批判》，杨延生译，生活·读书·新知三联书店1962年版。

[2] 丁金光：《白劳德评传》，甘肃人民出版社2003年版。

美国工人运动领袖福斯特

威廉·泽布朗·福斯特（1881—1961）是美国共产党的创始人之一和杰出的领导人，他是"美国和国际工人运动的杰出活动家，是争取和平、民主和社会主义的不倦战士"；是"争取美国人的权利和自由的勇敢战士"；也是"中国人民伟大的朋友，为促进中美两国人民之间友谊进行了不懈的努力"。这些光荣的头衔和崇高的赞誉是 1961 年福斯特在苏联莫斯科溘然长逝后，各国共产党对他的高度评价。

福斯特的确是将一生都奉献给了无产阶级和全人类的解放事业，并在逆流狂涌中坚守共产主义信仰，同工人运动中的错误思想和派别坚决斗争。回顾这位领袖的一生，便会发现他早年的经历深刻地影响着这位工人运动领袖未来人生道路的走向，也在他的思想中深深埋下了无产阶级意识的种子。如他自己所言："我身受穷困与被剥削的苦痛，又目睹过很多工人都表示决心反抗同样的境遇，我便自然而然地投入美国的阶级斗争中。"

贫民窟走出的革命少年

1881 年 2 月 25 日，在位于美国波士顿附近的陶顿（Taunton, Massachusetts）的一个爱尔兰裔的贫苦工人家庭里，威廉·泽布朗·福斯特呱呱坠地。1887 年，年仅六岁的小福斯特，又随着父母迁居到费拉德尔菲亚，在靠近费城南部的贫民窟里度过了他的少年时光。常年与穷困做斗争的少年经历造就了他与广大被压迫者休戚与共的真挚情感。

福斯特的父母都是生活在社会底层的工人，后来移民美国。父亲詹姆斯·福斯特出身于爱尔兰加劳县的农民家庭。老福斯特是一个强壮而好斗的人，还特别喜欢和爱尔兰的警察搏斗。他加入了芬尼党，成为一名积极投身爱尔兰民族主义运动的热情战士。老福斯特在一次发动起义时，因奸细告密不得不流亡美国。詹姆斯·福斯特自从 1868 年定居波士顿区直到他1901 年去世，一直留在美国，当一名普通工人，这几十年间他做过擦车人和马夫。年幼的威廉·福斯特经常听父亲为他讲述充满战斗热情的革命故事，从中受到了最初的政治熏陶。

相较之下，福斯特的母亲伊丽莎白·麦克劳林却不是一个积极的政治参与者。麦克劳林出身在英格兰加尔里斯的纺织工人家庭。她是一位虔诚的天主教徒。母亲总是以纺织女工的亲身经历告诉儿子，"当英国纺织工业中的旧纺织机换了新纺织机时，英国纺织工人所经历的正像马克思和恩格斯所生动描绘的那样是可怕的饥饿生活"。

穷人的孩子早当家，就在他十岁那年，一边卖报一边上学的福斯特不得不辍学，开始为一位日耳曼老雕刻家克利奇曼做事。这份工作是福斯特二十六年工人生涯的开始。在为克利奇曼做工的三年里，他十分劳碌但工资微薄，生活境况依旧很差。后来，福斯特还在一家铅字厂工作，一干又是三年有余。

正是做童工的日子，激发了这位贫民窟少年的阶级意识。他厌恶不公的社会使他失去读书学习的机会，并逼迫他开始了艰苦的童工生活。福斯特内心充满了阶级斗争的情绪，尽管他只是懵懂地意识到，寄生虫般的富人不需要劳动却过着奢靡的生活。但就在这一刻，他的感受已经同全世界受苦的人联结在一起，这是他未来成为工人运动领袖的必备品格。

酷爱学习的福斯特阅读了很多历史书籍，对革命斗争和解放事业的向往成了少年福斯特不断成熟的头脑中为他照亮前进道路的灯塔，成了克服苦难生活的精神动力。13 岁那年，他怀抱着对法国大革命的崇高敬意，阅读了六本法国大革命的书籍。最初从父亲那里感受到的战斗热情被那些描绘美国和法国的革命的文字再次点燃，他更加坚定了解放爱尔兰被压迫人民的决心。

尽管这位少年工人最初的政治思想启蒙是"战斗的爱尔兰民族主义"，但是数年的工人生涯让他渐渐明白：我不需要到英国去寻找真正的敌人，在美国就一定能碰到这样的敌人。

1895 年，费城爆发电车工人大罢工，电车全部停止运行，工人们几乎都加入了这场抗议减薪的罢工斗争。这是福斯特人生中第一次参与罢工，也正是这次亲身体验使他接受了阶级斗争的洗礼。从此以后，他的政治热情从爱尔兰民族解放斗争转移到了美国的阶级斗争上来。在此之后，他又满怀激动之情关切柯克西大进军在全国各地的进展情况。

1896 年，15 岁的福斯特又参加了人生中第一次政治活动——布利安的平民党运动。但这场运动最终走向失败，也给了福斯特沉重的打击。在随后的几年中，福斯特离开费城，先后在宾夕法尼亚州的雷丁城和佛罗里达州的杰克逊维尔城做过三年化肥厂工人。丰富的工厂劳动经历，让福斯特深切体会到工人们暴露在有害粉尘环境下高强度工作所受到的身心伤害。这种"外界的力量"激发了福斯特天生的无产阶级本性，使他很快便超越布利安运动的小资产阶级局限性，而踏上走向革命人生观的道路。

经历了投身工人罢工、政治活动中的磕磕绊绊以及长期的工厂劳作，福斯特增长了经验也吸取了教训。这时，一位少年革命者从贫民窟走出来了，迎接他的是更广阔也更复杂的斗争实践和思想信念的新天地。

在工团主义贫瘠的沙漠中徘徊

福斯特在充满少年激情地关切、参与斗争实践的同时，还始终坚持进行理论学习。在工厂艰苦劳作之余，福斯特抽时间阅读了大量历史、科学方面的书籍，尤其是一些反宗教、反教会的作品，使他的世界观发生了重大的转变。这使他具有了工人运动领袖的优良品质，也为他后来撰写上百部著作奠定了扎实的理论基础。

但是，这只是福斯特不断充实思想的开始。随着理论知识和政治实践的逐渐丰富，福斯特的思想逐步转向无政府工团主义，并在其中苦苦求索工人运动的出路。

一个少年的思想转变往往突如其来，正是在 1900 年夏夜散步时偶然听到的一场演说让福斯特真正成为一名社会主义者。一位不知名的社会劳动党人的慷慨陈词使他动容，那人对布利安运动的批判使他产生了共鸣。这一刻，福斯特认识到自己对社会主义的了解仍然不够，从此他尽力搜集并阅读关于社会主义理论的小册子、书籍和刊物。1901 年 7 月，社会民主党改组成为社会党。在这一年福斯特成为美国社会党党员。

　　长期接触有害的铅和粉尘使福斯特患上了肺病，使他不得不中断刚刚起步的革命道路。在 1901 到 1904 年间，福斯特辗转美国东西海岸乃至几次乘船去往南非和南美等地，在火车和轮船上度过了三年左右的流浪生活。1904 年 11 月，当他到达俄勒冈州时，还为第二次参选总统的德布斯投了一票。

　　流浪生活中福斯特的肺病却大为好转。此后的三年里，他留在了俄勒冈州的波特兰地区，成了一名"党的工作者"。这段时间又是福斯特集中吸取精神养分，增长理论知识与革命热情的新阶段。这个时候，他第一次认真阅读了马克思和恩格斯著作。此外，还有法拉格、普列汉诺夫、考茨基和倍倍尔等社会主义理论家的著作。最重要的是，他几乎读完了社会劳工党领导人、工团主义者丹尼尔·德·雷翁的所有作品，对他后来十余年的思想倾向和政治路线选择产生了巨大的影响。

　　1907 年，美国再次爆发工业危机，福斯特不得不去西雅图寻找工作，也正好赶上西雅图成为社会党内左、右翼的第一战场。福斯特加入了社会党内的左翼组织，并创建、参与一批激进劳工组织。在 1909 年的华盛顿州伊维利特召开的州代表大会上，左翼被开除出党。左翼成员严厉谴责右翼势力操纵了党的领导机构。他们创立了极端左翼的新政党——工资工人党。

　　不久工资工人党便夭折了，他和很多左翼成员都参加了世界产业工人联合会。1909 年到 1910 年间，福斯特前往斯波坎城报到并参与了世界产业工人联合会领导的争取言论自由的斗争。福斯特被捕入狱，受到战斗精神感召的他在狱中加入了这一组织。出狱后，他作为工会委员会主席与当局谈判，并取得了完全胜利。

　　此后，作为这一组织成员，福斯特前往法国、德国进行长期考察，还参加了法国铁路工人罢工，后来又参加了匈牙利布达佩斯召开的国际职工书记处会议。在欧洲，他不仅专门研究了法德两国的工人运动，涉猎了更丰富的工团主义著作，甚至还与工人运动的领袖有了直接、深入的接触。他接触到的人里不仅包括法、德的工会领袖，还包括工运史上大名鼎鼎的考茨基和卡尔·李卜克内西。一番历练的福斯特已然成为一名"十足的工团主义者"，他甚至批评李卜克内西和卢森堡的策略没有发动法国式的工团主义运动。

　　1911 年，芝加哥的世界产联第六届代表大会决议实行福斯特倡议的

"打入内部"政策，力图打入旧工会内部，联系工人群众以争取工人运动领导权。福斯特积极奔走，但1912年劳伦斯大罢工"火光一闪"带来的乐观情绪使福斯特提出的"世界产联为何壮大不起来"的深刻问题无人问津。由于不满意世界产联的右倾主义以及双重工会主义，福斯特不得不"另立门户"，采取新的斗争策略。他所领导的新组织开始脱离世界产联，转投到美国劳工联合会里开展工作。他和支持者们最终创立了北美工团主义同盟，福斯特当选全国书记。也正是在组织工团主义同盟运动中，福斯特邂逅了他的妻子，埃斯特·阿伯拉莫维兹，一位无政府主义者，自由恋爱推崇者，战斗的工团主义者。

这一时期福斯特沉浸在巴枯宁、克鲁泡特金、尼采等人的无政府主义与半无政府主义的著作中。他"一方面接受或者说相信马克思的革命的经济学、阶级斗争学说与唯物史观，但另一方面却丢开了马克思、恩格斯关于建立社会主义的革命战略、组织制度与主张"，成为一名无政府工团主义者。

第一次世界大战的爆发，为福斯特继续贯彻"打入内部"，组织美国基础工业中的非熟练工人的策略提供了有利条件。工人斗争情绪高涨，美国参战头一年，就爆发了4233次罢工，创下历史新高。1915年初，他还组织了圣路易"国际工会教育同盟"。福斯特结合战争时期实际形势，抓住食品与军火两个要害开展活动，最终组织发动了1917年芝加哥屠宰工人大罢工以及1919—1920年美国钢铁工人大罢工。尽管芝加哥屠宰工人大罢工取得了胜利，标志着美国工人组织的新高潮，但组织过程中美国劳工联合会缺乏群众信任、反动领袖阻挠提案，以及最后将整个运动引向政府仲裁，都给福斯特的工作带来很大阻碍。同样，持续三个半月、席卷全国的钢铁工人大罢工以失败告终。这是因为美国劳联的领导人对罢工活动极不配合，且破坏罢工活动顺利进行。

在工团主义活动中，福斯特取得了显著的成就，也奠定了在美国工运史的卓越地位。可是，他一次次对工会组织的错误策略感到失望，也一步步"向左转"。回首这段往事，福斯特称，脱离了社会党，使他"与革命发展的主流——社会党左翼隔离"，导致了他"在工团主义贫瘠的沙漠里徘徊了十二年"。

踏上共产主义的绿洲

工团主义运动的教训，尤其是钢铁工人大罢工失败的教训，让福斯特意识到：缺少一个坚强有力的左翼组织，对于工人运动而言是一个致命的障碍。斗争要想成功，需要一个全国性的工农政党。他在贫瘠的沙漠中隐约望见了一片绿洲——共产主义。

工团主义之所以是贫瘠的沙漠，正是因为双重工会主义"阴魂不散"。这种思潮反对在现有保守工会开展工作，试图建立新的工会对抗旧工会，结果却往往将工会控制权拱手让于敌人。福斯特在1920年11月新建立的工会教育同盟也没能免受双重工会主义之害。

就在福斯特濒临绝望之时，列宁的《共产主义运动中的左派幼稚病》一书吸引了他。在这本著名的小册子中，列宁强有力地批判了双重工会主义、宗派主义给革命造成的巨大损失，这等于给福斯特打了一剂强心针。后来，福斯特得知早在1920年年初，共产国际第二届代表大会就明确反对双重工会主义，支持在保守工会开展工作。这使得福斯特更加自信地宣传"打入内部"策略。美国的革命运动也迎来了新的转折。

1921年，福斯特受邀参加赤色工会国际第一届代表大会。大会坚决与双重工会主义斗争，还批准福斯特领导的工会教育同盟作为赤色工会国际的美国分部。福斯特还继续参加了共产国际第三次代表大会，并在莫斯科居住三个半月。经过这段时间的学习与考察，福斯特消除了之前对十月革命的疑虑，确信了苏俄革命正是他所为之奋斗的革命，他对无产阶级专政有了更加深刻的认识。他开始坚信革命要想成功就一定要有纪律严明的共产党领导。俄国之行让他转变为一个共产党人。

1921年夏，他和工人教育同盟的一些活动分子走上了共产主义道路。此前，新生的美国共产党面临如何争取工人群众认同和支持的严峻问题，福斯特一直主张"打入内部"的策略和长期工会工作经验为美共提供了一条可行之路。

从此，福斯特领导下的工会教育同盟开始与美国劳工联合会等反共保守工会，以及大肆培植公众"恐赤心理"的资产阶级反共势力进行艰苦斗争。遗憾的是，由于工人运动内外反动势力的双重阻挠，同盟被迫转入地下状态，很难有效展开工作。加之战后迎来柯立芝繁荣，共产党又连连出现失误，导致这一时期工会运动未能取得显著的成效。20 世纪 20 年代末，由于共产国际路线转变，福斯特等人一味迎合，最终"打入内部"的正确路线被彻底抛弃了。这无疑是共产国际在美国的一大损失。

　　从 1921 年加入共产党起，福斯特就成了一名坚定的共产主义战士。在 20 年代，福斯特逐步进入美共最高领导层。并在 20 年代后期，坚决与党内的机会主义路线展开激烈斗争。他联合詹姆斯·坎农反对帕佩尔的悲观政策。在 1928 年，受到苏共内斗影响，又将斗争矛头转向坎农等托派分子。随后，以福斯特为首的党内少数派还与洛夫斯东派展开斗争，在斯大林和共产国际的干预下，洛夫斯东等人被开除出党。斗争期间的 1929 年，美共六大在共产国际代表要求下使福斯特取代洛夫斯东成为美共中央最高领导人，直至 1932 年其因病离开岗位。

　　在 30 年代初的大萧条背景下，福斯特强调共产国际"阶级对抗阶级"的口号，发动工人群众。1932 年，他还写下了著名的《通向苏维埃的美国》。这年 11 月，他还参加了总统选举，获得了美共有史以来最高的支持率。然而，罗斯福新政后，阶级对抗政策趋于失败。就在 1932—1934 年，福斯特因为身体原因中止工作去往苏联治疗，这段时间党内、国内局势发生变化。他与曾经的助手白劳德在路线上也出现严重分歧。白劳德在思想上接受了资产阶级民主，甚至在 1944 年提出解散美国共产党。而福斯特坚持马克思主义原则，与其做不可调和的斗争，重建了美国共产党。二战结束后，福斯特继续艰难地发展第三党联盟，同时还与国内反共狂潮战斗，并发动群众组织反战运动，谴责朝鲜战争。

　　到了 1956 年，美共开始自我反思，加之苏共二十大等事件的冲击，又出现了盖茨和丹尼斯等激进反思派，福斯特不顾病痛，与这些否认美国存在阶级斗争、要求取消马列主义指导地位的思潮斗争，再次挽救了党的生命。他的一生还著书立说，留下大量理论著作，尤其是重要的史论作品。在 1945 到 1957 年，福斯特担任美国共产党主席。当他 1961 年因病逝世时，他的身份是美共全国委员会名誉主席。

福斯特与中国共运

　　共产主义是全世界人民的解放运动，作为领导者的福斯特也深怀国际主义情怀，关切大洋彼岸的中国革命和社会主义建设事业。

福斯特深切同情中国人民长期遭受的侵略与掠夺，他在《美国共产党史》提到，美国共产党通常以"不干涉中国"为口号反对华尔街帝国主义对华侵略，并尽可能地帮助中国革命。1932 年福斯特参与总统竞选时，提出的竞选纲领就有"保卫中国人民和苏联"这一条。不仅如此，福斯特等美共领导人还竭力反对罗斯福向日本输出废铁和其他军需品，毛泽东、周恩来和朱德都曾在 1937 年致函美共表达感谢。抗日战争结束，美国成为国民党政府的支持者，在解放战争期间干涉我国内政。对此，福斯特领导的美共曾多次动员美国人民进行强烈抗议与谴责。1946 年 8 月 27 日的《人民日报》还曾报道了"美共领袖福斯特重申要求美军离华"一事。

中华人民共和国的成立也得到了福斯特等美国共产主义者的热烈支持。1949 年 10 月 2 日，美共中央主席福斯特、总书记丹尼斯代表美国共产党致电祝贺中共中央，并盛赞新中国的成立是"人类历史上伟大的事件之一"，"它无疑是划时代的十月革命以来世界上最重大的事件之一"。

福斯特坚决反对杜鲁门的亚洲政策，号召美国人民反对美国对朝鲜的侵略战争。他声援中国抗美援朝事业；指出台湾是中国的组成部分，台湾"问题"完全是美国一手造成，要求美国立刻撤出台湾；并且坚决支持新中国在联合国的代表。而且他对新中国的这种支持是一贯的。1958 年 12 月 19 日，福斯特在中风瘫痪、行动不便的情况下还给毛泽东同志写下近万字长信，高度赞扬中国革命与社会主义建设的伟大成就。

福斯特同志因为坚决地与中国人民站在一起，支持中国共产党领导的解放事业，深受中共领导人和中国人民的敬爱。在白劳德问题上，毛泽东同志支持福斯特对党的恢复和马克思主义领导地位的捍卫，还在 1945 年 7 月致电祝贺福斯特的斗争胜利。此外，中共领导人多次对福斯特的支持、祝贺与声援表达感谢，并在福斯特寿辰之际，致电表示贺意。1961 年福斯特的八十寿辰时，尽管由于中苏关系恶化，中美两党关系受到影响，中方仍然致电祝贺，称他是"中国人民的伟大朋友"，肯定他为中美两国人民友谊做出的贡献。福斯特的许多著作被翻译为中文，深受中国读者欢迎。《人民日报》不仅多次为其人其书做过专版介绍，还曾刊登过热情读者的感想。

1961 年 9 月 1 日，福斯特在莫斯科因病去世。9 月 3 日，中共中央委员会向美共全国委员会致唁电，再次称其为"中国人民的伟大朋友"，并称其逝世"对美国共产党和美国劳动人民，对国际工人运动和世界各国劳动人民，都是重大的损失"。9月5日下午开放遗体告别，中国驻苏联大使馆临时代办代表中共中央前往吊唁，代表刘晓大使和使馆全体人员敬献花圈，并与武官潘振武少将在灵柩前守灵。同日，《人民日报》也发专文哀悼，以纪念福斯特同志与中国的深厚情谊。

拯救贫困劳动者的阶级斗争

福斯特的一生，也是为拯救美国贫苦劳动者奋斗的一生。从1895年费城电车工人大罢工开始，少年福斯特就开始与穷困劳动者一道，走上了阶级斗争的战场。

此后的25年里，他先后加入了社会党和工人党开展革命斗争；加入"世界产业工人联合会"和"美国劳工联合会"进行"打入内部"的工会运动；创建、参加、改组了铁路工人兄弟会、北美工团主义同盟、国际工会教育同盟、工会教育同盟为代表的一系列劳工组织，为美国劳动者争取权利并努力探寻一条彻底拯救劳动者命运的道路。

他在第一次世界大战时期领导的芝加哥屠宰工人大罢工以及美国钢铁工人大罢工奠定了他在工人运动史上的卓越领袖地位。在1917年7月的屠宰工人罢工运动中，面对工人们对劳联的不信任，福斯特提议采取先组织地方性罢工运动以带动全国性群众运动。劳联反动领袖阻挠福斯特的提案，但福斯特向新闻界表示"会议的趋向最后可能造成一个全国屠宰业大罢工"，巧妙利用媒体舆论激起群众的斗争热情。屠宰场工会立刻壮大起来，福斯特也成为十几个合作社性质的屠宰工会联合组成的全国性委员会的书记。这场斗争福斯特领导芝加哥十几次罢工，将全国屠宰工业组织起来，吸引了20万以上的工人。尽管最后劳联将斗争转向政府仲裁，但这次斗争在福斯特等人的斡旋下仍为劳工争取到极大的利益，包括了增加四分之一的工资、男女同工同酬、保障工时、轮班休息吃饭不扣工资等。

1919年的钢铁工人大罢工也是美国工人运动的一次重大事件。这场被保守工会领袖拖延、阻挠、出卖的罢工极为惨烈。1919年9月22日开始，大约有10个州50个城市36.5万工人响应了大罢工。工贼、私人打手、县治安官员、警察与军队用暴力对付工人们，22人被杀，上百名工人遭到殴打和枪击，上千人被捕，150 万以上的男女儿童饱受饥饿。

1929 年经济危机爆发后，再次迎来阶级斗争的新高潮。此时的福斯特已经是一位共产党领导人了。经济危机的大爆发使福斯特更加确信无产阶级的胜利即将到来，他遵循共产国际"第三时期"路线，并且特别强调共产国际提出的口号："阶级对抗阶级。"

福斯特领导下的美共开始集中力量动员失业者游行示威并进行阶级对抗。1930 年 3 月 6 日的失业者大游行，成为"阶级对抗阶级"运动中最具影响力的一场斗争。据福斯特的《美国共产党史》记载，当日全国各地"总计 125 万工人参加示威，反对这种令人愤慨的饥饿和失业的状况"。黑人工人在这次斗争中发挥了重大作用。

福斯特直接参与了纽约失业者大游行的组织领导工作。纽约的警察拒绝把示威者的要求面交给市长，福斯特便登上演讲台号召工人举行游行。据参加游行的年轻共产党员里奇回忆，那一刻，演讲台中央的福斯特高大挺拔，他背对太阳，仿佛与阳光融为一体。福斯特向人群发问："美国的专制主义者和帝国主义者控制了纽约的城市统治权，并且否认自己对纽约失业的工人负有责任。你们接受这样的答案吗?"当工人们雷鸣般回答"不"后，福斯特指着市政大厅高呼："那么我建议你们举行大游行!"于是，高唱国际歌的工人队伍拥向街头。全国各地都集中了武力，纽约出动两万五千名警察和消防队对付联合广场的示威群众。游行一开始，警察立即暴力攻击。福斯特被捕，最终服刑六个月。

被保释出来的福斯特，在公众听证会上毫不隐瞒地向纽约市政厅长官吉米·沃克表示，除非废除资本主义制度，在美国建立苏维埃政府，否则你们不可能解决工人失业问题，而这个目标只有通过暴力革命达到。此后，福斯特参与领导了"全国反饥饿大进军"等多次游行、罢工运动。通过阶级斗争拯救贫苦劳动者是福斯特毕生夙愿也是他一生为之奋斗的事业。他在1932 年写下的名著《走向苏维埃的美国》就明确地阐释了这个崇高理想。

走向美国苏维埃

《走向苏维埃的美国》一书鼓舞了一代又一代美国革命者，它宣告："共产党的目标就是要向工人们表明，只有通过推翻资本主义和建立工农共和国才能解决他们的困境。"为此，福斯特坚定地捍卫正统的共产主义原则和党的使命。他一面抵抗反共狂潮，为社会主义寻找出路；另一面，又与危害党的生命和事业的党内错误思潮坚决斗争。

"走向美国苏维埃"意味着福斯特心中的劳动者解放绝不会在资产阶级共和国、在阶级合作中实现。但是罗斯福新政取得成效后，党内出现了以时任美共中央总书记厄尔·白劳德为代表的"右倾"思潮。白劳德充分信任并支持罗斯福政府。在共产国际提出关于建立反法西斯统一战线的指示后，他更是喊出了"一切服从罗斯福、跟着罗斯福走"的口号。福斯特严厉地批评他高估资产阶级民主和罗斯福新政，贬低党和人民阵线发挥的作用，他主张建立全国性农工政党。他们两人的对立在 1936 年就开始凸显，经过美共委员会调解并无结果，1938 年由共产国际出面也未彻底解决。

1944 年的美国全国委员会上，观点冲突再次爆发。1 月 20 日，会上被阻止发言的福斯特交给全国委员会一封 7000 字的长信，批判白劳德。福斯特坚决反对白劳德向资产阶级两党制"投降"，坚信社会主义的伟大前景，绝不同意白劳德关于战后资本主义进入成长新时期以及资本主义和社会主义和平相处的论断。2 月 8 日福斯特再次要求交予莫斯科裁决，结果季米特洛夫的回电却支持了白劳德。胜利的白劳德在 5 月的美共第十次大会上更是提议解散美国共产党，改组为非党组织"共产主义政治协会"。

迫于党内外压力，福斯特无法正面批判白劳德。1945 年 5 月，法共总书记杜克洛的文章《论解散美国共产党》严厉批判白劳德右倾错误。在 5 月 22 日的共产主义政治协会全国委员会上福斯特借此文章重启批评。经过激烈讨论，在次日表决上，福斯特终于得到了多数人的支持。接下来的两个月内举行多次重要会议，福斯特的批评与意见被采纳，白劳德被撤销最高领导权。6 月 28 日召开紧急大会，恢复了美国共产党的称号。1945 年 7 月 26—28 日，这场斗争有了结果，共产主义政治协会解散，重建美国共产党，党章再次确立了马克思列宁主义的指导地位。白劳德拒绝大会决议，坚持自己的主张并言语攻击福斯特和美共。最终，在 1946 年 2 月白劳德被开除出党。

1956 年的苏共二十大极大地影响了国际共产主义运动，美共对自身的反思也因此全面展开。1956 年 3 月 16 日，福斯特发表评论文章，坚持承认斯大林错误的同时肯定他在国家工业化、反法西斯战争和冷战中的重要作用。但是文章发表同日，赫鲁晓夫的秘密报告也在《纽约时报》刊登出来，一时间引发美共党内轩然大波。全面的反思活动也由此开始，但福斯特坚持传统立场，对反思多有抵触情绪，而且反思的内容往往牵涉他本人的政策和观点。这个过程中，盖茨和丹尼斯等人成为福斯特的对手。盖茨公开演讲强调党内民主，揭露了许多问题，这对福斯特的权威造成了极大挑战。福斯特与盖茨的分歧也演化为党内宗派斗争。其间大批党员退党，1957 年的美共十六大也没能维持团结，反而加剧了分裂。

盖茨派的反思不无道理，但是走向了否认阶级斗争、将党改组为非党政治团体以及取消马列主义指导地位等极端立场。福斯特对此坚决斗争，将党从第二次解散危机中拯救出来。最终，1958 年宣布退党的盖茨被解除党内职务，这场斗争告一段落。

但遗憾的是，无论是在白劳德问题上，还是盖茨问题，抑或是早期的洛夫斯东问题上，福斯特都表现为一位固执的老左派，甚至有些盲目乐观。他在坚守"美国苏维埃"道路时，逐渐脱离美国实际，表现出严重的"左"倾，他没能辨别出洛夫斯东、白劳德、盖茨等人观点中符合美国实际的合理内容，几次错过了将马克思主义理论美国化的机会。这无疑是一场悲剧。

福斯特一生的辉煌与遗憾也是美国工人运动和共产主义运动的一个缩影。从中折射出 20 世纪上半叶美国穷困劳动者解放事业的曲折历程。我们回顾和反思这段共运历史会发现，福斯特同党内思潮斗争时确有很多不当之处。但在反思其"左"倾和教条主义错误同时，我们应当充分肯定：福斯特作为美共领导人，热情支持中国的革命事业和社会主义建设，是中国人民的好朋友。福斯特作为工人阶级的一员，义无反顾地投身拯救无产阶级同胞的阶级斗争中。福斯特还作为一名共产主义战士，怀有坚定不移的革命乐观主义信念，他同各种错误思潮斗争正是坚信和捍卫共产党人建立美国苏维埃的伟大理想。辉煌与遗憾共同属于威廉·福斯特，这位美国历史上不容忽视的工人运动领袖。

参考文献：

[2]［美］福斯特：《福斯特自传》，世界知识出版社 1951 年版。

[2] 李东明：《德布斯、福斯特》，中国工人出版社 2014 年版。

民主社会主义理论家卡尔·考茨基

卡尔·考茨基（Karl Kautsky），捷克哲学家、社会主义活动家、马克思主义理论家。考茨基是第二国际的领导人，也被公认为20世纪初正统马克思主义的代言人。

踌躇满志天才路

1854年10月16日，卡尔·考茨基出身于捷克布拉格的中产阶级家庭，其父约翰·考茨基是一名设计师，其母米娜是演员、作家。但与大多数家庭不一样，考茨基的家庭成员具有国际化背景。考茨基曾这样评价自己的家庭："我的家系就是奥地利帝国民族混杂状态的一个缩影……我是一个捷克人和一个德国人的儿子。我的外祖父是维也纳人，但是他的父亲则是来自匈牙利……"在这种家庭环境中，很难说考茨基具有某种单一的民族情结，相反他怀有复杂的民族感情：他既具有激进的捷克民族主义倾向，又同情生活在奥地利内的德意志人。

1874年20岁的考茨基进入维也纳大学，研究历史、哲学和经济学。次年即加入奥地利社会民主党（SPÖ）。在这一时期，考茨基学习了社会思想史课程，领略了英国实证主义思潮、德国哲学家恩斯特·海克尔、庸俗唯物主义代表人路德维希·毕希纳以及英国科学家达尔文等的思想，并试图将达尔文主义纳入其所研究的政治、经济和社会问题中来。他坦言，"我的历史理论无非是要把达尔文主义应用于社会发展"。作为这一计划的最终成果，1878年考茨基出版了《人口增殖对社会进步的影响》，反驳了马尔萨斯的人口论，从达尔文主义视角分析了人口的增长现象。

同样是 1874 年开始，考茨基开始参与一些社会活动，与社会主义者有了交往。他开始为维也纳社会民主党机关报《平等报》和莱比锡的《人民国家报》撰稿。在《平等报》的推动下，考茨基首次接触到拉萨尔的著作，由此展开对社会主义的研究。1876 年，考茨基同威廉·李卜克内西和奥古斯特·倍倍尔建立了联系。1877 年，考茨基加入德国社会主义工人党（后为德国社会民主党）。1879 年考茨基开始为卡尔·赫希伯格撰稿，之后被赫希伯格邀请去苏黎世，为其主编的《社会科学和社会政策年鉴》和《政治经济论丛》撰稿。从此考茨基以写作和政治 - 社会活动为生。

19 世纪 80 年代，考茨基主要在苏黎世、维也纳、伦敦以及斯图加特等地活动。在这些地方，他既建立了同恩格斯、倍倍尔、伯恩施坦、维克多·阿德勒等人的友谊，也逐渐转变为具有恩格斯主义的马克思主义者。1880 年，考茨基来到苏黎世，成为德国社会民主党党员、改良主义者赫希伯格的助手。在苏黎世，考茨基受到马克思主义的影响，深入研究了《资本论》和《反杜林论》，并出版了《社会科学和社会政治年鉴》。1882 年，考茨基被赫希柏格解职，重返维也纳，并写成了《婚姻和家庭的起源》一书。1885 年考茨基迁居伦敦，致力于马克思主义的研究，著有《托马斯·莫尔及其乌托邦》(1888) 和《法兰西革命时期的阶级斗争》(1889) 等书。

1891 年，他与倍倍尔和伯恩施坦共同草拟了德国社会民主党（SPD）的 "爱尔福特纲领"。这个草案得到了恩格斯的全力支持，并在威廉·李卜克内西领导的纲领委员会略加修改以后颁布施行。这段时期考茨基开始在德国社会民主党中崭露头角，并主要反驳了以伯恩施坦的修正主义为代表的社会民主党内部的一系列观点。

但是 19 世纪末考茨基与恩格斯关系出现裂痕，进而开始背离马克思主义传统。恩格斯坚持要求考茨基在《新时代》上发表马克思的《对德国工人党纲领的几点意见》，即《哥达纲领批判》。尽管考茨基最终答应了恩格斯的请求，但在 1891 年 2 月在《新时代》上发表的《我们的纲领》中，考茨基竭力为拉萨尔辩护，将德国社会民主党和马克思区别开来，认为 "马克思对拉萨尔所采取的立场不是德国社会民主党的立场"。

而到了 1910 年，考茨基进一步反对其他社会主义思想家。在关于群众罢工辩论中，考茨基反对罗莎·卢森堡的思想。卢森堡认为工人阶级更应自发革命。第一次世界大战前夕，欧洲各国和各民族之间政治、宗教矛盾突出，考茨基有鉴于此没有强调通过号召群众斗争来制止战争，而是通过劝说英国和德国限制军备以避免战争。而且一战爆发后，考茨基坚持为战争辩护，又希望通过战争来获得最终的和平。

此外，考茨基又因社会民主党在第一次世界大战中的决断，与卡尔·李卜克内西、罗莎·卢森堡等人爆发矛盾。1914 年 9 月考茨基发表《帝国主义》一文，无视帝国主义的内在矛盾，提出"超帝国主义论"。他不仅要求党服从社会主义者的领导，同本国政府合作，提倡社会和平主义，还指出帝国主义是工业发达的资本主义国家采取的向农业地区扩张的政策，帝国主义政策能够被资本主义国家的"超帝国主义"阶段取代。

1916 年春，考茨基同雨果·阿斯和爱德华·伯恩施坦反对德国的战争政策。于是他们受到党内排挤。1917 年，考茨基也离开社会民主党，为此他被免去《新时代》主编职务。为了显示与谢德曼等右翼社会主义者的不同，考茨基与威廉·迪特曼、伯恩施坦等人成立了德国独立社会民主党（USPD），与大多数社会主义者与政府战争政策做斗争。

十一月革命后，考茨基当选为外交部的副部长，并当选第一届社会委员会主席。俄国十月革命后，考茨基捍卫马克思主义，抨击苏维埃政权和苏联社会主义。1921 年 2 月考茨基在维也纳建立第二半国际。1922 年 9 月和 1923 年 5 月，又将两党（德国独立社会民主党和德国社会民主党）和两个国际（第二国际与第二半国际）合二为一。1924 年出版的《唯物主义历史观》则是其生前最系统阐明他的社会主义观点的著作。德国法西斯执政后，考茨基迁居到维也纳，并于 1934 年取得捷克斯洛伐克国籍。1938 年德国侵占奥地利之前，他又逃亡布拉格，不久又逃到阿姆斯特丹。1938 年 10 月 17 日，考茨基逝世于阿姆斯特丹。

被革命导师委以重任

受爱德华·伯恩施坦的影响，卡尔·考茨基正式成了一名马克思主义者，并于 1881 年被德国社会民主党派到伦敦，联系马克思和恩格斯。1883 年，在恩格斯、李卜克内西、倍倍尔等人的帮助下，考茨基在斯图加特创办了月刊《新时代》。该杂志自创刊到 1917 年停刊，其间均由考茨基担任主编。

从 1885 年到 1890 年，考茨基在伦敦追随恩格斯学习政治和历史，并在恩格斯的直接领导下工作。恩格斯请他编辑马克思的三卷著作"剩余价值理论"，考茨基着手研究马克思的政治经济学、历史经济和历史学理论共同考察。用历史的观点研究经济学，用经济学的观点来研究历史，将马克思的经济观点运用到社会思想史的研究中。在《托马斯·莫尔及其乌托邦》（1888）和《法兰西革命时期的阶级斗争》（1889）中，考茨基运用马克思的唯物主义历史观分析历史事件和社会政治理论。

不仅如此，考茨基用更为简单、通俗化的形式解释马克思的著作。《资本论》（第一卷）出版后，为了配合工人阶级运动的需要，又陆续出版了法、意等多种文字的简本《资本论》，但由于编写这部分的作者难以精确无误把握《资本论》的思想，因而需要能够正确阐述马克思政治经济思想的导论性著作。在恩格斯的推荐下，考茨基完成了这一任务。1887 年，考茨基在斯图加特出版了《卡尔·马克思的经济学说》，并由恩格斯校阅。该书分为"商品、货币和资本""剩余价值""工资和利润"三个部分，这三部分对马克思《资本论》第一卷进行了生动、准确的介绍。

此外，考茨基整理出版了马克思《资本论》（第四卷）手稿。马克思在 19 世纪 60 年代初写作了大量文章，命名为"剩余价值论"，试图将之作为《资本论》（第四卷）出版，但这一愿望未能在生前实现。而恩格斯在整理完《资本论》（第二卷）后眼疾加重，难以编辑马克思的所有手稿。在此情况下，恩格斯选择了考茨基作为继承人，让其辨认马克思的笔记，编辑马克思著作和手稿。经过十多年的不懈努力，考茨基终于在 1905 年和 1910 年出版了三卷本的《剩余价值学说史》，使得马克思的思想能够准确、全面地传播。这部巨著旋即译成多种文字，众多马克思主义者从中获得启示。

社会党中的内部争论与批判修正主义

1890 年反社会党人法解除，德国社会民主党迎来发展机会。考茨基自 1877 年加入德国社会主义工人党（后称德国社会民主党）后，逐渐成为社会民主党的骨干，其思想也在社会民主党内占有话语权。在其草拟的"爱尔福特纲领"中，考茨基从经济角度阐明了社会主义的必然性以及生产资料私有制必然导致危机这一核心观点。它强调不能仅仅依赖私有制度的自我否定，而是经济发展促使被剥削者有条件反抗私有制，壮大被剥削的无产阶级，进而使得其能够推翻私有制度。而且，工人阶级不仅要通过经济上的革命，还要通过政治斗争使自己摆脱被压迫、被剥削的命运。工人阶级需要提升自身觉悟，保障自身的结社自由、集会自由和出版自由。这不仅仅是经济上的斗争也是政治上斗争。就此而言，德国社会民主党的任务则是"使工人阶级的这种斗争变成自觉的斗争，使它统一起来，并为它指出自然而必然的目标"。

从 1890 年开始，考茨基就社会民主党内部的一些问题进行内部的争论和讨论。首先，考茨基在土地问题上与其他社会民主党党员产生分歧。1894年在德国社会民主党在法兰克福召开的代表大会上，福尔马尔、勋朗克联名提出了一项关于农业问题的草案，主张保护农民。次年，在布勒斯劳代表大会上，福尔马尔等又向大会提出了"农业纲领草案"，主张只要社会民主党采取适当的方式，是可以争取农民支持社会民主党的。考茨基批判福尔马尔和大卫等人的"保护农民"以及争取农民支持的主张。他首先分析了无产者的特征，指出农民还不完全具备无产者的特性，而且有时农民利益与无产者利益是对立的。考茨基批判福尔马尔和大卫，认为他们保护农民实际上就是保护导致农民贫困的农民所有制，保护把农民锁在贫困上的枷锁。

其次，考茨基也抨击和批判了党内伯恩施坦的修正主义。19 世纪末，随着社会民主党的壮大，伯恩施坦的修正主义逐渐蔓延开来。考茨基最初并不愿意反驳伯恩施坦的观点，甚至对伯恩施坦在《新时代》上发表的"社会主义问题"等一系列文章深有同感。1899 年伯恩施坦发表《社会主义的前提和社会民主党的任务》一书，对马克思全面修正。考茨基在倍倍尔等党内马克思主义者的推动下，以"正统"的马克思主义者的身份，发表了一系列反对伯恩施坦的著作。1899 年以来考茨基先后发表《伯恩施坦和社会民主党纲领》《阶级斗争与伦理学》《疑问的社会主义对抗科学的社会主义》等。

大体说来，考茨基从两个维度反对伯恩施坦的观点：

其一，考茨基主要在经济上反对伯恩施坦对资本主义理论的相关论断。伯恩施坦承认劳动价值和效用价值的研究意义。这两种价值论都能够更为深刻地理解资本主义生产方式。在《伯恩施坦和社会民主党纲领》一书中，考茨基认为，价值论的研究意义仅仅在于资本主义社会内部的商品交换过程的基本规律；在市场中，商品的价格由于供求关系不断变动，但并非随意变动的。商品变动规律主要依赖商品的价值。对价值论的研究能够揭示这种客观的规律。

而且在同伯恩施坦论战中，考茨基捍卫了马克思的"资本积累"理论，反驳了伯恩施坦的"小生产稳定论"。伯恩施坦修正马克思主义的主要内容之一是否定资本积累理论的正确性，进而否定社会主义革命的必然性。在《伯恩施坦与社会民主党纲领》一书第二部分，考茨基就此展开批判。考茨基指出，马克思关于资本主义基本趋势的理论是德国社会民主党的基础。具体而言，资本积累规律体现在以下内容上。以劳动为基础的私有制被资本主义所有制排挤。一旦资本主义的所有制度占据优势，劳动就会随着这种制度进一步社会化，土地等生产资料也社会化为社会的生产资料。进而不仅仅使得劳动者被剥削，资本家自身也被剥削。资本主义通过资本的集中，扩大了劳动的规模，既缩小了资本家的规模，也使得社会剥削程度加深，社会矛盾尖锐。这样一来，日益壮大的无产阶级组织起来成立政党，进一步与资本家的剥削做斗争。与之相比，伯恩施坦反驳了马克思的"资本积累"理论，因为有产者人数不断减少，小企业并未衰落，进而全面爆发危机的可能性越来越小。考茨基认为，伯恩施坦在方法上不研究事实，直接对表象判断，进而得出有产者人数减少的结论。而伯恩施坦早在1896年11月发表的《当前德国工业发展的程度》中明确指出德国企业由小变大，手工式的变为工厂式的，大工厂企业发展为庞大的工业企业。考茨基将这视为伯恩施坦对资本集中现象的描述，与伯恩施坦后来的观点矛盾。而且，考茨基暗示伯恩施坦在考察资本主义经济发展的趋势时未能注意到资本集中现象在行业间的转换。大企业虽然被排挤掉，但其中的劳动者不会直接变为无产者，而会转入其他行业，成为小企业主。例如，在1882—1895年德国产业中，工业中的资本集中没有直接使得德国无产阶级数量增多，当时的零售业、饮食业中的小企业飞速增长。与此相对，伯恩施坦认为，股份公司的发展妨碍了资本和生产的集中。考茨基认为，股票依赖于财富，因而股份制只像银行那样使得不足以经营企业的资金变成资本。它并没有改变现有财产的分配状况，不妨碍资本集中。相反，股份公司促使了资本的集中。它使得小资产阶级和无产阶级的资金流向大资产阶级。

其二，考茨基反驳了伯恩施坦的革命观。在伯恩施坦看来，马克思主张的暴力革命已经过时，相反，要通过议会中的政治斗争夺取政权。由此，伯恩施坦攻击武装起义等非法的暴力活动，并强调民主不仅是争取社会主义变革的必要手段，也是实现社会主义社会的必然途径。与此相反，考茨基强调社会革命的必然性，他坚信只有通过无产阶级的革命夺取政权才能实现社会主义。考茨基解释道，对社会民主党来说，社会革命并非等于武装斗争。虽然政治武装起义能够成为革命的一段插曲，但绝非革命本身。德国社会民主党一向追求革命。尽管考茨基不排斥民主制度，但民主制度不能阻止革命的发生，民主是无产阶级的民主。只有无产阶级的社会改革才能不仅同资产阶级斗争，进行争取基本生存条件的斗争，而且同时夺取资本主义政权。因此，社会主义不是民主制度的结果，而是革命的结果。

他早在1903年曾预言俄国不久即将发生一次不成熟的社会主义革命。1905年的俄国革命恰恰印证了这一点。受此影响，考茨基于1909年出版了《取得政权的道路》一书。这本书展现了考茨基对世界局势的敏锐的洞察。考茨基指出，帝国主义正在准备一场世界战争，而这会导致一场革命。他承认无产阶级革命已经到来，帝国主义已经刺激了资本主义的矛盾。而且，从革命的主体来看，无产阶级势力日益壮大，能够成为革命的主导者。不仅如此，考茨基在此基础上还指出了德国社会民主党的革命性。他认为，社会民主党具有革命的特征，它捍卫无产阶级的利益，承认国家政权是阶级统治的工具，而且是最强有力的工具。

如后来十月革命等历史事实所印证的那样，考茨基对局势的发展提出了可靠的论断。但与社会民主党内其他派别不同，考茨基一开始坚持革命而后转向折中的立场。德国社会民主党人在如何对待俄国革命、政治性群众罢工和战争问题上逐渐分化为左派、中派和右派。大体上说，左派认为俄国的革命经验同样适应于欧洲，主张政治罢工和革命暴力；右派根本否定俄国革命，推行合法改良主义；中派肯定俄国的政治罢工和暴力革命，但是在俄国经验是否适应于西欧上，持保留态度。大致说来，在1905年俄国革命前后，考茨基的观点和左派类似，但从1910年起，考茨基自己则处于"马克思主义的中心"，明确宣布转向中派主义立场。他另行提出不同于俄国斗争方式的"疲惫战略"，逐渐把批评的主要对象转向左派。

剖析帝国主义与"超帝国主义"理论

一战时期，考茨基先后发表了《帝国主义》《两本重新学习的书》《再论我们的幻想》《帝国主义战争》等著作，明确反对将帝国主义看作因资本集中而形成的资本主义的新阶段，反对将帝国主义看作现代资本主义，认为帝国主义只是一种特殊的政治意图。"帝国主义是高度发展的工业资本的产物。帝国主义就是每个工业资本主义民族力图征服和吞并越来越多的农业区域，而不管那里居住的是什么民族。"考茨基从社会资本再生产这一问题出发，从工业和农业的差别入手，指出帝国主义和资本主义的差别。工业中的资本积累大于农业的资本积累。这使得农业逐渐落后于工业。而工业的发展要求农业相应地增加自己的产品、人口，要求农业人口购买更多的工业品。这就迫使某个地区的局部的资本主义工业不断扩张，以保证工业中的资本积累可持续。而帝国主义就是这一局势下的产物。考茨基以英国与其殖民地的关系为例，进一步论述了这一点。

考茨基不仅分析了帝国主义，同时也指出了针对帝国主义的现状的出路。他首先表明，帝国主义是最终代替自由贸易成为资本主义扩大生产、解决工业和农业之间的矛盾的主要形式。但帝国主义具有侵略政策并非解决工农业矛盾的方法。与之相对，考茨基提出了"超帝国主义"的理论设想。考茨基通过考察以往解决资本主义再生产中的工农业矛盾问题，指出帝国主义并非解决这一问题的唯一方式。在考茨基看来，在不久的将来一种和平的超帝国主义政策将会取代帝国主义政策。

考茨基指出帝国主义有两个方面。一方面，在农业国修建铁路、开采矿山、增加原料和粮食。资本主义需将农业国的人们当作消费者和劳动力进行奴役，以满足资本主义再生产的需要。这只有等到资本主义工业帝国中的无产阶级强大到一定地步的时候才能消除。资本主义还具有另一方面，各资本主义国家之间的对立引发了军事上的军备竞赛，而第一次世界大战就是这种军备竞赛的现实后果。这场战争对资本主义工业具有相当大的威胁。在资本主义国家内部，民族革命力量增强，无产阶级的壮大，都削弱了资本主义的力量。

面对这些资本主义在帝国主义阶段中的威胁，考茨基指出，应对这种威胁的方式就是将经济上的卡特尔政策运用到对外政策上，形成帝国主义国家间的联合，进入"超帝国主义"阶段。考茨基断言，一战会促使资本主义转向超帝国主义的阶段。

考茨基的一生伴随着理论的不断完善和政治主张的不断改变，但其无愧于坚定马克思主义者的称号，其对马克思主义做出的理论阐释和主导的德国社会主义运动成为 19 世纪末 20 世纪初风起云涌的世界历史中最绚烂的篇章。

参考文献：

[1] 叶至：《卡尔·考茨基》，生活·读书·新知三联书店 1973 年版。

[2] ［苏］斯·布赖奥维奇：《考茨基及其观点的演变》，李兴汉等译，东方出版社 1986 年版。

[3] 苏颖：《卡尔·考茨基的生平与思想研究》，山东大学出版社 2013 年版。

老挝人民革命党总书记凯山·丰威汉

凯山·丰威汉（Kaysone Phomvihane，1920—1992），原名阮凯山（Nguyen Cai Song），老挝人民革命党中央总书记，老挝人民民主共和国主席（1991—1992）、老挝人民革命党总书记（1955—1991）、主席（1991—1992），旅越老挝侨民的反法运动领导人之一。

师从"名师"当自强

1920 年 12 月 13 日，凯山·丰威汉出身在老挝南部沙湾拿吉省坎塔布里县纳兴村的一个普通职员家庭，家中排行第三，其上还有两个姐姐。其父乃伦·丰威汉（Nguyen Tri Loan）是一名普通的越南知识分子，师从胡志明，曾在法国殖民时期为越南政府工作；其母娘铎（Nang Dok）是老挝的佬族人，没有受过高等教育。

七岁时，凯山的父亲送他就读老挝语授课的 Xayaphoum 小学，但凯山还在 Savannakhet 省学习法语。他专心学习、尊重老师，成绩名列前茅。凯山年幼时就显现出来的好学精神冠以终身。正如戈尔巴乔夫回忆："特别热心学习的人大概要数老挝共产党中央总书记凯山·丰威汉了。他不止一次地到过我们这里，每次都通过大使馆事先提出要求，希望为他安排一系列与学者、专家们的会见，而且不光是计划、经济管理方面的专家，还有哲学、政治经济学、法学等其他学科方面的专家学者。凯山·丰威汉利用自己的休假经常做这些事，而且大部分时间都是在莫斯科度过的。"

1935 年，凯山·丰威汉从沙湾来到越南，在河内一所中学继续学业。在去越南之前，凯山的父亲每天晚上都与他秉烛夜谈，借此机会建议他为自己的未来，为他的家庭和为社会专心学习。

中学生凯山喜欢学习新事物，尤其爱看印度支那共产党的《劳动报》（*Le Travail*）。此外，他还学习了越南和中国的拳击和柔道以防身。此时，越南的青年正在反对法国殖民统治。在读中学的过程中，凯山·丰威汉积极参加各种学生组织，并参与了很多学生运动，反抗殖民统治，争取民主自由。1943 年，凯山高中毕业后进入印度支那大学（现河内国立大学）法律系学习，后中途辍学，转而加入"救国青年会"，参加反对越南的法国殖民者的学生运动。不仅如此，随着日军对东南亚的不断侵略，越南、老挝逐步受到日本军国主义势力的控制。于是，在 1945 年 8 月，在沙湾拿吉市，凯山·丰威汉参加了反日本法西斯斗争，并被任命为驻沙湾拿吉省军队司令。

20 世纪 40 年代，凯山主要负责根据地的建设，这包括宣传、军事、组织等各方面的活动。1946 年至 1947 年，他先后在河内"老—越联络委员会"和越南北部十二区宣传组工作。1948 年，他在老挝北部地区任突击队队长，负责基层建设以及政治和武力建设，在老挝东北部地区建立以桑怒省香科县、老洪、平沙、孟南、帕峦等地为中心的根据地。

革命征途聚能量

19 世纪后半叶，法国殖民者开始染指中南半岛。暹罗国王朱拉隆功在 1886 年和法国签署条约，承认暹罗对湄公河东岸领土的宗主权。二战时期，法国军队战败，日本法西斯势力派兵进驻法属印度支那地区。1945 年，日军迫使琅勃拉邦国王西萨旺·冯在老挝地区独立，成为老挝国王。日本战败后，佩差拉亲王领导老挝自由民族统一战线，组建新政府，维持老挝独立，但随着法军的反扑，老挝自由民族统一战线战败。西萨旺·冯在法国扶植下成为"老挝国王"。1947 年 5 月 11 日，该政府通过新宪法，将老挝定义为一个隶属于法兰西联盟的君主立宪制"自治国家"。

复杂的政治局势造成了复杂的政治势力。二战后，老挝地区盘踞着三股政治势力——以占巴塞亲王文翁、富米·诺萨万和培·萨纳尼空为首的亲美派，以梭发那·富马亲王为首的中间派，还有就是凯山加入的共产主义组织。

1949 年 1 月 6 日，凯山·丰威汉加入印度支那（越南）共产党。几天后，也就是 1 月 20 日，凯山·丰威汉在桑怒省成立了老挝人民自由军（Lao

People's Liberation Army，LPLA）。这支部队的成立意味着老挝第一支人民武装力量的诞生。凯山·丰威汉担任这支军队司令。

随着战后各方政治势力对老挝政权的不断争夺，原本在战时形成的统一战线解体。有鉴于此，1950 年 8 月 13 日，苏发努冯亲王重建了寮国自由民族统一战线（伊沙拉）。寮国，即巴特寮（Pathet Lao），Pathet 表示国家、领土，Lao 则指老挝。这一组织主要是对抗法国扶植的傀儡政权，瓦解其在老挝地区的军事力量。

1950 年新建成的寮国召开了第一届全国人民代表大会，总结了以往革命斗争经验，组建了以苏发努冯亲王为首相的寮国政府，以及以苏发努冯亲王为主席、富米·冯维希为总书记的老挝伊沙拉阵线中央委员会。凯山·丰威汉不仅当选伊沙拉中央委员会（全称为"老挝自由民族统一战线"）成员，并且在寮国政府中担任国防部长，随后领导了保卫桑怒和丰沙里两省集结区的斗争。

1951 年，作为共产党员，凯山参加了印度支那共产党第二次代表大会。受大会的委托，凯山与其他老挝同志筹建了老挝人民党，并被选为党中央总书记、军委书记以及寮国战斗部队最高司令。这标志着共产主义组织在老挝地区正式成立。

法国对印度支那的控制于 1954 年结束，随之而来的是老挝的内战。1956 年 1 月 6 日，寮国自由民族统一战线改组为"老挝爱国战线"，并召开了第一次全国代表大会。在这次会议上，凯山被选为中央委员会副主席。1958 年，凯山前往万象参加联合政府会议，被选为中央委员会副主席。这次会议使得凯山的革命身份合法化，获得正式领导老挝革命的权力。

1959 年，老挝人民党中央做出决定，凯山·丰威汉和党中央的其他一部分领导人撤离万象，返回桑怒根据地。凯山以老挝爱国阵线中央委员会副主席的名义公开活动，继续领导老挝的共产主义革命斗争。1964 年，凯山再次当选为老挝爱国阵线中央委员会副主席，并且先后于 1972 年老挝党"二大"、1982 年"三大"、1986 年"四大"上被推选为总书记，率领寮国与其他势力展开政治和军事斗争。1973 年老挝内战结束，在接下来的两年中，老挝寮国巩固了政权。

1975 年 12 月 2 日，老挝人民民主共和国正式成立，凯山担任政府总理。1982 年 9 月，老挝政府改称为部长会议，凯山任部长会议主席至 1991

年 8 月。1991 年 3 月，凯山在党的"五大"上当选为中央委员会主席。同年 8 月，在最高人民议会二届六次会上，凯山当选为老挝人民共和国主席。

凯山的迅速崛起归因于他的才智和组织能力，以及他与北越的紧密联系。中南半岛在二战后局势复杂，凯山凭借丰富的革命经验和独特的人格魅力使其率领寮国组织，披荆斩棘最终夺取了老挝政权，建立起共产主义的老挝人民民主共和国。凯山个人也由于功勋卓越，被老挝人民党和国家授予其民族英雄的称号，并被颁发国家金质勋章、新制度的五年纪念勋章、一级自由勋章、一级革命勋章、一级抗法勋章和抗美勋章等奖章。除此之外，一些其他国家也曾授予他荣誉勋章。例如，泰国王室授予其王家勋章、越南政府授予其金星勋章和胡志明勋章、柬埔寨政府授予其吴哥勋章、苏联政府授予其列宁勋章和十月革命勋章、民主德国政府授予其卡尔·马克思勋章、蒙古国政府授予其苏赫巴托尔勋章、古巴政府授予其何塞·马蒂勋章、保加利亚授予其季米特洛夫勋章、朝鲜民主主义人民共和国授予其一级国旗勋章和友谊勋章等。

改革誓要换新颜

1975 年 12 月 2 日老挝人民民主共和国建立，老挝人民革命党为唯一执政党，凯山·丰威汉担任老挝人民革命党中央委员会总书记、部长会议主席。实际上，凯山此时已经成为老挝的最高领导人。

由于长达数十年的战争，在相当长的一段时间内，老挝的国民经济停滞不前。有鉴于此，凯山·丰威汉从 1979 年年底开始对过去老挝的一些政策方针进行调整，并制定了相应的方针。

凯山十分注重人民群众的地位和作用。不仅充分肯定了人民群众在民族民主革命时期，作为革命的主要力量，保证革命胜利的重要地位；还特别注重改善民生，提高人民群众生活水平。1977 年 2 月老挝人民革命党二届四中全会后，凯山·丰威汉号召全党和全国人民行动起来，开展生产关系革命，正确认识和把握生产力和生产关系之间的辩证关系，大力发展社会生产力，增强国家经济实力。

1982 年，凯山·丰威汉在老挝人民革命党"三大"的报告中指出人民群众处于水深火热之中——大多数老挝人的生活条件和 1975 年以前差不多。

而实际上，70 年代老挝国民生产总值极低，老挝的外债逐渐增多，对外贸易逆差每年日渐增加。尽管凯山承认老挝人民民主共和国正式成立 11 年来，取得了相对进步与成就，但仍存在一些问题和困难，比如粮食生产技术的相对落后导致的粮食单位面积产量不高，粮食总体生产能力较弱，生产与发展不平衡等。

1986 年，在人民革命党第四次代表大会上，存在一些急于求成的"左"倾思想，而且对经济建设和管理缺乏实战经验。在随后的"四大"上，凯山较为全面地分析检讨了过去错误和盲目的经济方针政策，同时对于过去的政策有了一些新的认识，提出了较为实际可行的经济政策：尽早建立新型经济管理机制，要执行扩大企业自主权，学会灵活运用经济手段和加强对外经济联系，从而能更有效率，利用更短的时间来振兴国家经济，缓解困难；有计划、组织地促进商品生产，调整产业结构，把发展农业放在首要工作；促进自然半自然经济、小商品经济、私人资本主义经济、国家资本主义经济和社会主义经济所有制模式共同发展，发挥私营经济的积极性。

1991 年老挝人民革命党第五次全国代表大会表决通过了新的《老挝人民革命党章程》和《老挝人民革命党第五次全国代表大会决议》，选出了新的中央委员会和政治局。这也是凯山生前最后一次出席政治活动。在丰威汉的领导下，这次大会制定了新时期党的政治路线和基本方针，确定将现阶段"建设社会主义制度"的政治路线改变为"继续建立和健全人民民主制度"。凯山指出，"全党和全国人民当前的总任务和总方针"是"继续推进全面改革，加强在党领导下的，在工、农和知识分子联盟基础上的全民大团结；积极倡导各种经济成分的发展，大力发展生产力，将自然经济、半自然经济转化成商品经济，不断提高各族人民的物质和文化生活水平。在社会生活的各个领域内充分发扬民主，发挥各种群众组织和社会团体的作用，建立和健全按宪法和法律进行活动的并且真正属于人民，由人民当家作主的，一切为了人民的国家机器"。

凯山在会上的报告是他留给后世的政治遗产。它不仅宣告了老挝革命党人未来前进路线、总任务和总方针，也阐明其主要依据、基础和条件，确认了老挝现在还不具备在经济和社会等方面直接建设社会主义的基本条件，对 20 世纪末 21 世纪初老挝国家经济建设起到纲领性作用。这次会议不久，凯山就在万象辞世，享年 72 岁。

对于凯山晚年的改革，原苏共总书记戈尔巴乔夫如此评价："老挝宣布自己是一个社会主义国家，虽然并没有立刻被外界承认。赫鲁晓夫当政时，可以说我国领导人受'历史乐观主义'的影响，深信社会主义国家会很快地增加，立即给万象颁发了社会主义国家的'证书'。结果到了 70 年代，阿尔及利亚、埃及、索马里、缅甸等国的社会主义实验遭到挫折，使人大失所望后，对这种事情的态度才开始变得谨慎一些。理论家们的议论也变得比较清醒了，开始注意到一些革命民主主义的政党宣布自己是社会主义国家时，还没太弄清楚为此需要完成的任务的范围，要不就是利用这种方法只是为了得到苏联和社会主义大家庭其他国家的援助。最后，老挝毕竟还是'得到自己的委任状'，被列为第 15 个社会主义国家。然而，值得称道的是，老挝领导人没有机械地照搬别人的经验，没有走工业化和农业集体化的极端。大概凯山·丰威汉吸取了从莫斯科、北京和河内那里得到的教训，不仅明白应该做什么，而且也明白不该做什么。我和他见过几次面，我们一下子就建立起了相互理解的氛围，无须做任何特别的努力。凯山·丰威汉和许多人不同，他不仅在口头上支持改革，而且把它当作是革新自己国家的纲领。其实，老挝领导人根据列宁的新经济政策自己在进行探索。但是他们思想上有顾虑，怕被指责为修正主义。现在，当新的思想被制定成了法律，他们便着手大胆地干起来，在短短的时间内就取得了不错的成绩。在回忆和凯山·丰威汉谈话的时候我要补充说一句：依我看，这个政治活动家的最大特点是拒绝接受教条主义。他认真研究马克思主义著作，真心诚意地承认它的普遍原理，但当他发现有不能'自圆其说'的地方，而盲目追随又有危害时，他宁愿诉诸理智。"

友善邦交，共谋发展

凯山·丰威汉领导的老挝人民革命党积极促进与中国的关系。早在老挝内战时期的 1961 年，寮国就与中国政府正式建交。凯山本人也是受邀多次访华。1965 年 10 月 12 日，周恩来总理邀请老挝人民革命党总书记凯山·丰威汉来华访问，并庆祝老挝革命 20 周年。1970 年美军入侵柬埔寨，中南半岛局势岌岌可危。就在这种紧张的局面下，7 月 7 日，毛泽东主席在人民大会堂会见老挝人民党总书记凯山·丰威汉，亲切慰问了老挝革命军的基本状况、老挝地区的基本情况，并就中老合作发展经济、对抗美国帝国主义事业进行了讨论。作为反美前线的兄弟党领导人，凯山与中国领导人在冷战时期形成了东南亚地区反美统一战线，极大促进了社会主义事业在中南半岛的发展。

1975年老挝建国后，中老关系产生了微妙的变化。由于凯山采取"亲越靠苏"的政策，反对中国和美国之间的外交往来；而随着越南自卫反击战开始，中越关系恶化，老挝追随越南政府开始采取排华策略，两国邦交基本断绝。

1983年年底，中方希望尽早恢复两国之间的关系，而凯山也表示，中老关系的发展和整个中南半岛整体形势息息相关，只有中越关系有望恢复中老关系才能正常恢复。随着中越关系改善，中老关系也开始缓和。凯山也意识到自己在对中国外交上的失误，老挝自身也终于认识到自己"误信了别人的宣传，对中国产生了误解"。1986年，凯山·丰威汉在人民革命党第四次代表大会再次表示，希望"同中华人民共和国之间的关系，在互相尊重独立以及主权和领土完整，互不干涉内政，互不侵犯，平等互利，和平共处的基础上实现正常化"。1988年6月中老两国互派了大使，实现了关系正常化。

1989年以来，中老双方在政治、经济、军事、文化、卫生、教育等领域友好开展交流，并且在国际和地区事务中密切协调与合作。中方对老方提供了大量的无息贷款、工业设备和生活物资援助，老挝政府在政治上坚持一个中国立场，支持中国人民和平统一大业。

1989初，老挝的对华关系还是"继续为改善与中国的关系而奋斗，在互利互助的原则基础上加强贸易与经济合作关系"。1989年10月，凯山·丰威汉以部长会议主席的身份与邓小平会晤，中老两国签订签署了《中老领事条约》《中老文化协定》《关于处理两国边境事务的临时协定》。可以说，恰恰是这些文件的签署保障了中老双方长达几十年的边界和平和贸易文化往来。

1990年12月，李鹏总理访问老挝，标志着两国关系进入了一个新阶段。中老关系恢复正常后，两国经济贸易合作继续发展，并且经济技术合作方面也更加频繁。不仅如此，新闻文化和教育交流也开始起步。1991年10月，两国在北京签署了《中老边界条约》，通过友好协商。中老两国在较短时间内圆满解决了边界问题。此后，双方先后签署《中老边界议定书》

《中老边界制度条约》《中老边界制度条约的补充议定书》《中老关于边界管理制度的协定》《中老关于边境口岸管理制度的协定》。中老边界已成为一条和平、友好与稳定的边界。

20世纪80年代，在凯山·丰威汉领导下的老挝政府在改善和中国关系的同时，也积极改善与泰国及其他资本主义国家之间的关系。20世纪六七十年代，苏联和越南给予老挝大量的援助，而随着苏联衰落，越南内战，老挝经济开始下滑，因此凯山纵横捭阖，开始撤除意识形态的成见，与资本主义国家建立起贸易关系，吸引外资，推动双边、多边贸易合作。其中最具代表性的就是改善老—泰关系。泰国是中南半岛上资本主义君主立宪制国家，与凯山建立的社会主义制度国家在冷战时期分属两个阵营，两国人民在边界地区一直摩擦不断，但老挝与泰国作为邻邦，语言相通，文化风俗极为相似，老泰关系严重阻碍了老挝经济发展。有鉴于此，凯山积极与泰国政府沟通，1988年邀请泰国差猜总理访问万象，双方就边界问题、贸易问题达成一致。老泰关系的改善促进了老挝与其他资本主义国家关系缓和。在凯山的带领下，老挝先后缓和了日本、美国、法国等国家的关系，就减免债务、互换滞留人员、经贸合作、技术援助等方面达成一致。

总结凯山·丰威汉的一生，他无愧于老挝人民，无愧于共产主义事业。凯山敏而好学，颇具人格魅力，在二战后纷乱的政治局势中，坚守共产主义阵地，并最终建立起老挝这个社会主义国家。而随着国际局势的发展，凯山能够积极推动改革，摒除前嫌，妥善处理与邻国和不同意识形态国家的关系，维护了老挝和平发展，促进老挝现代化进程，是老挝人民民主共和国的英雄。

参考文献：

[1] 农立夫：《凯山·丰威汉》，载《东南亚纵横》1982年第2期。

[2] 张良民：《凯山·丰威汉生平简介》，载《东南亚研究》1993年第1期。

日本无产阶级革命运动先驱片山潜

片山潜（1859—1933），原名薮本管太郎。日本共产党创始人之一，日本无产阶级革命运动先驱，国际共产主义运动理论家、活动家。

数十年的革命生涯中，片山潜始终坚持马克思主义，把日本无产阶级和全人类的解放作为其终生的事业。其革命的一生，战斗的一生，全身心致力于日本工人、农民的解放事业，坚决同国内外帝国主义、资本主义、反动派进行英勇斗争。联合世界范围内无产阶级、被压迫人民、被压迫民族奋起反抗，是推动日本无产阶级革命运动和国际共产主义运动事业蓬勃发展，维护世界和平的英勇战士，中国革命最坚实的拥护者。主要著作有《片山潜自传》《日本的劳工运动》《英国今日的社会》《我的社会主义》等。

漫漫海外求学路

1859 年（即安政六年）12 月 3 日，片山潜出生于日本美作国条郡羽出木村（今称冈山县久米郡久米南町字羽出木），父亲越尾国造是薮本家的赘婿，家族世代务农，生活较为贫困。片山潜三岁时，父亲不知出于何种原因突然出家为僧，让原本就比较困难的家庭更是雪上加霜。因此，片山潜只有跟随母亲和兄长生活，三人相依为命。片山潜从小就到田间劳作，幼年的劳作经历使其深知贫苦农民生活的疾苦。

19 世纪七八十年代，日本各地接二连三地爆发农民起义，起义运动的爆发，自由民权思想的广泛传播，给年幼的片山潜留下了深刻的印象，革命的信念由此在他心中萌发。1868 年，日本进行明治维新运动，近代资本主义性质的义务教育在日本各地广泛开展起来，片山潜的家乡也不例外。家乡新式小学的开办，让他有机会进入学校，接受新的、系统的教育。片山潜家境贫寒，兄长先前参加农民起义被捕入狱，母亲微薄的收入难以维持家庭的日常开支。面对这一现状，片山潜只得辍学回家帮助母亲从事农田劳作。尽管辍学在家，片山潜也从未放弃自己的学业。片山潜被母亲叫去跟着本村的老人学习写字，不久之后，母亲又把他送到一个寺庙中去，跟着一位老和尚接受汉文阅读的启蒙教育。强烈的求知欲促使他到处寻找书籍阅读，坚持在家自学完成学业，并凭借自己的努力在当地的小学担任非正式教员工作。皇天不负有心人，1880 年，片山潜终于考入冈山师范学校。在学校期间，片山潜成绩优秀，始终名列前茅。生性活泼好动的他极为反感师范学院死板的规章制度，为了可以学到更多的知识，他在冈山师范学院待了不到两年的时间就离开了。只身一人前往东京，在东京求学期间，由于举目无亲、四处碰壁，他只能在当地一家小型印刷厂——"绩文社"做工，以此凑够住旅馆的费用。同幼年时期一样，他一面在印刷厂做工，一面自学求知识。

而后在冈塾，片山潜先后在汉学家冈鹿门和森鸥村创办的学塾做工，并有幸师从冈鹿门学习汉学，潜心典籍。其间他边劳动边听讲，半工半读，由此打下了根底深厚的汉学基础。然而，片山潜逐渐意识到学塾所学到的传统的知识是远远不够的。因此，1883 年片山潜由冈塾转移到了攻玉社，在那里他接触到数学、测量等更为先进的现代科学知识和技术。

1884 年，片山潜在为一位美国的朋友送行期间，强烈的求知欲再一次促使他也萌发了前往美国求学的念头。同年冬天，25 岁的片山潜怀抱着向先进国家学习的目的，横渡太平洋，孤身一人踏上美国的土地，开始了他在美国为期 11 年的劳动求学生活。在美求学期间，一方面由于身上无足够资金，另一方面由于语言不通的问题，在当地日侨的帮助下，他只能以做清洁工、帮厨、农场工人等工作谋生。但他从未忘记自己只身来到美国的目的，为了可以获得系统的学校教育，他省吃俭用，三年的时间自己终于积攒了五百美元。在美国工作的日子里，片山潜多次忍受主人的斥责，有时候还会食不果腹，经常从凌晨 4 点一直劳动到晚上 10 点，甚至还有一次被其中一家主人冤枉偷东西。但无论受了多少委屈，片山潜还是一如既往地钻研学问，从不敢丝毫懈怠。

1886 年，片山潜加入基督教，成为一名基督教徒。之后在当地一位牧师的帮助下，片山潜有机会进入奥克兰市的霍浦金斯学院进行大学前的预备教育，之后前往田纳西州的麦利维尔大学、爱奥华州的哥林奈尔大学等学校继续深造。大学期间，片山潜常因家庭贫困和语言不通等问题而遭到学校富家子弟的讥笑。但他从不气馁，始终坚持一边做工赚取生活费，一边埋头刻苦学习。在美深造期间，他不但攻读了英语、希腊语、拉丁语、德语等多种语言课程，还学习并研究了哲学、历史、文学、修辞学、数学等多种学科。在麦利维尔大学求学时，片山潜就开始尝试从基督教的立场探讨"社会主义"，并以基督教社会主义者理查德·伊利博士的《社会主义和基督教》作为教科书，参阅《拉萨尔传》，研究社会主义，并自称"成为社会主义者"，指出拉萨尔所提倡的运动方法是最适合、最恰当的。之后他前往耶鲁大学专门学习了基督教神学和基督教社会主义这一些课程。最终片山潜先后在艾奥瓦大学和耶鲁大学获得文学硕士学位和神学学士学位。1893 年夏季，他的毕业论文《德国统一史》通过，哥林奈尔大学授予他博士学位。

19 世纪末、20 世纪初，美国资本主义得到迅速发展，并取代英国成为世界第一经济强国。在美留学期间，片山潜时刻注意观察美国资本主义社会的发展状况，但其尤为关心底层人民群众的生活，因此，他时刻关注美国工人运动的发展状况和当时美国所面临的一些社会问题。此外，片山潜也关心英国工人阶级的发展现状。1894 年，他同友人到英国进行了为期三个月的社会考察。其间他着重考察了英国伦敦、利物浦、曼彻斯特等大工业城市和一些农村，借此机会接触到一些工人运动的领袖和第二国际的重要人物。同时，他也前往英国监狱、孤儿院和贫民窟等地进行参观。由此片山潜不仅看到英国资本主义社会的发达工业，更看到其背后所隐藏的一系列的社会问题——如：贫穷、疾病、偷窃、卖淫等。三个月的英国之行使他进一步认识到：一个国家的山河无论多么美好，在资本主义社会里都被资本家占有着，社会必定是黑暗的。只有进行社会革命，光明才会来到。之后，他著了《今日英国社会》一书，全面概括总结自身对美、英社会的实地考察和研究，以此加深其对欧美资本主义社会的认识。但是这一次欧美之行也并未让他找到解放无产阶级的正确道路。

与天皇政府"对着干"

明治维新后，日本资本主义经济得以快速发展。天皇政府和资本家对日本工人阶级进行残酷的剥削和压迫，阶级矛盾日趋尖锐化，得知这一现状，片山潜怀着改良日本现状的目的决定返回家乡。1895年12月，片山潜启程回国，次年抵达横滨，之后前往东京。在东京期间，片山潜积极组织建设平民救济社，并在一神教派创办的期刊——《六合杂志》担任编辑，借此向日本民众宣传社会主义思想。随后，片山潜跟随日本基督教人士一同创办工农夜校——金丝莱馆，积极宣传基督教社会主义思想，并引导群众开展基督教社会改良运动。

1897年夏，日本近代工人运动发展起来，片山潜以极大的热情投身其中。在开展工人运动期间，片山潜始终密切联系群众，并多次进行社会主义理论宣传工作，其间他也从未将自己看作领导，也从不以"讲经布道"的方式进行宣传。而是通过在实际的工人运动中指出工人团结的必要性，只有工人自身主动地组织起来、团结起来进行斗争，才能获得最终的胜利。同年4月，片山潜加入由日本政治家、学者、宗教家、记者所成立的社会问题研究会，会上被评选为该研究会的评议员。6月，片山潜于东京神田区青年会馆发表题为《工人们团结的必要》的演讲。8月，片山潜再一次在《太阳》杂志上发表了题为《论工人联合起来的必要性》的文章，再一次强调工人阶级团结统一的必要性。此外，片山潜也翻译了《拉萨尔传》等社会主义文献，宣传拉萨尔式的社会主义，积极探寻社会改良的道路与方法。

1896年，与片山潜同在美国勤工俭学的高野房太郎（1868—1904）学成归国。次年，片山潜、高野房太郎、城常太郎等决定成立"劳动组合（工会）期成会"，其创办宗旨是保障日本工人的合法权利。随后，日本工人运动史上第一批工会，即铁道、炮兵工厂等的"铁工工会"成立，工会组织得以不断发展壮大。随后，在"工会期成会"的组织领导下，一大批工人工会得以成立，如："日本铁道矫正会""印刷工会"等。除此之外，片山潜创办发行机关刊物《劳动世界》，其间由他担任主笔，主要报道日本同其他国家工人的悲惨现状。"铁工工会"的成立和《劳动世界》的创办，标志着日本工人运动取得新的进步。

片山潜不仅关注工会组织的创建工作，他更重视社会主义理论的研究工作，为此，1898 年 10 月，片山潜、幸德秋水、安部矶雄等人组织并成立了"社会主义研究会"，会上，他们认真研究社会主义相关思想和学说，始终坚持并主张唯有马克思主义才是我们应该采取并付诸实践的真正理论。片山潜在此后相当长一段时间内，仍然保留许多改良主义的东西。前期研究会活动由于只注重于纯理论的学习，无法更好地适应现实的工人运动发展的需要。因此，在思想上仍有改良主义的印记。次年 10 月，片山潜组织了"促成普选联盟"，并担任了该同盟干事。1900 年初，社会主义研究会发展改名为社会主义协会，无论是"研究会"还是"协会"，它们都旨在研究各种社会主义学说和日本的革命问题，其中，既包括圣西门、傅立叶的空想社会主义，拉萨尔的社会改良主义，还包括马克思、恩格斯的科学社会主义。因此，"协会"的再一次出现，推动社会主义理论与工人运动相结合并得到进一步发展。

为更好推动社会主义思想在日本的传播，加深民众对社会主义理论的理解，片山潜前往全国各地从事理论宣传工作，也曾在各大报纸杂志上发表相关论文。其中最具代表性的是《日本的工人运动》和《我的社会主义》两部著作。其中，《日本的工人运动》一书，认真总结了初期日本工人运动的兴起和发展状况，全面分析和介绍日本工人运动史，总结早期日本工人运动的经验教训。而《我的社会主义》一书，揭示日本资本主义社会发展的现实状况，揭露资本主义社会的本质，指出资本主义必然灭亡、社会主义必将取得胜利这一客观规律，明确提出社会主义革命的中心问题是工人阶级必须夺取政权、掌握政权。

19 世纪末、20 世纪初，第二国际成立。在第二国际的积极推动下，1901 年 5 月，片山潜、安部矶雄、幸德秋水等人决定成立日本社会民主党。它以不分种族和宗教信仰，工农大众团结起来；反对帝国主义战争，争取世界和平；消灭阶级，实行生产资料公有；公平分配财富；实行普选；人民具有参政权等作为党的纲领。但该党成立当天就被反动政府勒令解散。随后，片山潜再一次恢复"社会主义协会"的活动，并将自己的家当作协会办公地点，继续宣传社会主义思想。与此同时，片山潜积极进行反对帝国主义侵略的斗争。甲午战争后，日本帝国主义开始对中国政府索取割地和赔款。片山潜坚决反对帝国主义行径，不顾反动政府的残酷镇压，号召日本民众反抗日本当局。他指出，当前的日本正在变成东方普鲁士，通过压迫其他民族来解放自己。他进而在《劳动世界》上撰文到，不能把自己国家的富强建立在牺牲其他国家的利益上，而应考虑世界格局，观察经济局势，实行彻底的社会主义和民主主义。1903 年末日俄战争爆发后，片山潜又多次参与到以反战为中心的国际活动中。1903 年 10 月 8 日，在东京神田的青年会馆召开的"反战论讲演会"上，他发表了反战演讲。坚持表明自己是出于工人的立场，为工人的利益而反对战争。1904 年 8 月 14 日，片山潜以日本社会主义代表的身份出席了荷兰阿姆斯特丹的第二国际第六次代表大会。会中向俄国社会民主党代表普列汉诺夫表示友好，并与其共同发表宣言，宣称日本工人阶级同俄国工人阶级必须团结起来，一同反对日俄战争。片山潜坚决反战这一行动博得全场热烈掌声。

由于日本工人运动屡遭当局镇压，片山潜开始筹划自行建党。1906 年 2 月，片山潜和幸德秋水、堺利彦等人创立日本社会党并开展一系列社会运动，其间被选为该党评议员。自社会党成立以来，党内始终存在很大分歧，1907 年 2 月，幸德秋水与田添铁二的矛盾激化，党内斗争公开化，不久社会党出现分裂并再次遭到日本帝国主义政府的镇压，社会党再一次被取缔。尽管如此，片山潜仍继续进行革命宣传活动，其间组织马克思主义同志会。

1911 年年底，片山潜领导了东京市 6000 名电车工人大罢工。经过 4 天斗争，取得了胜利，这一行动彻底打碎了统治阶级的迷梦。大罢工后，政府对参加罢工的人员进行大逮捕。片山潜也因此被关进千叶监狱。狱中他始终坚持革命的信念。9 个月之后，明治天皇病故，片山潜遇赦被释放，但日本当局并未放弃对他的监视。

在全世界的"革命圈子"里叱咤风云

1914 年秋，为躲避日本当局政府的严密监视，片山潜不得不再一次离开自己的家乡前往美国。他未曾想到，这一离去再也没能回到他心中热爱和日思夜想的祖国。他在国外寻求外国同志的帮助，振兴日本社会主义运动。在美期间，同青年时期一样，片山潜坚持一边做工，一边投身于美国社会党左派组织的社会主义运动中，并在美国《平民》周刊、《阶级斗争》、《革命时代》等多部进步刊物上发表文章。积极宣传反对帝国主义战争，维护无产阶级的合法权益。

经过自己的不懈努力，1916 年 5 月，片山潜在美国创办了《平民》小杂志。《平民》的创办异常艰难，由于资金和人手不足的问题，片山潜只得自行排版、印刷，借此宣传社会主义思想。

1917 年俄国十月革命取得胜利，片山潜听到这一消息后对十月革命表示热烈的祝贺和拥护，并专门著文称颂十月革命，号召日本民众向俄国民众学习，以布尔什维克为榜样。随后，片山潜认真研读列宁的相关著作，尤其是其所著的《国家与革命》一书，总结俄国社会主义革命的经验。并把它翻译为日文，借此向日本人民介绍"俄国布尔什维克革命的基本原理"，学习从资本主义向社会主义过渡的新途径、新方法。

1918 年夏，受第一次世界大战的影响，日本国内阶级矛盾日趋尖锐化，劳动人民的生活日益贫困化、米价暴涨，动荡不安的情绪在日本劳动群众中日益蔓延开来，加之俄国十月革命的影响，由此爆发了规模空前的米骚动事件。其持续时间长、波及范围广、斗争形式多样，是日本第一次规模空前的以工人阶级为主体的群众性斗争。但由于其活动过程中无统一的计划、目标和组织的领导，最终导致运动的失败。不可否认的是，米骚动事件的爆发，推动了日本工人阶级意识的觉醒。

作为一名坚定的国际共产主义者，片山潜不仅关注本国工人运动的发展，还积极投身于国际共产主义事业中去。自 1919 年起，片山潜积极组织并领导美洲各国的社会主义工人运动，并被共产国际任命为美洲局委员长。先后指导并帮助美国、墨西哥、加拿大等国家创建共产党，其间还被美国共产党选为第一届美共中央委员。

1921 年，片山潜被共产国际执行委员会派往墨西哥，在帮助墨西哥组建共产党期间发表了《日本和日益迫近的社会主义革命》一文，号召日本按照列宁的理论在日本建立起类似于俄国布尔什维克那样的共产党，并明确提出建设军队的重要性。1922 年 1 月，片山潜离开美国，来到莫斯科参加远东劳动者大会。参会期间，片山潜学习并翻译了十月革命的相关理论著作，以布尔什维克为榜样，将分散于日本各地的共产主义小组统一起来，于 7 月 15 日在东京创立了日本共产党。

一战后，日本帝国主义在加紧向外侵略扩张的同时，加紧了对日本共产党和革命人民的镇压。1923 年 6 月日本当局散布谣言说"社会主义者阴谋发动内乱""朝鲜人民已经起来暴动"等，以此为借口对日本共产党人展开大规模的逮捕行动，即发生所谓的"龟户事件"。面对这一威胁，日共党内一部分不坚定的机会主义者，如山川均等，于 1924 年 3 月做出解散日共的错误决议。此时正在第三国际的片山潜对此表示坚决反对。之后在共产国际的指导和片山潜的种种努力下，1926 年 12 月日本共产党召开了重新建立日共大会的决议，并指出"在任何情况下解散党都是错误的"。但刚建立起来的日共又犯了"左"倾宗派主义的"福本主义"。为纠正这一倾向，1927 年 7 月 15 日，在片山潜的影响下，日共代表与第三国际共同提出了并通过《关于日本问题的提纲》（《二七年提纲》），提纲指出山川主义和福本主义的危险之处，规定了"使党发展成为有深厚群众基础的无产阶级先锋队所应走的道路，即党组织要以工厂支部为基础，深入地在工人阶级中扎下根来"。

1928 年日本政府发动了"三一五"大检举，残酷镇压了共产党和工农革命运动，数以千计的革命同志不幸被捕。面对反动势力掀起的血雨腥风，日本共产党内部的"工农派"企图放弃革命，在资产阶级杂志上大肆鼓吹反动言论。1932 年 5 月，面对严峻的革命形势，片山潜等人制定了《关于日本的形势和日本共产党的任务的提纲》，即《三三二提纲》。它指出当前革命中心是"为反对帝国主义战争和打倒天皇制，为争取大米、土地和自由，为建立工农政府而斗争"，进一步指出"革命运动今后的发展，取决于共产党力量的强大，取决于一个能够把几百万劳动人民团结在党的口号之下，并且站在这些群众面前的党的能力"。

作为一名伟大的国际工人运动和共产主义运动的活动家，片山潜自 1921 年到莫斯科共产国际工作时起，一直到逝世为止，始终献身于国际共产主义运动。自 1922 年起，片山潜曾连续被选为共产国际国际执委会的委员。在苏联参加共产国际召开的远东劳动者第一次代表大会上，片山潜被选为大会名誉主席，并为大会起草了决议草案。

此外，片山潜也特别关注并支持中国人民的革命斗争。1925 年，在中国共产党召开第四次代表大会期间，他曾前往中国上海、北京等地进行考察，为期一个月。其间他高度赞扬中国革命的工人阶级和知识分子，热情歌颂中国人民的革命斗争，并撰写了《中国旅行杂感》。1931 年 9 月 18 日，日本帝国主义发动侵略中国东北的武装挑衅事件，史称"九一八事变"。得知这一消息，片山潜深恶痛绝。同年 10 月他发表《日本无产阶级反对日本帝国主义》这一论文，坚决站在中国人民这一边，坚决反对日本帝国主义对中国的侵略行径，声讨日本侵略者的新罪行。"九一八事变"发生后，片山潜随即进入紧张的筹备工作，号召国际反战人士于 1932 年 8 月在荷兰阿姆斯特丹召开了世界反战大会。73 岁的他不仅出席大会，更在大会上发表了意义深远的反战演说，指出日本帝国主义是世界大战的罪魁祸首，揭露日本帝国主义同蒋介石反革命团体暗中勾结，妄图消灭中国红军的罪恶活动，积极号召国际反战组织一致支持中国共产党的革命。他宣称，"日本帝国主义不仅是中国人、朝鲜人的敌人，也是日本工人和农民的敌人"，要"以革命的战争反对帝国主义的战争"。宋庆龄同志作为中国代表也参与了这一次会议。会后，片山潜同中国代表一一握手，并坚决表示全力支持中国共产党的革命。

1933 年 11 月 5 日，片山潜病逝于莫斯科。病逝之后，苏联最高领导人斯大林为其亲自抬棺送葬，遗体葬于莫斯科克里姆林宫红墙之下。在遗言中，他始终强调：我们必须坚决地同法西斯主义、帝国主义、资本主义做斗争，坚决同叛徒、机会主义者做斗争。

告白："我的社会主义"

理论指导和实践探索是辩证统一的，片山潜一生都在致力于进行日本社会主义革命。进行社会主义革命，离不开社会主义理论的指导。片山潜进行社会主义革命实践活动离不开其自身对社会主义理论的不断深化。青年时期，片山潜曾前往世界多个国家求学、访问。其间也曾多次组织并领导日本国内外工人运动。在此基础上，片山潜逐渐形成自身独特的社会主义理论。1903 年，片山潜写作并出版了《我的社会主义》一书，该书是由片山潜之前在各种社会主义报刊上发表的论文汇集而成，它也是日本早期社会主义思想的最高成果。书中，片山潜第一次全面地、系统地阐述自己的社会主义理论。正如他自己在序言中所描述的一样，"这一本书是对资本主义社会及金钱万能、资本家横行霸道的社会的控诉书，是给资本家制度维持者的最后通牒"。片山潜论述了资本主义必然灭亡，社会主义必然胜利的客观规律，强调无产阶级和资产阶级之间的矛盾冲突不可避免，必须进行社会主义革命。而社会主义革命斗争的焦点在于政权问题。片山潜强调，社会主义革命，是一场权力争夺战，是一场社会统治权的斗争。是资产阶级与无产阶级之间的斗争，是资本家与劳动人民之间的斗争。因此，片山潜始终相信只有工人阶级是日本真正的革命力量，只有依靠工人同盟才能取得社会主义革命的最终胜利。

此外，片山潜独到地剖析了资本主义制度的本质及其自身内在的、不可调和的基本矛盾。现代社会，资本主义制度盛行，对劳动者进行无情的剥削，但剥削者并不需要从事任何劳动，却拥有产业的全部权力，曾经的劳动者失去其独立的身份，被剥削者只有通过劳动才能满足其基本的生活需要，而资本家始终以"寄生"的方式存在。资本主义社会，劳动者和生产资料的分裂使得资本主义形成并发展。资本是资本制度的结果，需将其看作是源自劳动的，是劳动者自身将其劳动作用于天然物质的结果。

在具体的革命策略上，幸德秋水并未意识到阶级斗争和进行社会主义革命的必要性。自然无法看到广大工农群众在革命中的重要作用。他想以同盟罢工的方式进行革命，只借助于少数仁人志士的力量根本无法取得革命的成功。因此，在当时的日本，这一方式是行不通的。针对幸德秋水的直接革命论和直接行动论，片山潜表示坚决反对并对其展开激烈的批判。这一理论，片山潜主要发表于"在宪法范围内主张社会主义"一文和《社会主义鄙见》以及"自然的结局"一文中。这种批判直接导致直接行动派与议会政策派的决裂，最终导致党内组织分裂，无产阶级革命斗争力量被严重削弱。在日本当局政府强大的政治压力下，"直接行动派"无法再进行有组织的活动，只能走上暗杀的道路，并最终成为日本当局政府绞刑架下的牺牲品。

1918 年，"米骚动"事件在日本爆发，针对这一事件，片山潜通过社会主义理论对其展开分析论证，其论述主要展现在以下几篇文章中：1918 年的《日本国人对最近米骚动的评价》、1931 年的《战后日本阶级运动批判总观》、1933 年的《1918 年米骚动五十年》以及同年的《关于马克思主义在日本诞生与发展问题》等。在此，片山潜指出，"米骚动"事件的爆发，绝非孤立的、偶然的。米价的上涨是事件爆发的直接原因，但是也需注意到这一事件的爆发同当时日本所特有的社会环境是紧密联系的。这一次事件的发生，表明日本劳动群众对统治阶级剥削和压迫的不满已达到极致，阶级矛盾日趋尖锐化。此外，俄国十月革命的爆发，无产阶级夺取政权，给日本劳动群众以莫大影响，最终引发日本无产阶级进行反抗运动。

儿时的劳作经历使片山潜深知农民生活的艰苦，因此，片山潜始终关注农民的生存现状，并对农民运动展开具体的、深入的研究。在"日本的农民斗争"一文中，片山潜展开自身对农民运动的研究。文章主要考察了几个世纪以来农民运动的情况，从封建时代的农民战争到德川时代的农民暴动，片山潜均对其进行了全面的分析和总结，指出农民始终生活于重压之下，日益受到残酷的剥削。他从封建主义、资本主义、社会主义之间的根本矛盾的发展这一角度看待农民运动。他指出，德川时代封建土地的地主和佃户关系仍有残余，地主依然对佃户进行剥削，指出进行资产阶级民主主义革命的必要性。此外，片山潜还进一步论述为何一直以来农民运动始终无法获得成功，西南之役后农民运动甚至日趋消失。面对这一现状，片山潜强调，一方面由于经济危机的影响，另一方面由于战争的推动。农民战争日趋革命化，而其关注点主要在于土地问题，即佃耕权的问题上。

片山潜，伟大的国际共产主义战士。

革命的一生，战斗的一生。

参考文献：

［1］肖立辉：《片山潜》，中国工人出版社 2015 年版。

［2］李威周：《日共创始人：片山潜》，商务印书馆 1985 年版。

意大利社会主义运动领袖陶里亚蒂

陶里亚蒂（Palmiro Michele Nicola Togliatti, 1893—1964），又名科尔·科利（Ercole Ercoli）、马里奥·科伦蒂（Mario Correnti），1893 年 3 月 26 日生于热那亚，1964 年 8 月 21 日卒于雅尔塔。他是意大利著名政治家、社会活动家，意大利共产党创始人之一，也是意大利共产党的主要领导者（1927—1934；1938—1964）、意大利共产党在共产国际的主要代表。

都灵大学的"颠覆分子"

1893 年 3 月 26 日，陶里亚蒂出身于意大利皮埃蒙特大区一个普通家庭。陶里亚蒂出生时，其父安东尼奥是热那亚的一名普通公务员，其母亲特雷萨·维阿勒是教师，一个虔诚的天主教徒。和当时绝大多数意大利家庭一样，陶里亚蒂家虽贫穷，却是虔诚的天主教徒。迫于生计，陶里亚蒂出生后不久，父亲就从家逃亡，出走都灵，去谋取教职。

年轻的陶里亚蒂必须在刻苦学习的同时担负起家庭的重担。1897 年，陶里亚蒂与姐姐一起在诺瓦拉入小学一年级。1911 年秋，十八岁的陶里亚蒂返回都灵开始大学生活——他以优异成绩考入都灵大学法学院。意大利尽管已经统一了五十年，但南方的封建体制和北方的资本主义制度之间有着明显差别。更为重要的是，随着工人阶级不断壮大，社会主义思想在社会上流传开来。陶里亚蒂在大学中接触到了社会主义思想也遇到了革命战友葛兰西。他们一起阅读《资本论》，一起参与经济学研讨班，一起参加了当地的社会主义青年运动。1911 年，陶里亚蒂加入意大利社会党。陶里亚蒂在葛兰西的帮助下认清了意大利的现实状况，同时深化了对社会主义思想的理解，尤其是通过对落后的萨丁地区的研究，基本摆脱了"某些自由主义分子、激进分子以及某些独立社会党人对当时意大利社会主义和其他左派运动的政治方针的批判产生的影响"，进而清楚地认识到"意大利社会深深地陷在各种客观存在的矛盾中，这种矛盾必然要引起革命运动，从而摧枯拉朽地为新生力量打开道路……北部的工厂中已经积累起一支活跃的革命力量——工人的力量，而且应当由这支力量来引导革命"。这一时期，大学生陶里亚蒂清醒地认识到社会主义革命的必然性和工人的革命主体地位，并且试图用拉布里奥拉式的马克思主义解释意大利的民族生活，进而寻求社会主义运动的行动方针。

1915 年意大利卷入一战，因此陶里亚蒂毕业后应征入伍，最初编入步兵兵团，后派往士官学校学习，但最终因肺病复员。在服役和复员后的一段时间，陶里亚蒂通过葛兰西的帮助及阅读一些外国杂志，逐步了解到意大利左派思想和世界工人运动特别是俄国布尔什维克党的思想和活动情况。

战后陶里亚蒂在都灵一所私人学校教授法律和经济，并担任社会主义报纸《前进报》的记者。1919 年，社会党的选举活动进入高潮，特别是在都灵地区，那里工业的繁荣促使其形成了一个强大的工人阶级的核心。俄国革命成功后，都灵年轻的社会主义者在葛兰西的带领下，在都灵开展了工团主义运动，即"工厂委员会"运动。试图以俄国为榜样，通过"工厂委员会"的组织形式，实现工人对企业的监督，并以此作为新的工人政权的萌芽。不仅如此，陶里亚蒂和葛兰西、塔斯卡、特拉齐尼等人于 1919 年 5 月 1 日创办了《新秩序》周刊。陶里亚蒂负责文化板块——"思想的斗争"。1920 年 3 月，为了使工人夺取工厂权力的斗争由都灵扩展到全意大利，陶里亚蒂在《新秩序》上发表了"致意大利全国工人和农民的公开信"。他在信中指出，目前的关键是要建立"一个足以直接同资方的政府统治机构对抗的新组织"；要警惕老板们互相勾结起来，"无产阶级的团结一致是你们取得胜利的必要条件"。"工厂委员会"运动虽然由于社会党内改良派分子的破坏而遭到失败，但它震撼了整个意大利，有力地推动了社会主义革命运动的发展，促进了意大利共产党的建立。

永不妥协的意共创始人

鉴于意大利社会党（PSI）的惰性，陶里亚蒂认为，社会主义革命的命运主要取决于一个真正的共产党。因此社会党都灵分部决定成立共产主义政党。1921 年 1 月，社会党在里窝那召开第十七次代表大会。在会上，葛兰西、陶里亚蒂等左派同改良主义者展开激烈争论。其结果就是 1 月 21 日，波尔迪加、葛兰西、陶里亚蒂等人正式宣布成立意大利共产党（PSI）和共产国际意大利分部。陶里亚蒂在意共中主要从事党报宣传工作。从 1921 年夏开始，陶里亚蒂在罗马主编党中央机关报《共产主义者》。

随着意大利法西斯势力不断发展，刚刚成立的意共遭受打压。1922 年 10 月法西斯党徒举行了所谓的"向罗马进军"运动，随后，墨索里尼掌权政权。《共产主义者》报被封，陶里亚蒂侥幸脱险，前往都灵。鉴于当前局势，意共合并了最高纲领派，在米兰成立新组织，开始了为期 20 年的地下活动。

随着《新秩序》停刊，负责人被逮捕，陶里亚蒂开始脱离了政治活动，这有可能是因为疾病，或因为感情危机，或畏惧法西斯的报复。庆幸的是他留在了苏联，躲过了 1923 年 2 月墨索里尼的逮捕。

1923 年 4 月，陶里亚蒂恢复了与意共的联系，化名保罗·帕尔米，成为意共执委会一员。其时，意共领导波尔迪加继续"左"倾关门主义的错误政策，妨碍了党同群众的联系，使意共蒙受了严重损失。

1924 年 5 月中旬在科摩召开的秘密会议上，陶里亚蒂批评波尔迪加派脱离群众，坚持认为共产党应该是"无产阶级专政党"，只有在力量的斗争的基础上为广大劳动人民群众打好基础，才能进行无产阶级专政。但为了达到这一点，共产党应坚持构建整个历史的链条，采取历史主义的倾向，从而认清现实，找到真正的行动方式。然而，与会代表仍然大部分赞成博尔迪加的左派，即在没有达到革命高潮的情况下，意共"应该作为一个群众性的党"，"无条件地、认真地、灵活地利用敌人阵营任何一个最小的裂痕，利用各个可能争取即使是暂时的、不坚定的、不可靠的、有条件的同盟军"。在这次会议上，他当选为共产国际执行委员。

1924 年 5 月底，陶里亚蒂、博尔迪加、格里科、塔斯卡和其他十四名意大利代表离开莫斯科出席第一次国际大会。这是在列宁逝世后首次举行的国际大会。共产国际对意共的建议是不必摆脱与社会民主党的联盟，这是因为意大利遭遇政治危机，共产党要打破法西斯主义统治就必须联合一切力量。

1925 年 1 月 3 日墨索里尼上台，共产党人遭到镇压。四个月后，陶里亚蒂因"颠覆国家权力"在内的五项指控被捕。但 7 月 29 日，意大利国王维托里奥·伊曼纽尔三世登基二十五周年实行大赦，因此陶里亚蒂没有到庭审讯，转押到都灵后被释放。

出狱后的陶里亚蒂立即投入第三次党代会提纲的起草工作上来。陶里亚蒂为这次会议写的提纲无疑是马克思列宁主义政党第一次登上意大利政治舞台的大宪章。1926 年 1 月 29 日，意共在法国里昂举行了第三次代表大会，葛兰西当选为总书记，陶里亚蒂在会上就工会问题做了报告。他提出了打击法西斯主义工会的策略，指出群众在哪里，就在哪里进行工作的新方针。

里昂代表大会后不久，基于意共在白色恐怖下日益困难的处境，陶里亚蒂被派往莫斯科，代表意共参加共产国际领导机关的工作。1926 年 2 月 10 日，陶里亚蒂离开意大利，来到莫斯科，被任命为共产国际的六中全会意大利党代表团团长。到莫斯科后，陶里亚蒂攻击博尔迪加，指控他已经将意大利的党带向深渊，捍卫了意大利的政策；并参与了对托洛斯基派的政治斗争。

随着葛兰西被意大利当局逮捕，其他一些共产党的领导人也落入法西斯之手。这样，陶里亚蒂便于 1927 年起担任意共总书记，成为意共的实际领导人。他在意大利毗邻的瑞士和法国，组织了意共的"国外领导机构"，出版理论月刊《工人阶级》，领导转入地下的意大利共产党继续进行反法西斯斗争。由于陶里亚蒂的正确决断，处于困境中的意大利共产党扩大了与群众的联系，建立并加强了与各反法西斯组织特别是与意大利社会党的联系。

1928 年起，陶里亚蒂担任国际执行委员会主席团成员。1928 年 7 月 17 日在莫斯科召开的共产国际第六次代表大会上，苏共领导人之间发生内讧：持不同政见者包括加米涅夫、季诺维也夫、布哈林，斯大林指责其使革命存在的风险。斯大林意图转向左派，以打击右派，巩固个人威信。于是会议主题就变成了共产党对社会民主党的斗争。而这将法西斯主义和社会民主等同起来。

陶里亚蒂反对这种同化，他认为法西斯主义是中产阶级、资产阶级引导的运动，在传统的工人组织中没有依据，而社会民主是一个具有工作和小资产阶级基础的运动，主要来自被大批民众认同的组织。这并不意味着社会民主可以用实行法西斯主义的方法追求有意识的帝国主义政治。

1929年美国大萧条，意大利随后也受到波及，国内经济衰退、社会矛盾加剧。法西斯政权为稳固统治与教皇合作，签订了拉特兰条约。陶里亚蒂一针见血地指出，国家和教会的合作实际上是意大利资产阶级内部隐藏着分裂危机，它阻碍其有效对付无产阶级及其同盟者的农民革命运动。

与此同时，陶里亚蒂不仅积极进行党建工作，纠正了安杰洛·塔斯卡等人的右倾机会主义错误，也对法西斯政权的未来加以推断。他认为，法西斯最终的衰落要么因为内部矛盾，要么因为外部军事打击。在1931年科伦坡召开的第四次党代会上，陶里亚蒂阐明斗争总目标是促成革命政治危机中的各个因素，行动策略是旨在打入法西斯群体组织内部。可以说这是里昂代表大会的进一步具体化。

1934年，陶里亚蒂回到莫斯科并于次年成为共产国际的负责人之一。1935年7月，在世界人民面临法西斯严重威胁的情况下，共产国际为了重新研究共产主义运动的各种重要问题，在莫斯科举行了具有重大历史意义的第七次党代会。陶里亚蒂参与了大会的筹备工作，并在会上，做了《论共产国际在帝国主义者准备新的世界大战的情况下的任务》的报告，提出了"为和平而斗争"的中心任务，为共产国际克服教条主义，在新的历史条件下及时实现策略的转变，做出了重要贡献。在这次会议上，他当选为执行委员会书记处书记，负责中欧各国共产党工作。这次大会实际上给十几年来工人阶级如何反对法西斯主义统治的问题一个最终答案，标志着工人阶级及其政党正式支持反法西斯的民众舆论。

1936年，德、意法西斯的武装干涉使西班牙共和国在内战中的处境越来越困难，西班牙内战爆发，陶里亚蒂被任命为西班牙国际最高代表，并受共产国际执行委员会总书记季米特洛夫的委派，前往西班牙。在西班牙期间，他一面协助患病的西班牙共产党总书记霍塞·狄亚士领导西班牙共产党的工作，同时又组织和领导国际纵队，支援西班牙人民的反法西斯斗争。陶里亚蒂分析了西班牙革命的性质，指出西班牙法西斯运动是以大地主以及与之相关的企业家、金融巨头为主的运动。西班牙反对法西斯主义的核心是以革命的方式提出土地问题，因此要团结农民群体。到 1939 年 3 月 25 日，马德里沦陷前夕，他才同最后一批共产党领导人乘飞机撤离，经非洲到法国。同年 9 月，在巴黎被警察逮捕，关押了 6 个月。获释后，辗转到达苏联，一直居住到二战结束。

1943 年 7 月 25 日，英、美军队在西西里登陆，意大利法西斯军队迅速崩溃。随之，意大利发生宫廷政变：法西斯头目墨索里尼被迫下台，意军总参谋长、保皇党人巴多里奥上台组织政府。9 月 9 日，巴多里奥政府向英、美盟国投降。意大利投降后，德国出兵占领其北部、中部以及首都罗马，重新扶植墨索里尼建立了傀儡政权。这时，陶里亚蒂提出建立广泛的民族阵线，反对外国占领者及其傀儡的斗争口号。1944 年 3 月，他经由阿尔及尔回到意大利南部的那不勒斯，直接领导意大利人民进行反法西斯斗争。

陶里亚蒂回到意大利时，国内政治局势错综复杂。在意大利领土上，除了英、美军队和德国法西斯占领军外，还存在着两个政权：北意的人民政权和南意的巴多里奥君主政权。在意大利南部，各个党派围绕着保持还是废除君主政体，进行着激烈的争论。根据这种情况，陶里亚蒂在 3 月 29 日召开的意共全国委员会会议上提出，应把政体问题放到能召开制宪会议时再行解决，要把团结一切政治派别并参加对德战争放在第一位，建立一个民族团结政府。会议通过了关于迅速建立新政府的决议。4 月 11 日，陶里亚蒂在萨勒诺发表讲话，建议意大利各反法西斯党派联合起来，组成新的政府。并宣布意共准备参加新政府。这一点建议得到了各反法西斯党派的赞同。4 月 21 日，巴多里奥政府改组，由各反法西斯党派参加的第一个民族团结政府成立。6 月 4 日，首都罗马解放，巴多里奥辞职，政府进行改组，由原改良主义派社会党领袖伊伐诺埃·博诺米担任总理，陶里亚蒂仍留在政府中，筹办《复兴》周刊。陶里亚蒂深刻认识到战后共产党的基本目标，不仅要打击德国侵略者以争取解放，更要实行国家民主化。但慑于民主党派力量的日益壮大，11 月底 12 月初，以天主教民主党为首的右翼势力借口共产党人"煽动暴动""独断专行""制造无政府状态"，制造了民族团结政府的危机。博诺米一度提出辞职。经过一番较量，不久又组成了第二届博诺米政府。根据陶里亚蒂提议，共产党仍参加博诺米的第二届政府，他担任了副总理的"荣誉"和"代表性"职务。1945 年 4 月，在意共领导下，北意爆发人民总起义。游击队和起义工人解放了米兰、都灵等 200 多个大小城市，捕获和处死了法西斯头子墨索里尼。英、美盟军乘机进驻米兰。不久，意大利北部和全国获得解放。可以说，战争最后几年的意大利共产党力量一方面在北方反抗法西斯傀儡政权，另一方面在陶里亚蒂的领导下积极争取在新政府中的话语权。

锐意进取的新路线策略家

战后，陶里亚蒂在国内外新的历史条件下，继续进行一系列重要的革命实践活动。首先，他重建了意大利共产党，积极探索"走向社会主义的意大利道路"。早在返回意大利的第二天，陶里亚蒂决定意大利必须通过一些与苏联所走的道路不同的途径来实现社会主义。在意共第五次代表大会上，陶里亚蒂把建立共和国、议会政治制度，恢复一切民主自由，肃清法西斯主义，革新经济结构，作为目标。尔后他又一再阐述了这条意大利特色的"社会主义的民族道路"。其主要内容包括两方面：在政治方面，通过资产阶级议会民主的"合法途径"，"逐步改变国家内部均势和结构"，"使新的阶级强行进入国家的领导"；在经济方面，则要通过"国有化""规划化""国家干预"等措施，逐步达到"限制""粉碎"垄断资本的目的。他说："意大利道路就是预见到在民主基础上求发展以加强民主和产生真正向某些深刻社会改革的民主演变的一种道路。"为了实现这条道路，陶里亚蒂主张实行"民族团结"政策，赞同共产党人在政府中工作。他本人积极参加了战后的各种议会活动。1946 年 6 月到 1947 年 2 月，陶里亚蒂成为意大利立宪议会议员。1948 年 4 月以后，他一直当选为众议院议员，并担任意共议会党团主席。

1948 年 7 月 14 日，意大利一名反共产主义的法学大学生安东尼奥·帕兰特（Antonio Pallante）谋杀陶里亚蒂，开枪将他打成重伤。这一事件发生后，在意大利各地掀起了声势浩大的抗议浪潮，全国爆发了总罢工，斯大林代表苏共中央对其亲切慰问。这充分显示了陶里亚蒂在群众和世界社会主义运动者心目中的威望。

不仅在意大利政府问题上，陶里亚蒂也对战后意共党的建设做出了重要贡献。为了使新的意共能适应"为争取民主和劳动人民的利益而斗争"的需要，陶里亚蒂于 1944 年回国后，及时提出了要把意共建设成为一个"新型的党"的任务。在他看来，意共"将不仅仅满足于批评和宣传，而且要通过积极的、建设性的活动参加到国家的生活中去"，"要和有影响的民主力量一道使自己担当起争取全国解放和建立一个民主政府的斗争中的领导角色"。这与 1921 年原先的意大利共产党成立时的弃权主义思想截然不同。

在陶里亚蒂的努力下，意共在各阶层中吸收党员，建立党组织，迅速发展和壮大。仅在 1944 年，意共有 50 多万名党员。而到 1954 年，党员总数增加到 200 余万，还包括了接受其领导的 43 万余名共产主义青年联盟成员。为了加强意共的思想建设，根据陶里亚蒂的建议，1949 年意共创建了葛兰西学院。

意大利共产党在陶里亚蒂的领导下成为二战后资本主义国家中拥有党员人数最多、最强大的共产党。其国家政治生活中的影响也不断扩大：自 1948 年 4 月的众议院选举以来，它一直是议院中仅次于天主教民主党的第二大党。

面对国际局势的变化，陶里亚蒂是继南斯拉夫共产党人之后，在欧洲共产党人中第一个对苏共领导持公开批评态度的人。1956 年，苏共召开第二十次党代表大会，批判斯大林主义。对此，陶里亚蒂同意对斯大林个人迷信的批评，同时又批判苏共领导没有从政治和历史上对斯大林做出全面评价。之后，在如何处理国际共运内部各党的相互关系问题上，他提出各党应在共同思想和共同斗争的基础上完全自主，有权从本国的实践出发选择走向社会主义的道路；各党要在差异中团结，坚决反对以苏联为模板。1964 年 8 月，在《关于国际工人运动及其团结问题备忘录》中，他再一次系统地、全面地阐述了意共对国际共产主义运动重大问题的立场和主张，重申："我们坚决主张各党独立自主，这不仅在国际共产主义运动中是必不可少的，而且在目前状况下也是我们发展的一个主要条件。"陶里亚蒂的上述意见和主张，得到了西欧各国共产党的广泛响应。

在战后，陶里亚蒂为反对帝国主义、争取世界和平和人类的进步事业做出不懈努力。他坚决反对美帝国主义在战后推行分裂欧洲的战争政策，反对意大利受制于美国的外交政策，提倡增强意大利民族团结和外交上的独立自主。1956 年苏伊士运河危机后，他强烈谴责英法帝国主义对埃及的侵略，呼吁在全世界各地撤除外国军事基地，反对组织分裂世界和引向战争的军事集团，主张和平解决国与国之间的一切争端。在意大利议会活动中，他力主意大利革新自己的外交政策，为保卫世界和平而努力；要求意大利政府承认中华人民共和国，与中国建交，并同意接纳中国加入联合国。

1964 年 8 月 21 日，陶里亚蒂因病逝世于苏联克里米亚的雅尔塔，享年71 岁。

参考文献：

［1］［意］马契拉·费拉拉：《陶里亚蒂传》，古野原等译，世界知识出版社 1957 年版。

"发达社会主义论者" 勃列日涅夫

当提到"外交热吻""钟情勋章"时，人们马上会想起苏联的一位最高领导人，他就是勃列日涅夫。列昂尼德·伊里奇·勃列日涅夫（Leonid Ily-ich Brezhnev，1906—1982），生于乌克兰，苏联政治家，曾任苏联共产党中央委员会总书记、苏联最高苏维埃主席团主席、苏联国防委员会主席。当然勃列日涅夫最值得一提的是他的"发达社会主义理论"。勃列日涅夫执政18年完全可以说是停滞、聚集危机因素与苏联走近衰亡的时期。当时新华社驻莫斯科分社社长万成才回忆说，"在大街上，经常看到人们随时提着购物袋，随时准备购物，卫生纸、肥皂、黄油、面包，看见了马上就买，能买多少就买多少。如果错过了一次机会，就不知道等到什么时候才有下一次"。

历史上每一个著名人物登上历史舞台，总归会有属于自己的一个过程，勃列日涅夫亦是如此。勃列日涅夫的出身极为普通，但就是这么出身普通家庭的人却从一个冶金工程师最终登上了苏联的权力最高峰。他的人生履历既体现了他的精明能干，也说明他顺应了历史的行程。自身的条件加上历史的行程成就了勃列日涅夫传奇的一生。

精明强干的冶金工程师

勃列日涅夫的出身极为普通。1906年12月19日，勃列日涅夫出身于叶卡捷琳诺斯拉夫省（现属乌克兰）卡门斯克的一个冶金工人家庭。在一些证件中勃列日涅夫被视作乌克兰人。

勃列日涅夫所受的教育非常普通。在他9岁的时候，考上了镇上的男子古典中学预备班。15 岁时中学毕业。随后的三年里，勃列日涅夫随父亲在卡门斯克的冶金厂工作。由于家庭的原因，勃列日涅夫像许多年轻人那样，接受了技术教育，1923 年，考取了库尔斯克土地规划、土壤改良中等技术学院，并于同年加入共产主义青年团。1927 年，在中等技术学院毕业。

勃列日涅夫早期的职业轨迹也非常普通。在库尔斯克土地规划、土壤改良中等技术学院毕业后，他成为一名土地测量师，然后又转向冶金业。1935 年，勃列日涅夫毕业于第聂伯罗捷尔任斯克冶金学院，曾长期在乌克兰的第聂伯罗彼得罗夫斯克、摩尔达维亚和哈萨克斯坦工作。

勃列日涅夫青年时期热衷于政治活动。首先积极加入共产党的组织。1923 年他加入了共青团，随后在 1929 加入了苏联共产党。1935 年至 1936 年，勃列日涅夫服了兵役，并在坦克学校参加课程后，在坦克工厂担任政治委员。在 1936 年，他成为冶金技术（学院）的主任。后来，他来到第聂伯罗彼得罗夫斯克区域。1939 年，年仅 33 岁的勃列日涅夫便成为第聂伯罗彼得罗夫斯克州的党委书记，主要负责全市国防工业。作为斯大林时代大清洗的幸存者，随着政府在党和国家政府的高层和中级职位上有众多空缺，他的政治地位迅速提升。

老谋深算的幕后导演

勃列日涅夫早期的政治轨迹可谓一片坦途，而在第二次世界大战的历史条件下，勃列日涅夫的政治地位逐渐攀升。1941 年纳粹德国入侵苏联，美国和英国发表《大西洋宪章》，世界反法西斯同盟迅速形成。勃列日涅夫像大多数中级党的政府官员一样立即入伍。他被任命为政治委员，负责在苏联东部撤离第聂伯罗彼得罗夫斯克的工业。十月份，勃列日涅夫成为南方阵线的副主席，担任旅团级（上校）军官。

勃列日涅夫的政治生涯得到了赫鲁晓夫极大的推动。1942 年，当乌克兰被德国人占领时，勃列日涅夫被派往高加索地区担任高加索前线政治副主任。1943 年 4 月，勃列日涅夫任第十八军政治部主任，随后率领十八军加入乌克兰阵线，并向西穿过乌克兰。乌克兰阵线的高级政治委员是尼基塔·赫鲁晓夫。赫鲁晓夫自战前的几年就支持勃列日涅夫的政治生涯。勃列日涅夫早在 1931 年就遇到了赫鲁晓夫，不久之后加入了苏联共产党。而随着赫鲁晓夫崛起，勃列日涅夫的地位也随之攀升。在欧洲战争结束时，勃列日涅夫是乌克兰阵线的首席政治委员。1945 年 5 月，他在德国投降后进入布拉格。

欧洲战争结束后，勃列日涅夫开启了新的政治篇章。1946 年 8 月暂时离开了苏联军队。他把整个战争当作政治而不是军事活动。在乌克兰重建项目工作启动后，他再次成为第聂伯罗彼得罗夫斯克的总书记。1950 年，他成为苏联最高的立法机构的代表。1950 年勃列日涅夫曾在苏共中央机关工作数月，随后他当选为摩尔达维亚共产党中央第一书记。

勃列日涅夫受到了斯大林的大力提携。1952 年，他与斯大林会晤，之后斯大林在十九次党代表大会上将勃列日涅夫晋升为共产党中央委员，10 月勃列日涅夫又担任中央主席团（前政治局）候补委员、中央书记。斯大林于 1953 年 3 月去世，勃列日涅夫落选了改组后的中央主席团和书记处的相关席位。尽管勃列日涅夫不是主席团委员，他被任命为苏联国防部的总政治部第一副主任和海军政治部主任。

勃列日涅夫在赫鲁晓夫的经济改革中扮演了重要角色。赫鲁晓夫掌握政权后，为了扩大谷物生产决定在哈萨克斯坦开垦荒地，于是 1955 年 5 月 7 日，勃列日涅夫被任命为哈萨克斯坦共产党总书记。勃列日涅夫积极推广赫鲁晓夫的政策。勃列日涅夫对赫鲁晓夫经济正常的推动，使他的政治地位得到巩固。1956 年 2 月，勃列日涅夫回到莫斯科，并在苏共二十大上就相关问题发言，再次当选为苏共中央主席团候补委员和中央书记。1958 年以后，由于违背科学方法，新垦地肥力降低，加上赫鲁晓夫大种玉米等"主观主义"的做法，农业经济的发展速度开始下降。

勃列日涅夫除了在农业改革中扮演重要角色，同样也参与苏联的工业建设与军事活动。1957 年 6 月，他在反对马林科夫、莫洛托夫等人的"反党事件"中大力支持赫鲁晓夫，于是勃列日涅夫开始负责国防工业的管理、空间计划（包括拜科诺尔航天发射场）、重工业和基建工程。他成为追随赫鲁晓夫的高级官员之一。1958 年开始，勃列日涅夫成为苏共中央俄罗斯联邦局副主席，并在 1960 年 3 月升任苏联最高苏维埃主席团主席，1961 年成为苏共中央主席团委员。此时，勃列日涅夫成为苏联名义上的元首。但是勃列日涅夫的真实权力与担任苏联共产党第一书记的赫鲁晓夫相差很大。

随着赫鲁晓夫逐渐失去民心，勃列日涅夫开始取而代之。一方面，由于赫鲁晓夫所实行政策的错误，使得民众对赫鲁晓夫逐渐失去信心；另一方面，苏联日益严峻的经济问题也使得赫鲁晓夫的执政地位发生动摇。勃列日涅夫表面上依然忠于赫鲁晓夫，但在 1963 年也参与了推翻赫鲁晓夫的运动。

通过宫廷政变上台的勃列日涅夫取代了赫鲁晓夫，开始了他长达 18 年的执政期。勃列日涅夫趁赫鲁晓夫在黑海度假的时机，在莫斯科发动了政变。1964 年 10 月赫鲁晓夫从斯堪的纳维亚和捷克斯洛伐克返回后，勃列日涅夫和尼古莱·波德戈尔等人呼吁中央委员会，指责赫鲁晓夫对经济的失败，并指责他的唯意志论和荒谬的政策。受到勃列日涅夫的影响，政治局委员投票决定撤除赫鲁晓夫的职务。此外，中央委员会的一些成员希望他接受某种形式的惩罚。但勃列日涅夫认为，赫鲁晓夫既然已经失势，不必进一步惩罚他。于是，在 10 月 14 日的苏共中央全会上，赫鲁晓夫被迫提出辞职申请。翌日，苏共中央委员会发布公告，表明苏共中央全会接受了赫鲁晓夫因年龄和健康原因而提出的辞职请求，免去其苏共中央第一书记、中央主席团委员和苏联部长会议主席的职务。而米高扬则被保留为国家元首的头衔。

刚柔并济的改革措施

勃列日涅夫取代赫鲁晓夫，站在了苏联政权的最高峰，成为苏联共产党中央第一书记。勃列日涅夫集中个人权威，最大化他对权力的控制。勃列日涅夫很熟悉苏联内部的政治权力结构，与赫鲁晓夫不同，他并没有忽略他的同事，而总是愿意倾听他们的意见。在 1970 年代早期，勃列日涅夫逐渐巩固国内的地位。1977 年，他被迫使尼古拉退休。勃列日涅夫再次成为最高苏维埃主席团主席。柯西金虽然仍是总理，但直到 1980 年去世前不久，勃列日涅夫仍然是苏联的主要掌权人。

勃列日涅夫求稳怕变，表面上苏联社会稳定，人民生活有所提高，实际上掩盖了很多深层次的矛盾和问题。在内政方面，勃列日涅夫推行了一系列稳定政策：包括结束赫鲁晓夫推行的改革、打击文化自由等。赫鲁晓夫执政期间，勃列日涅夫曾追随赫鲁晓夫谴责斯大林的独裁统治，恢复许多斯大林的清洗运动的受害者的名誉，积极推行自由化的文化政策。但一旦勃列日涅夫执掌政权之后，他转而采取了更为保守的态度。1966年对作家余莉·丹尼尔和安德烈·托诺夫的审判预示专制文化政策的回归。在安德罗波夫领导下的国家安全局（克格勃前身）也增强了权力。此一时期，尽管没有恢复到苏联时代的高压专制，但与赫鲁晓夫时代相比，政治文化政策明显趋于保守。到20世纪70年代中期，估计有1000至10000人成为苏联政治和宗教囚犯，他们生活在严峻的环境中。在苏联当局看来，这些囚犯精神不健康，因而被强制送入苏联的精神病院。在勃列日涅夫的统治下，克格勃渗透到大多数反政府组织内部，以确保其不能成为反对勃列日涅夫政权的基础。然而，勃列日涅夫没有全面施行斯大林的统治时期的暴力政策。

勃列日涅夫当权时期，苏联的经济出现了一定的增长。1960年至1970年，苏联农业产量每年增长了3%。农业经营状况相比于赫鲁晓夫时期也得到了改善。通过勃列日涅夫主导的第八个五年计划（1966—1970），工厂和矿山的产量与1960年相比增加了138%。与此同时，勃列日涅夫放弃了赫鲁晓夫推行的地方分权实验。1966年，勃列日涅夫废除了区域经济委员会组织。

勃列日涅夫在苏共二十四大上制订了第九个五年计划，苏联经济因此发生转变：工业产品首次转向手表、家具、收音机等日常消费品，并带动了对消费商品的投资。由于20世纪70年代初美国和西欧爆发的石油危机，苏联已成为世界第二大工业产能国，生产大量钢铁、石油、生铁、水泥和拖拉机。1973年以前，苏联经济扩张的速度极快，甚至小幅度超过美国。勃列日涅夫执政初期，把目光投在石油上，一切以油气为重点来决策国内外大事。很快就又有了苏尔古特等大油气田，1974年苏联的第二条西伯利亚大铁路——贝阿铁路有3100公里通车，油气可以沿这条铁路线西去俄罗斯欧洲部分、东欧国家和西欧，东去太平洋。大量的石油运到国际市场，使得苏联赚到大量财富。

农业是苏联经济的基础，勃列日涅夫对赫鲁晓夫的经济政策进行了继承与发展。勃列日涅夫的农业政策加强了农场的集体性。他继续实施产量配额制。勃列日涅夫延续了赫鲁晓夫的混合农场的政策，因为他和赫鲁晓夫都相信大苏联的集体农庄会增强生产力。勃列日涅夫推动国家对农业的投资，仅在1981年，苏联就在农业上投资了330亿美元。

勃列日涅夫时期的经济政策有了一定的成效。1980 年农业产量为 21%，高于 1966 年和 1970 年之间的平均产量，其中禾谷类作物产量增加了 18%。但是这种增长无法满足苏联的需要，因而苏联仍然需要进口小麦。可是由于受到冷战格局的影响，苏联只能和少数国家进行贸易。勃列日涅夫解决这些问题的方式是增加政府投入，由国家补贴粮食生产。

1975 年前后，由于经济结构长期畸形，轻工业与重工业比重失调，苏联开始出现经济停滞。由于大量军费支出和轻工业、消费品的匮乏，苏联农业不能满足城市人口的需求，更不用说改善生活。在 20 世纪 70 年代，苏联的国民生产总值增长率开始下降至五六十年代的水平。国民生产总值增长率放缓到 1% 至 2%，在 1980 年代早期苏联面临全面的经济停滞。

虽然 20 世纪 70 年代苏联的经济增长停滞不前，但居民生活水平和住房质量显著提高。勃列日涅夫领导下的苏联领导层不再重视经济，而是力图通过扩大社会效益来提高苏联的生活水平。这导致了政府对社会公共事业投入额的增长。但这使得俄罗斯苏维埃社会主义共和国（RSFSR）的生活水平落后于格鲁吉亚苏维埃社会主义共和国（GSSR）和爱沙尼亚苏维埃社会主义共和国（ESSR）的生活水平，许多俄罗斯人相信苏维埃政府的政策正在不利于俄罗斯的经济发展。

国家通常将工人从一个工作转移到另一个工作，而且国家管理的工厂、矿山等国有企业职员和公务员办公效率低下。尽管在勃列日涅夫时期，有些地区有所改善，但大部分苏维埃公民的生活条件迅速下降。因为落后的医疗体系，疾病率正在上升。成千上万的莫斯科居民无家可归，大多数居住在棚屋、门口和电车上。社会僵化成为苏维埃社会的普遍特征。

缓和与干涉的外交策略

勃列日涅夫的外交策略更多是一种缓和与干涉。60 年代初，捷克政治局势动荡。因为捷克斯洛伐克的经济状况下滑，人民和党内对捷共总书记诺沃提尼愈发不满，诺沃提尼被迫下台。1968 年 3 月，勃列日涅夫与诸多社会主义国家的领导人探讨捷克局势。经过反复磋商和谈判，苏联最终于 8 月集结各国出兵捷克，捷克当局领导人被迫前往莫斯科与勃列日涅夫谈判，会议最终签署了以苏联意见为主的会谈公报。这使得勃列日涅夫成为举世瞩目的政治焦点，饱受西方舆论抨击。

苏联出兵镇压"布拉格之春"是苏联走向全面停滞的重要转折点。1969年，勃列日涅夫为了摆脱"布拉格之春"事件给苏联外交带来的困境，初步提出了关于"欧洲缓和"的设想和主张。到1971年苏共二十四大召开时，勃列日涅夫正式提出了6点"和平纲领"，并宣布要"把缓和摆在巩固和加强苏联'和平共处'外交的首位"。

勃列日涅夫的缓和外交政策在国际上取得了良好的效果。"欧洲安全与合作会议"形成的"赫尔辛基精神"是勃列日涅夫"缓和"外交取得的巅峰之作。在"缓和"政策正式确立之后，苏联利用当时美国深陷越战泥淖、国内"新孤立主义"思潮兴起及西方发生经济危机等一系列有利于苏联的机会，大搞"缓和"外交，不但顺利解决了多年悬而未决的欧洲边界问题和柏林问题，还成功组织召开了"欧洲安全与合作会议"。

勃列日涅夫与尼克松的会晤，缓和了冷战的对抗。1972年5月22—30日，尼克松、基辛格访问莫斯科，同勃列日涅夫进行最高首脑会晤之后，东西方关系得到很大改善，友好对话开始代替了激烈对抗。苏联与西方国家的经济交往明显增多：苏联同西方的贸易额由1970年的46亿卢布增至1980年316亿卢布，前后增长6倍；1964—1970年，苏联从西方得到的长期贷款仅38亿美元左右，而1971—1980年间，贷款额增至300多亿美元。可见苏联凭借推行"缓和"政策获得了在与西方直接对抗中前所未有的好处。

勃列日涅夫在采取缓和的外交政策的同时积极干涉第三世界的政治。由于战后独立的亚、非、拉等前殖民地国家步入正轨，而这些已经成长起来的第三世界国家大多反对美国为首的西方世界。这一时期，由于苏联打着支持"民族解放运动"旗号，援助第三世界进行的反帝、反殖民地斗争，客观上进一步提升了苏联的国家地位。

在勃列日涅夫时期，苏联将第三世界当作与美国争霸的砝码，加紧扩张、渗透和争夺。1971年5月，勃列日涅夫政府与埃及签订《苏埃友好合作条约》，向其提供50亿美元的经济、军事援助，派遣军事专家顾问达18000多人；同年8月，勃列日涅夫政府与印度缔结《苏印友好合作条约》之后不到两个月，印度即入侵巴基斯坦，并占领了东巴基斯坦，在这一过程中苏联向印度提供了大量的武器装备；1978年11月，勃列日涅夫政府与越南签订《苏越友好合作条约》，缔约后不到一个月，越南便入侵柬埔寨，而越南的 10 万大军的指挥者就是苏联的军事顾问。

此外，勃列日涅夫试图借用他国军事力量来进行战争。1975 年，苏联通过古巴军队对安哥拉内战进行了大规模的武装干涉，把近 2 万人的古巴军队和大批武器装备运入安哥拉。苏联自己的军事人员包括飞机和坦克驾驶员、军事顾问等也直接参与了军事行动。1977 至 1978 年，苏联又利用埃塞俄比亚和索马里在欧加登地区的武装冲突，在非洲之角实行大规模的军事卷入，向埃塞俄比亚运送了 1.7 万多名古巴军人和大批军火，苏联军官还指挥了古巴和埃塞俄比亚军队的联合军事行动。与此同时，苏联还利用古巴军队插手扎伊尔和民主也门的内政。

苏联进攻战略的目标之一就是打击、削弱、排挤并力图压倒它的主要对手美国，而它在 70 年代的海外扩张在很大程度上削弱了美国在全球的势力和影响，扩大了自己的势力范围。许多第三世界国家与苏联在经济及军事方面都保持着较为紧密的关系，这些国家的领导人无一不是亲苏派。在扶植起一批亲苏政权之余，苏联还在大西洋和印度洋沿岸、地中海、红海、南亚和东南亚等许多具有战略意义的地区获得了一批机场和港口的使用权，在越南、古巴、阿富汗更是建立了海外军事基地。在勃日列涅夫的领导下，苏联的大国沙文主义逐渐演变成霸权主义。苏联不但把自己推行的社会主义的模式推荐给东欧社会主义国家和中国，干涉别国内政，还不惜动用军事手段来推行这种干涉。

勃列日涅夫的有限主权论和国际专政论等观点及其实践也表明了苏联有着使用武力的意愿。1968 年苏联入侵捷克斯洛伐克镇压"布拉格之春"，不久勃列日涅夫就推出了"有限主权论"，为其侵略捷克斯洛伐克的行为做辩护。他认为，当国内外社会主义敌人直接行动威胁社会主义阵营的共同利益的时候，就要以"军事方式援助兄弟国家来消除这种威胁的行动"。1970 年 6 月，勃列日涅夫认为苏联是个位于欧洲和亚洲广阔区域上的社会主义国家。这就使我国的对外活动负有特殊的责任。而苏联也不能回避这一责任。

勃列日涅夫任职期间，在"有限主权论"的指导下，苏联也对外进行了一系列的势力范围扩张活动，例如 1969 年 3 月和 8 月侵犯中国领土珍宝岛和铁列克提地区，20 世纪 70 年代中期苏联开始资助国际上的共产主义游击队积极抵制美国在越南战争，1979 年 12 月出兵入侵阿富汗等。勃列日涅夫所推行的霸权主义招致南斯拉夫共产主义者联盟、罗马尼亚、中国等国家共产党领导人的批判。过度扩张不仅给第三世界国家带来深重灾难和消极影响，而且也使苏联背上了沉重的包袱，恶化了其国际环境，毁坏了社会主义的形象和苏联的声誉，并最终拖垮了苏联。

"世界获奖章最多的人"

勃列日涅夫热衷于奖章。比如在家看电视节目，若他发现了自己喜欢的演员，他会让身边工作人员把该演员请来，授予一枚奖章，以至于到了勃列日涅夫执政后期，当他出现在电视屏幕上时，多半是他又要颁发什么奖章或接受什么奖章。

勃列日涅夫是"世界获奖章最多的人"，共获得苏联勋章十五枚、奖章十八枚，外国勋章四十二枚、奖章二十九枚。二战时，勃列日涅夫曾获两枚红旗勋章、一枚红星勋章和一枚波格丹·赫麦里尼茨基勋章。担任国家领导人期间，勃列日涅夫获得一次"社会主义劳动英雄"称号，四次"苏联英雄"奖章，拥有五枚"金星"奖章。

苏联政府给他颁发了"在苏共党内五十周年"纪念章。同年七十五岁大寿时，勃列日涅夫获得八个国家十三枚各种各样的奖章。除了国家奖项，勃列日涅夫还获得不少部门奖章，例如 1977 年获得苏联记者协会的会员证，与此同时获得佩戴记者协会证章之权。此外，勃列日涅夫获得国外奖项，根据不同统计为五十枚至七十枚不等。其中有阿根廷、阿富汗、几内亚、越南、保加利亚、匈牙利、印度尼西亚、民主德国、古巴、老挝、朝鲜、也门、蒙古、秘鲁、波兰、南斯拉夫、埃塞俄比亚、捷克斯洛伐克、罗马尼亚等国的勋章和奖章。

1981 年开始，勃列日涅夫的健康状况恶化。同时，苏联由安德烈·格罗米科，德米特里·乌斯季诺夫，米哈伊尔·苏斯洛夫和尤里·安德罗波夫治理。1982 年，勃列日涅夫很少出现在公共场合。苏维埃政府声称勃列日涅夫的病不严重。他于 1982 年 5 月遭受严重中风，但没有放弃办公。1982 年 11 月 7 日，勃列日涅夫尽管身体健康不佳，但出席了在列宁陵墓举行的每年一度的游行示威活动，来纪念十月革命。三日后，也即 11 月 10

日，勃列日涅夫因心脏病卒于莫斯科，终年 76 岁。勃列日涅夫胸前挂满奖牌，安葬在列宁墓后。

后世对勃列日涅夫的评价褒贬不一。有的正面评价认为"勃列日涅夫在任时期，苏联的军事力量大大增强，核武器的数量超过美国"。而叶利钦认为在勃列日涅夫时代，贪污腐败之风到处盛行，被揭发出来的人也很少丢官，因为最高领袖本人就是一个腐败分子。梅德韦杰夫认为俄罗斯一定要避免出现勃列日涅夫时期苏联出现的"停滞"局面。新华网对勃列日涅夫的综述认为"在勃列日涅夫的时代，苏联的国家实力历史性地达到了顶峰，但由于勃列日涅夫对苏联社会积累的无数历史尖锐矛盾缺乏足够的认识，使这些矛盾越积越深，社会动乱的能量越积越大"。

参考文献：

［1］［俄］列昂尼德·姆列钦：《勃列日涅夫时代》，王尊贤译，中共党史出版社 2013 年版。

［2］［俄］谢曼诺夫：《勃列日涅夫传》，孙静萱译，东方出版社 2010 年版。

［2］［美］约翰·多恩伯格：《勃列日涅夫：克里姆林宫的明争暗斗》，静海译，生活·读书·新知三联书店 1975 年版。

［4］吴伟：《勃列日涅夫传》，世界知识出版社 1997 年版。

后 记

　　本书是季正聚主编的"世界社会主义五百年丛书"中的一册，主要介绍和描述了社会主义五百年发展过程中涌现的重要历史人物，其中不仅包括社会主义思想家、工人运动领袖、无产阶级革命家，也包括社会主义运动史上需要批判和研究的重要人物。力图通过生动的笔触描绘这些社会主义重要人物的传奇故事，考察其成长环境、政治立场、理论思想和奋斗历程，以便于自觉学习光辉典范，总结经验教训。

　　本书的内容选取和整体结构，是由丛书主编季正聚统筹设计。本书以个人传记单独成章，史论结合。为彰显社会主义运动的广泛性，本书选取世界各地奋发蹈厉的社会主义实践者作传，展现社会主义在各个国家的发展态势；为厘清社会主义思想之叶脉，本书选取社会主义五百年历史中颇有建树的重要人物作传，凸显社会主义思想源流及理论家个人的历史贡献。

　　以史为鉴知兴替，以人为镜知得失。本书书稿写作历时数载最终成型。谨以此书为五百年社会主义运动史存照留念！希望读者开卷有益，加深对社会主义运动的理解，学习社会主义重要人物的优秀品质。需要特别指出的是，本书吸收和借鉴了学术界已有的相关研究成果，参考文献尽量一一注明，但仍有可能挂一漏万。在此，向诸位表达我们诚挚的谢意和歉意。

　　因编著者学力有限，本书在行文中难免出现一些舛误、错漏之处，恳请学界同仁批评指正！